KB242582

탈냉전기 북한의 개혁·개방 성격에 관한 연구

- 국가발전전략을 중심으로 -

탈냉전기 북한의 개혁·개방 성격에 관한 연구

- 국가발전전략을 중심으로 -

조 영 국 著

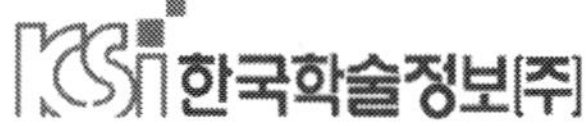

책을 펴내며

탈냉전기 여타 사회주의 체제국가들은 과거 체제와 구별되는 전향적 개혁·개방정책을 통해 체제변화를 이루거나 변화과정에 있다. 그렇다면, 현재 사회주의 체제국가들의 체제변화가 10여년 진행된 상황에서 북한은 어떤 모습인가? 변하지 않았다면 그 이유는 무엇이며, 변화했다면 그 내용과 특징은 무엇이고, 궁극적으로 그 변화의 방향성은 어디를 지향하고 있는가?

본 연구는 이 같은 논의를 문제제기의 출발점으로 하여, 탈냉전기 북한이 추진한 국가발전전략의 분석을 통해 북한 체제변화의 과거와 현재의 내용과 특징 그리고 그 방향성에 대한 고찰하였다. 이를 통해 알 수 있었던 것은 북한이 대내외 정치·경제적 초기조건에 영향 받으며 개혁·개방의 내용에 있어서 심도의 변화는 있었지만, 연속성을 갖고 개혁·개방정책 추진했다는 것이었다. 특히 탈냉전기 북한의 개혁·개방정책은 1998년을 전후하여 크게 정치중시에서 경제중시로 탈바꿈하는 기조변화를 겪게 되었다. 이것은 1998년 이전 북한이 대내외적 체제위협에 직면하여 선 정치체제의 안정화, 후 경제체제 정상화라는 국가발전전략의 기조에 입각한 것이었다. 결과적으로 이 같은 국가발전전략은 정치체제의 안정화를 달성하였지만, 장기적으로 방치한 경제체제의 모순은 더욱 심각한 문제를 초래하게 되었다. 때문에 1998년 이후 북한의 체제변화는 정치체제의 안정화에 대한 자신감의 표현 혹은 경제난을 해결하지 않으면 안 되는 이중적 상황에서 선 경제발전중시의 적극적 개혁·개방을 추진하는 특징을 보였다. 이런 북한 체제변화의 특징에도 불구하고 북핵문제의 미해결이라는 북미관계의 답보상태는 북한 체제변화의 내용과 속도와 방향성에 중대한 영향을 미쳤고, 이는 한반도 주변국가의 대외정책과 연동되어 그 변화의 심도를 제약하는 핵심요인으로 작용하였다는 것을 알 수 있었다. 본 글은 저자의 박사논문을 재구성한 것으로 크게 정치·경제·대외관계를 주요 연구과제로 설정하고 이를 보다 면밀히 분석할 수 있는 세부 과제를 설정하여 각 연구가 주는 함의뿐만 아니라 이들의 복합적 상호작용을 살펴봄으로써 체제변화를 진행하고 있는 북한의 개혁·개방성격을 분석적으로 논의하였다. 본 연구는 북한 체제변화의 내용과 특징 그리고 방향성을 분석함에 있어 정치·경제·대외관계 변수를 종합적 고찰을 시도하였다는 측면에서 북한 체제변화 연구에 의의를 줄 것으로 본다.

최근 북핵문제의 파장이 남북한뿐만 아니라 국제사회의 중요 이슈로 요동치고 있다. 북미관계는 상호불신에 따른 대화의 포기와 협상의 방치로 악화일로에 처해있고, 남북관계는 적대적 의존관계를 넘어 화해와 협력의 시대로의 방향성을 갖고 진행하는 과도기적 상황에서 가다서다를 반복하고 있다.

'대분망천(戴盆望天)'이라는 말이 있다. "동이를 이고 하늘을 바라볼 수 없다"는 말이다. 북핵문제의 평화적 해결 없이 남북한 화해와 협력 그리고 평화번영의 한반도 실현이라는 시대가치는 실현하기 어려운 과제이다. 우리는 북핵문제와 남북관계의 대립과 갈등이라는 동이를 내려놓아야 한반도 평화와 남북한 화해·협력시대의 도래라는 시대가치를 성취할 수 있다. 이 시대가치는 오늘의 우리와 내일의 후손을 위해 거역할 수 없는 역사적 책무를 우리에게 요구하고 있을 뿐만 아니라 새로운 통일된 한반도의 찬란한 내일의 역사라는 기회의 창(窓)을 제공할 것으로 확신한다. 이 책이 이 시대가치를 논의하는데 작은 밀알이 되었음 한다.

이 책을 쓰는데 많은 여러 사람들의 도움이 있었다. 먼저 부끄러울 것이 없는 일꾼된 자로 내게 꿈과 능력주신 하나님께 모든 영광을 돌립니다. 더불어 학자로서 성장하는데 도움을 주신 한국외국어대학교 남궁영 교수님, 서경교 교수님, 김용민 교수님, 이정희 교수님, 김웅진 교수님, 이상환 교수님, 홍원표 교수님, 윤태영 교수님께 감사드립니다. 또한 2005년 경남대 극동문제연구소에서 북한 연구 활동을 하면서 많은 조언을 해주신 함택영 교수님, 최완규 교수님, 윤대규 교수님, 이수훈 교수님, 심지연 교수님, 이우영 교수님, 류길재 교수님, 양문수 교수님, 구갑우 교수님, 양무진 교수님, 신종대 교수님, 임을출 박사, 최은석 박사, 경남대학교 김용복 교수님과 조재욱 박사와 김현섭님께 감사드립니다. 특히 부족한 저에게 늘 변함없는 마음으로 삶의 진중함을 훈육해 주시는 김근식 교수님과 김갑식 박사님에게 진심으로 감사드립니다. 더불어 한국정치연구회의 차문석 박사님, 정세진 박사님, 김연철 박사님, 김용현 교수님, 조정아 박사, 서보혁 박사, 이나미 박사, 이주철 박사, 김보근 박사, 홍민 박사, 이무철 박사, 박영자 박사, 김종욱 위원에게 감사드립니다. 또한 북한연구학회의 전현준 회장님, 이기동 박사님, 김수암 박사님, 김일기 박사, 통일연구원 최진욱 박사님, 박영호 박사님, 숙명여대의 유진석 교수님에게도 감사드립니다. 늘 사려 깊은 말로 인생의 큰 가르침을 주는 유범상 박사, 김상진 보좌관, 안득기 박사, 은민수 박사, 박상현 박사, 오수웅 박사, 공용득 박사, 박홍서 박사, 강성구 중령, 노준갑 중령, 김성일 소령, 박영민 선배, 전대윤 형님께 감사드립니다. 변함없는 마음으로 든든한 힘이 되어준 신수철, 이준석, 김용찬, 김현기, 박준형, 라임정, 이형철, 최정화, 최정완, 김동원, 김창근, 권태성, 박종열, 박창우, 임동준, 임송심, 김지영, 김정수, 김병욱, 김정진, 홍정민, 곽길훈 등 여러 친구·선배들에게 감사드립니다. 또한 절 위해 많은 기도해주시는 새원샘 교회 최용기 목사님과 사모님, 장영수 집사님, 이선우 집사님, 양운석, 정성복, 집사님 등 여러 가족들에게 감사드립니다. 또한 사랑하는 어머님과 장인·장모님, 영상, 옥상, 연구, 정광영·정희 형님들과 누님

께 감사드리며, 아들 성찬에게 고맙다는 말을 전합니다. 마지막으로
세상에서 그 누구보다 사랑하고 존경하는 아내 김진경에게 늘 고맙고
감사하다는 말을 드립니다.

2006년 11월

저자 씀

목 차

표 목차

그림 목차

제1장 서 론

제1절 문제제기와 연구목적

본 연구는 탈냉전기 북한이 직면한 대내외 정치·경제적 조건이 개혁·개방을 제약 혹은 촉진하는 구조하에서 북한 지도부가 선택한 국가발전전략의 분석을 통해 그 성격을 논의할 것이다. 이를 위해 탈냉전기를 전후한 체제전환 유형과 이론적 배경 그리고 초기조건의 논의를 통해 연구가설과 연구목적을 설정할 것이다.

소련과 동구 사회주의권의 붕괴는 탈냉전을 야기했다. 이것은 이데올로기 대립의 종지부를 찍는 신호였다. 탈냉전기를 전후로 사회주의권은 두 가지 유형의 체제로 변화하기 시작했다. 소련과 동구 사회주의 국가들은 한편으로 공산주의 일당체제에서 자유민주주의 다원주의 체제로 정치체제를 전환했고, 다른 한편으로는 사회주의 계획경제에서 시장경제체제로 경제체제전환을 시도했다. 반면, 중국과 베트남 같은 국가들은 경제체제만의 변화를 추진하며 시장사회주의(Market Socialism)로 체제전환을 시도했다. 즉 사회주의 국가들은 첫째, 소련과 동유럽 사회주의 국가들처럼 정치체제와 경제체제의 변화를 동시에 추진한 '이중전환(dual transition)' 유형, 둘째, 동아시아 사회주의 국가들의 체제변화와 같이 정치체제의 유지를 통한 경제체제의 변화를 꾀하는 '단일전환(mono transition)'으로 대별된다.

이와 같이 체제전환을 설명한 주요 이론들은 사회주의 정치·경제체제가 안고 있던 체제 내부모순과 대외환경을 그 주요한 체제전환 원인

14

으로 보았다. 특히 이 연구들은 경제체제의 내부모순을 가장 중요한 요인으로 지적하고 있다. 이 연구들에 의하면 개별국가들의 경제체제 내부모순이 공산당의 권위구조와 이데올로기의 약화를 가져왔고, 이로 인해 공산당은 지도력을 상실하고 체제전환을 수용하게 되었다는 것이다. 이런 점에서 이 이론들은 현재 사회주의 체제를 유지하고 있는 국가들이 경제체제의 내부모순을 해결하지 않으면, 체제전환에 직면할 수 있음을 보여준다.

이상에서 보여주듯 사회주의 국가들이 체제전환의 일정한 경향성을 갖고 있음에도 불구하고, 개별국가의 정치구조와 이데올로기, 사회주의 역사의 배경 그리고 문화적 차이 등과 같은 '초기조건(initial conditions)'의 차이점이 존재하고, 이것이 사회주의 체제의 유지와 변화에 중요한 영향을 준다는 사실을 간과해서는 안 된다. 즉 사회주의 체제를 유지하고 있는 국가들과 체제전환을 추진했던 국가들 사이에는 사회주의 체제의 보편성과 함께 개별 국가가 직면한 대내외적인 정치·경제적 조건의 특수성이 내재하고 있다. 실제로 체제전환을 시도한 개별국가의 정치·경제적 특수성에 따라 차별적인 이중 혹은 단일전환을 보였음에도 불구하고, 계획경제에서 시장경제 체제로의 변화라는 방향성에서 일치점을 보였다. 이것은 사회주의 국가가 직면한 심각한 경제체제의 내부모순을 보여줄 뿐만 아니라, 경제체제의 내부모순이 정치체제의 붕괴요인으로 작용했음을 단적으로 반증해준다.

이와 같은 측면을 고려할 때, 탈냉전기 사회주의 체제를 유지하고 있는 국가들의 공산당 지도부는 심각한 경제체제의 내부모순을 극복하는 것이 정치권력의 정당성을 획득하는 수단으로 인식했을 가능성이 높다. 또 비록 사회주의 체제를 유지하고 있는 국가들이 아무리 확고한 정치권력을 유지하고 있다고 할지라도, 경제체제의 내부모순을 해결하지 못한다면, 이것이 정치체제의 정당성을 약화시킬 체제위협요인으로 작용할 가능성이 높다고 볼 수 있다.

　따라서 이 같은 이중적 성격을 내포하고 있는 경제체제의 내부모순에 직면한 현존 사회주의 체제는 경제체제의 내부모순을 극복할 수 있는 새로운 국가발전전략을 추진하고 있거나 혹은 선택해야 하는 기로에 서있다고 볼 수 있다.

　그렇다면 탈냉전기 북한은 대내외 정치·경제적 조건이 개혁·개방을 촉진 혹은 제약하는 상황하에서 경제체제의 내부모순을 극복하기 위해 어떤 국가발전전략과 개혁과정을 추진하였는가? 또한 이 시기 북한의 개혁·개방 성격을 어떻게 규정할 수 있는가?

　본 연구는 탈냉전기를 김정일 정권의 정치권력의 제도적 안정화가 이루어지는 1998년을 기점으로 북한이 추진한 국가발전전략을 '현상유지전략'(1990-1998)과 '개혁·개방 확대전략'(1998-2002)으로 구분하고, 이 두 기간의 북한 개혁·개방의 성격을 설명할 것이다. 시기별로 국가발전전략을 구분하는 것은 탈냉전 초기 사회주의권 체제전환과 계획경제 붕괴에 따른 대외고립과 경제난이라는 구조적 조건하에서 북한 지도부가 체제전환의 원인을 정치체제의 약화로 기인한 문제로 인식하였고, 이때 선택한 국가발전전략이 선 정치권력 안정화, 후 경제체제 내부모순 극복이라는 '현상유지전략'을 추진했다는 가설에서 출발하기 때문이다.

　또한 '현상유지전략'의 효과에 따라 김정일 정권의 정치권력 안정화는 이루었을 지라도, 그 결과로 나타난 장기적인 경제난과 외부위협의 병존(竝存)은 정치권력의 위협요인으로 작용할 가능성을 내포하고 있는 조건하에서 지도부가 선택한 국가발전전략이 '개혁·개방 확대전략'이라고 보기 때문이다. 이것은 정치권력의 안정화라는 자신감의 표현으로도 볼 수 있는 동시에 장기적으로 방치한 경제난을 해결하기 위한 대안으로 추진할 수밖에 없었던 이중성이 존재했다는 가설에 기반한다.

　따라서 탈냉전기 북한의 개혁·개방 성격을 규정함에 있어서 북한 지도부의 개혁·개방조치 선택은 대외고립이라는 대외적 상황뿐만 아

16

니라, 대내적으로 경제체제의 내부모순에 따른 경제난 심화라는 경제실상의 복합적 상호작용에 의한 결과이며, 이것이 개혁·개방을 추동(推動)할 수밖에 없는 동력으로 작용했다는 가설을 문제제기의 출발점으로 한다. 이와 같은 가설에 근거하여 탈냉전기 북한이 직면한 경제체제의 내부모순을 해결하기 위해 추진 중에 있는 여러 경제개혁·개방조치의 내용과 전개 양상의 검증을 통해 북한의 개혁·개방의 특징과 그 성격을 분석할 것이다. 이 같은 연구는 탈냉전기 북한의 개혁·개방 성격에 관한 다양한 해석이 존재함에도 불구하고, 이 시기 북한 지도부가 직면한 대내외 정치·경제적 조건에 따라 개혁·개방을 촉진 혹은 제약하는 상황에서 추진한 국가발전전략의 이중성에 대해 종합적 고찰을 시도한다는 측면에서 북한 개혁·개방 성격을 이해하는 데 중요한 함의를 제공해 준다고 본다.

따라서 본 연구는 탈냉전기 북한의 국가발전전략에 대한 분석을 통해 북한의 개혁·개방의 성격을 규명하는 것을 연구목적으로 한다.

이를 위해 다음 세 가지 연구과제를 풀어갈 것이다.

첫째, 탈냉전기 북한 지도부는 어떤 국가발전전략을 추진해 왔으며, 이를 촉진 혹은 제약한 대내외 정치·경제적 조건들은 무엇인가?

둘째, 탈냉전기 북한이 추진한 '현상유지전략'과 '개혁·개방 확대전략'의 의미와 한계는 무엇인가?

셋째, 탈냉전기 북한의 개혁·개방 특징과 그 성격은 어떻게 규정할 수 있는가?

탈냉전 후 10년간의 북한 연구경향을 보면, 과거 정치사 연구와 정치체제의 특징, 국가성격, 통치구조(관료와 군부), 지도자, 이데올로기 등과 같은 정치 중심의 연구가 대부분을 차지하고 있으며, 부분적으로 경제연구는 경제사와 내부 경제체제의 특징과 그 동학에 관한 연구가 주류를 이루어 왔다. 이 같은 연구경향하에서 북한 개혁·개방의 성격에 관한 연구는 사회주의권의 체제전환이 있은 후 10여 년이 지났음에도 북한의 정치·경제체제에 대한 연구를 중심에 두고 변화속성과 그 성격에 대한 연구보다는 변화결과에 집중된 '붕괴론'과 '비붕괴론' 그리고 '변화론'과 '불변화론'이라는 이분법적 시각으로 북한의 변화를 분석하는 경향이 지배적이었다.1)

또한 북한 개혁·개방의 성격에 대한 연구는 소련과 동구의 체제전환 유형과 노선의 일반적 적용을 통해 그 유형과 노선을 분석하는 한계가 있었다. 때문에 북한의 개혁·개방을 촉진 혹은 제약하는 대내외 정치·경제적 초기조건의 중요성을 간과하는 연구의 한계점이 있었고, 초기조건의 상호작용에 대한 심도(深度)있는 분석이 부족하였다. 이와 같이 기존 연구가 갖고 있던 한계를 극복하고, 탈냉전기 개혁·개방 성격을 종합적으로 고찰하기 위해 본 연구는 북한의 국내 정치·경제 체제에 대한 연구의 연계뿐만 아니라, 대외관계의 상호작용을 동시에 조망한다는 측면에서 연구의 의의가 있다고 할 수 있다.

따라서 본 연구는 전술한 연구목적과 연구과제를 논의하기 위해 다음과 같이 구성하였다.

먼저 제1장에서는 문제제기와 연구목적 그리고 연구방법 및 범위를

---

1) 북한연구에 있어서 그 변화 속성과 그 성격에 대한 연구보다는 변화결과에 집중된 '붕괴론'과 '비붕괴론' 그리고 '변화론'과 '불변화론'이라는 이분법적 시각이 북한의 변화를 분석하는 경향이 지배적이었다. '붕괴론'과 '비붕괴론' 은 북한 내부의 정치·경제적 초기조건에 입각한 국가발전전략 추진을 통한 내부체제변화 가능성보다는 대외환경요인을 중심으로 1990년대 북한의 체제붕괴를 예견하는 시각이었다. '붕괴론'에 대해서는 Nicholas Eberstadt, *The End of North Korea*(Wahington D.C: The AEI Press, 1999), 비붕괴론은 Marcus Noland, *Avoiding The Apocalypse: The Future of the Two Koreas*(Washington, D.C: Institute for International Economics, June 2000) 참조. 1994년 김일성 사망 이후 북한 붕괴론에 기대를 한껏 품었던 대내외 북한 연구자들은 정작 붕괴론보다는 북한이 '그 럭저럭 버티기(muddling through)' 모습을 목도하였다. 지금 대부분의 북한 연구자들은 북한 붕괴론이 아닌 '북한 변화론'에 동의하고 있다는 주장은 눈여겨볼 만하다. 김근식, "북핵 문제 해결과 한국정부의 역할: 기대와 현실", 『평화와 번영의 동북아 시대』(성남: 세종연구소, 2003) 참조.

설정하였다. 다음으로 제2장에서는 북한의 개혁·개방 성격을 규명하기 위해 필요한 이론적 배경으로 체제변화의 정의와 체제변화 유형과 노선을 설명하였으며, 대외관계의 상호작용을 다룬 이론을 서술하였다.

제3장에서는 탈냉전기 북한의 개혁·개방의 특징을 보기 위해 냉전기 북한의 정치·경제·대외환경의 초기조건을 설명하였다. 이때 정치적 초기조건으로는 이데올로기의 정치적 역할을, 경제적으로는 계획경제의 전개 특징과 고전적 사회주의 계획경제와 비교를 통해 북한 계획경제가 갖는 보편성과 특수성을 설명하였다. 또한 대외환경으로는 1970-80년대 외교정책의 특징, 대내정치상황과 대외경제의 상호작용, 그리고 이 시기 남북관계와 북미관계의 특징을 설명하였다.

제4장은 탈냉전기 북한의 개혁·개방 성격을 보기 위해 1998년 이전의 시기를 현상유지전략'(1990-1998)이라는 국가발전전략으로 개념화하여 대내외 정치·경제적 조건과 개혁·개방의 내용을 설명하였다. 이때 대내적 정치·경제적 조건으로 체제전환에 대한 최고 지도자의 인식, 김정일 시대와 유훈통치, 경제난과 그 효과를 분석하였다. 또한 대외적 조건으로는 동북아 주변국 관계, 남북관계, 북미관계의 변화 양상을 중심으로 분석하였다. 그리고 현상유지전략 시기의 경제체제의 개혁·개방정책의 변화 내용을 정리하였다.

제5장은 1998년부터 2002년까지를 개혁·개방 확대전략이라는 국가발전전략으로 개념화하여 이 시기의 개혁·개방특징을 설명하였다. 정치적 조건으로는 군사·정치 강국의 이중전략과 군사중시 정치의 양면성을 중심으로, 경제적으로는 이 시기 추진한 여러 개혁·개방조치의 내용과 한계를 중심으로, 대외적으로는 동북아 주변국과 남북관계 그리고 북미관계의 특징을 중심으로, '개혁·개방 확대전략'이라는 국가발전전략을 설명하였다. 또한 이 시기의 경제체제의 개혁·개방정책의 내용을 정리하였다.

제6장은 결론으로 제4장과 제5장에 논의된 국가발전전략에서 언급한

대내외 정치·경제적 내용을 토대로 탈냉전기 북한의 개혁·개방의 특징을 정리했다. 이를 이론적 배경에서 고찰한 이론에 적용하여 체제변화 유형과 노선 그리고 개혁·개방의 특징을 통해 그 성격을 규정하였다.

제2절 연구방법과 범위

본 연구는 탈냉전기 대내외 정치·경제적 조건의 종합적인 고찰을 통해 개혁·개방 성격을 규명하기 위해 체제변화 이론과 대외관계 이론을 적용하여 설명할 것이다. 먼저 북한의 개혁·개방 성격을 규명하는 데 있어서 체제변화 정의와 유형 그리고 노선과 함께 코르나이(J. Kornai)의 '체제변화 유형', 바쉬크(A. M. Vacic)의 '경제체제 개혁 유형'을 적용시킬 것이다. 또한 대내외 정치·경제·대외조건의 상호작용을 분석하기 위해 브잔과 시걸(Buzan & Segal)의 '개혁·개방이론', 레이크(Lake)의 '동원과 추출이론'을 검토해 새롭게 재구성하여 사용할 것이다.

코르나이의 체제변화 유형은 이데올로기와 소유구조 그리고 관료통제의 변화를 체제변화의 핵심변수로 지적한다. 반면, 외부적 요인을 종속변수로 간주하기 때문에 북한의 경제체제변화를 이해하는 데 중요한 이론적 기여를 함에도 불구하고, 이를 통해 북한의 개혁·개방의 심도와 대외관계의 상호작용을 설명하는 데는 한계점을 갖고 있다. 때문에 북한의 개혁·개방의 심도를 설명함에 있어 개혁·개방에 따른 안보위기에 대해 '국가개입의 내성'이 좁아지거나 혹은 넓어진다는 브잔과 시걸의 가설을 적용할 것이다. 이들의 '개혁·개방이론'은 국가개입의 내성의 변화에 따라 특정국가의 개혁·개방심도를 평가할 수 있는 척도로 작용할 수 있기에 북한의 개혁·개방의 심도를 이해하는 데 중요한 단초를 제공해 줄 것이다. 또한 북한의 경제위기 극복을 위한 수단으로 추진되는 국가발전전략의 국내적 전략과 국제적 전략을 이해하는 데 레이크의 동원과 추출이론은 남북관계와 북·미 관계 그리고 여타 대외관계를 대내외적 추출과 동원의 개념을 통해 설명하기에 북한의 국내적 전략과 국제적 전략의 상호작용을 이해하는 데 중요한 단초를 제공해 줄 것으로 본다.

본 연구는 북한 경제체제 관련 문헌과 소련과 동구 그리고 중국과 베트남의 체제전환 경험을 연구한 문헌 그리고 대외관계를 연구한 국내외 문헌을 참고하는 문헌연구방법과 사회주의 국가들 간의 체제전환을 비교분석 하는 비교분석방법을 사용할 것이다. 또한 북한 문헌연구에 있어서는 북한자료의 제약성이 있지만, 북한의 1차 문헌으로 『김일성 저작집』과 『김정일 선집』, 『김정일 전집』, 노동당 기관지 『근로자』, 『경제연구』, 『경제사전 1·2』, 「정치사전」, 『철학사전』, 김일성의 경제정책을 수록한 『사회주의 경제관리 문제에 대하여』 등 북한문헌들에 대한 내용을 참조할 것이다. 또한 『노동신문』, 『조선중앙통신』, 『민주조선』 등 북한 관영언론 보도와 외무성 논평과 법제 등을 자료로 이용할 것이다.

본 연구는 대외관계를 분석함에 있어 냉전기와 탈냉전기의 북미관계와 남북관계 그리고 동북아 주변국을 분석할 것이다. 특히 북미와 남북관계를 중심으로 대외관계를 분석할 것이다. 그 이유는 북한이 김정일 정권의 체제유지 전략과 경제난 극복을 위한 수단으로 핵무기를 매개로 미국과 협상을 진행하고자 하는 상황에서 이의 해결 방향성이 향후 북한의 사회주의 체제에 막대한 영향을 미칠 뿐만 아니라, 그 결과가 북한의 개혁·개방을 이해하는 데 중요한 단초를 제공한다고 보기 때문이다. 또 남북관계가 갖는 냉전적 특수성과 적(敵)인 동시에 포용의 대상인 같은 민족이라는 이중성이 존재하고 있는 상황에서 남한의 역할이 북한의 개혁·개방에 중요한 영향을 미친다고 보기 때문이다.

시간적 범위에 있어서 냉전기는 1970년대와 1980대를 중심으로 설명할 것이다. 탈냉전기는 김정일 정권의 정치권력의 제도적 안정화가 이루지는 1998년을 기점으로 그 이전과 이후의 국가발전전략 추진 시기로 구분하여 볼 것이다. 이때 1990년부터 1998년까지를 '현상유지전략' 시기로, 이후 2002년까지를 '개혁·개방 확대전략' 시기로 구분할 것이다.

제2장 이론적 배경

제1절 사회주의 체제변화: 정의와
유형 그리고 노선

1. 체제변화 정의

사회주의 체제변화 연구에서 체제변화의 정의에 대한 고찰은 북한의 개혁·개방 성격을 규명하는 데 중요한 의미를 갖는다. 왜냐하면 체제변화의 정의에 따라 북한의 경제개혁은 체제내적 변화 혹은 근본적 변화로 규정될 수 있기 때문이다. 때문에 본 연구에서는 체제변화에 관한 다양한 정의를 고찰하고, 이를 토대로 체제변화의 용어를 정의하겠다.

코르나이(J. Kornai)는 사회주의 체제 내에서 사용하는 개혁(reform), 재건(restructuring), 변동(transformation), 체제전환(transition), 혁명(revolution)에 대해 합의가 이루어지고 있지 않다고 보았다.[1] 때문에 그는 체제변화(change), 개혁, 혁명, 체제전환

---

1) 정치학을 연구하는 학자들 사이에 체제전환(transition)에 대한 다양한 해석이 존재한다. 먼저 사회주의를 연구한 학자들은 소련과 동구의 체제전환은 과거 사회주의 체제와 구별되는 정치·경제체제의 변화를 의미했다. 따라서 이들은 체제변화(change)과정에서 나타난 변화의 결과에 초점을 두고 비교했기 때문에 체제전환으로 해석한다. 다음으로 비교정치학에서 정치변동(political change)은 고유한 정치·경제적 조건하에서 특정한 '정치체제'의 형성과 변동의 과정이라고 정의한다. 정치변동이라는 포괄적 개념하에 특정정치·경제체제에서 다른 체제로의 변화과정에 초점을 두기에 이행(transition)으로 해석한다. 자세한 설명은 서경교 외, 『동아시아의

24

등의 개념 정립을 통해 체제변화에 대한 정의를 제시한다.2)

그에 따르면 체제변화는 개혁과 체제전환 그리고 혁명을 포괄하는 광의의 개념을 함축하고 있는 용어로 정의한다.3) 또한 모든 사회주의 국가들의 체제변화는 축적된 긴장과 모순-경제적 어려움의 축적, 대중불만, 권력자의 신뢰감 상실, 외부적 요인-에 의해 강요된다는 것이다.4) 그러면서 그는 체제변화의 심도와 속도 그리고 주체에 따라

정치변동: 연구의 쟁점과 전략』(서울: 인간사랑, 2001), pp.23-72. 참조. 반면, 최근 이 양자의 시각에 대해 비교사회주의를 연구하는 학자의 시각을 비판하면서 이행론의 입장에서 탈공산주의 현상을 연구한 논문은 주목할 만 하다. 임경훈은 비교민주화 이행론/민주주의 공고화론(transitology/Consolidology)이 러시아를 비롯한 탈 공산권 지역에 적용하기 어렵다는 소비에트 연구가들(Sovietologists)의 주장들(① 탈공산주의 전환은 레닌주의적 일당독재, 명령경제체제로부터의 체제전환으로서 자본주의적 틀 내에서의 민주화와는 완전히 구별, ② 이행의 국제적 맥락 및 국제 변수의 영향력이 다름. ③ 이행론에서 중요한 변수로 간주되는 행위자들의 전략적 선택이나 우연적 요인들의 영향력이 탈공산주의적 맥락에서는 구조적, 역사적 요인들에 의해 근본적으로 제약, ④ 이러한 제약조건으로 인해 이행의 정치적 동학이나 이행유형이 다른 지역에서와는 판이하게 나타날 수밖에 없다)을 비판한다. 그에 따르면 이행론이 민주의의 문제를 중심으로 전개되는 정치변동에 관한 이론일 뿐, 민주화 이행이 탈공산주의 전환의 전부라고 규정하지 않는 것이다. 또한 이행론은 사회, 경제, 문화 등의 변화를 포괄하여 설명하기보다 민주화 및 민주주의의 공고화에 이들이 어떠한 영향을 미치는가에 관심을 가진다는 것이다. 따라서 다른 지역에서보다 탈공산권에서 이행의제 달성이 매우 어렵다는 것은 사실이나 가설은 지역 간 비교 검증 및 설명의 대상이지 이행론의 적용 가능성을 봉쇄할 근거가 되지는 못한다고 주장한다. 자세한 설명은 임경훈, "비교 민주화 이행론과 러시아의 탈공산주의 이행", 『국제정치논총』 제43집 3호, 2003, pp.477-493. 참고. 본 연구에서는 이처럼 다양한 해석이 존재하지만 transition을 체제전환으로 해석하겠다.
2) Janos. Kornai, *The Socialist System: The Political Economy of Communism*, Princeton University press, 1992, p.387.
3) Kornai(1992), *ibid.*, pp.386-387.
4) 코르나이는 고전적 사회주의에 의해 축적된 긴장과 모순에 의해 강제된 것으로 크게 네 가지 변수를 상정하고 있다. 비록 다양하고 특별한 문제들과 모순들이 각 국가들에 정도에 있어서 차이가 있고, 체제가 안고 있

개혁과 혁명을 구분한다. 그는 개혁에 대해 다음과 같은 세 가지 요소로 정의 내리고 있다. 첫째, 정치구조, 소유관계, 조정기제에 적어도 하나에 영향을 미쳐야 한다. 둘째, 온건하고 부분적인 변화 "온건적 급진주의," 변화이어야 한다. 셋째, 체제의 완전한 변화를 의미하지는 않는다는 것이다. 즉 개혁은 위로부터 추동되어 시작되고, 체제의 근본적 속성의 변화를 의미하지 않는다는 것이다.

반면, 혁명은 사회주의 체제의 근본적 변화로 본다. 그 예로, 공산당의 일당독재의 포기를 들고 있다. 이것은 혁명이 변화의 결과에 집중된 것이라면, 개혁은 그 결과로 이끄는 정책의 속성에 집중되어 있다는 것을 의미한다.[5] 또한 그는 체제전환의 정의를 "동구 사회주의 체제로부터 정치영역에서 다원민주주의, 경제영역에서 시장경제체제로의 이동"이라고 주장한다.[6] 이처럼 그는 사회주의 체제의 근본적 변화를 체제전환으로 정의하고 있다는 측면에서 혁명과 유사한 정의를 내리고 있다.

비폴츠(Charles Wyplosz)는 소련붕괴 후 동구유럽에서 추진된 체제전환은 정치적으로는 공산당 독재에서 다원주의를 인정하는 민주주의 체제로, 경제적으로는 사회주의 계획경제체제를 출발점으로 그 목표인 시장경제체제로의 전환을 의미한다고 본다. 그에 따르면, 체제전환은 비록 장기적 조망이 매우 희망적인 것처럼 보일지라도 결코 쉽지는 않

는 문제들에 모든 국가들이 다르게 작동했을지라도 다음의 네 가지 변수를 체제변화의 핵심동인으로 지적하고 있다. 네 가지 변수들은 경제적 어려움의 축적(accumulation of economic difficulties), 대중불만(public dissatisfaction), 지배권력의 정당성에 대한 신뢰감의 상실(loss of confidence by those in power), 외부적(outside) 영향 등이다. Kornai(1992), *ibid.*, pp.383-386.
5) Kornai(1992), *ibid.*, pp.388-389.
6) Janos. Kornai, *The Road to a Free Economy: Shifting from a Socialist System: The Example of Hungary*, Harvard University and Hungarian Academy of Sciences, 1990, pp.14-15.

는데, 그 이유는 체제전환 자체의 주요과정이 이론적·정책적 도전뿐만 아니라, 피할 수 없이 정치·경제가 충돌되기 때문이라고 주장한다.7)

헤리와 데이비스(Hare and Junior R. Davis)는 공산당 일당체제에 의해 지배되는 중앙 집중적 계획경제로부터 민주주의 체제와 시장경제체제로의 변동이 체제전환을 의미한다고 본다. 이들은 체제전환의 두 가지 특징을 제시하고 있다. 첫 번째는 공산주의 붕괴 이후 많은 국가들이 분열되었고 새로운 국가로 창출되었으며 분열된 많은 국가는 영토, 안보, 인종 등의 문제로 험난한 과정을 겪고 있거나 겪었으며, 아직도 그 과정이 종결된 것은 아니라는 것이다. 두 번째는 체제전환을 겪고 있는 국가들에게 있어서 변화는 무엇으로부터의 변화이며, 무엇을 향한 변화인가 그리고 앞으로의 길은 무엇인가? 라는 의문을 제기한다.8)

이와 같이 '체제변화' 연구자들은 체제의 근본적 변화를 의미할 때는 혁명과 체제전환이라는 용어를 사용하였고, 체제내적 변화를 의미할 때는 개혁이라는 용어로 사용하였다. 또한 양자의 개념을 다 포괄하는 광의의 의미로 사용할 때는 체제변화라는 용어를 사용했다.

따라서 본 연구는 체제전환과 개혁의 정의를 명확히 구분하여 북한의 경제개혁을 분석할 것이며, 이를 통해 개혁·개방 유형과 단계를 규정할 것이다. 또한 개혁·개방 성격을 규정함에 있어서 연구자들에 따라 경제개혁이 갖는 변화속성을 체제내적 변화로 보는 시각과 체제의 근본질서 변화로 보는 시각차가 존재한다. 때문에 본 연구에서 체제변화(change)라고 할 때, 그 의미는 양자의 변화속성을 포괄하는 광의의 용어로 사용할 것이며, 이를 통해 북한의 개혁·개방 성격을

---

7) Charles Wyplosz, *Ten Years of Transformation: Macroeconomic Lessons, Graduate Institute of International Studies*, Geneva and CEPR, 1999, p.1.
8) Paul G. Hare and Junior R. Davis, Transition to the Market Economy: Critical prespective on the world economy V. I, London and New York: Routledge, 1997, pp.1-3.

규정할 것이다.

2. 체제변화 유형

코르나이는 체제변화를 설명하면서 그 의미는 체제전환과 개혁을 포괄하는 광의의 용어로 사용하고 있다. 또한 그는 사회주의 정치체제는 경제체제의 비효율성 때문에 경제침체 극복을 위한 개혁·개방을 시도하게 된다는 가설하에 사회주의 체제의 특징을 설명한다.9) 이와 같은 측면에서 볼 때, 그가 설명하고 있는 체제변화에 있어서 설정한 이론의 적용을 통해 탈냉전기 북한 개혁·개방의 성격 규명에 많은 함의를 준다고 볼 수 있다. 그 이유는 북한의 개혁·개방의 성격이 체제의 근본적 질서 변화인지 혹은 체제 내의 개혁인지에 대한 논의가 지금도 진행 중에 있기 때문이다.

그에 따르면 사회주의 체제전환은 ① 권위구조 혹은 이념체계의 수정, ② 소유권 인정, ③ 경제에 대한 관료적 조정의 완화라는 세 가지 조건 중 2가지 이상이 충족되어야 하며, 이때 대외의존은 증대한다고 설명한다.10) 앞의 조건을 인정하는 것은 사회주의 체제의 본질적 속성의 손상을 의미한다. 그 이유는 정치체제의 권위구조와 이데올로기

---

9) 고전적 사회주의 체제의 이해의 핵심을 첫째, 정치구조(일당지배)와 공식 이데올로기, 둘째, 사유화에 관한 논쟁으로 국가의 지배적 소유(국유화), 셋째, 관료적 통제메커니즘을 들고 있다. Kornai, (1992), *op. cit.*, pp.360-363. 사회주의 체제의 경제체제를 지칭하는 개념은 사회주의 계획경제체제를 포함하는 사회주의 계획경제, 중앙계획경제, 명령경제, 소비에트형 경제, 공산주의 경제체제, 중앙통제적 경제체제, 중앙행정적 경제체제 등 다양하다. 사회주의 경제의 특징과 모순, 변화 등에 관한 논의는 Morris Bornstein, *Comparative Economic Systems: Models and Cases*, Michigan: Library of Congress Cataloging-in-publication Data, 1989, pp.263-294.

10) Kornai(1992), *op. cit.*, p.377.

28

의 약화, 국유화의 폐지 그리고 중앙통제 시스템의 변화 같은 자유화를 인정하는 것은 사회주의 체제를 포기하는 것을 의미하기 때문이다. 그는 가설에 부합하는 조건이 충족하게 되면, 정치체제는 개혁·개방 수행 및 제2경제가 확산되고 관료뿐만 아니라, 대중도 경제체제의 주요행위자로 등장하게 된다는 것이다. 또한 고전적 체제로부터 이탈하는 움직임은 다양한 사회활동에서 발생하는 복잡한 과정이며, 이 과정에는 정치구조와 이념, 소유권 배분, 다양한 협력기구의 상대적 중요성, 경제성장의 구조, 수요와 공급 등의 변화가 나타난다는 것이다. 그는 경제에 있어서 많은 행위자의 행동이 변화하며, 특정시기, 특정국가가 고전적 체제로부터 얼마나 이탈했는가를 개별현상을 통해 관찰할 수 있지만, 체제전환의 과정에 있어서 일부 특별한 영역에 대한 분석을 한정하는 것은 일방적인 측면이 있다는 것이다.11)

또한 그의 주장에 따르면, 사회주의 체제의 권위구조 혹은 이데올로기의 퇴조는 기존 정치체제의 정당성 약화를 의미하고, 소유권 인정과 통제체제의 완화는 경제체제의 본질적 속성의 변화를 의미한다. 이와 같은 조건에 있는 사회주의 체제의 근본적 변화는 정치체제의 전환으로 달성된다는 것이다. 따라서 그의 가설은 정치체제와 경제체제의 동시 변화라는 이중전환을 의미한다고 할 수 있다.12)

---

11) Kornai(1992), *op. cit.*, pp.386-387. 크로포드와 레이파트(Crawford & Lijphart)는 사회주의 과거의 유산을 다음의 여섯 가지로 분류하고 있다. ① 경제적 후진성, ② 신엘리트층의 부재, ③ 허약한 정당체계, ④ 정지된 국가건설, ⑤ 구체제에서 형성된 제도의 지속, ⑥ 중앙집권적 국가와 명령경제 등이다. Beverly Crawford and Arend Lijphart, *Liberalization and Leninist legacies: comparative perspectives on democratic transitions*, Berkeley: International and Area Studies, 1997. 참조.

12) 이때 코르나이는 체제전환의 방향성은 비록 체제가 사회주의 체제의 특성을 갖고 있다고 할지라도 체제전환은 자본주의 시장경제체제를 향한다고 주장한다. Kornai(1992), *ibid.*, p.389.

이와 같이 코르나이가 언급한 체제전환의 관점에서 북한의 개혁·개방을 볼 때, 탈냉전기 북한의 개혁·개방은 코르나이가 언급한 체제전환이라고는 볼 수 없다. 그 이유는 그가 상정한 변수들에 있어서 북한은 체제의 근본적 질서의 변화보다는 체제내적 변화를 시도하고 있기 때문이다.

이와 같은 이유로 그가 상정한 세 가지 변수들이 탈냉전기 북한의 체제내적 변화라는 개혁과정에서 어떻게 변화되어왔는가를 이해하는 것은 중요한 준거 틀을 제공해 준다고 볼 수 있다. 따라서 그가 설정한 변수들을 통해 북한의 개혁·개방 변화심도를 분석할 것이다.

또한 코르나이는 전통적 사회주의 경제의 제 문제를 해결하기 위해서는 경제개혁이 불가피하다고 주장하며, 경제개혁을 둘러싼 제 문제에 접근하기 위한 분석적 장치로 '조정 기제'를 제시하고 있다. 그는 다음과 같은 다섯 가지 메커니즘을 거론하면서 사회주의 조정문제를 이들 다섯 가지 메커니즘 중 어느 하나 또는 어떤 조합에 의하여 해결할 수 있다고 본다.

조정 메커니즘은 ① 개인과 집단의 상하관계가 수직적 관계로 상부가 하부에게 명령하고 하부가 이를 받아들이는 제도화된 강제력으로 유인하는 '관료적 조정(bureaucratic coordination)', ② 판매자와 구매자와의 수평적 관계로 가격에 의해 다양한 정보의 유통이 가능하며 이를 통해 금전적 수익획득을 유인하는 '시장적 조정(market coordination)', ③ 구성원들의 관계가 수평적으로 그들 사이에 특별한 법칙과 법에 의해 수행되는 '자치적 조정(self-governing coordination)', ④ 상부와 하부의 관계가 법률적으로 종속되지 않고 물질적인 이익에 의해 유인되기보다는 정치적·종교적 동인에 의해 유인되는 '도덕적 조정(ethical coordination)', ⑤ 기제 내의 참여자가 가족과 밀접히 연관되어 있는 '가족적 조정(family coordination)' 등이다.13)

그는 사회주의 경제체제하에서 선택 가능한 기본형으로 관료적 조정

30

과 시장적 조정을 들고 있으며, 전통적 사회주의 경제 메커니즘을 직접적인 관료적 조정이 주로 작용하는 것으로 본다. 그러한 조정방식으로 인하여 사회주의 경제의 제 문제가 발생하는 것으로 보기 때문에 이를 극복하기 위해서는 조정 메커니즘의 변화가 필요하다고 주장한다.14) 때문에 그는 사회주의 국가들의 실증적 경험에 근거하여 소유권과 조정 메커니즘 각각의 특정한 종류로 조합된 모형에 따라 경제체제를 분류하고 있다. 그는 소유권을 사적 소유와 국가소유로, 조정 메커니즘을 시장조정과 계획조정으로 구분하여 4개의 조합모형을 제시하고 있다.15)

〈표 1-1〉 코르나이(J. Kornai)의 경제체제 분류

자원배분＼소유구조	사적 소유	국가소유
시장조정	순수 시장경제	시장 사회주의 경제
계획조정	사회주의 경제개혁	순수 사회주의 경제

참조: Janos. Kornai, *The Road to a Free Economy: Shifting from a Socialist System: The Example of Hungary*, Harvard University and Hungarian Academy of Sciences, 1990, pp.10-17, 57-58. 참조 작성.

---

13) 코르나이에 따르면 역사적으로 모든 활동이 이들 다섯 종류의 기본형 중 어느 하나만을 사용하여 조정되는 사회는 지금까지 존재한 적이 없으며, 현실에는 여러 가지 기본형이 병존하면서 기능하고 있다고 주장한다. Kornai(1992), *op. cit.*, pp.91-109.

14) 코르나이는 개혁·개방을 전통적 사회주의 체제 혹은 스탈린식 사회주의에서의 변화로 규정하면서 경제정책 변화를 가져오기 위해서는 우선 권위구조와 이념체계의 수정, 소유권의 조정, 그리고 관료적 조정이 감소하는 대신 시장적 조정역할이 증가되는 것으로 본다. Kornai(1992), *op. cit.*, pp.385-395, 정세진, 『동아시아 국제관계와 한반도』(서울: 한올 아카데미, 2002), p.248.

15) Kornai(1990), *op. cit.*, pp.10-17, 57-58.

또한 바쉬크(A. M. Vacic)도 중앙계획경제에서 상이한 경제체제로 변화됨에 있어서 사회주의 경제체제의 개혁유형을 다음 세 가지 유형으로 제시하고 있다.16) ① '부분적 경제개혁(sectoral economic reform)17)', ② '포괄적 경제개혁(comprehensive economic reform)', ③ '경제체제의 전환(alteration of economic system)'이 그것이다. 이 유형은 개혁의 범위에 따라 부분적, 포괄적 개혁으로 나누었으며 그것이 근본적인 질서 변화일 경우에는 체제전환으로 설명하고 있다. 이와 같이 체제전환과 개혁과정에 나타난 체제변화 유형들을 통해 본 연구는 탈냉전기 북한이 대내외적 정치·경제 조건하에서 어떠한 경제체제 개혁과정을 거쳐 어떤 개혁·개방 유형을 갖고 있었는지를 유형화할 것이고, 이를 적용시켜 북한의 개혁·개방 성격을 논의할 것이다.

3. 체제변화 노선

1) 단일전환과 이중전환

개혁·개방을 연구하는 데 있어서 체제전환 유형에 대한 고찰은 북

---

16) A. M. Vacic, *System Transformation in Central and Eastern Europe: General Framework, Specific Features and Prospects*, in: Osteuropa-Wirtschaft, 1, 1992, pp.2-5.

17) 부분적 개혁의 특징은 개혁의 범위가 전 경제에 미치는 것이 아니라 국부적이라는 데 있다. 말하자면 농업부문개혁, 개인서비스부문의 개혁, 성과급에 의한 노동의욕자극, 세제개혁 등등이 이러한 개혁에 속한다. 이 같은 부분적 개혁은 반드시 사회주의 국가에서만 존재했던 것은 아니고, 자본주의적 시장경제에서도 볼 수 있었던 것이었다. 말하자면 정부의 역할을 대폭 축소한다든지, 농지개혁, 화폐개혁, 외환부분의 자유화 같은 조치들이 이에 해당된다고 볼 수 있을 것이다. 1960년대 볼 수 있었던 개발도상국가들의 경제개혁도 부분적 개혁에 속한다고 볼 수 있다. 허만·신현윤 외, 『동유럽의 개혁과 시장경제의 도입』(서울: 집문당, 1993), pp.129-130.

32

한의 개혁·개방 특징과 성격을 이해하는 데 중요한 함의를 준다. 이것
은 정치·경제체제의 근본질서 변화에 따라 두 가지 유형으로 나눌 수
있다. 첫 번째 유형은 소련 및 동구의 소위 '선진 사회주의'(developed
socialism)국가들에서 시작된 러시아·동구형이며, 두 번째 유형은 중
국, 베트남 등 소위 '개발도상의 사회주의'(developing socialism) 국
가들에서 시작된 동아시아형이다. 전자는 정치개혁과 동시에, 혹은 정
치개혁을 통해, 급진적 경제개혁을 이행하는 소위 '이중전환'을 시도한
유형이며, 후자는 정치체제는 그대로 두고, 또한 대부분 같은 정치 지
도부에 의해, 경제체제만 점진적으로 변화시키는 '단일전환'을 시도한
유형이라고 할 수 있다.18)

동구국가들 중 헝가리와 체코 및 슬로바키아는 시장 사회주의 또는
경제체제론을 배경으로 하는 국가주도 '점진주의(gradualism)'를 채택
했다. 반면 폴란드와 러시아는 국가주도의 '급진주의(shock therapy)'
노선하에 변화방향을 명백히 자유시장경제를 지향하고 있다. 또한 중
국형의 체제전환 정책은 시장사회주의나 경제체제론에 기초한 전형적
인 국가주도 점진주의라고 볼 수 있으며, 변화성과에 있어서는 경제성
장·시장경제의 제도나 안정화 정책수단 등에 있어서 러시아나 동구를
앞서고 있다.

따라서 러시아와 동구 체제전환 유형은 「유럽형 선진국형」이라 한다
면 중국의 유형은 「동아시아형 개도국형」이다. 체제전환 비용의 측면
에서 볼 때, 중국 유형이 러시아와 동구유형보다 상대적으로 적은 비
용이 든다는 특징이 있음을 지적하고 있다.19)

그러나 사회주의권의 경험이 시사하듯 실제 경제체제의 개혁이라는

<hr>

18) 하상식, "경제체제 개혁과 정치적 변화: 북한의 개혁전망", 『국제정치논총』
    제37집 2호, 1997, p.151.
19) 박제훈 외, "북한경제체제의 변화 전망", 『김정일 체제의 역량과 생존전략』
    (서울: 경남대 극동문제연구소, 2000), pp.115-120.

것은 위로부터의 정책선택이라기보다는 아래로부터의 사회경제적 압력
에 직면하여 사후적인 공식화로 전개되었던 측면이 강하였다. 중국의
개혁과정 대부분은 사실상의 변화(de facto change)를 추인하는 것
으로 아래로부터의 주도(bottom-up initiatives)에 의한 변화를 중
앙당국이 사후적으로 승인하는 식이었다.[20] 때문에 이중전환과 단일
전환 유형에 대한 논의는 체제변화에 대한 정의를 어떻게 내리느냐에
따라 체제전환을 경험한 국가들과 체제변화를 시도하고 있는 국가들
사이의 정책노선과 내용 그리고 방향성 등에 있어서 많은 차이점과 공
통점을 내재하고 있었다. 때문에 여기에 대한 많은 논쟁을 불러일으키
고 있다고 볼 수 있다.[21]

---

20) Wing Thye Woo, "The art of reforming, centrally planned
economies; Comparing China, Poland and Russia," Journal of
Comparative Economics 18, 1994, pp.281-284. 중국의 개혁·개
방의 특징을 요약하면 다음 세 가지로 압축할 수 있다. ① 공산당의 개혁
주도 능력 인정 ② 사회주의와 시장경제 양립 가능(사회주의 시장경제)
③ 개혁과 경제규제에 있어 국가의 역할 인정 등이다. Li(1994)는 중국
의 경제개혁이 공산당의 지도하에 계획적으로 그리고 단계적으로 수행되
어야 하며 여러 가지 개혁정책은 공산당 조직과 기존의 국가기구를 통해
서 실행되어야 한다며 정치개혁이 경제개혁과 조화되어 진행되어야 한다
고 주장한다. Jingjie Li, "The characteristics of Chinese and
Russian economic reform," Journal. of Comparative Economics
18, 1994, pp.310-311.
21) '이중전환'이란 정치개혁을 먼저하고 경제개혁을 시작하는 전략이다. 그러
나 정치개혁이 단시일에 이루어질 수 없고, 경제개혁 역시 장기적인 과정
이기 때문에 이 두 과정은 동시에 지속될 수밖에 없다는 주장에 따라 체
제전환 노선이 나뉘게 된다. 반면, '단일전환' 유형은 경제체제의 내부개
혁과 대외개방에 집중되는데 이때 사회주의 국가 내에서 '개방의 효
과'(virtue of openness)에 관한 논쟁은 아직도 첨예한 상황이다. 이것
은 사회주의 체제 국가들에서 개방에 관한 논쟁이 야기하는 문제가 상당
히 복잡하지만 중요한 두 가지 쟁점들이 있기 때문이다. 첫 번째가 개방
으로 이끌 '단일변화' 혹은 '노선(path)'이 있는가? 이다. 두 번째는 개
혁의 시각들 사이에, 예를 들어 경제와 정치의 개혁에 필수적 연계가 있
는가? 라는 논쟁이 그것이다. Bary Buzan and Gerald Segal,

실제 1990년대 초반에 시작된 소련과 동구권 국가들의 경제체제전환을 대상으로 전 세계적으로 활발한 논의가 벌어졌으나, 그 어떠한 논의도 경제체제전환을 위한 최선의 모델에 대한 합의에 이르지는 못했다고 주장한다.22) 체제전환을 연구하는 일부 학자들은 체제전환 유형에 있어서 정치체제의 변화 없이 경제체제의 변화라는 것이 불가능하다고 진단하는 학자들도 있다.

따라서 전술한 체제전환 유형을 토대로 이를 북한에 적용하여 북한의 개혁·개방을 유형화 할 수 있으며, 그 유형이 함의하는 여러 특징을 논의할 수 있다고 본다.

2) 급진주의와 점진주의

체제변화 연구에서 정치·경제영역의 논쟁은 체제전환전략들에 대한 논쟁이 그 핵심이었다. 대표적인 체제전환전략에는 '급진주의'와 '점진주의'로 나누어진다. 먼저 체제전환에 대한 급진주의자들은 주요 개혁에 대한 빠르고 전반적인 수행을 강조한다. 이들은 체제전환 과정에서 출현한 정부는 민주주의 설립에 의해 창출되기에 '기회의 창(window of opportunity)'—허니문 기간 혹은 예외의 정치기간—을 제공받기 때문에 핵심은 속도라고 주장한다. 이 기간 동안 정부는 가능한 한 빨리 개혁을 채택하고, 이들 개혁의 불가변성을 창출하려고 시도한다는 것이다.23)

Openness and Foreign Policy Reform in Communist States, London and New: York The Royal Institute of International Affairs, 1992, pp.1-2.

22) Salvatore Zecchini. 1997. *Lessons from the economic transition: Central and Eastern Europe in the 1990s*, Dordrecht; Boston: Kluwer Academic Pub, p.8.

23) Lipton, D. and J. Sachs, "Creating a Market Economy in Eastern Europe: the case of Poland", Brookings Papers on

다음으로 점진주의자들은 체제변화 과정에서 개혁의 면밀한 순서에 대한 필요를 강조한다.24) 점진주의자들에 따르면, 체제변화 과정에서 적절한 개혁의 순서가 만들어져야 보다 심도 있는 개혁정책을 연속성 있게 추진할 수 있다는 것이다.25)

때문에 체제변화 연구에 있어서 핵심적 논쟁은 체제전환을 실현하기 위한 수단으로 개혁정책의 선택에 있어서 그 추진 속도와 순서에 귀결되었다. 우선 체제전환전략에 있어서 '충격요법'으로 대표되는 삭스(J. Sachs)의 급진적 개혁방식은 가능한 빠르게 시장경제로의 변화를 목표로 하는 방식이라고 할 수 있다. 그에 따르면, 충격요법은 체제전환을 시도함에 있어서 경제자유화, 사유화 및 경제안정화와 같은 정책들을 가능한 한 짧은 기간 동안 전면적으로 실시할 것을 주장한다. 이 같은 주장은 다수의 서방학자들이나 국제통화기금(International Monetary Fund, 이하 IMF)를 중심으로 한 국제금융기관의 많은 전문가들에 의해 강력히 개진되었다.26) 그러나 급진주의자들의 정책

Economic Activity, 1990, pp.75-133
24) Dewatripont, Mathias, and Gerard Roland. "Economic Reform and Dynamic Political Constraints," Review of Economic Studies 59, 1992, pp.703-730.
25) 연속성의 문제는 발전 중인 경제의 구조조정의 분석에서 광범위하게 논의되어져 오고 있는데, 이론적 조사와 실제적 경험의 보다 중요한 교훈은 개별적인 정책변화의 연속적인 나열이 옳은 접근법(the right approach)이 아니다라는 것이다. 연속적인 문제의 한 측면은—즉 정치적·경제적 개혁들의 연속성—종종 간과되어지는데 점진적 개혁들에 의해 경제 개혁 단계에서 법과 규칙(law and order)이 수립되어야 한다는 것을 말한다. Daniel Gros & Alfred Steinherr, "Winds of chance: Economic Transition in Ccentral and Eastern Europe," (London: Pearson Education Aisa (Pte)Ltd.), 1995. p.99.
26) Olivier Blanchard 1991. *Reform in Eastern Europe, Cambridge:* The MIT Press. Lipton, David and Jeffrey Sachs. 1990. "Creating a Market Economy in Eastern Europe: The Case of Poland." Brookings Papers on Economic Activity 1. Jeffrey Sachs, "poland's Jump to the Market Economy," London: The

은 거시경제의 안정화 없이 가격만의 자유화를 통해 높은 물가상승을 이끌었다. 이 같은 한계점을 극복하기 위해 거시경제의 안정화는 순차적인 재정개혁의 지지를 필요로 했다. 결국 경제개혁에서 추진되는 여러 정책들은 다른 모든 것에 연계되어 있었다는 것이다. 다시금 시장경제는 만약 어떤 필수적 요소가 상실된다면 멈추게 되는 분리할 수 없는 메커니즘이기 때문이다. 이와 같은 이유로 작동하는 시장 경제와 개혁정책이 상호 격리된 상황에서 잘 작동하지 않으며 모든 것이 연계된 일련의 제도들이 필요하다는 것을 어떻게 볼 것인가라는 문제가 바로 점진주의와 급진주의 방식에 대한 주요 논쟁이었다.27) 즉 계획경제에서 시장경제로 경제체제전환을 하는 데 있어서 자유화, 안정화, 민영화 등 제반 정책들에 대해 속도와 순서를 어떻게 설정할 것인가가 문제였다.28)

MIT Press Cambridge, Massachusetts, 1994, pp.1-9.

27) 그로스와 쉬타인허(Gros & Steinherr)는 체제전환 초기에 일련의 포괄적 접근인 새로운 토대의 규칙들은 소유권으로 재정의 된다고 본다. 그러나 경제적 제도들로 설계되는 새로운 법제를 갖고 변화할 수 없으며, 명확한 체제전환의 상징으로 내놓아야 한다고 주장한다. 이들은 체제전환의 상징은 단순히 일부 게임의 법칙을 변화시키는 것이 아니라, 오히려 작동되어지는 게임의 속성을 변화시키는 것이라고 주장한다. Daniel Gros & Alfred Steinherr, *Winds of chance: Economic Transition in Central and Eastern Europe*, London: Pearson Education AISA (Pte)Ltd., 1995. pp.91-99.

28) 체제전환과정에서 개혁의 강도와 방식에 차이가 있기는 하였지만, 체제전환을 경험한 국가들에서 공통적으로 취해진 조치들로는 ① 가격자유화, 임금자유화, 무역자유화, 기업경영자율화 등을 포함하는 각종 경제활동의 자유화, ② 거시 경제적 안정화, ③ 국가기업의 사유화, ④ 시장경제 운용을 위한 제도적 장치나 기구의 확립이 이루어졌다는 특징을 보인다는 사실이다. 박제훈, "체제변화와 통일의 비교정치경제학", 『남북한의 경제체제와 통합』(서울: 전영사), 1995, pp.3-53. Horne, Jocelyn, "The Economics of Transition and the Transition of Economics," The Economic Record 71. 1995, p.384. Fisher, S. and A. Gelb, "The Process of Socialist Economic Transformation," Journal of Economic Perspective 5. 1991, pp.91-105. 참조.

이와 같은 측면에서 볼 때, 급진주의가 주장하는 핵심은 크게 세 가지로 설명할 수 있다. 첫째, 가격 및 무역자유화를 통해 인센티브 체제를 구축하고, 민간기업에 대한 시장진입장벽을 제거한다. 둘째, 산업부문의 탈독점화와 소유구조의 개편을 위해 민영화를 실시한다. 셋째, 시장경제를 지탱하는 제도구축을 위해 재정 및 금융체제개편에 즉각 착수해야 한다는 것이다. 이와 같이 급진적 개혁을 위해서는 개혁속도가 급진적일 뿐만 아니라, 정부보다는 시장의 자원배분기능이 우월하다는 관점에서 개혁초기 모든 부문의 자유화 및 규제완화를 추진해야만 한다는 것이다.[29]

반면, 점진주의 방식은 급진적 개혁이 초래할 수 있는 감당키 어려운 사회적 비용을 비판하는 다양한 여타의 방식들을 말한다. 이들의 공통적 특징은 과거를 개혁하고 새로운 체제를 만들어내는 데 충분한 시간이 절대적으로 필요하다는 점을 강조한다는 것이다. 점진주의 방식에 따르면, 경제영역에서의 국가역할 축소와 가격자유화, 국가기업의 사유화, 다양한 제도적 장치의 구축 등이 시장경제체제로 나아가는 과정에서 반드시 필요함에도 불구하고, 그것이 너무 급진적으로 이루어질 경우 역효과가 대단히 클 것이고, 그로 인해 경제개혁이 결국 실패로 끝날 가능성이 높다는 것이다. 이에 대해 로드리키(Rodriki)같은 점진주의자는 단계적이고 점진적으로 체제전환 정책들을 실행에 옮길 것을 주장한다. 그에 따르면 급진적인 경제체제 변화정책은 신속한

---

29) 이들은 80년대 말 사회주의권의 체제전환 경제를 중남미의 개도국 경제와 성격상 같은 것으로 보고 기존의 경제발전론이나 이를 기초로 개도국 경제에 적용된 제반 경제정책이 큰 무리 없이 이행기(period of transition) 경제의 체제전환에 적용될 수 있다고 주장한다. 삭스(J. Sachs)를 비롯한 소위 Cambridge & Washington 그룹과 시카고학파들은 체제전환 경제에 있어서 재정·금융긴축에 의한 거시경제의 안정화와 통화정책을 주장한다. 비교정치학회 편, 박제훈, "체제전환과 통일의 비교정치경제학", 『남북한의 경제체제와 통합』(서울: 전영사, 1995), pp.8-27. 참조.

38

시장환경을 구축하기보다는 오히려 경제적인 혼란을 초래한다는 것이다. 때문에 그는 부분적인 체제전환 정책부터 실시하여 정책의 효과를 보아가며 단계적으로 체제전환의 강도를 높여 갈 것을 권고한다.30)

이와 같은 개혁노선의 차이점이 상존하는 상황에서 경제체제의 개혁이 성공하기 위한 조건을 제시한 콜로도코(Korlodoko)의 주장은 그 성공가능성을 예측할 수 있다는 측면에서 중요한 의의가 있다고 할 수 있다. 그에 따르면 경제체제의 개혁이 성공하기 위해서는 네 가지 조건이 필요하다고 주장한다. 첫째, 사회가 적절한 비용을 감수하고 개혁을 기꺼이 수행해야 한다는 것이다. 둘째, 정치적 권위(authority)가 확고한 위임 속에서 추진되어야 한다는 것이다. 셋째, 새로운 체제에 대한 이론적 토대를 제공해야 한다는 것이다. 넷째, 지속적인 변화를 수행할 수 있는 충분한 자원의 공급이 충족되어야 한다는 것이다.31)

또한 체제전환에 있어서 정치영역에 대한 이해 없이는 경제체제변동과 시민사회 그리고 시장경제를 바로 이해할 수 없다고 강조한다. 그에 따르면 시장경제체제로의 변화는 시장경제가 복잡한 구조적, 제도적인 조정뿐만 아니라, 사회·정치적 변화를 포함하기 때문에 자유화와 사유화를 훨씬 능가하는 것을 내포하고 있다고 본다. 이것은 결국 체제전환과정에서 다양한 집단들과 승자와 패자들의 갈등 해결방법을 찾는 것이 진정한 경제성장과 사회적 발전을 이룰 수 있다는 것이다.32) 때문에 그는 시장경제체제가 정상적으로 작동하기 위해서는 제

---

30) Rodrik, D, "The Dynamics of Political Support for Reform in Economies in Transition," Journal of Japanese and International Economies,9(4) December 1995, pp.402-425. Rodrik, D, "The Positive Economics of Policy Reform," American Economic Review, Papers & Proceedings 83(2), May 1993. 참조.
31) Grzegorz W. Kolodko, *From Shock to Therapy: the political economy of post-socialist transformation*, New York: Oxford: Oxford University. Press. 2000, pp.11-12.
32) Kolodko(2000), *ibid.*, pp.3-4.

도적 구조와 그에 상응하는 행동양식 그리고 제도구축의 필요하며, 제도구축은 시간이 요구되는 작업이기 때문에 체제전환은 불가피하게 점진적이 될 수밖에 없다고 주장한다.[33]

이와 같은 급진주의와 점진주의의 속도와 순서의 차이에 대해 라비니(M. Lavigne)는 학문적 논쟁이기보다는 정치적 관점의 차이라고 보고 있다. 그는 그 이유로 체제전환기의 정치세력이 체제전환기에 발생하는 경제적 혼란이라는 불확실성으로부터 자유로울 수 없는 상황에서 정권교체를 당할 수 있는 위기와 변화 과정에 많은 보상비용 지출에 직면할 수 있기 때문이라고 지적한다. 때문에 이를 고려하여 체제전환전략을 선택한다는 것이다. 또한 기존 사회주의 경제체제의 모순에 의해 집권한 개혁세력은 단시일에 경제적 혼란을 극복해야 할 과제를 부여받았고, 이를 성공해야 정치적 지지를 획득할 수 있는 정치적 이해관계가 병존하기 때문이라는 것이다. 또 초기조건 상황이 유리한 국면에서 체제전환을 맞은 보수주의적 성격의 정권은 기존체제를 점진적으로 변화시키려고 할 것이고, 이의 실패는 정권교체로 이어질 가능성이 있기에 체제전환전략은 정치적 관점의 차이에 따라 선택된다는 것이다.[34] 이에 대해 삭스는 체제전환에 있어서 가장 어려운 부문은 경제영역이 아니라, 정치영역이라고 지적하고 있다. 그에 따르면 작금의 동유럽국가들에서 형성되고 있는 민주적 질서는 매우 취약하며, 몇 년간의 스테그네이션(stagnation) 이후 동구의 경제는 근본적으로 변화해야 한다는 것이다. 슘페터가 언급한 것처럼 "변화는 창조뿐만 아니라, 파괴도 포함한다"는 것이다.[35]

---

33) Kolodko(2000), *ibid.*, pp.16-47.
34) Marie Lavigne, *The Economics of Transition: From Socialist Economy to Market Economy*, St. Martin's Press New York, Second edition, 1999, pp.118-121.
35) Jeffrey Sachs, *Poland's Jump to the Market Economy*, London: The MIT Press Cambridge, Massachusetts, 1994, p.3. 립튼과 삭

이와 같이 체제변화 과정에 있어서 정치영역의 중요성을 강조하는 데 있어서 발세로비치(Balcerowicz)의 주장은 눈여겨볼 만하다. 그는 소련과 동구의 체제전환기 사회주의 정권의 교체에 대한 분석을 통해 체제전환기에 출현하는 정치세력은 보상을 기대하는 선상에서 국민들이 일시적 경제난을 극복하려는 의지를 갖고 있다고 보았다. 때문에 공산주의 붕괴 후 정치권력을 누가 소유하던 엄청난 정치적 자산을 소유한다는 것이다.36) 이를 그는 "정치적 기회의 창"이라 명명하고, 체제전환기를 "예외적 정치(extraordinary Politics)"라고 정의하면서 새로운 이해집단이 존재하지 않는 상황에서 정치권력은 개혁을 쉽게 결정할 수 있고 추진할 수 있다고 설명한다.37) 이처럼 체제전환이라

스는 개혁프로그램 수행에 대한 국민의 신뢰를 확립하기 위해서는 급속히 포괄적인 분야에서 개혁을 추진할 필요가 있음을 강조한다. 개혁초기부터 개혁조치를 부단히 실시함으로써 개혁과정에서 신뢰성을 높이고, 기술적으로는 처음부터 정치·경제위기 중에서 각각의 개혁을 조정하여 순서를 정하는 것은 불가능하므로 급진적으로 간단명료한 경제프로그램이 추진하기에도 손쉽다고 주장한다. Lipton, David and Jeffrey Sachs. 1990. "Creating a Market Economy in Eastern Europe: The Case of Poland." Brookings Papers on Economic Activity 1, p.75.

36) 체제전환 시기에서 지금까지 폴란드는 9번, 에트노티아 7번, 헝가리 5번의 정권교체를 경험했다. 소련붕괴 후 평균적으로 경쟁적 민주주의 체제에서는 6번의 정권교체가 이루어졌다. 반대로 불가리아를 제외한 집중적 정치체제들은 정권교체를 경험하지 않았다. 비경쟁적 정치체제에서는 벨루로시를 제외하고 체제전환 시기에 지속적으로 소련 붕괴 후 공산당 지도자가 집권하고 있다. 여기서 주목할 것은 빈번한 정권교체가 개혁을 손상시키는 불확실성의 환경을 만들고, 정권연장이 경제개혁을 채택하게 할 정부의 선호에 긍정적으로 영향을 미치지 않는다는 사실이다. IBRD, *Transition The First Ten Years: Analysis and Lessons for Eastern Europe and the Former Soviet Union*, Washington D.C: The World Bank. 2002, pp.101-102.

37) Balcerowiez, Leszek, *Eastern Europe: Economic, Social and Political Dynamics, London: School of Slavonic and East Europen Studies 1994*, The Sixth M.B. Grabowski Memorial Lecture. Charles Wyplosz, *Ten Years of Transformation:*

는 전환기적 시점에서 사회주의 국가들의 정치세력은 국가가 처한 정치·경제적 초기조건을 감안하여 급진주의 혹은 점진주의 체제전환 노선을 선택한다는 것이다.[38]

그러나 양자논쟁의 핵심사안에 있어서 분석의 장단점이 있음에도 불구하고, 실제 정책이 입안되고 추진되는 데 있어서 주목해야 할 것은 동구권 국가들의 체제전환 경험은 어느 국가에서나 경제체제전환 과정이 급진주의 또는 점진주의로 명확히 구분할 수 없을 정도로 양자의 요소가 혼합되어 있었다는 사실이다.[39] 이렇게 된 이유는, 우선 전술한 것처럼 체제전환 국가들이 체제전환 정책-급진주의와 점진주의 노선-을 선택함에 있어서 가장 결정적인 요소로 작용한 각 국의 정치적

Macroeconomic Lessions, Graduate Institute of International Studies, Geneva and CEPR, 1999, p.8.

38) 체제전환 시기 경제개혁의 대중적 지지 양성을 위해 국가 소유의 부를 재분배함으로써 사유화를 만드는 것은 매우 중요했다. 따라서 big bang과 gradualism의 중요한 논쟁의 부분은 사유화 전략에 관련된 여러 이슈들과 연계되어있다. 체제개혁안을 논의할 때 점진주의자들과 급진주의자들은 일반적으로 구성하는 6가지 요소 즉 ① 안정화(stabilization), ② 자유화(liberalization), ③ 법·제도적 그리고 경제정책 개혁들, ④ 사유부분(private sector)의 창출, ⑤ 현존하는 국가소유기업의 재구축, ⑥ 사회 안전망 창출 등을 지적하고 있다. Hare and Davis(1997), *op. cit.*, p.8.

39) Ellman, Michael, "Shock Theraphy in Russia: Failure or Partial Success?," RFE/RL Reseach Report, vol. 1, No.34(28 August 1992), pp.48-61. 실제 폴란드·체코슬로바키아·에스토니아·라트비아 그리고 1991-1992의 불가리에서는 충격요법이 없었고 또한 암묵적으로 점진주의가 1995년까지 헝가리·루마니아·슬로베니아·리투아니아에는 없었다. 오히려 '요법 없는 충격(a shock without the therapy)'이 있었을 뿐이었다. 러시아에서 1992년 연속적인 개혁 프로그램이 착수되었다. 그러나 IMF와 러시아 채권자들을 즐겁게 해주는 충격요법이었으며 의회와 정부 사이의 갈등과 정부와 중앙은행, 그리고 다양한 이익집단의 갈등으로 인해 많은 개혁 프로그램이 수정되었다. 결국 중요한 조처들(가격자유화, 신용, 만족할 만한 임금, 인플레 억제, 화폐 태환 등)이 결코 실행될 수 없게 되었다.

42

인 상황이 1990년대에 수시로 바뀌었기 때문이다. 이와 더불어 경제 체제 전환전략과 정책에 영향을 미친 또 다른 요인으로 각 국의 다양한 정치·경제적 초기조건을 들고 있다.40)

지금까지 논의를 요약하면, 체제전환 유형과 노선은 체제전환에 직면한 개별 국가의 정치·경제적 초기조건하에서 어떤 체제전환 유형과 노선을 선택하느냐에 집중된 논의였다. 또한 체제전환 과정에서 개별 국가는 정치체제와 경제체제가 직면한 대내외적 초기조건이 체제전환을 제약 혹은 촉진하는 조건하에서 체제전환전략이 결정되었고, 정치 지도부가 어떤 전략을 선택하느냐에 따라 그 속도와 순서가 결정되었다는 것이다. 또한 개별국가의 지도부가 체제전환을 선택함에 있어서 핵심적 논쟁은 정치체제의 변화에 중심을 두고 보느냐 혹은 경제체제의 변화에 중심을 두고 보느냐에 따라 차이점을 보인다는 것이다.

따라서 전술한 체제변화 유형과 노선에 대한 연구는 탈냉전기 북한의 개혁·개방을 제약 혹은 촉진한 대내외적 정치·경제적 초기조건의 상호작용의 분석을 통해 북한 지도부가 어떠한 개혁·개방 유형과 노선을 선택하였는지를 이해하는 데 중요한 단초를 제공할 것으로 본다.

---

40) 포르잔스키(Poznanski)는 폴란드의 체제전환과정을 분석하며 정치적 조건과 경제 구조적 조건이라는 초기조건이 경제자유화, 경제 안정화, 사유화 및 제도의 재구축 등에 영향을 미쳤다고 주장한다. Kazimierz Z. Poznanski, *Stabilization and privatization in Poland: an economic evaluation of the shock therapy program*, Boston: Kluwer Academic Publishers, International studies in economics and econometrics; v. 29. 1993., pp.15-45.

제2절 개혁·개방과 대외관계의
상호작용에 관한 이론

1. 개혁·개방이론

사회주의 체제의 개혁과 개방 사이의 상관관계를 이해하기 위해 브잔과 시걸(Buzan & Segal)은 개방과 폐쇄의 개념을 사용한다. 이 개념은 북한의 내부 경제개혁과 대외개방의 심도(degree)를 설명하는 데 기여한다. 이들에 따르면 정치단위의 특징인 개방과 폐쇄는 외부세계와의 상관관계의 속성이다.41) 이들은 어떤 특정국가들이 대내외적으로 개방적인지 혹은 폐쇄적인지를 ① 경제적 요인, ② 정치적 요인, ③ 군사·안보적 요인, ④ 사회·문화적 요인들을 주요 변인으로 분석한다. 개별국가가 추진한 개혁·개방의 효과가 안보위협 요인으로 작용할 때, 그 국가의 '국가개입의 내성(tolerance of intervention, 耐性)'이 좁아지거나 혹은 넓어지는 변화를 보이게 된다. 이 변화 심도에 따라 그 국가의 개방심도를 분석한다.42)

---

41) 여기서 정치단위라 함은 국가를 상정한다. 이들은 사회주의 각 국가 개혁의 핵심 특징은 국내외정책의 복잡한 상관관계가 존재한다는 것이고 국가의 크기, 문화, 발전척도, 국제체제의 위치에 결정적으로 영향받는다는 사실이라고 주장한다. Bary Buzan and Gerald Segal, *Openness and Foreign Policy Reform in Communist States*, London and New: York The Royal Institute of International Affairs, 1992, p.2.

42) 이들이 개념화한 '국가개입의 내성(tolerance of intervention, 耐性)'은 행위자인 국가가 개혁·개방정책을 추진할 때, 그 효과가 정치체제의 위협요인으로 작용할 것이냐 혹은 그렇지 않을 것이냐에 따라 내성(인내심)이 좁은지(closed) 혹은 넓은지(broadly)를 개념화했다. 즉 국가개입의 내성이 좁은 체제는 개혁·개방의 효과가 정치체제의 외부위협 요소로 작용하는 것을 의미하며, 국가개입의 내성이 넓은 것은 외부위협 요소로 작용하지 않음을 의미한다. Buzan and Segal(1992), *ibid*., pp.3-5. 참조.

먼저 '경제영역'의 경우, 내부개방은 시장경제와 사유재산에 토대를 둔 경제를 의미한다. 그러나 '혼합경제'라는 구절이 암시하듯 개방경제를 정의하는 시장기제와 사유재산의 특별한 수준을 제시하고 있지 않다. 외부개방은 국제경제와 상호작용을 통해 폭 넓은 번영을 증진하는 것을 의도한다. 무역유입과 외국직접투자(Foreign Direct Investment, FDI)는 국가를 더욱 개방적이게 만들고, 국가와 국민, 조직들이 국제노동분화에 참여하는 자유로운 경제를 상대적으로 국가안보위협으로 보지 않는다.

두 번째, '정치영역'의 경우, 내부개방은 이념적 다원주의를 의미하며, 다수의 정당들이 다양한 이데올로기를 대표하는 것을 의미한다. 이 체제는 보통선거가 인정되고 정치적 정보의 유용이 가능한 경우이다. 반면, 권력이 한 정당과 일부 정책결정권자에게 집중되고 분쟁의 법적 해결이 이루어지지 않는 경우는 폐쇄적인 경우이다. 외부개방은 정치적 이념, 국민과 기관들의 상호작용이 상대적으로 자유로운 유입을 통해 광범위한 자유를 암시, 초국가적 정치네트워크가 국가안보의 위협으로 비쳐지지 않는 것을 의미한다.

세 번째, '군사와 안보영역'의 경우, 내부개방은 개방된 정치체제에서 선출된 정치기구에게 책임을 지는 군부로 정치기구와 군부의 명백한 구분을 의미한다. 이러한 구분의 연관성은 군부의 직업주의를 의미하며, 국민경제활동과 군부활동 영역에서 분리되어야 한다는 것이다. 외부개방은 더 투명하고 상호의존적인 군사정책을 통해 향상된 안보를 의미하며 군사적으로 개방된 국가는 군사적 경쟁국과 지속적인 상호작용을 하기 원하고(MAD와는 다른 정책), 군비통제에 참여하고, 지역적 안보와 세계적 안보 공동체에 참여하기 원한다.

네 번째, '사회·문화적 영역'의 경우, 내부개방은 법에 의해 여행, 통신, 집회, 언론, 성 평등 등이 보장되며, 상대적으로 덜 제약받는 사회를 의미한다. 외부개방은 자유로운 사회적 교환이 국가의 안보위협으로 정의되지 않는 것을 의미하며, 상대적으로 자유로운 신체의 자유가 보장됨을 의미하고, 외국여행·방문, 외국방송, 문화의 접근 등 문화의 특수성에 대해 어느 정도 폐쇄성을 인정함을 말한다.43)

브잔과 시걸에 따르면, 사회주의 체제국가들이 개방적인지 혹은 폐쇄적인지를 독립변인으로 상정한 ①, ②, ③, ④의 심도에 따라 '개입의 내성'이 더 넓은 경우 개방, 낮은 경우 폐쇄로 상정하고 있다.44) 이때 외부개방이 종종 내부경제·사회적 요인들의 상대적 자율성에 의해 지지 받게 되면 국가는 경제·사회적 상호작용을 개입으로 정의하지 않는 경향이 있고, 이것을 안보의 위협으로 이해하지 않은 경향이 있다. 그럼에도 불구하고, 그는 어떤 국가들에게 있어서 특별히 국제적 긴장의 기간 동안, 예를 들어 냉전 시기에는 대내적으로는 개방적이지만, 대외적으로는 폐쇄적인 것이 가능하다고 주장한다.

반면, 드문 경우지만, 대부분 폐쇄적 내부체제임에도 불구하고 외부적 개방의 특별한 모습인 내부적 폐쇄와 외부적 개방의 접목이 있다. 중국의 경제특구정책(Special Economic Zone, SEZ)이 이에 해당한다고 주장한다. 이 경우 내부적 폐쇄는 대부분의 영역에서 중앙 집중화된 정부의 통제와 연관이 있기 때문에, 외부적 개방은 이러한 통제를 쉽게 위협하게 된다는 것이다.45)

또한 이들은 "사회주의 국가들은 다원주의 국가들과 시장 경제체제보다 외부적으로 더 폐쇄적이다"이라고 주장하는 것은 당시 국제질서가 이데올로기적으로 적대적 자본주의 체제의 지배되었던 냉전체제였음을 무시한 것이라고 주장한다. 이와 같은 조건하에서, 개방은 사회주의 국가들의 국내정치구조를 위협하는 것이었고 때문에 폐쇄적이었다는 것이다. 때문에 만약 사회주의 체제 국가가 이러한 국제체제에 의해 지배되었다면, 폐쇄체제라는 것은 부적절한 기술이라고 주장한다. 또한 사

---

43) Buzan and Segal(1992), *ibid.*, pp.5-7.
44) Buzan and Segal(1992), *ibid.*, pp.12-17.
45) Buzan and Segal(1992), *ibid.*, p.4.

46

회주의 국가들의 중앙 집중적 통제의 특징은 대부분 폐쇄적이었지만, 개방이 체제 내에서 덜 위협적인 관계의 패턴을 형성하는 경우 더 높은 정도의 개방을 띠게 된다는 것이다. 브잔과 시걸은 이 같은 주장을 중국의 데탕트 시기를 예로 들어 설명하고 있다. 이와 같은 이유로 개방 사례에 대한 기준을 적용할 때 대내외적 개방과 개방의 다른 측면 사이의 부조화 가능성을 고려해야 하며, 특정국가가 처한 지정학과 발전수준 등 개방의 상대적 조건을 고려해야 한다고 주장한다.[46]

따라서 본 연구에서는 탈냉전기 북한은 외부위협에 대한 국가개입의 내성에 대해 어떻게 반응하였고, 어떤 개혁·개방심도를 보였는지를 고찰함으로써 그 개혁·개방의 단계와 성격을 논의할 것이다.

2. 동원(mobilization)과 추출(Extraction)이론

레이크(D. Lake)는 국제정치와 국내정치의 연계를 연구하는 과정에서 국가행위의 두 가지 국면이 존재한다고 주장하며, 이를 두 가지 보충적 모델인 국내적 전략과 국제적 전략을 제시한다. 그의 주장에 따르면, 국가는 국제적 목적을 추구하기 위해 국내적 전략을 개발하며, 국내적 목적을 추구하기 위해 국제적 전략을 개발한다. 두 가지 모델은 국가목적의 전제인 생존에 연관되어 있으며, 국가정책담당자가 그들의 목적을 성취하기 위해 국내·외적 영역 사이에 놓여진 그들의 독특한 위치를 어떤 환경하에서 그리고 어떤 이유에서 이용하는지를 이해하는 데 하나의 틀을 제공해 준다. 첫 번째로, 국내적 전략은 자원동원, 사회적 부를 향상시키고 경제성장을 자극하기 위해 경제에 개입하는 것을 의미한다. 이때 국가는 경제에서 포괄적 연대와 같은 역할을 수행한다. 내부적 동원은 두 가지 형태가 있는데, 직접동원은 국

---

46) Buzan and Segal(1992), *ibid.*, p.5.

가가 직접적으로 계획과 국유화 등과 같은 여러 수단을 통해 생산물을 분배하고 통제하는 것을 의미한다. 이것은 국가가 초기산업화 단계에서 대약진 운동과 같은 대중동원(big push)을 추진할 때 효과적이다라고 주장한다. 이와 같은 직접동원은 팽창적인 경제발전 국면에서는 효과적이라는 것이다. 반면 간접동원은 국가가 사회적 부를 축적하기 위해 경제에서 간접개입을 할 수 있는 것을 말하며, 이는 보다 효율적인 재산권을 창출하고 기술발전과 지대추구 연합을 제거할 수 있다는 것을 의미한다.47)

또한 그는 동원이 국제적 영향력에 있어서 중요한 투자이며 요소라고 주장하며, 부를 확대함으로써 국가는 기술혁신과 군사비 지출, 정치·경제적 국력의 기초를 만드는 데 도움을 준다고 주장한다. 직접동원은 비싼 행정기제를 요구하며 시간의 경과에 따라 경제적 비효율성을 나타내는 데 반해, 간접동원의 비용은 비국가행위자들이 생산성을 확대하게 설득하게 하는 더 중요한 역할을 한다는 것이다.

두 번째, 국가는 국제기구, 선전, 국제적 권력의 실행에 대한 공헌, 외부지원, 군사비 지출을 위해 사회로부터 외부자원을 획득을 시도한다는 것이다. 부는 국제적 영향력을 위한 토대를 국가에 제공하지만 이것이 국가권력을 의미하지는 한다. 국가는 사회적 자원의 흡수와 세금징수를 통해 부를 권력으로 전환한다는 것이다.

그의 주장에 따르면, 국가에 따라 국가적 자원을 만드는 데 명백한 차이가 존재하며, 권위주의 국가 혹은 전체주의 국가들에서 생산수단에 대한 직접통제를 통해 추출하는 명령경제를 구축한다는 것이다. 심지어 민주적 자본주의 국가들 사이에는 추출능력에 있어서 차이가 있다고 주장한다. 중앙 집중화되었고, 고립된 국가들이 탈중앙 집중화된

---

47) Michael Mastanduno, David A. Lake, G. John Ikenberry, "Toward a Realist Theory of State Action," International Studies Quarterly, 1989. 33, p.462.

사회보다 사회적 부를 더 추출할 수 있다는 것이다. 반면 추출의 형태는 사회에 따라 국력에 따라 차이가 있으나, 모든 국가들은 부를 권력으로 변화시킨다는 것이다.

또한 그는 '동원과 추출'은 비용을 지불해야 하며 이때 사회집단으로부터 불만이 생성될 가능성이 있다고 주장한다. 더욱 중요한 것은 추출은 현재와 미래에 있어 국가의 부를 줄이는 것이라고 주장한다. 만약 추출된 부가 국가에 의해 사회집단으로 더 높은 비율로 재분배된다면 국부는 더 확대될 것이다. 반대로 추출자원이 국제적 권력의 목적으로 이용되면, 부의 생산이라기보다는 소비가 될 것이라는 것이다. 결론적으로 '동원과 추출'의 두 전략 사이에 교환이 존재한다는 것이다. 동원은 권력에 있어서 투자와 부의 창출이며, 내부추출은 부의 소비이며 권력의 창출을 의미한다. 추출이 증가할 때, 국가는 동원에 있어서 국가의 노력을 배가하는 것처럼 보인다.

그러나 후자의 효율성은 현재 투자할 수 있는 부의 합이 낮고, 미래 부의 창출에 대한 동기가 경제에 대한 투자와 비효율성을 만들 경우 줄어들게 될 것이라고 주장한다. 이와 같은 문제들은 직접동원에서 더 예민하지 않고, 이러한 속성은 경제적 비효율성을 내포하고 있다는 것이다. 추출은 필요하지만 무정부적 국제체제에서 경쟁하기 위한 국가의 능력에 있어서 장기적으로 높은 비용을 지불하게 된다는 것이다. 그러므로 국가는 미래에 국가의 능력을 부양할 때까지 즉각적인 국가의 권력수요를 만족할 동원과 추출에서 균형점(equilibrium)을 찾아야만 한다는 것이다.48)

또한 그는 내부동원과 추출의 개념과 함께 외부동원의 개념을 사용한다. 그는 "국가의 궁극적 목적은 자기보존을 획득하기 위해 노력한다"는 현실주의 가설에서 출발한다. "외부추출은 국내목적을 달성하기

---

48) Mastanduno, Lake and Ikenberry(1989), *ibid.*, pp.461-463.

위해 이용할 수 있는 국외로부터 자원을 축적할 수 있는 국가노력"이라고 정의한다. "외부정당성(external validation)은 국가 대표가 그들의 국내 정치적 위치를 부상하기 원할 때, 정책담당자들이 그들의 지위를 이용하려는 시도"라고 정의하고 있다.49) 결국 그가 주장하는 것은 "모든 국가들은 생존하기 위해 국제적 부와 권력을 획득하려고 노력하며, 이를 위해 내부동원과 추출이 따라오게 되고, 자원통제라는 국내적 목적과 정통성의 보존이 '외부추출'과 '외부정당성'이라는 국제적 전략을 제시한다"는 것이다.

그는 국가가 직면하는 국내적 전략과 국제적 전략에는 도전과 반응이 존재하며 이를 설명하기 위해 세 가지 가설을 제시한다. 가설 1. 장기적으로 국가권력이 하강할 때, 국가는 그 내부적 동원을 증가할 것이다. 그 예로 그는 외부위협에 대한 자국의 안보를 위한 반응으로 급격한 산업화를 추진한 스탈린 체제를 들고 있다. 가설 2. 외부적 안보위협이 증가할 때, 국가는 그 내부적 추출을 증가할 것이다. 그 예로 베트남 전쟁시기 존슨정부의 군사비 증액을 들고 있다. 가설 3. 국내정치불안이 증가할 때, 국가는 외부추출과 정당성을 추구할 것이다. 그 예로 리비아와 이란의 반미정책을 들고 있다.50)

또한 레이크는 국내외적 구조에서 변화를 소개하고 모든 국가들의 전략선택을 예측한다. 모든 국가들이 국내외적 도전에 똑같이 반응하는 것과 국가행위의 결정요소를 조사한다. 그는 국가들에 따라 국가행위가 차이가 나는 것에 관해 제약을 상정하고, 그렇게 함으로써 국가행위의 두 가지 국면 즉 전략과 선택에 대한 예비적 종합을 시도한다는 것이다. 이때 국가는 국내외적 구조적 지위에 따라 구별하며, 왈츠의 구조적 현실주의를 토대로 국가 혹은 비국가 행위자에게 영향을 미치는 것으로 정의되어지는 힘과 능력의 배분을 통해 국제적으로 강대

---

49) Mastanduno, Lake and Ikenberry(1989), *ibid.*, p.464.
50) Mastanduno, Lake and Ikenberry(1989), *ibid.*, pp.465-467.

국 혹은 약소국로 나뉜다.[51]

또한 국가-사회관계가 중앙집권화 되었는가 혹은 분권화 되었는가를 통해 연성국가 혹은 경성국가로 구분한다. 이때 제시하는 가설이 4가지이다.

가설 1. 연성국가는 경성국가보다 정도에 있어서 국제적 전략에 더 의존할 것이다.

가설 2. 국제적으로 약소국은 강대국가보다 국내전략들을 강조할 것이다.

가설 3. 연성국가는 경성국가보다 더 국내적 추출에 의존할 것이다. 경성국가는 연성국가보다 국내적 동원에 의존할 것이다.

가설 4. 국제적으로 약소국은 강대국보다 대외적 정당성을 더 강조할 것이다. 국제적으로 강대국은 약소국보다 정도에 있어서 더 외부적 추출에 개입한다는 것이다.[52]

그의 '동원과 추출'의 개념은 특정 국가가 대내외적 위기에 직면한 경우, 이를 극복하기 위한 국가이익 획득 수단으로 어떤 전략을 추진하고, 선택하는지를 이해하는 데 중요한 함의를 준다고 본다. 이와 같은 이유로 탈냉전기 북한이 직면한 대내적 정치·경제적 조건에 적용하여 북한이 추진한 대내외적 전략을 이해하는데, 동원과 추출의 개념은 북한의 대내외 전략을 이해할 수 있는 단초를 제공한다고 본다. 즉 북한은 내부적으로 경제적 생산성의 하락과 경제침체라는 경제위기를 맞았고, 외부적으로는 체제변화에 따른 대외고립에 직면하여 정치체제의 정당성이 심각히 약화되는 위기국면을 맞게 되었다. 이 같은 위기 상황에서 북한은 내부적으로 내부동원의 일상화를 통한 정치·경제적

---

51) Mastanduno, Lake and Ikenberry(1989), *ibid.*, p.467. Waltz, K, *Theory of International Politics*. Addison-Wesley Publishing Company, 1979. pp.79-101. 참조.

52) Mastanduno, Lake, Ikenberry(1989), *ibid.*, pp.468-469.

내부추출을 시도하였고, 대외적으로 안보위기 상황에서 핵무기와 미사일을 수단으로 북미관계에서 관계정상화와 경제적 지원 등과 같은 외부추출을 병행하는 위기극복전략을 추진하였다고 볼 수 있다.

또한 국제정치·경제의 상호의존이 더욱 강조되고 있는 상황에서 레이크의 명백한 현실주의에 토대를 둔 강대국과 약소국의 대내외적 동원과 추출 개념을 적용하여 냉전기와 탈냉전기 북한의 대내적 전략과 대외적 전략의 상호작용을 분석하는 것은 북한의 개혁·개방성격을 이해하는 데 중요한 단초를 제공해 줄 것이다.53)

〈표 2-2〉 레이크의 국제체제 구조의 동원과 추출개념의 북한적용(북미관계)

		약소국(북한)	강대국(미국)
국내 구조	연성정부 (분권화된 정부)		외부추출: 핵과 미사일 포기, 동북아 패권유지
	경성정부 (중앙집권화된 정부)	내부추출·동원: 고난의 행군, 속도전, 라남의 봉화 등 외부추출·외부정당성: 국교정상화, 김정일 정권의 체제보장, 경제지원	

---

53) 레이크는 국가의 정책담당자들은 국내정치와 국제정치에서 대내외적 목적이 있다고 가정하고, 그들이 국제체제 내에서 국내목적과 국내체제 내에서 국제적 목적을 추구하는 방법에 관심을 갖고 이를 분석하기 위해 전통적 현실주의와 구조적 현실주의 이론의 장점과 단점을 언급한 후 이를 통해 체계적 접근을 시도한다. 국내정치와 국제관계는 상호연관성이 있다는 푸트남(Putnam)의 이론에 지지를 표명하면서도, 국내정치와 국제정치의 연관성에 관한 체계적 헌신이 부족하다고 언급하면서 추출과 동원의 개념을 통해 이를 서술한다. Michael Mastanduno, David A. Lake, G. John Ikenberry, "Toward a Realist Theory of State Action," International Studies Quarterly, 1989. 33 참조.

   지금까지 논의를 토대로 탈냉전기 북한 개혁·개방의 분석틀을 설정하면 다음 〈그림 2-1〉과 같다. 탈냉전기 북한은 대내외 정치·경제적 조건하에서 대외고립과 경제난에 봉착해 있었다. 이는 정치체제의 심각한 위협요인으로 작용하였다. 북한 지도부는 이 같은 위기 상황을 극복하기 위해 국내적 전략과 국제적 전략을 추진하였다는 것이다. 또한 북한 지도부는 시기별로 목적을 달리하는 국가발전전략을 추진하였다. 이때 개혁·개방에 따른 외부위협에 대한 국가개입의 내성과 개혁·개방정책이 변화를 보였다는 것이다. 따라서 이 같은 변화 양상에 대한 분석은 탈냉전기 북한의 개혁·개방성격을 규정하는 데 중요한 함의를 준다는 것이다.

〈그림 2-1〉 탈냉전기 북한 개혁·개방의 분석틀

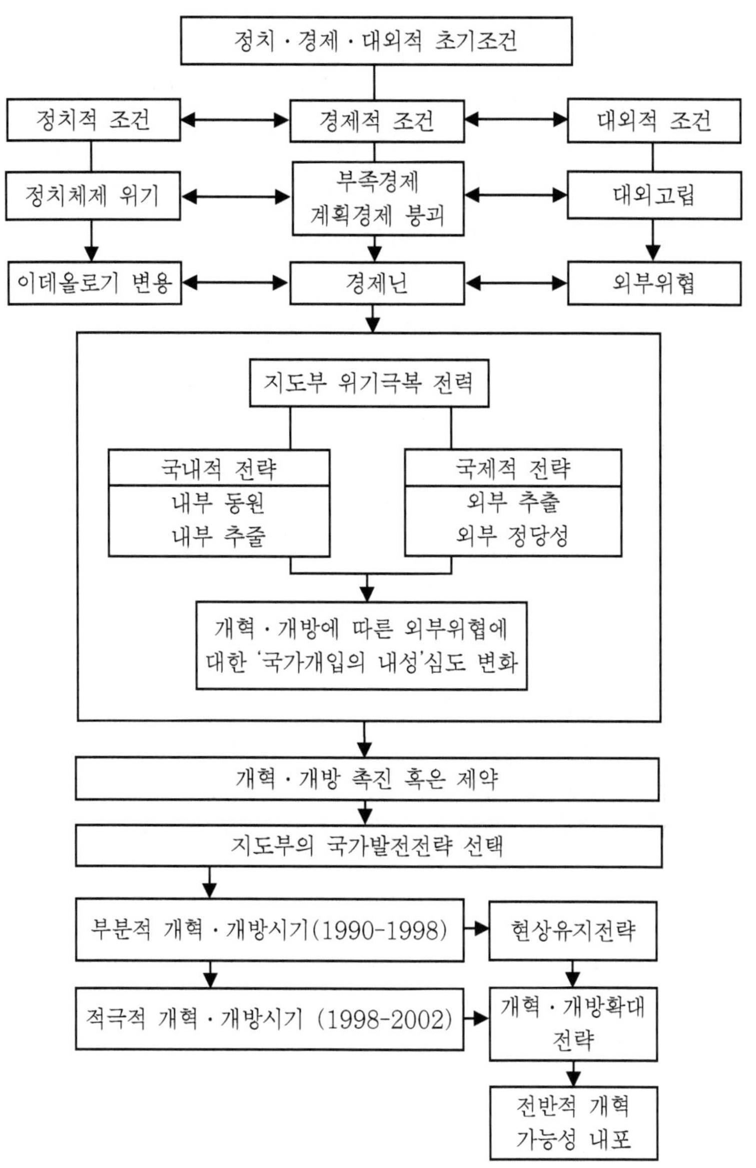

제3장 냉전기 북한의 초기조건

탈냉전기 사회주의 체제변화를 연구한 학자들에 있어서 초기조건은 개별국가의 체제변화 전략과 개혁노선을 이해하는 데 있어서 중요한 과제였다. 실제 체제전환을 경험한 국가들에 있어서 초기조건은 체제전환 과정에서 추진한 정책들에 중요한 변수로 작용하였다. 예를 들어, 1990년대에 진행된 소련과 동구권 지역의 경제체제전환 과정에서 나타나는 국가별, 지역별 성과의 차이를 규명하기 위해 최근까지 다양한 연구가 행해졌다. 이러한 연구들에서 체제전환 성과의 차이를 낳은 원인으로 지적된 요인들은 크게 정책적 요인과 초기조건이었다.[1] 즉 경제체제전환 성과의 국가별 차이가 주로 체제전환을 위한 정책프로그램의 차이에서 비롯된다고 보는 관점이 정책적 요인을 강조하는 시각이다. 반면, 각 국가들이 가지고 있는 대내외 정치·경제·사회적 조건, 특히 경제체제전환을 시작할 당시의 체제전환기 초기조건에 좌우된다고 보는 관점이 초기조건을 강조한 시각이다.[2] 이처럼 양자 관점 중 어느 측면을 중시하느냐에 따라 경제체제전환 성과에 대한 각기 다

---

[1] 초기조건의 다양성은 그 목적지를 의도하기도 하며(특징화된 초기조건의 범위 내에서), 체제전환 노선(path)에 관련하는 다양한 가능성들을 정치체제에 열어놓는다. Paul G. Hare and Junior R. Davis, *Transition to the Market Economy: Critical prespective on the world economy*, London and New York: Routledge, 1997, pp.1-3., P. Murrell, "What is shock Therapy? What Did it do in Poland and Russia," Paul G. Hare and Junior R. Davis, *Transition to the Market Economy: Critical perspective on the world economy*, Vol. I, London and New York: Routledge, 1997, pp.222-252. 참조.

[2] 정여천, 『동구 경제체제전환의 평가와 북한의 경제에 대한 시사점』(서울: 대외경제정책연구소, 2000), pp.62-77. 참조.

56

른 설명이 가능했다.

또한 경제체제전환을 설명하기 위한 초기조건으로 크게 경제적 조건과 비경제적 조건으로 구별하여 설명하는 경우도 있었다. 먼저 경제적 조건은 체제전환기 경제가 과거로부터 물려받은 경제체제, 경제발전단계 및 경제규모 등으로 보았다. 다음으로 비경제적 조건으로는 체제전환기 경제의 정치체제, 역사 및 문화적 특성과 이념 등을 예로 든다.3) 여기서도 양자의 초기조건의 차이가 경제체제전환에 있어서 중요한 영향을 미쳤으며, 실제 체제전환을 경험한 사회주의 국가들의 정치·경제적 초기조건은 이들 국가들의 체제전환에 중요한 영향을 미쳤다. 때문에 냉전기 북한의 초기조건은 탈냉전기 북한의 개혁·개방 성격을 규정하는 데 중요한 단초를 제공한다. 아울러 냉전기 북한의 대내외 정치·경제적 초기조건은 탈냉전기 북한의 개혁·개방을 촉진 혹은 제약하는 요인으로 작용하여 그 유형과 단계 그리고 성격을 규정하게 하는 데 중요한 요인으로 작용했다고 볼 수 있다.4)

따라서 본 장에서는 탈냉전기 북한의 대내외적 정치·경제적 초기조건을 규정한 냉전기 초기조건을 설명할 것이다. 또한 초기조건을 설명하는 과정에서 체제전환 과정에서 보여준 여타 사회주의 체제와의 비교를 통해 북한이 갖고 있는 사회주의 체제의 보편성과 특수성을 고찰해 볼 것이다. 이때 여타 사회주의 체제가 갖고 있는 보편성을 부여하기 어려운 현상을 북한의 특수성으로 명명하여 설명할 것이다.5)

---

3) 비교경제학회 편, 박제훈, "체제전환과 통일의 비교정치경제학", 『남북한의 경제체제와 통합』(서울: 전영사, 1995), pp.6-7.
4) 코르나이는 동구 사회주의 국가들의 체제전환 연구가 사회주의 체제의 내부의 개혁, 사회주의로부터의 이탈, 시장 사회주의의 실험 등의 차이점을 이해하는 데 도움이 된다고 언급하면서, 체제전환은 사회주의 체제가 갖고 있는 초기조건의 상황에 따라 다양하게 표출될 수 있음을 주장한다. Janos. Kornai, *The Road to a Free Economy: Shifting from a Socialist System: The Example of Hungary*, Harvard University and Hungarian Academy of Sciences 1990, p.17.

제1절 정치적 조건: 이데올로기의 정치적 역할

북한 정치체제의 특징은 '수령제', '유일지도체제', '유격대 국가', '선군정치' 등으로 주장되고 있다.6) 정치체제에 있어서 공산당에 의한 일당독재와 유일지배정당의 인정이라는 여타 사회주의 정치체제와 유사하지만 수령제와 유일지도체제 등은 여타 사회주의 정치체제와는 다른 북한의 특수성을 대변한다.7) 이러한 특징이 나타나는 주요한 원인은

---

5) 이에 대해 박형중은 특수성을 강조하는 연구자들이 "사회주의 체제에 보편적으로 나타나는 현상을 북한에 특수한 것으로 단정하고, 그것의 원인을 북한에 특수했던 여러 상황, 즉 지도자의 성격과 개인적 경험, 중앙집권회주의 건설과정의 여러 역사적 조건과 배경, 한국의 정치적 전통 등과 관련시켜 설명하면서 그것이 북한에만 특수한 것임을 단정한다고 비판한다. 그는 우리가 직면하는 '북한적 현상'들은 사회주의의 유전적 특성이 북한이라는 조건에서 구체화되어 발현한 것이라고 강조한다. 박형중, "북한 정치연구에서 '북한 특수성론'", 『통일문제연구소』, 제27호(1997), pp.184-185

6) 북한의 국가성격 규정에 있어서 중요한 것은 '수령제'라고 할 수 있는데, 수령제 개념으로 북한 국가체제의 성격을 분석한 선도적 연구로서는 스즈키 마사유키의 '수령체제론'을 들 수 있다. 그는 수령제를 "수령의 영도를 대를 이어 계속 실현하는 것을 목적으로 하는 체제"와 "사회주의 체제의 특징을 지닌 동시에 당·국가 시스템 위해 수령을 추대하는 체제"로 정의하고 있다. 그의 수령제 국가체제의 핵심은 수령의 유일적 영도, 즉 수령의 영도 아래 "한 사람같이 움직이는" 정연한 조직체계화 규율을 제도와 사상적으로 보장하는 시스템에서 찾을 수 있다. 여기서 수령이란 "프롤레타리아 독재체제에서 최고 뇌수이고 심장이며 당과 계급, 대중을 하나로 결속시키는 유일한 중심을 의미한다". 스즈키 마사유키, 유영구 옮김, 『김정일과 수령제 사회주의)』(서울: 중앙일보사, 1994), p.20, pp.268, 153.

7) 이종석의 '유일지도체계'는 조선로동당을 비롯한 전체 북한 사회를 관통하는 지도체계로서 북한 사회 조직운용의 기본구조를 이루고 있다고 본다. 그에 따르면 '유일지도체계'는 조선로동당과 북한 사회의 특징을 가장 확실하게 보여주고 있는 '북한적 현상'이며, 수령을 중심으로 전체 사회를 일원적으로 재구성한 이 '유일지도체계'는 스스로를 합리화시키는 이론적 기반과 자신의 사회적 재생산의 기초가 되는 실천적 기반(정치사회적 기반)을 가지고 있다고 주장한다. 이종석, 『조선로동당연구: 지도사상과 구조변화

정치체제의 정당화 기제인 지배이데올로기의 차이가 있기 때문이라고 볼 수 있다. 북한 정치체제의 지배이데올로기는 '맑스-레닌주의'로 출발하여 '김일성주의' 즉 '주체사상'으로 발전하여 정치체제의 지배이데올로기로 자리잡게 되었다.

정치체제에 정당성의 기원으로, 북한 사회를 관통하는 이데올로기로서 주체사상은 김일성의 수령제를 뒷받침하는 지배이데올로기 역할을 했다. 북한의 지배이데올로기는 중국·베트남과는 상이하게 소련군 점령 아래 공산주의체계를 고스란히 전수 받게 됨으로써 처음부터 자기 정당화의 도구로 맑스-레닌주의에서 출발했다. 소련군 점령이라는 특수 환경 속에서 공산혁명의 주·객관적인 모든 여건이 갖추어지지 않은 상태에서 사회주의 체제를 출발한 북한은 사회주의 국가의 변형체제를 형성하게 된 것이다.

북한의 지배이데올로기는 주체사상으로 특징화된다. 김영수는 주체사상이 사회주의 체제의 일반적 특성이 아닌 특수성을 두드러지게 지니고 있다고 본다. 그는 주체사상이 체계화되기 이전의 과정을 대략 3단계로 나누어 설명하고 있다. 첫 단계는 1945-한국전쟁이 끝나는 시기로 새로운 국가건설에 대한 개념을 인식시키기 위해 통일전선 정책과 새로운 가치 기준으로 등장한 맑스-레닌주의에 입각한 '유물사관'을 절대시했던 시기이다. 그는 이 시기의 특징은 북한 인민이 전통과 관습에 대한 집착과 새로운 공산주의적 가치체계에 대한 갈등 속에서 외적인 상황의 강력한 흐름에 추종할 수밖에 없었던 것이라고 설명한다. 이 같은 상황에서 공산주의가 북한의 지배 지배이데올로기로 자리 매김하게 된 것이다.

둘째 단계는 전후복구 3개년 계획과 사회주의적 공업화의 기반을 조성하기 위해 5개년 경제계획이 실시된 1954-1960년 시기이다. 이

를 중심으로』(서울: 역사비평사, 1995), p.100.

기간 동안 북한 통치 엘리트들은 농업의 집단화와 모든 사적 상공업의 국유화 정책에 따른 급진적인 사회경제적 변화에 대응하는 사회의식 구조 및 정치문화를 창출하기 위해 대중정치 교육계획을 추진했던 시기였다. 또한 주체개념이 제기되기 시작한 것도 바로 이 시기이다.[8]

셋째 단계는 주체개념에 입각한 공산주의 이념교육이 전국에 걸쳐 시행된 1960-70년대 초반시기이다. 이 시기의 특징은 김일성의 개인숭배와 우상화 및 자주노선의 확립과 관련된 정책을 실시함으로써 주체사상 체계가 본격적으로 형성되었다는 것이다.[9] 즉 북한은 1970년대 들어 김일성 개인우상화의 사상적 기초를 주체사상에 두었고, 주체사상이 전사회의 지도이념으로써 당의 혁명사상의 중심에 서게 된다. 이후 김일성 개인숭배는 더욱 강화되고, 혁명과 건설의 성과적 수행을 위한 선결조건으로 정치사업을 강조하게 된다.[10]

1970년대 들어서서 주체사상의 체계화 작업은 더욱 본격화되었다. 1972년부터 주체사상은 "혁명과 건설의 주인은 인민대중이며 혁명과 건설을 추동하는 힘도 인민 대중에게 있다는 사상," 즉 "자기 운명의 주인은 자기 자신이며 자기 운명을 개척하는 힘도 자기 자신에게 있다는 사상"이라고 규정됨으로써 주체사상이 점차 보편적 이론으로 체계화된다.[11] 여기에 자주성을 핵심 개념으로 하는 '사람 중심의 철학원

---

8) 1955년 12월 28일에 사상사업에서 교조주의와 형식주의를 퇴치하고 주체를 확립할 데 대하여, 김일성 연설에서 처음 언급되었다. 김일성은 소련 내정간섭, 당내투쟁, 전쟁복구상황에서 경제적 문제 병존하는 상황에서 사상적 무기로 주체를 내세웠다. 이 시기 북한은 대외적으로는 대외적 데탕트, 중소분쟁상황에서 실리외교 차원의 주체를 제기 했으며, 대내적으로는 1956년 이후 김일성의 국내의 권력 갈등 속에서 김일성의 권력 집중화를 위해 항일혁명전통을 교육시켰다.

9) 김영수, "북한의 통치 이데올로기 변화", 『현대북한연구』, 4권 1호, (서울: 경남대 북한대학원, 2001), pp.91-99.

10) 정진희, "정치사업을 힘있게 벌리는 것은 혁명과 건설의 성과적 수행을 위한 선결조건", 『근로자』(평양: 조선로동당 중앙위원회, 1977) 제6호, pp.22-27 참조.

60

리'를 도입하면서 이론적 체계화 작업을 본격화된다. 1973년을 기점으로 주체사상은 '맑스-레닌주의'에 대한 계승보다는 독창성이 강조된 '김일성주의'로도 불려지는데, 이는 1967년부터 본격적으로 진행된 개인 숭배현상의 이론화 결과라고 할 수 있다.12)

1980년 제6차 물질 경제적회에서 주체사상이 당의 유일적 지도사상으로 규정된 이후, 1982년에는 주체사상을 '전면적으로 심화 발전시킨 것이며 전일적으로 체계화 한 김정일의 "주체사상에 대하여"를 발표하게 된다.13) 여기서 그동안 불분명하게 다루어지던 '철학적 원리'가 자주성, 창조성, 의식성의 입장에서 세분화되었다. 이에 기초한 '사회력사 원리'와 '지도적 원칙'이 제시되어 마치 김일성의 거의 모든 것을 하나의 체계 속에 담을 수 있는 체계화가 시도되었다. 이후 1982년 김정일에 의해 이른바 '전일적 체계'를 갖춘 주체사상은 제일 먼저 '사회정치적 생명체론'과 결합하게 되는데, 이는 북한 주민들이 지도자를

---

11) 김일성, 『김일성 저작집』, 제27권(평양: 조선로동당출판사, 1984), pp.390-391. 참조.
12) 김일성주의는 주체사상, 혁명이론, 영도방법의 3대 구성으로 이루어진 전일적인 체계로 설명된다. 따라서 주체사상은 김일성주의의 한 구성부분으로 간주된다. 그러나 주체사상은 김일성주의에서 진수를 이루며 나머지 혁명이론과 영도방법의 기초로 규정된다. 즉 김일성주의는 주체사상이 그 정수이기는 하지만 그보다 더 포괄적인 개념으로 규정된다. 김일성주의는 "주체사상을 정수로 하는" 김일성의 혁명사상이 더 이상 맑스-레닌주의 하위개념이 아니라 그것을 대체한 독창적 개념임을 내세우기 위해서 사용되어온 말이다. 이종석, 『조선로동당연구: 지도사상과 구조변화를 중심으로』(서울: 역사비평사, 1995), pp.37-38.
13) 1982년 김정일에 의해 이른바 '전일적 체계'를 갖춘 주체사상은 제일 먼저 사회정치적 생명체론과 결합하게 되는데, 이는 북한 주민들이 지도자를 어떻게 인식해야 하는가에 대한 논리적 기초를 제공하는 역할을 담당했다. 사회정치적 생명체론은 1969년에 제기된 혁명적 수령관에 의해 파생된 것인데, 그 근간은 유기체적 체제관이다. 유기체적 체제관은 수령-당-대중은 사회정치적 생명체 내에서 혈연적 관계로 맺어진다는 것인데, 이때부터 주체사상은 마르크스주의를 능가하게 된다. 김영수(2001), pp.89-120. 참조.

어떻게 인식해야 하는가에 대한 논리적 기초를 제공하는 역할을 담당했다. '사회정치적 생명체론'은 그 뿌리를 1969년 '혁명적 수령관'에 의한 파생에 두고 있는데, 그 근간은 유기체적 체제관이었다.14)

사회정치적 생명체론은 1986년 7월 15일 김정일이 당중앙위 책임일군들에게 행한 담화 〈주체사상 교양에서 제기되는 몇 가지 문제에 대하여〉에서 처음 제기되었다. 이것의 의미는 생명에는 육체적 생명과 (사회)정치적 생명이 있다는 것으로 생명에 대한 이분법과 사회정치적 생명의 상대적 강조를 그 논리적 기반으로 세우고 있다. 여기서 정치적 생명은 유기체로서의 사람의 생명에 대립되는 사회적 존재로서 사람의 생명으로 정의된다. 그리고 이러한 정치적 생명은 육체적 생명보다도 더 귀중한 것으로 간주되었다. "개인의 육체적 생명은 끝나도 그가 지닌 사회정치적 생명은 사회정치적 생명체와 더불어 영생하게 된다"는 것이다.

사회정치적 생명체론에 의하면 육체적 생명은 친부모가 주지만 정치적 생명은 수령이 준다고 한다. 더 정확히 말하면 정치적 생명은 '어버이 수령'과 '어머니 당'이 함께 준다고 할 수 있다. 즉 수령은 육체적 생명보다 귀중한 정치적 생명의 제공자이고 당은 그 생명의 모태인 것이다.

따라서 수령·당·대중은 사회정치적 생명체 내에서 '혈연적 관계'로

---

14) 이종석은 '유일지도체계'의 특징을 다음 네 가지로 설명한다. 첫째, 수령의 사상을 지도적 지침으로 하여 혁명과 건설을 하며 수령의 사살과 명령, 지시에 따라 전당, 전국, 전민이 하나와 같이 움직이는 체계, 둘째 동원화되고 군사화된 사회체계를 자신의 강력한 재생산 기반으로 삼고 있는 체제, 셋째 자신을 합리화하는 담론과 행위 양식들을 재생산하는 광범한 사회적 체계, 즉 '유일사상체계'를 갖고 있는 체제, 넷째 문화적으로 광범한 개인숭배 현상을 동반하는 체제가 그것이다. 그는 유일지도체제는 지배의 강제적 기제뿐만 아니라 자발적 동의기제를 구비한 체제임을 강조하며, 스즈키와 마찬가지로 이 체제의 이론적 기초로서 '혁명적 수령관'과 '사회정치적 생명체론'을 들고 있다. 이종석, 『새로 쓴 현대 북한의 이해』(서울: 역사비평사, 2000), pp.210-211. 이종석, 『조선로동당연구: 지도사상과 구조변화를 중심으로』(서울: 역사비평사, 1995), pp.101-115 참조.

맺어지는 것으로 규정되고 대중에게는 '생명의 은인'인 '어버이 수령'에 대해서 충성과 효성을 다할 것이 요구된다. 이렇게 정치적 생명을 매개로 어버이 수령, 어머니 당, 대중이 '혈연적 관계'에 기초한 혁명의 주체가 유기적으로 통일되어 '혁명적 대가정을 이루고 있는 사회체제, 이것이 바로 사회정치적 생명체라는 것이다.15) 이렇게 북한의 주체사상은 대내외적 정치상황의 변화에 따라 정치권력의 지배이데올로기뿐만 아니라, 북한 사회 전체를 관통하는 지배담론으로 확대 재생산되는 과정을 겪었다.16)

이와 같이 북한 정치권력의 지배이데올로기 역할을 한 주체사상이 건재한 상황에서 중국과 소련의 체제전환은 맑스-레닌주의의 약화를 의미하는 것이었다. 이것은 1950년대 중반에 사회주의가 대변혁을 경험할 때, 북한이 외부세계와의 단절과 차단을 통해 김일성 정권을 수호하기 위한 이념적 도구로 주체사상을 만들었듯이, 1980년대 후반 사회주의권의 대변혁 속에서 주체사상은 다시 단절과 차단의 지배이데올로기로서 변용되었음을 의미한다.17)

북한의 주체사상은 맑스-레닌주의에서 출발하여 대내외적 위기 상황을 대처하면서, 김일성의 권력을 정당화하는 이데올로기 역할을 하며 발전해 왔다. 이후 김정일에 의해 체계화되었다고 할 수 있다. 김일성이 맑스-레닌주의의 창조적 적용이라고 언급한 것처럼 주체사상은 사회주의의 이데올로기라는 보편성에서 출발했지만, 시간이 경과함에 따라 김일성의 지배이데올로기로 자리 매김 하였다.

---

15) 이종석(1995), 앞의 책, pp.106-108. 참조.

16) 사회정치적 생명체론은 수령과 당, 대중이 하나의 생명으로 결합되어 운명을 함께 하면서 영원히 살아가는 생명체임을 강조하며, 사회정치적 생명체론은 뇌수로서의 수령, 수령과 인민을 결합시키는 신경 및 혈관으로서의 당, 그리고 생명체로서의 인민 대중을 삼위일체로 하는 사회유기체론으로 규정한다. 스즈키 마사유키, 유영구 옮김(1994), 위의 책, p.166.

17) 서재진, 『또 하나의 북한 사회: 사회주조와 사회의식의 이중성 연구』(서울: 나남출판사, 1995), p.402.

1980년대 주체사상과 결합된 또 다른 하위담론은 '조선민족제일주의론'과 '우리식 사회주의'라고 할 수 있다. 조선민족제일주의는 1986년 7월 김정일의 논문 "주체사상교양에서 제기되는 몇 가지 문제에 대하여"에서 다음과 같이 처음 제기한다.

"자기 나라 혁명에 충실하자면 무엇보다도 자기 민족을 사랑하고 귀중히 여길 줄 알아야 합니다. 나는 이와 같은 의미에서 우리 민족 제일주의를 주장합니다. 우리 민족이 제일이라고 하는 것은 결코 다른 민족을 깔보고 자기 민족의 우월성만 내세우라는 것이 아닙니다. 우리 공산주의자들이 민족주의자로 될 수는 없습니다. 공산주의자들은 참다운 애국주의자인 동시에 참다운 국제주의자입니다. 내가 우리 민족제일주의를 주장하는 것은 자기 민족을 가장 귀중히 여기는 정신과 높은 민족적 자부심을 가지고 혁명과 건설을 자주적으로 해나가야 한다는 것입니다."18)

이것은 민족적 우월성을 내세우면서 붕괴된 여타 사회주의 국가와의 차별성을 부각시킴으로써 주민들의 사상적 동요를 막고 체제 결속을 도모한다는 의도로 주조된 논리체계라고 볼 수 있다. 이 같은 지배이데올로기의 변용은 계속된다. 1980년대 후반과 김일성 사망 후 등장하게 된 것은 다음과 같이 정리할 수 있다. '조선민족제일주의', '우리식 사회주의', '민족대단결론', '붉은기 사상', '붉은기 철학' 등 언뜻 보면 주체사상의 대체 용어 내지는 변용 이데올로기와 같은 뉘앙스를 풍기는 용어가 지속 또는 간헐적으로 제기되었다.19) 이후 1990년 후반에 들어 '인덕정치', '광폭정치', '강성대국론', '선군정치', '신사고', 등

---

18) 김정일, "주체사상 교양에서 제기되는 몇 가지 문제에 대하여", 『김정일 주체혁명위업의 완성을 위하여』 제5권 1983-1986, (평양: 조선로동당 출판사, 1988), p.453.
19) 김영수(2001), 위의 책, pp.107-110.

64

이 등장하게 된다.

코르나이는 체제변화의 움직임은 다양한 사회활동에서 발생하는 복잡한 과정으로 설명하며, 이 과정에는 정치구조와 이념, 소유권 배분, 다양한 협력기구의 상대적 중요성, 경제성장의 구조, 수요와 공급 등의 변화가 있다고 주장한다. 그는 체제전환의 과정에 있어서 일부 특별한 영역에 대한 분석을 한정하는 것은 일방적인 측면이 있다고 언급하며, 여러 영역의 상호연관성이 존재하는 상황에서 변화에 영향을 준다는 것이다. 즉 그는 체제변화를 가늠하는 척도로 전술한 영역에서의 변화의 심도와 속도를 들고 있다. 이 심도는 사회주의 체제의 특징이라고 할 수 있는 보편성을 언급함으로써 해석될 수 있다. 그는 "변화의 속도와 심도 사이에 몇 가지 흥미 있는 연관성이 있는데, 심도 있는 변화 없이 피상적인 변화라는 것이 얼마나 지속될 수 있는가"라고 반문한다.[20] 그에 따르면 소련과 동구의 체제전환 과정에서 기존 사회주의 체제는 맑스-레닌주의 이데올로기의 정당성이 붕괴되었다. 그러나 주체사상은 사회주의 체제전환과 내부 경제난에도 불구하고 상황에 맞는 새로운 논리체계를 개발하며 변용해 왔다고 볼 수 있다.

이와 같은 측면에서 볼 때, 체제전환과정에 사회주의 이데올로기가 정치권력의 정당성을 유지해주지 못하고 붕괴하였던 데 반해, 북한의 주체사상은 체제 내에서 일정한 자기 구속력을 유지해 오면서도 상황에 따라 지배체제의 안정을 위해 자기 수정적인 변용을 지속하고 있다고 볼 수 있다. 실제 소련과 동구의 체제전환에서 알 수 있듯이 심각한 경제난은 정치체제의 정당성을 약화시켰고, 결국 지배이데올로기의 약화를 초래했다. 반면, 냉전기 북한의 경우에는 심각한 경제난에도 불구하고 여타 사회주의 국가들과 비교할 때 상대적으로 주체사상은 안정성을 유지해 왔다고 할 수 있다. 또한 정치체제는 주체사상의 자

---

20) Kornai(1992), *op. cit.*, pp.386-387.

기 수정적 변용에 의한 대내외적 위기를 극복하고 있다고 할 수 있다. 즉 탈냉전기 주체사상은 국내외의 급변하는 위기국면을 타개하기 위해 이데올로기의 해석권을 가진 김정일에 의해 강성대국론, 선군정치, 신사고 등의 새로운 구호와 기치로 표현되었다고 볼 수 있다. 따라서 소련과 동구의 체제전환이 맑스-레닌주의 약화를 초래했다면, 탈냉전기 북한은 체제변화는 대외고립과 경제난이 발생하는 상황에서 주체사상의 새로운 변용을 통해 정치권력 강화를 추진했다고 볼 수 있다.

제2절 경제적 조건: 경제체제의 전개 그리고 특징

1. 경제체제의 전개

북한은 「전후복구 3개년 계획기」(1954~1956)를 거쳐 「5개년 계획기」(1957-1960)를 통해 공업화의 기초를 구축한 후 1961 제1차 7개년 계획으로 본격적인 공업화정책을 시도하였다. 이는 사회주의 공업화의 첫 단계, 즉 공업화의 토대구축 단계로 규정할 수 있다. 북한의 공업화는 당이 국가권력의 중심에 서서 '사회주의 건설'이라 불렀던 특수한 형태의 공업화 과정을 추진하였다.

이와 같은 북한의 사회주의 공업화는 크게 3가지의 방향성을 갖고 추진되었다.21) ① 중공업을 우선적으로 보장하면서 동시에 경공업과

---

21) 사회주의 공업화는 자본주의적 공업화와 그 성격이 다르다고 한다. 자본주의적 공업화는 생산수단에 대한 사적 소유의 기초 위에 보다 많은 잉여가치를 획득하기 위한 자본주의적 경쟁에 의해 자연발생적으로 또 역사적으로 오랜 기간을 통해 진행된다. 이에 반해 사회주의 공업화는 사회

농업을 조속히 발전시킨다. ② 자금문제에 대해서는 자력갱생의 원칙을 견지하고 국민경제 내부의 모든 예비와 가능성을 동원한다. ③ 사회주의 공업화를 극히 빠른 속도로 진행시킨다는 것이다.22) 또한 "중공업을 우선적으로 발전시키면서 경공업과 농업을 동시에 발전시킨다"는 방침은 사회주의 공업화를 매우 짧은 기간 내에 높은 수준에서 실현할 수 있게 하는 가장 정확한 방법으로 인식되었다.23) 이것은 공업을 농업보다 빨리 발전시켜 농업에 대한 공업의 지도적 역할을 끊임없이 높이는 것이 중요하다는 것을 의미했다. 이때 사회주의 공업화를 실현하기 위해서는 두 가지의 중요한 임무를 수행해야 했는데, 하나는 사상혁명, 기술혁명을 수행해 노동자들을 공산주의 사상으로 무장시킴과 동시에 그들의 문화기술수준을 높이는 것이었다. 또 하나는 기술혁명을 강력하게 추진하는 것이었다.24)

그러나 북한의 '중공업우선 발전전략'은 공업부문에서는 상당한 발전을 이루었으나, 다른 부문에서는 역효과를 초래하여 산업구조의 불균형을 야기했다. 즉 북한의 내부 지향적인 중공업 위주의 불균형 경제성장전략은 수출이 용이한 노동집약적 소비재 생산 분야의 낙후를 가

주의 제도를 수립하고 생산수단에 대한 사회주의적 소유에 기초하여 진행되며 또 자연발생적으로가 아니라 노동계급의 당과 국가의 지도하에 계획적으로 수행되는 것으로 되어 있다. 따라서 역사적으로 짧은 기간에 매우 빠른 속도로 진행되는 것이다. 『경제사전 1』, p.716. 참조.

22) 박형중, 『북한적 현상의 연구-북한 사회주의 건설의 정치경제학』(서울: 연구사, 1994), p.31.

23) 사회주의 공업화를 실현하여야만 사회주의의 물질적 토대를 튼튼히 쌓을 수 있으며 농촌문제의 종국적 해결을 위한 중요한 담보를 마련할 수 있다. 그리고 사회주의적 생산관계를 공고 발전시키며 근로자들의 사상의식을 공산주의적으로 개조하는 과정을 촉진시킬 수 있다. 공업화를 실현함으로써만 나라의 경제적 자립성과 국방력을 더욱 믿음직하게 담보할 수 있다. 김일성, 『김일성 저작선집』 제5권(평양: 조선로동당출판사, 1997) p.419.

24) 양문수, 『북한경제의 구조: 경제발전과 침체의 메커니즘』(서울대학교 출판부, 2001), p.103.

져왔다는 것이다. 이로 인하여 국제경쟁력을 상실함과 동시에 공업 분야는 기술혁신에 의해 뒷받침되지 못하는 결과를 발생시켰다.

이러한 상황에서 북한의 공업화 경제발전전략은 사회주의 진영 내의 이념논쟁과 남북관계 악화와 같은 대외관계의 영향으로 더욱 심각하게 변형되기 시작한다. 즉 경제와 국방의 병진노선이 추진된 것이다.[25] 이 같은 안보상황은 북한이 초기에 구상한 공업화 발전전략을 수정하게 하였고, 이는 경제와 국방의 병진노선으로 나타났다. 이처럼 대외환경 변화가 공업화 발전전략의 변화를 야기한 것은 안보환경의 변화에 따른 외국원조의 감소 때문이었다. 이것은 북한 경제가 1950년대 이후 전후복구사업과정과 산업화 과정기간에 외국의 원조에 기반한 공업화 전략을 추진했다는 데 기인했다. 때문에 대외환경의 변화에 따른 이의 감소가 공업화 전략을 수정하게 하는 결정적 요인으로 작용했다. 실제로 1950-1960년에 소련, 중국 등의 원조가 총 16억 5천만 달러였던 것이 1961-1969년에 3억 3천만 달러로 급감했는데, 이는 과거에 비해 80%나 감소한 것이었다. 또한 이것은 1961-1970년의 산업생산성을 보면 잘 알 수 있는데, 북한의 생산성은 1964년을 기점으로 급격히 감소했고, 1966년에 이르면 -3%라는 최초의 마이너스 성장률을 보여주었다. 이러한 성장침체의 원인은 외국원조 격감이 한 요인으로 작용했다. 뿐만 아니라 1967-1971년에 '경제·국방 병진노선'에 따른 국방비를 과도하게 지출 때문이었다.[26]

결과적으로 1950-1960년대 초반까지 북한의 외연적 경제성장의

---

25) 제1차 7개년 계획은 1966년 10월 노동당 대표자회의에서 3개년이 더 연장되어 실질적으로는 10개년 계획(1961-1970)으로 재편성되었으며 이 연장과정에서 경제건설과 군사력 강화라는 새로운 노선이 첨가되어 정치·군사 우위형으로 이해되었다. 길영환 외, 『북한경제의 전개과정』(서울: 경남대극동문제연구소, 1990), p.146.

26) 차문석, 『반노동의 유토피아: 산업주의에 굴복한 20세기 사회주의』(서울: 박종철출판사, 2001), p.325.

엔진이었던 노동력의 고갈과 남한의 군사 쿠테타(1961), 쿠바미사일위기(1962), 베트남전(1965) 등과 같은 대내외적 조건하에서 '경제·국방 병진노선'은 북한 경제의 성장엔진을 정지시키는 결과로 작용한 것이다. 더욱이 이 시기 국방부문에 대한 지출은 북한의 예산 지출의 30% 이상을 육박하였다. 결국 이 시기에 북한 정권은 인민들에게 엄청난 내핍을 강요했고, 노동 생산성 향상을 위한 주요한 기제로서 물질적 인센티브(incentive)보다는 도덕적·이데올로기적 인센티브에 중점을 두면서 혁명적 산업관리체제로 이전하지 않을 수 없었다.[27]

이와 같은 대내외적 조건은 북한 당국에게 경제건설과 국방건설을 동시에 추진해야겠다는 명분과 논리를 개발 가능하게 했지만, 중공업 우선정책에 더하여 1960년대 초반부터는 '국방건설' 노선이 첨가되어 대중들의 희생이 더욱 심화되었으며 군사비의 과도한 지출로 경제침체를 부채질하였다. 또한 군사부문의 강조는 농업과 경공업을 크게 위축시켜 주민생활의 질적 저하와 경제부문 간 불균형 문제를 심화시켰고, 시설과 기술대체가 부진함으로써 기계의 노후화와 생산성 증대의 심각한 문제를 야기시켰다. 이는 다음 〈표 3-1〉을 참조하면 알 수 있다.

---

27) 차문석(2001), 앞의 책, p.326.

<표 3-1> 북한경제계획의 과업과 목표

1차 1개년 계획 (1947)	·기업소 복구 조업 ·국영상공업 확대 ·생산의 급속한 증대와 생활 개선	·공업총생산: 1946년 대비 약 2배 ·곡물수확고: 1946년 대비 30만 톤 증산
2차 1개년 계획 (1948)	·공업의 편파성 극복 ·생산품의 질 제고 및 원가 절하	·공업총생산: 1947년 대비 41% 증가 ·곡물수확고: 1947년 대비 13.5% 증가
2개년 계획 (1949~50)	·낙후된 산업과 농업의 발전 ·조선 전역의 경제복구 토대 조성	·국영산업총생산: 1948년 대비 194% ·곡물총생산: 1946년 대비 158%(쌀 잡곡)
전후복구 3개년 계획 (1954~56)	·전쟁 전 수준 도달	·국민소득: 1953년 대비 75% 증가 ·공업총생산: 2.6배 ·곡물수확고: 1949년 대비 119%
5개년 계획 (1957~60)	·공업화의 기초구축 ·의식주문제 기본적 해결	·국민소득: 약 2.2배 ·공업총생산: 2.6배 ·곡물수확고: 376만 톤
1차 7개년 계획 (1961~1970)	·중공업 발전 ·경공업, 농업의 동시적 발전 ·전국적 기술혁신 ·문화혁명과 국민생활의 향상 ·국방, 경제 병진	·국민소득: 2.7배 ·공업총생산: 3.2배 ·양곡수확고: 600~700만 톤

자료: 『조선중앙년감』. 각 년도: 북한이 발표한 자료 정리. 조명철, "북한 경제 정책의 변천과 향후 전망: 1980년대 이후를 중심으로," (서울: 대외경제 정책연구원, 2001) 참조.

이와 같이 경제침체가 부각되기 시작하는 상황에서 북한은 공업의 근대화를 위하여 1971-1976년을 제1차 6개년 계획 기간으로 설정하여 공업화의 성과를 강화·발전시키며, 기술혁신을 새로이 높은 단계로 전진시켜 사회주의의 물질적·기술적 토대를 더욱 공고히 하고자 하였다.

그러나 군사정책과 연계된 경제발전노선과 제1차 7개년 계획의 문제점 부각 그리고 중공업부문의 부진, 기본 건설목표의 미달, 수송을 비롯한 사회간접자본 부분의 극도에 달한 침체 등 여러 가지 요인으로 유발된 재정수입의 감소로 인하여 북한은 전면적인 경제파탄에까지 직면하게 되었다. 이처럼 경제체제가 심각한 침체국면으로 들어가기 시작한 1970년대의 전반적인 북한 경제정책의 특징을 보면, 1960년대에 제시된 '계획의 일원화·세부화' 정책이 갖는 물자의 낭비를 막기 위해 계획과정을 개선하는 시기라고 말할 수 있다.28) 이는 생산현장인 기업소가 일차적으로 담당하여 생산 계획의 중심이 되도록 하는 조치를 추진함으로써 2원적 계획과정을 명실상부하게 '일원화'하려는 것이었다.29)

또한 북한은 '대안사업체계'를 추진하였고, 1974년부터 '연합기업소' 제도가 시범적으로 도입되어 1985년에 본격적으로 도입하는 등 변화를 보였다는 것이다. 이와 같은 조치에 대해 경제관리의 당적 통제를 강화한 것으로 보는 시각과 분권화로 보는 시각으로 나뉘어 학계에 논쟁으로 남아 있다. 그러나 이러한 조치들은 이 시기 계획경제의 강화

---

28) 가장 합리적이고 현실적이며 동원적인 계획을 세우기 위하여서는 국가계획기관들의 주관주의를 없앨 뿐 아니라 생산자들의 기관본위주의와 지방본위주의를 없앰으로써 전반적인 국가적 리익의 견지에서 이 모순을 옳게 풀며 국가의 요구와 생산자들의 의견을 재배합하여야 합니다. 바로 이 문제를 옳게 풀 목적에서 우리는 계획화 체계를 일원화하였습니다. 『경제사전』, p.370.

29) 계획의 세부화의 '본질적 요구'는 "계획의 구체성과 균형성을 보장함으로써 당의 정책적 요구를 정확히 구현한 현실적이며 동원적 계획을 세우는 데 있다"고 한다. 즉 계획의 일원화 세부화 체계는 "경제의 가장 작은 분야까지도 국가의 통제하에 둠으로써, 관료제적 경제세포단위들의 경영과 활동에서 '이기주의'와 자연 발생성을 배제하고 국가의 이익에 맞도록 조율하려는 것이다". 박형중(1994), 위의 책, pp.81-83. 참조.

를 위한 당의 직접통제를 강화하는 성격을 갖고 있다고 볼 수 있다.

이상과 같은 특징뿐만 아니라, 경제정책의 특기할 만한 것은 '3대혁명소조'가 광범위하게 파견되었다는 것이다.[30] 3대혁명소조는 젊은이들로 구성되어 각 공장, 기업소, 협동농장에 파견되었다. 이것은 두 가지 의미를 갖는다고 볼 수 있다. 그 하나는 세대교체를 의미하는 것으로 각 생산현장의 지도자들이 노후화 되는데 젊은이들을 파견하여 새로운 혁명성으로 일하게 하는 것이다. 또 하나는 '사회주의적 생산관계' 속에서 노동 생산성이 떨어지기 때문에 이에 대한 노동감시조직의 역할을 하였던 것이다.[31] 3대혁명소조는 그 자체가 여러 의미를 담고 있었다. 주목해야 할 것은 북한이 경제영역에서 중요했던 노력동원운동의 연장선장에서 볼 수 있다는 것이다. 이처럼 북한은 지속적으로 내부동원을 강조함과 동시에 노력동원운동을 지속적으로 추진하였다. 여기서 노력동원운동은 경제자원의 내부동원의 의미와 함께 사회통제 기제로서 역할을 동시에 갖고 있다는 측면에서 중요한 의미가 있다.

북한 최초의 노력동원운동은 1946년 2월 7일 철도 노조 평양분국 회의에서 정한 '생산공격주간'을 계기로 발기된 생산경쟁운동이었다. 이후 북한은 경제발전 및 정치통합운동으로 1950년대에 천리마운동, 1960년대에 청산리운동, 1970년대에 3대혁명 붉은기 쟁취운동, 1980년대에 80년대 속도창조운동 등을 실시해 왔다. 이후 1990년대

---

30) "3대혁명소조가 당 핵심들을 망라하여 조직되게 된 것은 언제나 위대한 수령님이 교시와 그 구현인 당 정책을 자로 하여 전당적, 전국가적 견지에서 3대혁명에 대한 정치적 지도를 강화할 수 있게 하는 중요한 담보로 된다. 3대혁명소조는 대중의 정치적 열의와 창의 창발성이 현대과학기술과 결합되여 사상, 기술, 문화 혁명수행에서 끊임없는 기적과 혁신이 일어나게 하는 적극적이며 과학적인 지도방법이다." 리수현, "3대혁명소조운동은 새로운 형식의 혁명적 지도방법", 『근로자』(평양: 조선로동당 중앙위원회, 1979) 제8호, pp.45-46.

31) 권오윤, "북한 경제정책의 변화에 관한 연구", 『북한경제의 오늘과 내일』(서울: 현대경제사회연구원, 1996), pp.357-358.

'고난의 행군'과 '제2의 천리마운동'으로 이어진다. 또한 영웅 따라 배우기 운동이 강조되었다. 이는 사회주의 모범 인간형을 내세워 노력동원에 이용한 것이다. 이 같은 지속된 노력동원운동은 장기 계획의 혼란 상태를 가중시키면서 노동 의욕의 감소와 생산성의 저하를 낳았으며 결정적으로 인민 생활에 악영향을 끼쳤다. 때문에 1980년대 이후 북한의 대중운동은 이 같은 문제점을 극복하기 위해 경공업을 중심으로 한 인민대중의 절약증산 경쟁을 부추기는 방식으로 전개되었다. 이 중 대표적인 것이 1984년 '8·3인민 소비품 증대운동'이다. 이 운동은 유휴자재나 폐품을 인민소비품 생산에 활용하려는 대중운동의 성격을 강하게 띠고 있었다.[32]

지금까지 냉전기 북한 경제체제의 문제점과 특징을 살펴보았다. 이와 같은 경제체제의 문제점과 특징들이 탈냉전기 경제난의 초기조건으로 작용했다고 볼 수 있다. 때문에 냉전기 북한의 경제적 조건은 다음과 같이 요약할 수 있다. 즉 국가발전전략의 핵심 요소라고 할 수 있는 공업화 전략이 대외환경의 변화에 따라 수정되어 경제·국방 병진노선의 채택하게 하였고, 그 효과가 북한 경제를 어렵게 만드는 주요한 원인으로 작용했다고 할 수 있다. 또한 이 시기 북한 경제의 특징은 경제행위에 대한 정치논리 중시의 관리방법이 경제활동 영역에서 관통하고 있다는 것이다. 아울러 노력동원운동의 일상화는 경제활동과 정치활동을 병행하는 사회통제기제로서 작용했다는 것이다.

이와 같은 북한의 냉전기 경제체제는 경제발전전략에 있어서 경제와 국방의 병진정책을 추진하여 산업전반에 불균형 발전을 초래했고, 자립경제체제를 강조하였지만, 대외의존경제가 심각했다고 할 수 있다. 더욱이 경제관리 전 분야의 경제정책 추진에 있어서 경제행위에 대한 과도한 정치논리 접근은 생산성 하락과 관리문제의 왜곡을 초래하는

---

32) 차문석(2001), 위의 책, pp.255-267.

심각한 문제점을 야기했다. 비록 이와 같은 경제행위에 대한 정치논리의 중시정책이 동원체제를 활용하여 정치적 효과는 얻었을지 모르지만, 경제체제의 운용에 있어서 나타나는 문제점을 극복하는데 경직된 자세로 임하는 한계를 노출했다고 볼 수 있다. 때문에 이와 같은 문제점에 대한 해결책으로 경공업부분을 중시하는 등 내부경제개선조치를 강구하지만 이것이 계획경제의 틀 안에서 계획경제를 개선하기 위한 형태를 취했다는 점에서 출발점부터 커다란 성과를 얻는 데 한계가 있었다. 전술한 한계점이 북한 경제발전을 제약하는 상황에서 탈냉전 초기 경제난의 주요한 원인으로 작동했다고 볼 수 있다.

여기서 보어-에쉬워스(Boer-Ashworth)의 주장은 눈여겨 볼만하다. 그에 따르면 동유럽 사회주의 체제 경제가 만성적 침체 국면에 접어든 경제둔화의 원인을 경제 구조적 요인 때문이라고 본다. 그러면서 그는 경제 구조적 요인으로 다음의 네 가지를 언급하고 있다. 사회주의 계획경제가 지니는 경직성, 계획당국의 의도대로 계획 자체가 경제 단위들 사이에 제대로 이루어지지 않았다는 것, 계획경제구조하에서 생산과정의 병목현상, 경제구조의 심각한 왜곡이 그것이다. 그에 따르면 계획경제의 경직성 때문에 구체적인 생산방식까지 통제하고 계획하는 경제구조하에서 새로운 기술의 도입과 경영방식의 채택에 능동적으로 대처할 수 없었다는 것이다. 또한 두 번째 원인 때문에 계획의 붕괴를 초래했고, 세 번째 원인 때문에 심각한 물자 낭비와 생산성 하락을 초래했다는 것이다. 또한 네 번째 원인 때문에 경공업과 서비스산업을 희생하는 가운데 대규모 중공업 위주로 형성된 생산구조는 국민들의 욕구를 제대로 충족시키지 못하였을 뿐만 아니라, 여러 개의 정부부처가 각자에게 주어진 산업부문을 통제하고 관리하는 복잡한 소유 및 통제구조가 만들어지면서 경제가 중복구조를 지니게 되었다는 것이다. 그로 인해 자원의 낭비와 경제적 비효율성을 초래하게 되었다는 것이다.[33)

이와 같은 측면에서 볼 때, 냉전 시기 북한의 경제체제는 보어－에 쉬워스가 언급한 동유럽 국가들의 만성적 경제침체와 상당한 유사점이 있다고 볼 수 있다. 더욱이 이와 유사한 조건하에 있었던 냉전기 동유럽 국가들이 탈냉전기에 접어드는 시점에서 체제의 근본질서 변화를 보이며 체제전환을 추진했다. 반면, 북한은 이와 유사한 조건에서 탈냉전기를 맞았다고 볼 수 있다. 이 같은 북한의 경제상황은 탈냉전기 북한의 개혁·개방 성격을 규정하는 데 중요한 함의를 지닌다.

2. 경제체제의 보편성과 특수성

코르나이는 사회주의 경제체제의 기본적 속성을 '부족경제(shortage economy)' 체제로 정의하면서 만약 다음의 조건들이 일치한다면 그 경제체제는 부족경제라고 정의한다. 그는 "부족현상이 경제의 모든 영역에서 소비자를 위한 상품과 서비스 유통, 투자재를 포함하는 생산수단, 노동, 수출입상품, 국제결제수단 등이 ① 일반적이고, 예외적이거나 산발적이 아닌 ② 자주 있고, 경제과정의 결과와 특징 그리고 경제에서 참여자의 환경과 행위에 ③ 강력하게 영향을 미치고, 일시적으로 적용되는 것이 아니라 ④ 만성적이다"고 주장한다. 고전적 사회주의 체제하에서 부족 현상들 ①, ②, ③, ④가 있었고, 그 체제는 부족경제체제라고 말하고 있다.34) 또한 퀴안(Y. Qian)은 부족경제가 사회주의 경제체제의 보편적 특징이라고 언급하며, 경제논리보다는 정치논리에 주로 의존한 국가와 관료의 책임이라는 것이다. 국가관료와 관리자들이 지대추구(rent seeking)와 배급받는 사람들을 통제하는데 그들의 권력을 유지

---

33) Boer-Ashworth, Elizabeth, de, 2000. *The Global Political Economy and Post-1989 Change: The Place of the Central European Transition.* New York: St. Martin's Press, p.32.
34) Kornai(1992), *op. cit.*, p.333.

하기 위한 수단으로 부족경제를 이용했다고 주장한다.35)

이와 같이 코르나이와 퀴안의 주장에서 알 수 있는 것은 사회주의 경제의 특징이 '부족경제'라는 것이며, 이의 중요한 원인으로 작용한 것은 연성예산과 관료제화 문제라는 것이다. 즉 이들은 이 같은 문제의 궁극적인 원인을 계획경제의 특징에서 찾았다. 사회주의 부족경제의 특징은 '연성적 예산제약(soft budget constraint)'라는 핵심개념을 통해 설명할 수 있다. 시장경제에서 기업의 지출이 예산제약을 초과했을 경우 그 기업은 파산한다. 그러나 사회주의 체제의 기업은 실제 지출이 수입을 초과한 경우라도 그 기업이 파산하지 않고 국가의 보조금을 통해서 생존해 나갈 수 있다는 것이다. 즉 시장경제체제하의 기업들은 엄격한 예산제약하에서 작동되는 반면, 사회주의 기업들은 국가에 의해 보호를 받는 예산제약의 '연성화'가 적용된다는 것이다. 예산제약의 '연성화'로 인해 기업의 부침에 있어 중요한 것은 구매자의 만족도가 아니라 상급당국의 협상과정이라는 것이다. 이것은 사회주의 체제에서 기업의 흥망성쇠가 시장 메커니즘에 의한 것이 아니라, 관료적 조정의 틀 내에서 결정됨을 의미하는 것이다. 이는 국영기업들의 가격 반응성을 약화시킴으로써 궁극적으로 비효율성과 부족경제의 원천이 되었다는 것이다.

다음으로 사회주의 체제는 정치와 경제가 제대로 구분되지 않은 데서 계획경제 일반의 관료제화 문제, 즉 관료제적 지배특성을 갖고 있다. 체제의 관료제적 지배특성이 계획경제에서의 경제참여자 등 개별행위자들의 행위양식, 나아가 전반적인 사회경제적 환경을 근본적으로 좌우하게 된다는 것이다. 다시 말해 전통적 사회주의 체제는 경제에서 시장관계를 배제하고 정치에서 자치원칙을 소멸시켜 사회의 모든 관계

---

35) Y. Qian, "A Theory of shortage in socialist economies based on the soft budget constraint," American Economic Review, 1994, 84(1), pp.145-146.

는 시장관계 대신에 수직적 위계에 의거한 명령·행정적 관계를 통해서, 즉 정치적이고 관료적 조정을 통해서 지배된다는 것이다.[36]

계획경제를 견지하고 있는 국가들에서 경제전반의 부족상태는 계획에 따른 물자가 적재적소에 제대로 공급되지 않는 문제점을 야기하여 각 경제단위들 간에는 공식구조 내의 유기적 연계성을 취약하게 하는 경향을 나타낸다. 이처럼 계획경제의 만성적인 자재부족 상황에서는 적절한 재원의 확보 문제가 기업소 지배인들에게 핵심적인 문제로 부각된다. 바로 이 같은 자원확보 측면에서 총체적인 관계 망들이 형성·동원되게 되며, 이 과정에서 광범위한 부패행위가 발생한다는 것이다. 나아가 이는 효과적인 당중앙의 통제를 약화시키는 한 원인으로 작용하게 된다.[37]

이와 같은 부족경제와 관료적 조정의 실패는 사회주의 계획경제의 붕괴의 주요한 원인으로 작용하여 1990년대 북한 경제체제에 고스란히 나타났다고 볼 수 있다. 북한은 사회주의 계획경제에 입각한 경제발전전략을 추진하였지만, 계획경제가 갖는 경제체제의 운용과 관리문제와 산업구조에 있어서 불균형 발전을 초래하였다. 이로 인한 대외무역 경쟁력 상실, 경제논리보다는 정치논리 우선의 경제체제를 운영하였다. 더욱이 사회주의권 내부의 분열에 따른 경제원조 단절은 심각한 경제문제를 야기할 정도의 대외의존성을 증대시켰다. 이러한 요인들이 북한의 경제성장과 발전에 심각한 장애요소로 작용했다.

또한 북한은 이러한 문제들을 통해 나타나는 사회주의 계획경제의

---

36) 정세진, 『북한의 이차경제와 지배구조의 변화에 관한 연구』(중앙대학교 박사학위논문, 1999), pp.31-32.
37) 정세진(1999), 앞의 책, pp.40-41. 코르나이는 전통적 사회주의 경제 메커니즘을 직접적 관료적 조정이 주로 작용하는 것으로 보고, 그러한 조정방식으로 인하여 사회주의 경제적 제 문제가 발생하는 것으로 보기 때문에 이를 극복하기 위해서는 조정 메커니즘의 전환이 필요하다고 주장한다. Kornai(1992), *op. cit.*, pp.385-395.

정책적 과오를 만회하기 위해 내부적으로 다양한 변화를 시도하였다. 그러나 이 같은 정책의 변화는 계획경제의 정상화를 위한 것으로 계획경제가 갖고 있던 본원적 문제를 해결하는 데는 한계점을 갖고 있었다. 실제 소련과 동구 사회주의권에서는 정권교체과정을 겪으며 혹은 내부경제의 침체가 지속되는 시점에서 전향적으로 시장경제적 요소를 도입하며 계획경제체제의 모순을 극복하려는 노력이 있었다. 반면, 북한의 지도부는 정권교체의 경험도 전무하고 새로운 경제관리 정책을 추진할 세력이 없는 상황에서 경제문제의 정치적 해결을 강조하면서 계획경제의 내부모순을 극복하기 위해 '내부동원'을 강조하였고, 외부적으로는 차관도입과 경제교류라는 '외부추출'에 집중했다고 할 수 있다. 내부적으로 '자립적 민족경제'를 주장하며 내부동원의 일상화가 추진되었음에도, 계획경제체제 내의 경제정책 변화만을 통해 생산력 증가와 경제적 효율성 제고라는 목적은 달성할 수 없었다. 이 같은 동원의 일상화는 경제체제의 문제를 해결하는 측면보다는 정치체제 공고화 수단으로 이용되었던 측면이 더 강했다고 볼 수 있다.

따라서 내부경제문제를 해결을 하기 위한 '외부추출'은 냉전 시기 대외관계의 대립구조, 중국과 소련에 대한 의존관계 증대, 자본주의 국가들과 교류협력의 제한 등으로 인해 달성되기 어려웠다. 즉 만성적 내부동원의 피로현상은 계획경제가 갖는 관리문제, 산업구조 왜곡, 경제적 생산성과 효율성의 증대를 가져오지 못했으며, 대외관계에 있어서 고립화 현상은 경제발전전략의 성공에 치명적 장애로 작용했다고 볼 수 있다. 실제로 북한에 있어서 이와 같은 요인들이 경제발전전략을 추진하는 데 있어서 제약요인으로 작용하여 경제계획 기간별 성장 추이는 지속적으로 하락하게 되었고, 1990년대에 들어서는 경제위기로 나타났다. 이는 다음 〈표 3-2〉의 경제성장 추이를 보면 확연히 알 수 있다.

<표 3-2> 북한의 경제계획기 기반별 성장추이

구 분	경제계획	기 간	주요 내용	연평균 성장률
공업화 추진기	전후복구 3개년 계획	1954-56	외국원조: 소련 10억 루블, 중국 8억 위안→정부예산의 23.6%	30.1%
	5개년 계획	1957-61	농업의 사회주의화(100%협동농장화달성)	20.9%
	제1차 7개년 계획 (3년 연장)	1961-67 1968-70	중공업과 군수공업 우선발전의 공업화	8.6% 5.8%
경제 침체기	6개년 계획 (1975년 중단)	1971-75	석유화학산업 추진(승리화학건, 유럽 및 일본으로부터 차관 설비도입	8.2%
	완충기	1976-77	철도시설 개량, 전기화 추진	–
	제2차 7개년 계획	1978-84	석유화학산업추진(봉화화학건설) 철도의 58.5% 전기화(2,741km) 1984년 '경공업 혁명 선언', 합영법발표	4.5%
경제 위기	조정기	1985-86	서해갑문 완성 독립채산제 확대	2.1%
	제3차 7개년 계획	1987-93	석탄화학산업강화 중공업 우선 정책 완화(경공업 육성) 무역 및 대외협력강화	-2.6
	완충기	1994-96	경제계획실패인정, 농업, 경공업, 무역제일주의 석탄, 전력, 운수부문 강화	-3.3%

출처: 이찬우, "김정일 시대의 경제 정책과 향후 남북경협 전망", 『동북아 지역경제』(서울: 대우경제연구소, 1997), p.9.

이와 같은 측면에서 북한은 경제적으로 생산수단의 사회적 소유와 당중앙집권적 계획에 의한 자원배분 및 소득분배의 균등을 사회적 목표로 했다는 점, 중공업 우선과 자립적 민족경제노선의 주창, 심각한 대외의존경제, 동원의 일상화, 경제행위의 정치논리 등 여타 사회주의 경제와 유사한 보편성을 공유한다. 그러나 여타 사회주의 경제와 보편성을 공유함에도 불구하고 그 내용에 있어서 약간의 특수성을 나타낸다고 볼 수 있다. 여타 사회주의 경제와 보편성을 공유하면서도 심도에 있어서 차이가 나는 특수성을 보이는 것은 다음과 같다.

첫째, '국방·경제 병진정책'의 결과 군수산업이 기형적으로 비대해진 전형적인 군산복합 경제체제였다는 것이다. 이것은 과거 냉전체제하에서 소련이 미국과의 군비경쟁의 결과 군산복합체제적 경제체제를 가지게 된 것과 같은 맥락이며, 북한의 경우는 남북분단의 대치상황하에서 더욱 극단적으로 나타났을 뿐이다.

북한체제의 특수성은 결국 북한도 다른 사회주의 국가와 마찬가지로 현실 사회주의 체제의 모델이 되었던 소련의 '스탈린 모델'을 답습하였다고 할 수 있다.38) 북한의 산업불균형은 다음 〈표 3-3〉에서 나타나는 중공업과 경공업의 비율의 예를 통해 알 수 있다.

〈표 3-3〉 북한의 공업구조

(단위: %)

	1944	1953	1956	1960	1965	1975	1980	1990
중공업	70	39	54	55	51.2	63.7	64.8	74.1
경공업	30	62	46	45	35.6	36.3	35.2	25.9

출처: 박형중, 『북한적 현상의 연구-북한 사회주의 건설의 정치경제학』(서울: 연구사, 1994), p.34.

둘째, 자립적 민족경제건설 노선으로서, 경제체제를 사회주의적으로 개조한 이후 지금까지 자력갱생원칙에 입각한 자립적 민족경제 건설의 정책 기조를 유지하고 있다. 이것은 소련이나 동구 등 사회주의 국가

---

38) 박제훈, "북한 경제의 체제 동학적 분석", 『북한경제의 오늘과 내일』(서울: 현대경제사회연구원, 1996), pp.88-90.

들이 기본적으로 미국 등 시장경제체제와의 교류나 통합을 거부하고, 독자적 사회주의 경제권을 형성하고 '사회주의 자립경제'를 추구해온 것과 맥을 같이 하는 것이다. 여기서 자립경제원칙은 이데올로기의 강제성과 대외환경 변화에 영향받는 강력한 자급자족체제라고 할 수 있다. 이 같은 이유로 북한경제에 있어서 무역이나 대외경제협력은 극히 보완적인 성격에 지나지 않으며, 국제 분업의 이점은 철저히 도외시되었다. 이는 결과적으로 선진 기술과 해외자본의 도입을 비롯한 국제협력의 부진을 초래함으로써 경제성장의 가장 큰 제약 요인으로 작용하게 되는 이유였다.

셋째, 사회주의권 국가들과의 대외의존경제가 높은 경제체제를 갖고 있었다는 것이다. 북한의 내부 지향적 경제전략은 단기적으로는 투입물의 집중화를 통한 고도성장을 기록했음에도 불구하고, 선진 자본주의 기술 도입을 불가능하게 하였다. 뿐만 아니라, 사회주의 계획경제에 내재되어 있는 구조적 비효율성의 모순과 맞물리면서, 장기적으로는 국제경쟁력의 상실, 외채의 누적, 경제적 비효율성의 양산 등 북한경제 내부의 문제를 증폭시키는 최대요인으로 작용하였다.39) 여기에 탈냉전 후 사회주의 시장의 소멸과 대외고립은 전술한 북한의 내부경제체제의 모순을 한층 더 가중시켜 심각한 물자부족에 직면하게 하였고, 소비부문에 있어서도 배급제 및 국영상업의 기능마비 현상이 발생하면서 비공식부문의 확대, 암거래의 확산, 밀수의 일상화, 각종 부패의 만연 등이 발생하였다.

넷째, 동원체제의 일상화를 통한 경제자원의 획득이 이루어짐과 동시에 전 사회를 동원체제로 만들었다는 것이다. 동원체제의 일상화는 여타 사회주의 경제와 유사하지만 이것이 경제행위의 정치논리화로 맞물리면서 실효성 있는 동원의 효과는 발휘될 수 없는 동원체제를 만들

---

39) 이호철, '북한 사회주의 경제체제의 변화와 전망: 개혁·개방의 정치경제', 『통일문제연구』 제8권1호, 1996, pp.123-129.

었다는 것이다.

다섯째, 계획경제체제의 내부모순을 해결하기 위한 개혁조치를 강구함에 있어서 시장경제적 요소를 적극 도입하여 다양한 개선조치를 추진했던 여타 사회주의 체제와 차이점이 나타난다. 북한의 경우 계획경제 틀 안에서 형식적 내부개선조치를 강구하였고, 대외개방을 추진함에 있어서도 경제적 실효성보다는 대내외적 정치상황에 주안점을 두었다는 차이점을 보였다. 이는 다음절에서 후술하겠지만, 북한이 직면한 대외적 상황변화에 민감할 수밖에 없는 대외적 조건 때문이었다고 볼 수 있다.

따라서 냉전기 북한 경제체제가 보여주는 특징을 통해 알 수 있는 것은 북한의 경제체제가 코르나이와 퀴안이 언급한 부족경제체제의 특징을 갖고 있었다고 할 수 있으며, 이는 탈냉전기 경제난이 그 심각성을 반증한다고 볼 수 있다.

제3절 대외적 조건:
대외환경과 정책변화의 상호작용

1970년대 북한외교의 특징은 과거 냉전 시기 블록외교의 경직성을 탈피해 과거와는 차이가 있는 다변화된 외교정책을 추진한 것이라고 요약할 수 있다. 비록 북한이 다변화 외교를 추진함에 있어서 외교정책의 일관성과 연속성이라는 측면에서 내용과 시기에 한계점을 갖고는 있었지만, 과거 냉전 시기 경직된 블록외교에서 사회주의권 우방외교의 공고화를 토대로 비동맹외교 그리고 UN외교와 대서방외교, 미국과 직접대화모색, 남북대화 외교를 추진하는 등 적극적인 대외정책을 추진하였다.

이와 같이 북한이 남한과 미국에 대한 전향적 외교정책을 포함한 다변화 외교를 추진할 수 있었던 이유는 대내외환경의 변화가 그 주요한 요인으로 작용했다. 먼저 대외적으로 미·중 관계의 변화를 통해 나타난 데탕트(detente)의 도래 때문이라고 할 수 있다. 이는 한반도 주변의 역학관계를 변화시켰으며, 남한과 미국을 포함한 대서방외교에 대해 새로운 접근을 시도하게 했다. 또한 기존 사회주의 블록외교가 갖고 있던 대외경제의 한계점이 이를 추동하게 한 원인이었다고 볼 수 있다. 이 같이 북한이 과거 냉전외교를 탈피한 다변화 외교를 추진할 수 있었던 것은 데탕트 시기 대외개방에 따른 외부위협에 대한 국가개입의 내성이 넓어졌다고 인식했기 때문이라고 볼 수 있다.

다음으로 이 시기 북한은 내부적으로 김일성의 통치 이데올로기의 강화를 통해 정권의 안정화를 기할 수 있는 상황에서 보다 의욕적인 국가발전전략의 수립했다. 때문에 이의 추동 자원을 얻기 위한 방법으로 새로운 대외정책을 표출했다고 볼 수 있다. 이것은 확고한 통치기반을 조성한 김일성이 국내적 전략으로서 내부동원의 일상화를 통한 내부추출을 기하는 동시에 국제적 전략으로 국가의 정통성의 보존과 대외경제자원(기술과 자본의 도입)이라는 목적을 위해 외부추출과 외부정당성 획득이 필요했다고 볼 수 있다.[40]

이와 같은 대내외적 조건하에서 북한의 1970년대의 대외관계가 전개되었다고 볼 수 있다. 북한은 1970년대 기존 냉전체제의 외교관계를 돈독히 하고 새로운 국가들과 외교관계수립을 통해 국가위신 승격과 같은 외부정당성 추구와 함께 대외원조와 차관도입, 선진 기술도입, 경제교류 등과 같은 경제적 외부추출을 기하는 다면적 외교전략을 추진했다. 또한 이 시기 북한의 입장에서 냉전체제의 사회주의 일방외교의 한계성, 즉 자본과 기술의존도의 심화, 선진기술과 자본유입의

---

40) Mastanduno, Lake, Ikenberry(1989), *op. cit.*, pp.464-469. 참조.

한계 등과 같은 조건은 권력의 정점에 서 있던 김일성에게 만족스럽지 못한 대외환경으로 작용했다고 볼 수 있다. 때문에 새로이 제시한 경제계획의 성공을 위해 외자도입과 기술이전 등과 같은 외부추출이 필요한 상황에서 대외정책의 변화를 추진했던 것이다.

김일성에게 있어서 냉전체제시기 사회주의 일방외교가 갖고 있던 한계성을 극복하기 위해 새로운 대서방접근을 시도할 수밖에 없었던 이유는 1970년대 들어 사회주의권의 경제지원과 차관의 축소라고 할 수 있다. 이는 의욕적 국가발전전략을 추진하고 있던 북한에게 경제적 자원을 획득하는 데 있어 큰 악재로 작용했다. 때문에 북한은 대서방 접근외교를 전향적으로 추진했다고 볼 수 있다. 실제 북한은 정권수립을 전후하여 1970년까지 공산제국으로부터 받아들인 원조는 달러로 무상원조가 16억 5천3백86만 달러, 유상원조가 3억 8천9백18만 달러에 이르러 수원액은 도합 29억 4천3백4만 달러에 달하였다. 때문에 이때까지만 해도 서방제국과의 경제협력은 전무하였다. 이 수원액 중 무상원조는 1950-1960년 기간 중에 12억 7천8백44만 달러가 공여 되었으나, 1950-1960년 기간 중에 받아들인 유상원조 3억 7천4백 92만 달러 중 그 상황이 면제된 3억 4천42만 달러를 합하여 그 총액이 16억 5천3백86만 달러에 달하게 된다. 반면, 유상원조(차관)는 1949년 이전에 5천3백만 달러, 1950-1960년 기간 중 3억 7천4백92만 달러, 그리고 1961-1970년 기간 중에 3억 1백68만 달러를 각각 받아들였으나, 이 중에서 상기한 상황면제된 유상원조 3억 4천42억만 달러를 제외하면 유상원조 총액은 3억 8천9백18만 달러에 달하였다. 그러나 북한이 받아들인 외국원조는 모두 공산제국에 의해 주로 1950-1960년 기간 중에 공여되었으며, 1961-1970년 기간 중 7개년 계획을 수행하는 과정에서 공여된 원조는 동독의 무상원조 3천5백만 달러와 소련의 유상원조 1억 9천6백66만 달러 및 중국의 유상원조 1억 5백만 달러로 구성되는 유상원조 3억 6백68만 달러에 불과하였다.41) 따라서 이러한 대외경제협력은 대외정책적 측면에서 커다란 시련을 받지 않을 수 없었다.

이와 같은 대외경제가 갖고 있던 한계성에 직면한 북한에게 1970년대 국제질서의 변화는 과거와 다른 대외정책을 추진할 수 있는 기회가 제공되었다고 볼 수 있다. 또한 1970년대 데탕트 시대는 북한이 블록외교를 탈피하여 서방외교에 힘쓸 수 있는 운신의 폭을 넓혀주었으며, 이는 제3세계의 지지를 획득을 위한 UN외교를 위시한 다변화외교를 추진할 수 있는 기회의 창의 열어주었다고 할 수 있다.42) 그 결과 북한은 종래의 자력갱생, 폐쇄경제에서 벗어나 서구국가들과 국교를 수립하고 경제협력을 추진할 수 있었다. 이것은 내부경제발전을 위해 내부추출이라는 동원의 일상화를 추진함과 동시에 외자유치와 서방선진기술을 도입이라는 외부추출을 추진할 수 있게 되었음을 의미했다. 더욱이 북한이 대서방 접근에 우호적인 데탕트 시기였기에 서방국가들의 자본과 기술도입에 적극적으로 임할 수 있었다. 때문에 대내외적 환경하에서 북한은 차관도입에 적극적으로 임해 많은 차관을 도입하게 되며 대서방외교의 성과를 이루게 되었다.

그러나 북한은 사회주의 경제가 갖고 있던 일반적 특징이라고 할 수 있는 부족경제체제였다. 때문에 북한 경제는 내부적으로 기술낙후, 자본부족 등의 문제에 직면해 있었으며, 대외무역에서도 비교우위상품을 만들 수 없었다. 이는 북한의 대외무역에서 악재로 작용하였다. 여기에 오일 쇼크라는 세계경제의 파동은 대외 신용도의 추락시켰으며, 아

---

41) 은천기, 『북한의 대중소외교정책』(서울: 도서출판 남지, 1994), pp.163-165.
42) "제3세계나라들 사이의 단결과 협조를 강화하는 것은 혁명위업의 승리를 위한 중요한 담보입니다. 제3세계나라들은 굳게 단결하여 서로 돕고 지지함으로써만 제국주의자들의 침략과 파괴 책동을 물리치고 민족적 독립을 공고히 할 수 있으며 새 사회 건설에서 나서는 어렵고 복잡한 문제들을 성과적으로 풀어나갈 수 있습니다." 김용, "신흥세력나라들의 단결과 협조는 반제자주를 위한 투쟁의 위력한 무기", 『근로자』(평양: 조선로동당 중앙위원회, 1977), 제5호, p.60.

프칸 전쟁으로 인한 신냉전의 도래 등이 외부요인으로 작용해 결과적으로 1970년대 대서방외교 실패의 한 원인으로 작용하게 된 것이다.

이와 같은 측면에서 1970년대 북한의 대서방외교의 전개과정을 다음과 같이 약술할 수 있다. 1973년 한 해 동안 북한은 덴마크, 노르웨이, 스웨덴, 핀란드와 국교를 수교했으며, 1974년에는 오스트리아, 호주, 스위스와, 1975년에는 포르투갈과 국교를 수립하였다. 그 밖에 스위스, 일본, 영국의 세 나라와 1973년에 통상관계를 확립하고 협정을 체결하거나 기구를 설립했다. 이들 국가들로부터 수입대체를 위한 플랜트의 대대적인 수입이 이루어졌다. 약정이 성립된 것은 30건에 금액은 5억 달러에 달했다.43)

이와 같은 대외경제관계의 확대는 북한의 대외신용도 개선에 도움이 되었고 서방국가로부터의 차관도입도 용이하게 되었다. 전체 무역량에서 대서방무역이 차지하는 비중은 1970년의 18.6%에서 1974년 48.5%로 증가되었고 무역규모도 1975년까지 매년 두 자리 수의 증가율을 보였다. 그러나 1974년의 오일쇼크와 북한의 주력수출품인 원자재 가격이 국제시장에서 급락함으로 인하여 북한의 무역수지는 급격히 악화되었다. 이와 같은 이유로 차관의 원리금 상환이 어려워지게 된 북한은 1977년부터 원금의 상환을 중지했고, 1985년에는 이자의 상환도 중지했으며 이에 따라 1986년에는 파산국 선언을 받게 되었다. 또한 이 시기에 발생한 외채는 북한이 이후 외교정책을 추진하는 데 있어서 중요한 제약요인으로 작용하게 되었다. 이같이 북한의

---

43) 북한이 당시 지불기한 이 닥친 채무는 1975년 9월 총액 3억 루블이었는데 1976년 초에는 20억 루블에 달했다. 이 가운데 6할이 서방국가들에 대한 부채였다. 이러한 사태에서 북한을 도운 국가는 역시 소련이었다. 1976년 2월의 조·소 경제기술협력협정 체결로 차관 1억 1,700만 루블과 이자 및 원금 상환을 위해 4,000만 루블이었다. 그러나 그것으로 수습할 수 있는 상황이 이미 아니었다. 와다 하루키 지음, 서동만 역, 『북조선: 유격대국가에서 정규군 국가로』(서울: 돌베개, 2002), p.222.

86

1970년대 자본주의 국가들과의 교류협력확대는 정치·경제적으로 다변화 외교를 추진한 결과였다. 즉 경제적으로 외자도입과 이를 통한 기술혁신으로 대외무역의 비교우위상품의 생산, 일방적 사회주의 시장에서 자본주의 국가를 포함하는 다변화 시장 구축 등이 목적이었다고 볼 수 있다.

또한 1950년대 이후 낙후된 장비와 기술을 유지하고 있던 북한의 입장에서 서구의 기술과 자본의 도입을 통한 경제발전을 추진하려는 의도였다고 볼 수 있다. 그러나 원자재 중심의 대외무역은 무역수지에서 적자를 보였으며, 오일쇼크 등의 국제경제상황은 북한의 이러한 목적을 달성하는 데 우호적 조건을 조성하지 못했다. 결국 이와 같은 상황은 1980년대로 이어져 중국과 소련의 대한 무역과 기술 의존도의 심화, 시장의 단순화, 외채부담, 외자유치의 불가능, 기술낙후의 요인으로 작용하였다.44) 이에 대한 대응으로 북한은 대외개방에 있어서 무역의 확대와 다각화, 다양화, 신용제일주의 등의 무역증진대책을 잇따라 발표하며 대외개방정책을 전개하였다. 이와 동시에 1984년 합영법을 제정·공포한 후 외자유치를 위한 적극적인 정책을 추진하였다.45)

----

44) "1970년대 중반 세계은행들은 사회주의 국가들(폴란드, 루마니아, 소련, 북한 등)에 차관을 강요하였으며, 이후 국민소득에서 외채변제비용의 비중이 고조되었다. 1980년대에 많은 외채를 완전히 청산한 단 국가는 루마니아를 제외하면 없었다. 1980년대 사회주의 체제는 외채위기로 시작하여 소위 공산주의 붕괴로 막을 내렸다." 왈러스틴·강문구 역 『자유주의 이후』(서울: 당대, 1998), pp.84-87. 참조.

45) 외자유치와 서방과의 경제교류 확대를 목적으로 합영법이 실시되었음에도 불구하고 1980년대에 추진된 북한의 외자 유치 정책이 극히 부진한 실적을 보인 원인은 투자 환경의 측면에서 볼 때 ① 도로·항만·철도 등 인프라 미정비, ② 석유와 전력 등 기간 에너지공급의 불안정, ③ 합영사업에 필요한 관련제품·원재료의 공급 불안정, ④ 통신·금융제도의 미비, ⑤ 주변 시장의 협소, ⑥ 합영사업 관련 법규의 미정비, ⑦ 북한의 낮은 대외 경제 신용도, ⑧ 북한에 대한 정보의 부족, ⑨ 언어와 관습의 차이에서 오는 의사 소통 부족과 오해 등으로 지적되고 있다. 그러나 보다 근본적인 실패의 원인은, 북한이 '자립적 민족경제건설노선'과 '명령 경

그럼에도 불구하고 북한의 대외개방은 내부경제개혁조치와 연계되지 않았다. 즉 계획경제 틀 안에서 차관도입과 기술도입이라는 측면에서 제한적이었다. 때문에 그 출발점부터 커다란 성과를 얻는 데 한계가 있었다.[46] 결과적으로 1970년대 말의 대내외 경제적 조건은 북한 경제체제 침체의 중대한 요인으로 작용했으며, 이는 1980년대에 이어져 종국에는 1990년대의 대내외적 경제적 초기조건으로 이어진다고 볼 수 있다.

이와 같은 측면에서 볼 때, 1970년대 북한의 대외개방정책은 당시 냉전시대임을 감안할 때 개혁·개방의 심도가 매우 넓은 체제로 대외개방에 적극적이었다는 것을 의미하며, 이는 대외조건의 변화가 외교정책의 변화 요인으로 작용함을 대변해 준다고 할 수 있다. 또한 냉전체제에서 데탕트 체제로의 변화라는 국제체제의 변화는 개별국가가 개혁·개방에 따른 외부위협에 대해 '국가개입의 내성'을 넓게 만들었다

제체제(Command Economy)'의 기본 틀 속에서 '우리식 합영'을 고집한 데에 있다. 전홍택, '북한경제 반세기 평가', 『통일경제』(서울: 현대경제연구소, 1996), pp.57-58. 이와 같은 북한의 자립적 민족 경제 건설이라는 경제정책은 80년대의 북한 개방 정책의 한계를 분명히 보여주는 것이라 할 수 있다.

46) 양문수 박사는 1983년 이전에 개혁·개방적 요소가 없다는 것에 대해 1970년대 초반의 대서방 대외경제정책추진은 이체를 띠는 북한의 개방화에 대한 의지를 엿볼 수 있는 정책변화였다고 반론한다. 1960년대 말까지만 하더라도 북한의 대서방 교역이 대외경제관계에서 차지하는 비중은 그리 높지 않았지만, 60년대 말에 프랑스, 오스트리아 그리고 핀란드와 상호무역대표부를 설치하기로 함으로써 북한의 대서방 교역은 과거와는 전혀 다른 새로운 형식을 취하게 되었다는 것이다. 1969년 북한의 대서방 교역은 1억 9천만 달러를 기록하며 급증세를 보이기 시작한 후 1974년에는 북한의 대서방 교역고가 8억 7천만 달러를 기록하여 북한의 제1교역 상대로 부상하게 된다. 당시 소련과 중국의 교역액인 4억 달러 정도에 불과한 것에 비추어 볼 때, 대서방 교역고의 비중을 짐작할 만하다. 하지만 무역적자와 외채문제로 1976년에 채무불이행(default)사태를 맞게 되고 급락한 대외신용도 상실하게 되었다는 것이다. 양운철, 『사회주의 경제체제의 전환』(서울: 세종연구소, 1999), pp.171-173.

88

는 것을 의미한다. 당시 냉전체제하에서 여타 국가들이 대외개방에 폐
쇄적인 블록외교를 추진했던 시기였기에 개별국가의 개혁·개방 성격
을 규정하는 데 있어서 이를 고려하지 않은 한계가 있다는 것을 의미
한다. 그러나 대외개방에 따른 외부위협에 대한 국가개입의 내성이 좁
은 북한이 다변화, 다각화 외교를 추진하였다는 측면에서 국가개입의
내성이 넓은 대외개방의 심도를 보여주는 개방체제 모습을 보여주었다
고 할 수 있다.47)

  그럼에도 불구하고 국가개입의 내성이 좁은 체제에서 넓은 체제로
변화를 보였음에도, 1970년대와 1980년대 중반까지 남한과 미국관계
에 있어서는 한반도 특수성이 강제한 대외인식으로 인해 남한과 미국
에 대해서는 이의 변화를 보이지 않은 한계성을 보였다. 비록 남한과
미국에 대한 새로운 접근을 시도하였지만, 남한과 미국에 대한 안보적
위협의 대상이라는 대외인식에 있어서 많은 변화가 없었다는 것이다.
실제 당시 북한은 남한에 대해 미국의 남한 강점 정책비판, 통일문제,
남한 정권에 대한 파쇼비판 등이 주류를 이루는 논조를 보였으며, 미
국에 대해서는 군사훈련과 두 개의 조선정책 책동, 미제국주의에 대해
신랄하게 비판했다.48) 이와 같은 비판을 통해 알 수 있는 것은 북한
의 자주성을 중시하는 뿔럭불가담 정책의 일면에는 남한과 미국을 비
판하는 목적이 있었다는 것이다.49)

---

47) Buzan and Segal(1992), *op. cit.*, pp.12-19.
48) 독고원식, "유신파쇼독재를 반대하는 남조선 인민들의 투쟁은 정의의 애국
    투쟁", 『근로자』(평양: 조선로동당 중앙위원회, 1978) 제2호, pp.59-64,
    손진팔, "두 개 조선 조작책동은 민족의 영구분렬을 추구하는 범죄행위",
    『근로자』(평양: 조선로동당 중앙위원회, 1978) 제5호, pp.58-64, 허헌,
    "미국, 일본, 남조선 3각군사동맹 조작책동의 침략적 본질", 『근로자』(평
    양: 조선로동당 중앙위원회, 1979) 제11호, pp.59-64. 참조.
49) 명창선, "뿔럭불가담운동의 리념과 통일단계", 『근로자』(평양: 조선로동당
    중앙위원회, 1980) 제8호, pp.60-64, 한웅식, "고려민주련방공화국을
    창립하는 것은 조국통일의 가장 합리적인 방도", 『근로자』(평양: 조선로
    동당 중앙위원회, 1980) 제11호, pp.52-57. 참조.

　그러나 1980년 중반 이후 북한의 이러한 개방의 성격을 규정하는 국가개입의 내성에 중대한 변화가 발생한다. 특히 이 시기가 신냉전기임을 감안한다면 매우 중요한 변화라고 볼 수 있다. 이를 반증해 주는 것이 1985년 신년사와 『근로자』의 내용이다. 1985년 신년사에서 김일성은 "북과 남 사이에 대화를 적극적으로 추진시키고 합작과 교류를 널리 실현하여야 북과 남이 힘을 합쳐 민족경제를 통일적으로 발전시키고 모든 분야에 걸쳐 민족적 륭성과 번영을 이룩할 수 있습니다."라고 남북교류를 강조하고 있다는 것이다. 또한 같은 해 북한 당 기관지 『근로자』의 논문은 "나라가 북과 남으로 분렬되여 있는 상태에서 두 지역 사이에 경제적 유대가 맺어지지 않고서는 민족경제의 통일적 발전을 이룩할 수 없다."라는 주장을 한다. 뿐만 아니라 김일성이 1972년 11월 고위급정치회담을 위하여 평양에 온 남조선측 대표들을 몸소 만나고, 북과 남이 힘을 합쳐 지하자원을 공동으로 개발하고 관개공사를 함께 추진하며 공동어로작업을 진행하는 등 경제 분야에서 합작과 교류를 실현할 데 대한 구체적인 방도를 밝혀주었다는 것을 상기하고 있다. 또한 합작과 교류를 성과적으로 실현하기 위하여 북한이 경의선 철도를 연결하고 남포항과 원산항, 인천항과 포항항을 서로 개방이용하며 《북남경제협력위원회》와 같은 공동기구를 조직운영할 데 대한 문제를 제기하였다는 것이다.[50)]

　이와 같은 주장을 통해 북한은 남한의 선 교류, 후 합작 주장을 비판하고 교류와 합작을 동시에 추진하자고 남한의 정책에 대해 비판하였다. 냉전기 개혁·개방에 따른 외부위협에 대해 국가개입의 내성이 좁은 상황임에도 불구하고, 북한은 1970년대 말 이후 심각한 경제적 생산력 체감으로 심각한 상황에 처하게 되었다. 이것은 계획경제가 붕괴단계에 들어선 1980년대에 더욱 심각한 문제였다는 것을 의미한다.

---

50) 공제민, "북과 남사이의 경제적 합작과 교류는 실현되어야 한다", 『근로자』
　　(평양: 조선로동당 중앙위원회, 1985) 제5호, pp.84-88.

그러나 이 시기에 김일성의 이와 같은 제안과 『근로자』의 제안이 비록 당시 남북한 경제발전 수준이 역전된 상황에서 남한의 매판자본과 미제국주의의 종속성을 비판하는 수단으로 작용한 측면을 부인할 수 없으나, 내부동원의 일상화를 통해 얻을 수 있는 내부추출의 한계와 중국과 소련의 국가지도자들과 리더십의 변화라는 대외환경 변화가 북한의 정책변화를 추동한 중요한 요인으로 작용했다고 볼 수 있다. 이 것은 중국의 변화와 러시아의 개혁·개방 분위기에 따른 동맹국의 이 완이라는 대외적 환경변화에 따른 외부추출의 어려움과 안보위협의 증 가가 1980년대 중반 북한의 남한과 미국에 대한 접근시도에 영향을 미쳤다는 것을 의미한다고 본다.

당시 중국은 1978년 12월에 열린 중국 공산당 제 11기 3차 중앙위 원회에서 "실천은 진리를 검증하는 유일한 기준이다"라는 철학적 명제 가 중국 지도부의 지도적 이념으로 결정되어 경제개혁이 추진되는 과정 에 있었다. 등소평의 개혁·개방정책은 흔히 흑묘백묘론(黑猫白猫論)으 로 집약되는데, 이는 경제에 있어서 실용주의를 핵심으로 한 것이었다. 중국 당 지도부는 지도적 이념의 수정을 통해 개혁·개방정책을 추진했 다. 이 시기 중국은 개혁의 제 1단계로 1978년부터 84년까지로 농업 부문을 중심으로 개혁을 추진하였다. 제2단계는 1984년부터 91년까지 로 도시 공업부문을 중심으로 추진되었다. 주목해야 할 것은 중국의 개 혁은 이와 같은 내부적 변화와 함께 대외적으로는 1979 미국과 국교수 립을 하는 등 대내외적 변화가 연동되어 변화가 진행되고 있었다.

또한 소련도 이 시기 브레즈네프 이후 두 명의 서기장이 사망한 후 1985년 미하일 고르바초프가 집권하는 때였다. 소련의 정치적 상황은 불과 3년 사이에 3명의 정치적 리더십 변화가 급박하게 진행되는 상 황이었다. 더욱이 고르바초프가 1985년 3월 11일 집권하면서 ① 글 라스노스트와 문화면에서의 자유화, ② 복수 정당제, 공산당과 소비에 트의 기능 분리, 복수입후보제 선거 등 정치체제의 민주화, ③ 공산당으로부터 소비에트로의 권력 이양과 대통령 권력의 강화, ④ 시장화에 의한 경제재건, ⑤ 군축 및 동서의 긴장 완화와 상호 의존체제 확립 등과 같은 페레스트로이카(perestroika, 개혁)로 불리는 개혁정책을 추진했다는 것이다. 이 같은 변화는 사회주의권에 엄청난 충격으로 다가왔다.51) 이 같은 중국과 소련의 변화와 함께 당시 미국의 레이건 미국대통령은 1982년 6월 영국하원에서 연설하던 중 소련을 '악의 제국'으로 표현하며, 대소련 강경정책을 추진하는 외교정책을 추진하고 있었다. 이 같은 안보위협이 증가하고 있는 대외환경의 구조 속에서 북한은 새로운 변화가 다가오는 현실에서 남북관계와 북미관계의 새로운 접근을 시도했다고 볼 수 있다.52) 때문에 중국과 소련의 변화가 당시 북한에게 중요한 영향을 미쳤다고 볼 수 있으며, 이와 같은 영향이 1980년대 중반 북한의 개방정책과 국가개입의 내성에 변화를 야기하는 동인으로 작용했다고 볼 수 있다.

그러나 중국과 소련의 외부영향과 내부경제침체로 인해 북한이 비록 남한과 미국관계의 변화를 시도했지만, 이 시기 대외환경의 구조 속에서 북한이 남한과 미국에 전향적으로 제안한 여러 노력과 정책적 선택이 성과를 얻기에는 한계점이 있었다고 볼 수 있다.53) 북한은 중국과

---

51) 윤해수, 『러시아체제변동론』(서울: 한올 아카데미, 1995), pp.291-479. 참조

52) 1980년대 중반을 기점으로 북한은 미국의 동북아 전략에 대해 심각한 안보위협으로 느꼈다. "아시아 군사전략을 수행하는 데서 미제는 특히 남조선에 중요한 군사전략적 의의를 부여하고 있다. 그것은 우선 남조선이 미제의 아세아 군사전략을 수행하기 위한 매우 유리한 지역이기 때문이다. 핵무기의 우세에 기초한 〈한정핵전쟁〉과 미사일 정밀도에 기초한 〈핵선제타격전략〉을 기본으로 하는 〈핵수행전략〉은 미제의 기본〈군사전략〉이다. 미제의 이러한 핵전략은 핵무기를 마음대로 배치하고 사용할 수 있는 특정된 지역을 요구하고 있다." 신상흡, "미제의 새 아세아 군사전략과 남조선", 『근로자』 1986.1-6 제6호, p.87

53) 북한의 교류와 합작의 제안은 남북관계 발전의 상징으로서 중요한 의미를 갖고 있다고 볼 수 있다. 그러나 이를 고려연방제와 연계하여 추진했다는

92

소련의 변화를 목도해야 했고, 남한과 미국으로부터 암묵적 무시를 당했다고 볼 수 있다. 역설적이게도 이 시기 이와 같은 대외환경은 북한이 핵무기를 개발하게 하는 동기를 부여했다고 볼 수 있다. 이에 대해 커밍스(Bruce Cumings)의 언급은 주목할 만하다. 그는 "북한의 핵 개발이 처음에는 에너지 수급을 위한 것이었다가 소련, 중국과의 동맹관계 붕괴 이후 핵무기 개발로 발전했다"고 파악하고 있다.[54] 그의 언급이 의미하는 것처럼 이 시기 대외관계의 변화에 따른 협상의 수단이 동반되지 않았던 북한의 입장에서 핵 개발은 또 다른 북한의 선택이었다고 볼 수 있다.[55]

측면에서 당시 남북관계의 정치적 대립구도하에서 이의 실현이 한계가 있었다고 볼 수 있다. "우리나라에 련방국가를 세우게 되면 북과 남 사이에 전면적인 합작과 교류가 실현되고 끊어졌던 민족적 유대가 이어지게 될 것이며 나아가서 군비경쟁과 무력증강도 필요 없게 되고 전쟁의 근원을 청산할 수 있는 조건이 될 것이다. 림동욱, "민족적 통일을 위한 우리 당 련방제방침의 정당성", 『근로자』(평양: 조선로동당 중앙위원회, 1985) 제7호, p.89.

54) 북한이 직면한 1980년대 중반 이후 대내외적 환경변화는 탈냉전기 북한 추진한 핵 개발과 많은 연관성이 존재한다고 보는 서보혁(2003)의 논문은 주목할 만하다. 그는 북한의 핵 개발 동기를 크게 네 가지로 지적한다. 우선 경제적인 측면에서 북한은 핵 개발이 에너지 자급, 균형적 에너지 공급원 확보 등 경제적 동기를 갖고 있었다고 주장한다. 둘째, 외교적 효과로서 북한이 핵무기 개발을 시위하여 미국, 한국, 일본 등으로부터 정치적, 경제적 양보를 최대한 얻으려고 했다는 것이다. 셋째, 국내 정치적 측면으로 1980년대 후반부터 뚜렷해진 북한의 경제침체는 북한정권, 특히 후계자 김정일에게는 불안정 요인으로 인식되었다는 것이다. 마지막으로 군사적 측면으로서 미국의 핵 공격 위협에 지속적으로 노출되어 있던 상황에서 안보상 필요에 의해 핵 개발이 필요했다는 것이다. 서보혁, 『탈냉전기 북·미 관계에 관한 구성주의적 접근: 북한의 국가정체성을 중심으로』(한국외국어대학교 박사학위논문, 2003), pp.108-110. 참조.

55) 셀리그 헤리슨은 북한의 핵 개발이 처음부터 군사적, 경제적 목적이 결합된 이중적 과정으로 진단하고 있다. Selig S. Harrison, *Korean Endgame: A Strategy for Reunification and U.S. Disengagement*, Princeton University Press. 2000, pp.202-204. 참조.

이와 같이 비록 북한의 1980년대 중반 남한과 미국에 대한 여러 제안들이 성과를 보이지 않았음에도 불구하고, 현재 남북한 경제협력이 활성화 국면에 접어들어 제도화되고 있는 상황이다. 그런데 1980년대 중반에 이미 북한이 남북한 교류와 합작을 제안했다는 것은 대내외적 상황변화에 따라 개혁·개방에 따른 외부위협에도 불구하고, 국가개입의 내성이 변하는 체제적 특성을 갖고 있다는 것을 대변해준다고 볼 수 있다.

따라서 1970년대와 1980년대 북한의 대외관계는 사회주의 체제가 갖는 정치체제의 폐쇄성에 기인한 폐쇄적 체제로 대외개방심도를 일방적으로 규정하는 한계가 있으며, 개방에 따른 외부위협에 대해 국가개입의 내성이 변하는 이중적 대외정책 양태를 보이는 특징을 갖고 있다고 할 수 있다.

제4절 소 결

냉전기 북한의 초기조건을 경제적 조건과 정치적 조건으로 나누어 설명하면, 북한은 스탈린형 사회주의 계획경제 체제, 중공업 우선의 군산복합형 중진국경제, 폐쇄적 소규모 경제, 대외의존 경제, 경제행위의 정치논리접근 경제라는 경제적 조건을 갖고 있었다. 정치적 조건으로는 유일독재체제, 김정일 권력승계, 민주주의 역사적 경험의 전무, 동아시아적 봉건적 유교적 사회의식, 한국과의 전쟁 경험 및 경쟁체제로서의 한국의 존재, 사회주의 진영의 해체 등의 특징을 갖고 있었다.56)

이와 같은 특징을 고려하여 탈냉전기 북한의 정치·경제적 초기조건은 다음과 같이 설명할 수 있다. 먼저 정치적 조건으로 정치체제는 여타 사회주의와 비교할 때 유일지배체제 혹은 수령제를 통해 상대적으

---

56) 박제훈(1996), 위의 책, p.101.

로 정치권력의 안정화를 이루고 있던 체제라고 할 수 있다. 이는 북한 정치체제가 갖고 있는 여타 사회주의와의 구별되는 북한 정치체제의 특수성이라 할 수 있다. 때문에 냉전기 북한은 정치체제에 있어서 여타 사회주의 체제의 보편성과는 다른 특수성 즉 유일지배체제와 수령제를 구축하고, 주체사상과 같은 이데올로기를 기반으로 여타 사회주의 국가에 비해 상대적으로 정치권력의 안정성을 확보한 위치에 있었다고 할 수 있다.

다음으로 경제적 조건으로 북한 경제체제는 공업화전략을 국가발전전략으로 추진하였지만, 대외환경의 변화에 따라 경제와 국방의 병진노선으로 변형되었다. 이는 북한 경제가 산업구조의 불균형 심화, 장기적 경제침체에 빠져드는 요인으로 작용했다. 또한 노력동원운동과 같은 동원체제의 일상화 경제였다는 것이다. 이의 효과가 경제적 생산성의 하락, 노동의욕 상실의 원인으로 작용했다. 뿐만 아니라, 경제관리 부분에 있어서 경제행위의 정치논리 중시로 인한 생산성 체감과 비효율성을 야기하는 한계점을 보였다고 볼 수 있다. 비록 이 같은 경제에 있어서 정치논리 중시가 정치체제를 강화하는 동원기제로서 작용하였다고 할 수 있지만, 결과적으로 이로 인하여 북한은 계획경제체제의 내부모순을 극복할 수 있는 기회를 상실했고, 부족경제체제의 만연을 초래했다고 볼 수 있다. 또한 계획경제의 원칙에 입각한 내부문제 해결을 고집함으로써 경제체제의 내부모순 해결에 시장경제요소의 도입에 부정적이었다는 것이다. 더욱이 특기할 것은 경제체제가 자립적 민족경제원칙을 내세웠음에도 불구하고, 실제로는 원조경제와 대외의존도가 심화된 경제체제를 유지해 왔다는 것이다. 이와 같은 이유로 1980년대 말 북한 지도부의 경제적 통제능력은 상실되었고, 계획경제 붕괴 단계를 거쳐 1990년대에 경제위기의 원인으로 작용했다고 볼 수 있다.

마지막으로 대외적 조건은 1970년대와 1980년대 대내외 정책변화의 상호작용과 국가개입의 내성을 중심으로 다음과 같이 정리할 수 있다. 1970년대 북한은 김일성의 정치권력 공고화에 따른 국가발전전략을 강도 높게 추진함에 있어서 국내적 전략으로 내부동원의 일상화를 통해 내부추출을 추진하였다. 뿐만 아니라, 경제기술과 외자유치 그리고 국가승인과 국가위신과 같은 외부추출과 외부정당성을 획득하기 위해 냉전체제의 대외관계 탈피를 추구한 국제적 전략을 추진했다고 볼 수 있다. 이와 같은 대외정책 변화에는 데탕트 시기라는 대외환경이 큰 영향을 주었다. 여기서 주목해야 할 것은 데탕트 시기 북한은 대서방국가들과 대외관계를 추진함에 있어서 냉전 시기와는 구별되는 변화된 국가개입의 내성을 보인다는 것이다. 그러나 1980년대 초반까지 남한과 미국에 대해 대외정책을 추진함에 있어 국가개입의 내성이 좁은 이중적 태도로 대외정책을 추진했다. 이것은 북한이 이들 국가들에 대해 냉전체제의 대결구도가 지배적 의식으로 자리잡고 있었음을 의미한다고 볼 수 있다. 반면, 신냉전기인 1980년대 중반에 가서 북한이 비록 대외개방에 따른 외부위협이 존재함에도 불구하고 남한에 대해 경제적 교류·합작을 제안하고, 미국에 대해 3자 회담을 제안하는 등 국가개입의 내성에 변화를 보인다는 것이다. 이것은 북한의 국가개입의 내성이 신냉전이라는 국제정치 환경하에서 구조적 제약을 받고 있음에도 불구하고, 주변환경의 변화가 존재하면 국가개입의 내성이 넓은 체제로 변화를 보인다는 것을 의미한다.

따라서 개방에 따른 외부위협에 대해 북한의 국가개입의 내성이 대외환경의 변화와 밀접히 연관되어 변화된다는 것을 알 수 있었다. 이 같은 사실은 탈냉전기 북한의 개혁·개방 성격을 이해하는 데 매우 중요하다.

제4장 '현상유지전략'(1990~1998)

1990년대 북한의 대내외 정치·경제적 조건의 특징은 경제난과 대외고립으로 말 할 수 있으며, 이것이 정치체제에 심각한 위협요인으로 작용하게 된다. 구체적으로 북한 내부경제적 조건은 자립적 민족경제노선의 한계, 개방의 결여, 과도한 군사비와 중공업 우선정책으로 야기된 산업구조의 왜곡, 산업 인프라의 취약 등으로 설명할 수 있다. 이 같은 계획경제의 내부모순은 급기야 경제난으로 나타났다. 아울러 대외적으로 사회주의권의 정치·경제적 변동은 북한 체제에 심각한 위기로 작용했다. 그 결과 북한 경제는 1990년대 9년 연속 마이너스 경제성장률을 기록하게 하였고, 이로 인한 경제난은 정치체제의 위기로 작용하는 원인으로 작용했다. 체제전환기에 경제체제가 안고 있는 내부모순이 가장 중요한 체제위협 요인으로 작용했다는 측면에서 경제난은 체제붕괴로 비화될 수 있는 여건을 모두 갖추고 있었다고 볼 수 있다. 이 같은 상황에 대해 김일성은 1993년 12월 당중앙위원회 제21차 전원회의에서 북한 역사상 최초로 경제정책의 실패를 공식 자인하면서 정치체제가 시급히 해결해야 할 과제로 경제난 극복을 설정하기에 이른다.

그렇다면 이와 같은 대내외적 위기 상황에서 북한 지도부가 취한 국가발전전략[1]은 무엇이었는가? 또한 이를 추동(推動)하게 한 대내외적

---

1) 본 연구에서 국가발전전략의 정의는 "개별국가가 대내외 정치·경제적 위기 상황하에서 이의 극복을 위해 국가주도의 정책변화를 통해 경제발전과 정치안정이라는 국가적 목적을 추구하려는 것으로 규정한다." 북한 국가발전전략에 대한 자세한 설명은 김근식, 『북한 발전전략의 형성과 변화에 관한 연구: 1950년대와 1990년대를 중심으로』(서울: 서울대학교 박사학위논문, 1999), pp.16-27. 참조.

요인은 무엇이었는가? 그리고 국가발전전략을 추진하게 한 초기조건으로서 대내외 정치·경제적 조건은 북한의 개혁·개방에 어떻게 작용했으며 그 성격은 어떻게 규정할 수 있는가? 이의 고찰을 위해 본 장에서는 북한이 1990년대 초 정치·경제적 위기 상황을 극복하기 위해 시도한 국가발전전략과 시기를 1990년대 초기부터 김정일 정권의 제도적 안정화가 이루어지는 1998년까지를 '현상유지전략'과 '부분적 개혁·개방 시기'로 개념화한다. 이와 같이 1998년을 기점으로 북한의 국가발전전략을 구분하는 것은 이 시기를 기점으로 김정일 정권의 권력이 제도화되었다고 보기 때문이다.

또한 사회주의권의 체제전환과 경제체제 내부모순에 따른 대외고립과 경제난 심화가 정치권력에 심각한 체제위협요인으로 작용한 상황에서 북한 지도부는 선 정치권력 안정화 확보, 후 경제난 해결을 위한 국가발전전략을 추진했다고 보기 때문이다.

따라서 본 장에서는 현상유지전략 시기 대내외 정치·경제적 조건의 고찰을 통해 북한의 개혁·개방의 유형과 단계 그리고 성격을 규정할 것이다.

제1절 '현상유지전략'의 내부적 요인

1. 정치권력 안정화와 경제난의 이중성

1) 체제전환에 대한 최고 지도자의 인식

1989년 말을 기점으로 하여 사회주의 체제는 소련과 동구권의 체제전환이라는 역사적 격변을 맞이하게 된다. 이와 같은 대외환경의 변화에 대해 북한은 어떤 인식을 갖고 있었을까? 이를 위해 체제전환이 진행된 탈냉전 초기 김일성과 김정일의 공식문헌을 통해 사회주의권의 체제전환에 대한 그들의 인식을 고찰해 볼 것이다. 이는 북한의 개혁·개방을 이해하는 데 중요한 단초를 제공할 것으로 본다.

김일성은 1990년 신년사에서 체제전환이 진행되고 있는 당시의 대외환경에 대해 그는 다음과 같이 언급하고 있다. 김일성은 "지난해에 제국주의자들의 반사회주의 책동이 전례 없이 강화되고 적들의 발악적 공세가 우리 공화국에 집중된 준엄한 환경 속에서 추호의 동요 없이 오직 우리 당을 따라 혁명의 한 길을 확신성 있게 걸어왔으며", "제국주의자들은 평화와 진보의 성새인 사회주의를 와해시키고 자주의 길로 나아가는 인민들에게 다시금 착취와 예속의 올가미를 씌우려고 발악적으로 책동하고 있습니다. 제국주의자들은 〈평화〉와 〈완화〉의 막뒤에서 인민들을 무장 해제시키고 자주와 진보의 길로 나아가는 나라들에 대한 침략을 강화하고 있으며 〈원조〉와 〈협조〉의 간판에 다른 나라들에 대한 간섭과 예속화책동을 로골적으로 감행하고 있습니다. 제국주의자들이 여러 가지 변장술을 쓰지만 그것은 다 세계인민들의 리상을 흐리게 하고 저들의 침략적이며 략탈적인 목적을 실현하기 위한 교활한 술책에 지나지 않는다"고 주장했다.2)

또한 김일성은 사회주의권의 개혁·개편에 대해 다음과 같은 시각을 피력한다. "우리 일군들은 다른 나라들에서 실시하고 있는 정책에 무슨 새로운 것이 있는가 하여 넘겨다보거나 머리를 기웃거리지 말아야 합니다. 다른 나라들에서 개혁과 개편을 한다고 하여 우리도 그렇게 할 필요는 없습니다. 우리에게는 개혁할 것도 개편할 것도 없습니다. 우리가 지금까지 해놓은 일은 다 옳으며 지금까지 내세운 로선과 정책이 다 정당합니다. 우리는 지난 기간 혁명과 건설에서 쌓아올린 위대

---

2) 신년사, 1990년 1월 1일, 『김일성 저작집』 제42권(평양: 조선로동당출판사, 1995), pp.231-243.

한 업적에 대하여, 주체사상에 기초한 정당한 로선과 정책을 일관하게 견지하여 온 데 대하여 자랑스럽게 생각하여야 한다"는 것이다.3) 1990년 신년사에서도 김일성은 소련과 동구의 체제전환을 제국주의 책동으로 인식하고 있으며, 이를 극복하기 위해 사회주의 우월성과 기존 노선의 강화를 강조한다.4)

또한 사회주의 좌절에 대한 김일성 인식과 북한의 사회주의에 대한 언급은 그의 탈냉전 인식을 가늠하게 하는 중요한 단초를 제공한다.5)

김일성은 "당을 더욱 강화하고 당의 영도적 역할을 끊임없이 높이며 〈우리식대로 살아나가자〉라는 구호를 주장하기"에 이른다. 이 같은 주장은 1991년의 신년사에서 '우리식 사회주의'로 발전한다. 김일성은 사회주의 국가들의 체제전환을 제국주의자들이 사회주의 나라들을 와해시켜 시장경제 체제로 전환시켜 지배권을 확대하려는 목적으로 추진하고 있는 제국주의자들과 반동들의 반사회주의 책동으로 규정하고, 체제전환이라는 대외환경의 위기와 내부 경제문제의 악화를 극복하기 위해 〈당이 결심하면, 우리는 한다!〉라는 구호를 내걸고 당의 영도를 강조한다.6)

---

3) 김일성, "민족적 긍지와 혁명적 자부심을 가지고 사회주의 건설을 다그치자", 『김일성 저작집』 제42권 1989. 6- 1990. 12(평양: 조선로동당출판사, 1995), pp.70-71

4) 1990년 신년사. "우리 인민은 실생활을 통하여 사회주의 제도야말로 인민대중에게 국가와 사회의 주인으로서의 지위를 확고히 보장하여주는 가장 인민적인 제도이며 인민대중의 무궁무진한 창조력을 남김없이 발양 할 수 있게 하는 가장 생활력 있는 제도이다."

5) 일부 나라들에서 사회주의가 좌절되게 된 데는 여러 가지 원인이 있겠지만 그 근본원인은 이 나라들에서 사회주의의 기본원칙을 지키지 않은 데 있습니다. 일부나라들에서는 사회주의 건설에서 가장 선차적으로 해결해야 할 이러한 근본문제에 응당한 주목을 들리지 않았으며 그 결과로 사회주의가 생명력을 잃게 되고 사회주의 위업이 좌절을 가져오게 되었습니다. 김일성, "미국〈워싱톤타임스〉기자단이 제기한 질문에 대한 대답(1992.4)", 『김일성 저작집』 제43권 1991. 1-1992. 10(평양: 조선로동당출판사, 1995), pp.349-350

그러나 1992년 신년사는 총체적인 체제위기 의식에서 비롯된 다소 방어적이고 수세적인 입장을 반영하고 있다. 김일성은 독일통일 및 소련연방해체라고 하는 충격 속에서 주민들의 사상동요를 방지하기 위해 '사회주의 필승불패'를 주창하면서, 사회주의 국가들의 변혁을 축소 해석하는 데 중점을 두고 설명하고 있다.7)

또한 1993년의 김일성은 "우리 적들의 침략적 도발책동에 대처하여 나라의 방위력을 강화하는 데 힘을 써야 한다"고 주장하며, "제국주의자들과 반동들의 온갖 도전과 방해책동을 짓부시고 우리의 사회주의를 옹호고수하며 더욱 빛 내이는 것은 오늘 우리 당과 인민 앞에 나서고 있는 영예로운 과업이다"고 주장한다. 1993년까지의 김일성의 체제전환과 탈냉전의 대외환경의 인식은 김일성 정권의 체제유지에 집중되었으며, 이를 위해 '우리식 사회주의'와 '자립적 민족경제노선' 유지를 강조하였다.8)

---

6) "지난해에 제국주의자들과 반동들의 반사회주의 책동으로 말미암아 국제무대에서는 사람들의 우려를 자아내는 복잡한 사태들이 연이어 벌어졌으며 이것은 나라가 분렬된 어려운 조건에서 사회주의를 건설하고 있는 우리 인민 앞에 새로운 장애와 난과를 조성하였습니다.", "제국주의자들이 매달리고 있는 이른바 〈평화적 이행〉전략은 본질에 있어서 사회주의나라들을 내부로부터 와해시키고 자본주의 길로 되돌려세워 정치적으로, 경제적으로 저들의 지배권을 넣으려는 데 목적을 두고 있습니다. 제국주의자들은 자주적인 발전도상나라들에 대해서도 이른바 〈원조〉와 협조를 조건으로 내걸고 저들의 지배를 실현하는 데 유리하게 정치체제와 경제제도를 고치도록 강요하고 있습니다." 1991년 신년사.
7) 자기위업의 정당성을 깊이 자각하고 당의 세련된 령도 밑에 일심단결하여 투쟁하는 우리 인민은 필승불패입니다. 모두 다 주체사상의 기치를 높이 들고 당중앙위원회의 두리에 굳게 뭉쳐 새로운 승리를 향하여 힘차게 싸워 나갑시다. 1992년 신년사, 『김일성저작집』 제43권(평양: 조선로동당출판사, 1996), pp.273-284.
8) "자립적 민족경제는 자주적인 사회주의의 물질적 기초입니다. 우리는 사회주의 건설에서 자립적 민족경제건설로선을 일관하게 견지함으로써 튼튼한 중공업에 토대하여 경공업과 농업을 비롯한 모든 부문이 다같이 발전해나가는 종합적이며 자립적인 경제를 건설하였습니다. 우리 인민이 자력갱생,

1994년은 김일성이 사망하는 해로 그의 마지막 신년사라는 데 의미가 있는데, 주목할 점은 변화된 환경에 맞게 대외무역을 발전시켜야 되고, 1990년도부터 주장한 농업과 경공업 발전에 더 힘을 집중해야 한다고 주장한다는 것이다.9) 이는 사회주의 국가들이 체제전환을 겪으면서 이념적 대외관계의 탈피를 통해 실리적 대외관계로 변한 국제질서의 현실에 대한 적응 의도로 해석할 수 있다. 그러나 탈냉전기 사회주의권의 체제전환 이후 김일성은 급변하는 대외환경이 진행되는 과정에서도 사회주의의 우월성을 강조하는 등 기존 체제유지에 변함없는 자신감을 갖고 있었다.

여기서 김일성 이후 북한의 권력승계를 한 김정일이 사회주의 국가들의 체제전환에 대해 어떤 인식을 했는지에 대해 주목할 필요성이 있다. 이것은 이 시기 북한의 국가발전전략과 그 방향성을 결정하는 중요한 단초를 제공하기 때문이다. 이 시기 김정일은 사회주의 체제의 붕괴를 김일성과 같이 "제국주의자들의 악랄한 반사회주의 책동"을 규정하고 있다. 김정일은 "각양각색의 기호주의 사조에 의하여 사회주의 리념이 왜곡되고 있다"고 주장하며, '맑스－레닌주의'의 지도적 지침을 기계적으로 받아들인 것을 비판했다. 또한 그는 사회주의 체제의 붕괴를 사회주의 국가들이 직면한 사회력사적 조건에 맞게 혁명을 하지 않

간고분투하여 건설한 자립적 민족경제는 인민대중의 자주적인 물질문화생활을 담보하여 주고 있습니다." 김일성, "일본〈마이니찌신붕〉편집국장이 제기한 질문에 대한 대답", 『김일성 저작집』 제43권 1991. 1-1992. 10(평양: 조선로동당출판사, 1995), pp.43-44.

9) "우리는 변화된 환경과 혁명발전의 요구에 맞게 경제구조를 개조하고 앞으로 몇 해 동안 경제건설에서 농업제일주의, 경공업제일주의, 무역제일주의를 실현하는 방향으로 나가야 합니다. …… 우리가 이미 마련된 중공업의 튼튼한 토대에 기초하여 농업제일주의, 경공업제일주의, 무역제일주의로 나갈 데 대한 전략적 방침을 관철하면 인민들의 먹고 입고 쓰고 사는 문제를 더욱 원만히 풀 수 있습니다." 김일성, "당면한 사회주의 경제건설방향에 대하여", 『김일성 저작집』 제44권 1992. 12-1994. 7(평양: 조선로동당출판사, 1995), pp.280-281.

왔기 때문이라고 보는 반면, 북한은 "김일성 동지께서 일찍이 자주성을 지향하는 인민들의 념원과 요구를 반영하여 영생불명의 주체사상을 창시하심으로써 자주시대의 새로운 지도사상을 마련했다"고 강조한다. 때문에 김정일은 "주체사상을 지도사상으로 하는 우리 사회주의 위업은 필승불패"라고 주장한다.10)

이와 같은 김정일의 대외환경 인식을 잘 표현한 1994년에 발표한 그의 "사회주의는 과학이다"라는 논문 서론이다. 김정일은 "여러 나라에서 사회주의가 좌절당하였지만 과학으로서의 사회주의는 의연히 인민들의 마음속에 살아있다. 제국주의자들과 반동들은 사회주의를 건설하던 일부 나라들에서 일어난 사태를 놓고 〈사회주의의 종말〉에 대하여 떠들고 있다. 사회주의 배신자들은 사회주의 리념 자체가 잘못된 것이라고 하면서 저들의 추악한 배신행위를 변호하려 하고 있다. 그러나 진리는 가리울 수 없고 말살할 수 없는 것이다. 여러 나라에서 사회주의가 무너진 것은 과학으로서의 사회주의의 실패가 아니라 사회주의를 변질시킨 기회주의의 파산을 의미한다. 사회주의는 기회주의에 의하여 일시 가슴아픈 곡절을 겪고 있지만 그 과학성, 진리성으로 하여 반드시 재생되고 종국적 승리를 이룩하게 될 것이다."고 강조했다.11)

이와 같이 김정일은 사회주의 체제전환의 원인 중 경제체제의 붕괴가 중요한 요인으로 작용하였음을 인지하고 있었음에도 불구하고, 경제문제 해결에 집중하기보다는 사회주의 사회에서는 인간개조사업, 사상개조사업이 사회주의 물질 경제적 조건을 마련하는 사업이 보다 더 중요하고 선차적인 과업이라고 주장한다.12) 또한 "당은 사상개조사업,

---

10) 김정일, "우리나라 사회주의는 주체사상을 구현한 우리식 사회주의이다", 『김정일 선집』 제10권 1990(평양: 조선로동당출판사, 1997), pp.507-509.
11) 김정일, "사회주의는 과학이다", 『김정일 선집』 제13권 1992/2-1994/12 (평양: 조선로동당출판사, 1998), p.456.
12) 사회주의 사회에서 객관적인 물질 경제적 조건에 결정적 의의를 부여하고 경제건설에만 매달리면서 인민대중의 사상개조사업을 부차시하며 혁명의

정치사업을 확고히 앞세움으로써 인민대중의 높은 혁명적 열의와 창조적 적극성에 의거하여 혁명과 건설을 힘 있게 전진시켜 올 수 있었다"고 강조했다.13) 이는 선 정치권력 안정화, 후 경제문제 해결이라는 현상유지전략의 목적과 일맥상통하다고 볼 수 있다.

종합하면, 북한 최고 지도자들의 탈냉전 초기 체제전환에 대한 인식은 정치권력의 통제력 상실, 정치체제의 붕괴에 그 초점을 맞추었다고 볼 수 있다. 이는 경제체제가 안고 있던 내부모순의 결과가 초래한 경제적 어려움이 정치체제의 정당성을 상실한 결과로 작용했다고 보는 시각과 대치된다고 할 수 있다.

그러나 북한은 '수령제'와 '유일지도체제'라는 여타 사회주의 국가들과 비교하여 상대적으로 이데올로기의 건재성을 과시하며, 정치권력의 안정화를 유지해 왔다. 이와 같은 북한의 이데올로기의 건재성은 정치체제의 특수성으로 여타 사회주의 체제와는 구별되는 특징이라고 볼 수 있다. 그럼에도 불구하고, 체제전환에 대해 경직된 이데올로기와 정치권력의 안정화를 선행하는 국가발전전략의 추진은 상대적으로 경제난을 심화시키는 요인으로 작용했다고 볼 수 있다.

2) 김정일 시대와 유훈통치

1994년 김일성의 사망은 수령제 국가인 북한에 있어서 권력구조의 핵심인 수령의 부재를 의미하는 것이었다. 이는 당시 핵 문제로 야기된 대외적 위기 상황과 대내적 경제난에 처한 북한에게 있어서 심각한 정치체제의 위기로 느껴졌다. 김정일은 내부적으로 정치권력 안정화와 식량난을 극복하기 위해 공식적인 권력승계를 미룬 채 김일성의 유훈

주체를 강화하고 그 역학을 높이는 사업을 소홀히 하면 전반적 사회주의 건설을 옳게 할 수 없으며 경제건설자체에서도 침체를 면할 수 없게 된다고 주장한다. 김정일(1998), 앞의 책, p.462.
13) 김정일(1998), 앞의 책, pp.478-479.

통치 방식을 선택했고, 대외적으로는 북미관계의 개선을 위해 총력을 기울였다고 볼 수 있다.

그러나 여기서 주목해야 할 것은 후계자 김정일에 대한 권력승계 작업이 김일성 사망 훨씬 이전에 체계적으로 추진되었다는 것이다. 때문에 북한의 권력구조는 상대적으로 안정적이게 유지되었다고 볼 수 있다. 이와 같은 측면에서 김정일 시대의 기원이 되는 후계과정과 김일성 사후 유훈통치의 의의를 고찰하면 다음과 같다.

스즈끼 마사유키는 김일성의 후계문제가 처음으로 고려된 것은 1969년 제4기 5차 전원회의 이후라고 주장하고 있다.14) 이 시기를 기점으로 김정일이 후계자가 되는 과정은 다음과 같이 설명할 수 있다. 1971년 김일성은 후계자 문제를 처음으로 거론하여 세대교체를 언급함으로써 김정일 후계체제를 암시했으며, 김정일은 1973년 4월 당 문학예술부장으로 진급한데 이어, 1973년 9월 당중앙위원회 핵심에 진입하게 되었다. 당의 조직과 사상부문을 한 사람이 전담한 것은 노동당 역사상 전례 없는 파격적인 조치로서 김정일은 당권장악을 위한 중요한 위치를 점유하게 된다. 1970년대 초반부터 비밀리에 추진된 승계작업의 결과 김정일은 1974년 2월 개최된 당중앙위원 제5기 8차 전원회의에서 정치위원회 위원으로 선출되었으며, 이와 동시에 『로동신문』은 그를 '당중앙'으로 호칭하기 시작하였다.15) 이는 김정일이 공식적인 후계자로 추대되었음을 의미하며, 이후 김정일은 당중앙으로서 그의 정치적 영향력을 확대시키는 작업을 추진하였다.16)

---

14) 스즈키 마사유키. 유영구 옮김, 『김정일과 수령제 사회주의』(서울: 중앙일보사, 1994), p.106.

15) 1975년 김정일의 호칭이 '당중앙'으로 불려졌으며, 1976년부터는 김정일의 생일이 공휴일로 지정되었다. 그 후 김정일에 대한 호칭을 나열하면, 1980년 제6차 당 대회부터는 '친애하는 지도자 김정일 동지'라는 호칭이 뒤따랐다. '북한의 영도자'(1983), '인민의 어버이'(1986), '위대한 지도자'또는 '영도자'(1987), '위대한 수령'(1991), '친애하는 아버지'(1992), '국방위원장'(1998) 등이다.

1970년대 말에 이미 당내 인사권을 폭넓게 행사하던 김정일은 1980년 10월 개최된 제6차 당 대회에 이르러서는 정치국정위원에 대한 인사권을 행사하는 등 실질적으로 당권을 행사하는 단계에 이른다. 이후 김정일은 1980년 개최된 제6차 당 대회에서 공개적으로 김일성의 후계자로 등장한 이후 정치의 전면에 나서기 시작하였다.

1990년대에 들어서 김정일은 당뿐만 아니라 군에서도 공식적으로 2인자의 지위를 확보해 나갔다. 특히 군을 통솔하기 위한 주요 직책을 장악하였고, 1990년 5월 최고 인민회의 제9기 1차 회의에서 국방위원회 제1부위원장으로 선출되었다. 1991년 12월 24일 당중앙위원회 제6기 19차 전원회의에서 조선인민군 최고 사령관으로 추대된다.17)

또한 1992년 4월 20일에는 원수로 취임함으로써 김일성 유고를 대비한 김정일의 군권장악을 확립하였다.18) 이처럼 권력 안정화를 구축하였던 김정일에게 1994년 김일성 사망은 충격과 위기의식이 교차하는 상황으로 인식되었다고 볼 수 있다. 당시 북한은 대내적으로 1993년 12월 경제정책의 실패를 인정하고 3년간의 완충기를 설정한 후 3

---

16) 김정일이 후계자로 지명된 후 당면한 가장 중요한 과제는 그의 지도를 뒷받침하는 체제를 수립하는 것이었으며, 이를 위하여 김정일은 당의 유일적 지도체제 확립문제를 내세웠다. 김정일은 유일적 지도체제, 즉 김정일 지도체제수립이 정당성을 유일사상체계 확립에 두었다. 최진욱, "집권과정", 『김정일 연구: 리더십과 사상(1)』(서울: 통일연구원, 2001), pp.26-38.

17) 정영태는 김정일이 1989년 9월에 당중앙군사위원회 위원(김일성, 오진우에 이어 서열 3위)으로 임명됨으로써 북한의 일체의 무력에 대한 통수권자적 지위 확보를 위한 공식적인 군사기반을 구축하게 된 것으로 평가하고 있다. 보다 구체적으로 말하면 김정일은 당조직 비서로서 이제까지 군의 당정치기관을 통해서 주로 군사지도권을 행사해 오다가 당중앙위 군사위원회 위원으로 임명됨으로써 군사행정 지휘계통 관련 지도권을 추가하게 되었고, 그의 군사부문 지도권을 직접적으로 강화시키는 계기를 마련하게 되었다고 주장한다. 정영태, 『김정일의 군사권력기반』(서울: 통일연구원, 1994), p.32.

18) 최진욱(2001), 위의 책, pp.36-39.

대 제일주의를 지향하는 등 경제정책의 변화와 경제특구를 통한 외자 유치를 적극적으로 벌이는 상황이 대변해 주듯 심각한 경제난에 처한 상황이었다. 대외적으로는 핵 협상이 난항을 거듭하는 가운데 외교적 고립과 안보위협에 직면해 있는 상황이었다.

이와 같은 조건하에서 김정일이 정치에 있어 군부를 중심으로 체제 내부의 결속을 강화하고 정치적 안정을 보장하는 수단으로 인식하였다고 볼 수 있다.[19] 이후 1997년 10월 8일 노동당이 당중앙위원회와 당중앙군사위원회 공동명의로 된 '특별보도'를 통해 김정일의 총비서 추대를 선포하게 된다. 이로써 3년 3개월 간 공석으로 남겨 두었던 조선노동당의 최고 지위를 김정일이 승계한 것이다. 이렇게 진행된 김정일 정권의 권력 안전화는 1998년 9월 5일 개최된 최고 인민회의 제10기 1차 회의에서 사회주의 헌법을 보충하였고, 국가기구체계를 새롭게 개편하는 헌법개정에 착수되면서 제도화하였다.[20] 이처럼 북한은 헌법개정과 권력구조 개편 및 인사개편을 마무리하고 명실상부한 '김정일 시대'를 열었다고 볼 수 있다. 김정일 시대의 공식개막을 알리는 최고 인민회의 제10기 제1차 회의에서 북한은 김일성을 '영원한 주

---

19) 정성장, "김정일 시대 북한의 '선군정치'와 당·군관계", 『국가전략』 제7권 3호 2001년 가을(통권 제17호), p.58. 실제 1990년대의 체제전환 시기 동안 나타난 동구권 국가들의 경험은, 어느 국가에서나 경제체제전환이 '급진주의 또는 점진주의'로 명확히 구분할 수 없을 정도로 양자의 요소가 혼합되어 있었다. 이렇게 된 이유는, 전술한 것처럼 체제전환 정책의 급진성과 점진성의 선택에서 가장 결정적인 요소인 각 국의 정치적인 상황과 각 국의 다양한 경제적 조건 때문이었다. 북한이 현상유지전략을 추진한 것도 이와 같은 정치경제적 조건 때문이라고 할 수 있다.

20) 1998년 헌법의 주목할 내용은 국가 주석제를 폐지하여 김일성을 영원한 주석으로 추대했다는 점과 김정일을 국방위원장으로 재추대하고 국방위원회 국방위원장을 국가통치의 정점으로 한 점, 그리고 최고 인민회의 상임위원회 위원장이 대외적으로 국가를 대표하는 권한을 갖는 점, 기타 정무원을 내각으로 개편하였다는 점이다. 이로써 김일성 사후 헌법개정을 통한 김정일로의 권력승계가 완료되었다고 볼 수 있다. 정낙근(1999), 위의 책, pp.20-22.

108

석'으로 추대하고 김일성의 유훈을 법제화한 이른바 '김일성헌법'을 수정 공포하였다. 또한 북한은 이 회의를 토대로 김정일을 국방위원회 위원장으로 재추대하고, 그를 실질적인 국가수반이라고 칭함으로써 공식적인 권력승계를 마무리하였다.[21]

이와 같은 권력승계과정을 거친 김정일은 김일성 사망 후 김일성의 주체사상의 혁명사상을 계승한 최고 지도자로서 자리잡게 되었다. 또한 대내외 정치·경제적 위기 상황에서 김일성의 카리스마를 이용한 유훈통치를 통해 권력 안정화를 기할 수 있었다. 유훈통치란 죽은 김일성을 여전히 정치 전면에 내세워 김일성에 비해 상대적으로 카리스마가 결여된 김정일의 지도력을 강화시키려는 의도에서 비롯된 것으로 볼 수 있다. 그러나 그의 갑작스런 죽음은 김정일이 권력을 안정화하지 않은 상태에서는 김일성의 권위를 빌릴 수밖에 없는데, 그 해결책이 유훈통치였던 것이다. 김정일도 김일성 사후 유훈을 받들 것을 강조했다. 김정일은 "우리는 간부들과 당원들과 근로자들이 위대한 수령 김일성 동지는 영원히 우리와 함께 계신다는 신념을 확고히 간직하고 수령님의 혁명위업을 끝까지 완성해나가도록 그들 속에서 교양사업을 잘하여야 합니다. 수령님께서는 수령, 당, 대중의 혼연일체의 최고 뇌수로서, 민족의 태양으로서 영생하고 계십니다. 수령님의 유훈의 뜻이 꽃펴나는 우리 조국의 부강번영 속에 수령님의 력사는 계속 흐르고 있다"고 강조했다.[22]

결과적으로 북한은 김일성과의 차별화보다는 오히려 일체성을 계속 강조함으로써 김일성 체제의 정통성을 보강하는 것이 김정일 체제의 안정에 도움이 되는 것으로 판단했다고 볼 수 있다.[23] 이와 같이 정

---

21) 고유환, 『국제정치논총』 제38집 3호(서울: 한국국제정치학회, 1998), p.127.
22) 김정일, "위대한 수령님을 영원히 높이 모시고 수령님의 위업을 끝까지 완수하자", 『김정일 선집』 제13권 1992. 2-1994. 12(평양: 조선로동당 출판사 1998), p.427.

치체제의 이데올로기 정당성을 제공한 주체사상은 1996년에 가서는
당 사상의 절대진리로 자리잡으며 주체철학으로 발전한다. 현상유지전
략 시기 북한은 체제전환과 김일성 사망이라는 대내외적 위기 상황에
서 주체사상의 변용을 시도함과 동시에 1996년에 가서는 주체철학으
로 발전하는 이데올로기의 공고화를 추진했다.

　이와 같이 북한은 김정일을 중심으로 국가체계를 새롭게 하고 유훈
통치를 추진하였지만, 1994년 김일성 사망이 김정일에게 남긴 유산은
이후 김정일 정권에게 크게 세 가지 부분에서 막대한 영향을 주었다고
볼 수 있다. 먼저 심각해진 경제난이 그것이다. 다음으로 사회주의권
의 붕괴와 북·미 간 핵 문제를 통해 대외고립에 처해있다는 것이다.
그리고 마지막으로 핵 문제가 해결되지 않은 상황에서 대외적 위기가
도래했다는 것이다. 김일성이 이러한 문제들을 해결하는 과정에 사망
함으로써 이는 김정일에게 커다란 정치적 부담으로 작용했다고 볼 수
있다.24) 이처럼 김일성이 남겨준 북한의 대외 정치적 고립은 아직 해
결되지 않았으며 경제적 곤란은 대내정치 안정에 위협요소가 되고 있
다. 이것은 김일성이 후계자를 튼튼히 키웠으나 그 후계자를 키우는

---

23) 오일환(1999), 위의 책. pp.65-66.
24) "내가 혼자서 당과 군대를 비롯한 중요부문을 틀어쥐어야지 경제실무 사
　　업까지 맡아보면 혁명과 건설에 돌이킬 수 없는 후과를 미칠 수 있습니
　　다. 수령님께서는… 경제사업에 말려들면 당사업도 군대사업도 할 수 없
　　다고 여러 번 당부하시었습니다. 오늘의 복잡한 정세 속에서 군대를 강화
　　하는 것이 무엇보다 중요하기 때문에 나는 자주 인민군 군부대를 현지지
　　도하고 있습니다. (김정일, "1996년 12월 김일성 종합대학 창립 50돌
　　기념 김정일의 연설문: 우리는 지금 식량 때문에 무정부상태가 되고 있
　　다.")라는 주장은 김정일의 군중시 사고를 대변해 주며, '경제사업'보다
　　'군대사업'에 주력할 것임을 밝힌 것은 경제위기에 대한 김정일 자신의 책
　　임히피를 위한 것과 동시에 사실상 경제재건이 당분간 실패 혹은 포기하
　　지 않을 수 없었던 냉혹한 현실을 말해줄 뿐 아니라, 안보를 중심으로 하
　　는 위기관리책을 반영한 것이었다. 함택영 외, "김정일 시대 북한의 체제
　　특성과 국가역량", 『김정일체제의 역량과 생존전략』(서울: 경남대 국동문
　　제연구소, 2000), p.49.

과정에서 그 후계자가 생존해야 하는 환경을 망쳐버렸다는 것을 의미
한다.25) 이와 같은 이유로 인해 김일성 사망 후 4년여 간 북한 정치
는 김일성의 유훈통치에 의해 지배되었으며, 1998년 김정일 국방위원
장 체제가 성립되기 전까지 정치권력의 제도화가 이루어지지 않았다고
볼 수 있다. 이것은 또한 대내외적 위기 상황에서 선 정치체제의 안정
화, 후 경제체제 정상화를 목표로 설정한 북한 지도부의 현상유지전략
에 기인한 대내외 인식 때문이라고 볼 수 있다.

따라서 사회주의권의 체제전환기에 북한 지도부는 대내외적 위기극
복전략으로 김정일을 중심으로 정치권력의 안정화를 추진하였고, 이
과정에서 유훈통치가 김일성의 후광을 업고 정치권력 강화를 시도할
수 있는 여지를 김정일에게 제공했다고 볼 수 있다.

2. 경제난과 그 영향

북한은 국력 지향형 요소가 강한 경제발전이라는 목표를 실현하기
위해 중앙집권적 계획 시스템이라는 제도적 기반 위에서 자력갱생, 정
신적 자극 우선, 대중노선, 고축적·강축적에 의한 급속한 공업화, 중
공업 우선 발전 등 우선순위에 근거한 선택적 성장과 같은 수단을 사
용하여 경제개발전략을 전개하였다. 그런데 경제개발전략을 추진하는
과정에서 북한 지도부의 의도와는 상이하게 심각한 경제침체에 빠지게
되었다.26)

탈냉전 초기 북한 경제는 대내외적으로 성장위주 경제발전전략의 실
패, 산업구조의 왜곡, 자력갱생원칙의 의한 폐쇄적 경제운영, 배급경
제의 마비, 경제논리보다 정치논리 우선의 경제정책, 외채의 증가, 대

---

25) 박형중, 『북한적 현상의 연구: 북한 사회주의 건설의 정치경제학』(서울:
　　연구사, 1994), p.347.
26) 양문수(2001), 위의 책, pp.404-405.

외무역의 경쟁력 상실, 사회주의권 시장의 상실 등의 초기조건의 원인으로 심각한 경제난에 직면하게 된 것이다. 즉 북한 경제는 이른바 "3난(식량난, 에너지난, 외화 난), 3저(국제경쟁력 저하, 근로의욕 저하, 기술수준 저하), 3악(제품 조악, 생활환경 열악, 기계설비 낙후)"으로 인하여 구조적 악순환을 겪고 있으며 이를 내부동력을 통해 극복할 수 없는 심각한 경제적 위기를 맞았다.27) 이 같은 1990년대 북한 경제의 위기 상황은 새로운 활로를 찾지 않으면 체제위기로 발전할 가능성도 있었다. 때문에 북한은 부분적인 내부개혁과 자본주의 국가들과 관계개선을 시도하게 된다.28) 북한은 자체의 능력으로 경제난을 해결할 수 없는 상황에 있었다. 때문에 이를 해결하기 위한 하나의 방안으로 대외개방을 통해 외국의 자본과 기술을 도입하여 산업생산증대, 무역활성화 및 경제성장을 도모했던 것이다.

그러나 무역과 외자유치 그리고 비거래성 경제로 나눌 수 있는 대외무역정책에서 북한이 의도한 대로 성공을 얻기란 불가능했다. 전술하였듯이 사회주의 경제체제의 내부모순에 의한 총체적인 경제위기는 대외무역에서 비교우위를 확보할 수 없었고, 북한 내부의 인프라 미비와 경제적 비효율성은 외국자본의 투자를 이끄는 데 실패하였다. 1980년대 중반의 '합영법'과 1991년의 '라진·선봉자유무역지대'의 개방정책의 실패가 이를 잘 대변해 준다고 할 것이다. 이와 같은 북한의 대외경제의 악화는 경제난을 더욱 심화시켰고, 급기야는 원조경제에 의존하는 상황에 처하게 된 것이다. 북한은 이 시기 경제위기의 원인에 대해 사회주의 시장의 소멸, 제국주의 진영의 경제봉쇄, 자연재해 등의 탓이라고 주장하고 있다. 요컨대, 내적 요인이 아니라, 외적 요인에

---

27) 황진훈, "북한의 최근 경제정책 변화와 대응방안", 『민족발전연구』, 제8호 (중앙대학교 민족발전연구원, 2003), p.39.
28) Samuel S. Kim, *North Korean Foreign Relations In The Post-Cold War Era*, 1998, pp.38-41.

112

의해 경제가 악화되었다는 것이다.

그러나 1970년대 이후 북한 경제의 장기하락이라는 사실 하나만을 보더라도 이 시기 경제위기가 결코 외적 요인에 의한 것만이 아니라는 것을 쉽게 알 수 있다. 북한 경제가 장기하락을 면치 못한 내부적 원인은 첫째, 군사중시정책에 따른 경제건설을 상대적으로 소홀히 했다는 것, 둘째, 계획경제 그 자체의 문제점-관료주의, 비효율성, 자원배분의 왜곡-이 있었다는 것, 셋째, 중공업편중·소비재 생산경시와 그로 인한 자원배분의 왜곡 등 경제정책의 오류로 인해 최소한의 산업균형이 무너졌다는 것, 넷째, 김일성 동상 등 기념비적 건조물의 건축, 평양청년축전(47억 달러 투입)의 개최, 아프리카 나라들에게 정치성을 띤 경제원조 등, 생산과 결부되지 않은 낭비가 많았다는 것, 다섯째, 1990년대에 들어와 횡령, 부정유출 등의 각종 부패행위가 갈수록 증가하고 있다는 것이다.[29] 이것은 북한의 경제난이 사회주의 경제체제가 내포하고 있던 내부모순과 사회주의 시장소멸과 같은 북한에게 비우호적으로 변한 대외적 환경요인이 복합적으로 작용한 결과임을 말해 준다고 할 수 있다.

또한 북한은 1990년대 들어 경제난을 야기한 대내외적 요인으로 인해 연관 산업의 붕괴, 각 단위 차원의 자력갱생, 불가능한 계획수립 등이 계획 메커니즘이 작동할 수 없게 만들었으며, 더욱 심화된 경제난은 국가의 통제력을 벗어난 농민시장과 암거래를 양산하는 결과를 초래했다.[30] 이와 같은 부족경제가 낳은 국가의 계획경제 마비는 중

---

29) 신지호, 『북한의 '개혁·개방': 과거·현황·전망』(서울: 한울 아카데미, 2000), pp.40-41.

30) 김일성이 직접 거짓보고에 대해 암행감찰지시를 한 것은 1980년대 말의 북한 경제가 중앙계획경제체제의 유지에 한계가 있음을 단적으로 시사한다. 원자재 부족과 식량부족 그리고 퇴비부족 등 전반적 산업기반의 공급문제 발생은 계획경제체제의 심각한 문제점을 야기시켰으며 이에 대한 거짓보고가 계획경제의 근간을 흐리게 만들었다. …… 내가 중앙인민위원회에서 올해에 논밭에 거름을 많이 실어낼 데 대한 과업을 준 다음 그 집행

양계획경제의 가장 중요한 요소인 배급제를 마비시키는 결과를 초래하여 비계획부문의 팽창을 야기했다. 이와 같은 경제난에 처한 상황에서 국가가 배급제를 할 수 없고, 배급제를 받지 못하는 주민들은 자체적으로 해결해야 하는 상황에 처하게 된 것이다. 급기야 "3개월은 국가에서, 3개월은 수입양곡으로, 3개월은 직장 자체해결, 나머지 3개월은 개인 자체조달"하도록 방침을 정하기도 했다.[31]

배급제의 마비와 더불어 또 하나 주목해야 할 것이 국영상업의 마비이다. 북한은 쌀 등 주식 이외의 대부분의 소비재를 국영상점에서 국정가격으로 판매하여 왔다. 그러나 중공업 우선 정책으로 인한 경공업의 부진으로 국영상점에 대한 상품공급은 늘 부족현상을 보여 왔다. 특히 1990년대에 들어 에너지, 원료 등의 부족현상이 한층 악화되어 공장의 가동률이 20%대까지 떨어진 결과, 최소한의 상품공급조차 중단되기에 이른다. 이와 같은 배급제 및 국영상업의 마비가 초래한 결과는 첫째, 식량확보를 위한 '이동의 자유'가 묵인되기에 이르러, 지금까지 주민통제의 수단으로 사용되어 온 통행증 발급제도가 사실상 정지되었다. 둘째, 주민들은 직장 일보다 개인의 경제활동을 중시하게 되었고, 불법적으로 뙈기밭을 개간하거나, 공장을 이탈하여 가내수공업 등에 전념하게 되었다. 셋째, 물물교환이 주민들의 물품조달의 주요한 수단으로 되었다. 넷째, 농민시장이 활성화되고 암거래는 급증하

정형을 보고 받고 있는데 도와 군들에서 거짓보고를 하는 것이 적지 않은 것 같습니다. 내가 기차를 타고 가면서 보니 논밭에 거름을 실어낸 것이 얼마 없었습니다. 그래서 한 일군을 시켜 평안남도의 숙천군, 문덕군, 대동군 일대와 평양시의 중화군, 강남군 일대를 한바퀴 돌아보게 하였습니다. 그가 돌아보고 와서 보고한 데 의하면 논밭에 거름을 낸 것이 얼마 없다고 합니다. 김일성, "주체의 혁명적 기치를 튼튼히 고수하며 사회주의 건설을 힘있게 다 그칠 데 대하여", 『김일성 저작집』 제41권 1988. 1-1989. 5(평양: 조선로동당출판사, 1995), p.70.
31) 황장엽의 진술내용, 동아일보, 1997. 7. 11, 『시사저널』, 1998. 5. 17, 정세진(1999), *ibid.*, p.55. 재인용.

114

게 된다. 다섯째, 위법행위가 일상화되었다. 즉 중국과의 국경지대에
서는 밀수가 횡행하고 있고, 계획부문에서 일어나고 있는 부정유출 및
지위를 이용한 뇌물수수 등의 부패행위는 증가일로에 있다.32) 이와
같이 이 시기 북한에서는 계획경제가 파탄하여 배급제와 국영상업이
마비된 결과, 비계획부문이 팽창하고 있었다. 계획부문에 대한 보완적
역할을 했어야 할 농민시장과 개인부업이 갈수록 활성화되고 암거래가
일반화된 결과, 계획부문과 비계획부문의 비중이 역전되어 후자가 경
제순환을 주도하고 있다. 북한경제가 악화된 것은 다음 〈표 4-1〉의 주
요 경제지표를 참조하면 할 수 있다.

〈표 4-1〉 북한의 주요 경제지표

	경제성장률(GDP 기준)	명목GNI	1인당GNI	외채규모	무역총액
	전년동기대비(%)	억 달러	달러	북한원/달러	억 달러
1990	-3.7	231	1,142	78.6	41.7
1991	-3.5	229	1,115	92.8	27.2
1992	-6.0	211	1,013	97.2	26.7
1993	-4.2	205	869	103.2	26.4
1994	-2.1	212	992	106.6	21.1
1995	-4.1	223	1,034	118.3	20.5
1996	-3.6	214	989	120.0	19.8
1997	-6.3	177	811	119.0	21.8
1998	-1.1	126	573	121.0	14.4

한국은행 2003년 자료를 참조하여 작성.
주: GDP 기준은 1995년 기준년 가격 기준.

　　이와 같은 계획경제의 붕괴가 더욱 심각히 각인된 것은 식량난과 에
너지난이었다. 식량사정을 보면, 1990년대 이래 매년 130여만 톤 이
상의 식량이 부족한 실정이다. 식량난의 심각성은 김정일의 당 간부들
에 대한 질책에서 적나라하게 나타난다. 김정일 위원장은 "어디 가나

---

32) 신지호(2000), 위의 책, pp.44-52.

가슴 아픈 일들이 많이 벌어지고 있다. 제일 긴급하게 풀어야 할 것은 식량문제"라고 진단한다. 공개적으로 김정일은 "일군들에게 늘 나는 지금 우리 인민들을 배불리 먹이지 못하는 것이 제일 가슴 아프고, 요즈음은 앉으나 서나 누우나 어떻게 하면 인민들을 배불리 먹일 수 있겠는가 하는 생각뿐"이라고 식량난의 심각성을 언급하고 있다.33) 다음 〈표 4-2〉를 보면 북한의 식량난의 정도를 가늠할 수 있다.

〈표 4-2〉 북한의 식량수급추이

(단위: 천 톤)

	1995/96	1996/97	1997/98	1998/99	1999/00	2000/21	2001/02	2002/03
국내공급량	4,077	2,995	2,663	3,481	3,420	2,920	3,656	3,840
생산량	4,077	2,837	2,663	3,481	3,420	2,920	3,656	3,840
이입량	n.a	158	n.a	n.a	n.a	n.a	n.a	n.a
소요량	5,988	5,359	4,614	4,835	4,751	4,785	4,957	4,921
식 용	3,688	3,798	3,874	3,925	3,814	3,871	3,855	3,893
사료용	1,400	600	300	300	300	300	300	178
기 타	900	961	400	610	637	614	802	851
부족량	1,911	2,364	1,951	1,354	1,331	1,865	1,301	1,084
상업적수입량	700	500	700	300	210	200	100	100
원조량	630	660	491	840	586	1,100	819	700
절대부족량	581	1,204		214	535	565	382	284

자료: 김영훈·최윤상, "7·1경제관리개선조치와 북한의 농업", 『7·1경제관리개선조치의 평가와 향후 전망』 제4회 국제학술세미나(고려대학교 북한연구소, 2003), p.125. FAO, Jul. 2000, FAO, Nov. 2001, FAO, Nov. 2002, WFP. Sep. 2000. 참조.

또한 에너지 및 원자재의 공급문제는 1990년 이래 1998년까지 계속 하락하다 1999년 이래 조금씩 회복되는 추세를 보여주고 있으나, 전반적으로 1990년에 비해 절반수준에 불과하다. 아울러 1990년대에는 공장가동률이 20-30% 수준으로 저하됨으로써 상당수 노동자들은 임금만으로 살 수 없는 상태가 되었다.34) 한편 북한이 발표한 자료에

---

33) "1996년 12월 김일성종합대학 창립 50돌 기념 김정일의 연설문", 『로동신문』, 1999. 5. 7.

34) 북한은 전력난의 심각성을 신문과 방송을 통해 시인하고 있다. 또한 북한은 전력난의 책임을 미국에 전가하는 입장을 표명하면서 "올해의 엄혹한

따르면, 1994년 이후 예산규모가 절반수준으로 위축되었으며, 최근까지도 이를 회복하지 못하고 있다. 이는 생산에 투입되는 자본량(인민경제비)이 대폭 줄어들었음과 동시에 그만큼 계획경제 영역이 축소되었음을 말해준다.35) 이와 같이 심각한 북한의 식량난과 에너지난 등 전반적인 공급부족현상의 심화는 배급제의 마비와 자원배분방식의 변화를 야기 시켜 시장가격제도의 도입과 경제관리방식의 핵심인 낮은 국정가격을 현실화하는 경제조치를 발표하기에 이른다.

북한의 이와 같은 내부경제개혁조치와 개방정책의 성격에 관한 논쟁은 제5장에서 상세히 설명할 것이지만, 분명한 것은 계획경제체제의 심각한 내부모순이 북한의 개혁·개방의 동인으로 작용하고 있다는 것이다. 경제난의 심화는 다음 〈표 4-3〉의 북한 경제의 성장률 변화 추이가 이를 반증한다.

〈표 4-3〉 북한경제의 성장률 변화 추이

(단위: %)

1954-56	57-61	61-70	71-75	76-80	81-85	86-89	90-94	95-98	99-2000	2000-2002
30.1	20.9	7.5	10.4	4.1	4.3	2.4	-4.5	-4.1	3.8	1.4

자료: 1954-1989년 상장률: Jeffries, I., *Socialist Economies and the Transition to the Market: A Guide*(London: Louledge Publishing 1993), p.1997; 1990-2000년 성장률: 한국은행, 「북한GNP(GNI) 추정결과」, 각 연도.

겨울에 공화국 역사상 처음으로 되는 전력의 긴장성으로 경제 모든 부문에서 막대한 지장을 받고 있을 뿐만 아니라 주민생활도 어렵다". 고 전력난의 심각성을 표현하고 있다. 『중앙통신』, 2000. 2. 22.

35) 정세진, "이행학적 관점에서 본 최근 북한경제변화연구", 『국제정치논총』 제43집 1호, (한국국제정치학회, 2003), pp.210-211.

제2절 '현상유지전략'의 외부적 요인

1. 사회주의권의 대북외교: 이념외교에서 실리외교

탈냉전기 북한의 대사회주의권 외교의 핵심국은 중국과 소련이었다. 먼저 중국과 관계의 특징을 보면 다음과 같다. '부분적 개혁·개방 시기' 중국은 1993년 북한이 핵확산금지조약(NPT)의 탈퇴선언을 하여 핵 개발 의혹이 국제문제로 등장하고 미국을 비롯한 서방국가들이 북한에 대해 제재 움직임을 보이자, 이에 반대하는 태도를 보이며 북한을 보호하는 입장을 견지했다. 북한은 국익이 보장된다면 중국의 영향력을 수용할 의지가 있었고, 중국은 한반도에서의 평화와 안정은 중국의 이익을 보장한다는 판단하에 북한에 대해 실리적 외교를 취하였다.[36] 또한 중국은 북한 지도자들이 중국의 영향력을 인정하게 하면서 대중국의 의존도를 높이는 실리외교를 추진하였다. 그 실례가 북한의 UN 가입에 있어서 1991년 5월 이붕 총리의 북한방문을 통한 김일성 설득이다. 또한 1993년 핵 이슈에 대한 미국과의 교섭이 그것이며, 1994년 NPT(핵확산금지조약) 복귀협상 과정에서도 중국의 역할을 중요했다. 이후 제네바합의, 1996년 한-미가 제안한 4자 회담을 위한 예비교섭 참가, 1997년과 1998년의 4자 회담 참가 등이 있다.

또한 경제적으로도 북한의 외채는 1987년 52억 달러에서 1989년 68억 달러로 증가하고 급기야 가장 경제난이 심각했던 1995년에는

---

36) 탈냉전 초기에 비교적 원만하던 북·중 관계는 1992년 8월에 한·중 수교가 이루어지면서 냉각상태로 접어들게 되었다. 1990년대 들어서 그동안 북한의 전략적 가치를 높여주던 중·소 분쟁의 긴 역사가 청산되자, 중국은 북한에 대해서도 과거보다 상대적으로 강도 높은 실용주의 정책을 추구해 나가려고 했고 그 결과가 한·중 수교였다. 이종석, 『북한-중국 관계 1945-2000』(서울: 중심, 2000), p.271.

118

115억 달러에 육박하게 된다. 이는 1994년 북한 GNP 212억 달러에 대비해 보면 GNP의 50%가 채무불이행 상태에 가까운 상태였음을 말해준다.37) 탈냉전 초기의 소원한 북·중 관계 회복 의지는 경제위기로 인해 북한체제의 붕괴 가능성이 제기되면서 현실화되기 시작하여 중국이 1995년부터 본격적인 대북원조를 재개하기 시작함으로써 현실화되었다.38) 특히 1996년 5월에 홍성남 총리가 북경을 방문하였을 때 향후 45년간의 대북원조 내용을 담은 '경제기술합작협정'을 체결하게 된 것은 관계진전의 표시라고 할 수 있다.39)

북한과 중국의 경제관계를 살펴보면 소련붕괴 후 중국이 북한 제1의 교역상대국으로 변할 만큼 북한의 대중 의존도가 상당히 증대되었다는 것이다. 다음 〈표 4-4〉를 참조하면 이를 알 수 있다. 여기서 두 가지 특기할 것이 있다. 먼저 1997년 양국교역에서 중국의 대북한 수입이 크게 증가했다는 점인데, 1997년 11월까지의 실적이 전년동기 대비 무려 80.2%나 증가해 1억 달러를 넘어섰다. 특히 고철, 원목 등의 수입이 증가한 것으로 나타났다. 이는 품목이 고철이라는 것이 암시하는 것처럼 낙후된 공장과 기업소의 기계를 고철로 수출한 북한의 고육책이라고 할 수 있으며, 경제난 악화를 단적으로 보여주는 것이라고 할 수 있다. 다음으로 1998년부터 북한의 대중국 수출이 지속적인 감소

---

37) Samuel S. *op. cit.*, Oxford University Press, 1997, pp.105-113
38) 중국의 대북경제지원 규모에 관해서는 국내외 전문가들 사이에도 불투명하다. 다만 중국정부는 1996년도에 두 차례에 걸쳐 12만 톤의 식량을 무상제공했음을 밝힌 바 있으며, 1997년에 15만 톤, 18만 톤의 식량을 무상원조했다고 공개적으로 밝혔다. 1997년 4월에 북한주재 중국대사인 만영상이 김영남 북한 외교부장을 만나 7만 톤 지원을 밝히면서 "중국은 최근 식량을 포함한 각종 경제원조를 북한에 제공"하고 있다고 언급함으로써 식량 외에도 다양한 대북 경제원조가 이루어지고 있음을 시사했다. 이종석·백학순 외, 『남북정상회담 이후 주변 4강의 대북정책 변화와 우리의 대응방향』(성남: 세종연구소, 2001), p.47.
39) 홍익표, "북-중 경제관계 10년 평가와 전망", 『북한의 대외경제정책 10년 평가와 과제』(서울: 대외경제정책연구원, 2002), p.129.

를 보이게 된다. 그 이유는 북한제품의 중국 내 경쟁력 상실, 농수산
물 등 주요 북한 수출품의 수출선을 중국에서 남한으로 변경, 원정리
자유시장 등에 대한 통제로 변경무역 위축 때문이라고 볼 수 있다.40)

<표 4-4> 북한의 대중국 무역실적

(단위: 백만 달러)

	90	91	92	93	94	95	96	97	98	99	00	01
수 출	124.6	85.7	155.5	297.3	199.2	63.6	68.6	121.6	57.3	41.7	37.2	20
수 입	358.2	524.8	541.1	602.4	424.5	486.2	497	534.7	355.7	328.7	450.8	290
총 액	482.8	610.5	696.6	899.7	623.7	549.8	565.6	656.3	413	370.4	488	310
무역수지	-232	-439	-386	-305	-225	-423	-428	-413	-298	-287	-414	-270
비중(%)	33	63	56	46	59	73	82	113	92	64	48	29

자료: KOTRA(2001), 「1990-2000년 북한의 대외무역동향」, 통일부.

'부분적 개혁·개방 시기' 중국은 북한에 대해 전략적 이익이 있는
지원의 대상으로 인식하면서 과거 냉전 시기의 혈맹관계에 대한 인식
의 변화를 보이는 실리외교를 추진했다. 반면, 대내외적 위기 상황에
처한 북한에게 중국은 마지막까지 의지할 수 있는 사회주의 형제국으
로 간주될 수밖에 없었다. 특히 식량난과 에너지난 해소를 위한 중국
의 경제적 지원이 절대적으로 필요한 상황이었기 때문이다.41) 이를
단적으로 말해주는 것은 1991년 이후 러시아의 교역 시 경화결제 무
역방식을 채택에 따른 원유수출을 중단, 1993년 이후 이란이 대북 원
유수출을 중지함으로써 필요한 원유의 대부분을 중국이 제공했고, 연
간 수십 만 톤의 곡물을 제공했다는 것에서 알 수 있다. 이것은 중국

---

40) 김계동, 『북한의 외교정책』(서울: 백산서당, 2002), pp.176-178.
41) 1991년 이후 러시아는 북한과의 교역 시 경화결제 무역방식을 채택하면
　　서 원유수출을 중단하였고, 1993년 이후 이란이 대북 원유수출을 중지함
　　으로써 북한에 필요한 원유의 대부분을 중국이 제공하게 되었다. 또한 중
　　국은 북한에 연간 수십 만 톤의 곡물을 제공해 왔는데, 중국의 대북한 경
　　제지원은 북한경제의 파탄을 지연시키는 데 결정적으로 기여했다. 홍익표
　　(2002), 위의 책, p.131.

120

의 대북한 경제지원은 북한경제의 파탄을 지연시키는 데 결정적으로 기여했다는 것을 의미한다.42)

따라서 냉전기 중국의 대북정책이 '혈맹관계', 이데올로기적 동질성이 내재된 '사회주의 동맹국'으로 이념외교를 중시하는 외교정책을 추진했다면, 부분적 개혁·개방 시기 중국의 대북정책의 특징은 '순망치한'의 외교전략에 의한 전략적 이익을 고려함과 동시에 경제적 실리를 추구하는 실리외교를 중시하는 변화를 보인다고 할 수 있다.43) 탈냉전기 북한에게 있어서 중국과의 대외관계는 과거에 비해 실리주의로 변화했음에도 불구하고, 북미 간 핵 문제의 협상과정에서 전략적 상호관계를 유지함과 동시에 경제난 심화에 따라 심각한 위기 상황에 직면한 북한에게 경제적 지원을 아끼지 않았던 대외관계를 유지하였다.

다음으로 소련과 관계변화가 중요한 변화라고 할 수 있다. 소련의 정통성을 계승한 신생 러시아가 자유민주주의 체제와 시장경제체제로의 체제전환을 시도함에 따라 북한과 러시아는 전통적 우호동맹국으로서의 관계를 지속시키지 못하고 급속히 악화되었다.44) 신생 러시아는

---

42) 홍익표(2002), 앞의 책, p.131.
43) 중국은 1990년대 들어서면서 양국무역에서 국제가격의 절반 이하로 상대 방에게 물품을 공급하는 우호가격제와 물물교환으로 이루어져 온 기존의 방식 대신에 북한에 현금결제방식을 요구했다. 거래단위도 중앙에서 지방으로 바꾸었다. 중국의 이러한 조치에는 탈냉전의 세계사적 추세에 맞추어 양국관계를 동맹관계에서 실용주의적 협력관계로 전환시키려는 의도가 담겨있었다. 그러나 이와 같은 중국의 대북정책의 변화는 북한의 경제를 궁지에 몰아넣는 요인으로 작용했다. 이종석(2000), 위의 책, p.275.
44) 1980년대 말 소비에트의 권력 제거라는 정치적 혁명을 통해 경제발전을 향한 움직임에 대해 대중의 강한 압력이 존재하는 상황에서 구소련과 동구국가들은 시장경제와 민주화 실현을 위한 목적은 야심적이며 구체적이었다. 이들 체제전환을 진행하고 있던 국가들의 목적은 멀지 않은 미래에 정치적, 문화적, 경제적 주류로 유럽 공통체의 주류로 통합되는 것이다. 또한 그들에게 있어서 성공은 '서부유럽을 따라 잡기(catch up with Western Europe)' 위한 시작으로 인식하고 있었다. Daniel Gros & Alfred Steinherr, *Winds of chance: Economic Transition in*

출범 초기부터 한반도에 대한 정책에서 자국의 침체된 경제 활성화를 위해 이 지역이 갖는 안보-전략적 이해보다는 경제적 이해에 더 큰 비중을 둠으로써 남한과의 관계증진에 커다란 관심과 기대를 보이면서 적극적인 대남한 접근정책을 추진하였다.45) 이를 막을 수 없었던 북한은 과거와 같이 군사·경제원조를 받을 수 없는 처지에서 북·러 관계는 변화된다. 급변한 국제질서하에서 북한은 러시아가 소련과 같은 강대국이 아니다는 것을 인식하고 있었고, 러시아는 자신들의 경제적 어려움을 이유로 군사무기와 첨단기술을 제공하지 않은 것에 대해 불만이 있었다.

이와 같은 이유는 북한이 유일 초강대국인 미국과 교섭하는 것이 이익이 된다는 생각을 갖게 했다. 북한과 러시아 사이의 안보조약은 어느 일방이 파기하지 않는 한 5년간 자동적으로 유효한 조약이었지만, 1992년 이후 군사적 지원은 정지되었고, 1961년에 체결된 북·러 안보조약은 1996년에 폐기되었다.46) 이와 같은 1990년대 초반 양국관계의 악화는 러시아의 경제적 이익을 위한 대서방 및 대남한 편향정책과 북한의 체제생존을 위한 미국과의 관계 개선모색 속에서 나타난 결과라고 할 수 있다.47) 한편 러시아는 북핵 문제와 그 논의과정에서 나타난 한반도에서의 자신의 영향력 상실과 소외, 그리고 한국과의 기대에 못 미치는 경제협력 등은 자신의 한반도에 대한 정책을 재검토하게 되었다.48) 당시 체제전환을 겪고 있던 러시아는 경제체제의 재건

Central and Eastern Europe, London: Pearson Education Aisa(Pte)Ltd, 1995. p.91.

45) 이동형, "탈냉전기 북한과 러시아의 관계 변화", 『한국과 러시아 관계: 평가와 전망』(서울: 경남대학교 극동문제연구소, 2001), p.401.

46) Jane Shapiro Zacek, "Russia in North Korea Foreign Policy", Samuel S. Kim, *op. cit.*, Oxford University Press, 1997, pp.75-77.

47) 사피로 자체크는 한·소 외교관계 수립은 북한이 1990년 북·일 관계수립에 적극적이게 만들었으며, 이를 통해 균형을 맞추려 했다고 주장한다. Shapiro Zacek(1997), *ibid.*, p.83.

122

이 관건이었다. 때문에 이를 위해 친서방 외교정책을 중심에 두고 경제적 실리외교를 중시하여 추진했다고 볼 수 있다.

이와 같은 러시아의 외교정책의 패턴은 1990년대 초 북·러 관계가 소원해 지는 원인으로 작용했다고 볼 수 있다. 부분적 개혁·개방 시기 북·러 관계에서 나타나는 특징은 러시아가 한·소 관계(1990. 9 수교)가 가까워졌다고 해서 정치적 결합은 아니라고 인식했다.49) 이것은 극동에서의 안보를 유지하기 위해 북·소의 강력한 동맹유지 필요하다고 인식이었다고 할 수 있다.50) 1990년에 북한의 대소련 교역량은 미국의 달러로 환산했을 때 약 23억 달러에 달했는데, 이것은 같은 해 북한의 총 교역량에서 53%를 차지하여 두 번째 교역국인 중국과의 교역규모(약 5억 달러, 13%)를 훨씬 상회하는 수준이었다. 대러시아의 교역규모의 변화는 다음 〈표 4-5〉을 참조하면 알 수 있다.

---

48) 자체크는 러시아의 엘친 대통령은 1994년 북핵 문제에 대해 국제적 통제를 수용하라는 압력과 함께, 핵군사력을 고집할 경우 국제적 제재를 지원할 것이라 주장한다. Shapiro Zacek(1997), *ibid.*, p.79., p.86.

49) 한·소 공식 외교관계 수립에 대해 북한은 배신행위라고 표현하며, 관계 수립에 반대한 이유는 크게 세 가지를 들 수 있다. 북한은 한·소 외교수립은 ① 2개의 한국을 합법화하며, 영속시킴, ② 북한의 국제적 고립, ③ 북한 사회주의 체제를 전복하는 소련, 미국, 한국의 3각공조 형성으로 인식했다는 것이다. 더 나아가, 1961년의 북－소 동맹협정의 효력 상실로 북한은 스스로 무기를 획득할 독립적 방식을 강구해야 한다고 주장했다. Shapiro Zacek(1997), *op. cit.*, pp.80-81.

50) Shapiro Zacek(1997), *ibid.*, p.80.

<표 4-5> 1990-2000년 북한의 대러시아 무역

(단위: 백만 달러)

연도	1990	1991	1992	1993	1994	1995	1996	1997	1998	1999	2000
수출	908	171	65	39	40	16	29	16	8	2	3
수입	1,315	194	277	188	100	68	36	67	57	48	43
합계	2,223	365	342	227	140	84	65	84	65	50	46

자료: 2000, KOTRA.

러시아의 경우에도 소련 해체와 더불어 1990년 상반기에 교역량이 전반적으로 위축되었으나, 다른 어떤 나라와의 교역도 북한과의 경우처럼 빠르게 감소된 경우는 없었다.51) 이와 같이 교역이 급감한 이유는 북·러 경제관계에서 러시아는 호혜무역 폐지와 경화결제의 채택 그리고 채무 지불 등을 요구하는 경제적 실리외교를 추진하였기 때문이었다. 또한 러시아의 북한에 대해 차관 반환 요구와 경제적·기술적 원조 철회 주장은 북한의 대외경제를 급격히 하강시키는 요인으로 작용했다.52) 이에 대한 반발로 북한은 천연가스 송유관의 자국 영토 통과 불허로 맞서면서 탈냉전기 북·러 경제관계는 급랭하였다.53) 이후 북·러 관계변화는 러시아가 한반도에서 얻고자 하는 정치·경제적 이익을 위해 북한을 소홀히 할 수 없는 전략적 사고에 따라 대북외교 정책에 대해 전략적 수정을 하게 된다. 또한 북한에게 있어서 러시아는 정치·군사적 지지세력으로서 역할뿐만 아니라, 경제난을 해결하기 위한 경제적 동반자로서 절실한 도움이 필요한 상황에서 2000년 초기에

---

51) 정여천, "북한—러시아 경제관계 10년 평가와 전망", 『북한의 대외경제 10년 평가와 전망』(서울: 대외경제연구원, 2001), p.238.
52) 러시아로부터 기계·설비 및 연료자원의 수입이 급감한 것은 1990년대에 북한 경제가 침체의 나락으로 빠지는 데 핵심적인 원인의 하나로 되었음은 분명하다. 이것은 북한의 주요 생산시설은 상당부분이 1950년부터 구 소련의 지원을 통해 건설된 것이므로, 러시아로부터 기계 및 설비부품 도입의 급감은 북한 경제에 큰 타격을 줄 수밖에 없었다.
53) Jane Shapiro Zacek(1997), *op. cit.*, pp.83-84.

전략적 협력관계로 관계회복을 하게 된다.

2. 남한의 대북정책: 정치관계의 비일관성과 경협의 이중성

현상유지전략 시기의 남북한 관계의 전개와 특징을 언급하는 것은
북한의 대외환경을 분석하는 데 중요한 단초를 제공한다. 이는 남북한
분단구조하에서 양자관계의 방향성이 당사자뿐만 아니라, 한반도 주변
강대국들의 국제질서에 중요한 의미가 있기 때문이다. 먼저 이 시기
노태우 정부는 집권초기부터 '88 서울 올림픽을 계기로 하여 공산권의
변화를 한국의 안보 및 통일환경 개선으로 연결시키고자 적극적으로
노력하였다. 이와 같은 맥락에서 1988년 7월 7일에 '민족 자존과 통
일 번영을 위한 특별 선언'(7·7선언)을 하였다.54) 북방외교로 불리는
노태우 정부의 외교는 변화하는 국제환경과 1980년대 말 한국사회의
역동성이라는 대내외적 상황변화에 대처해야 하는 필요성에 의해 추진
되었다. 북방외교는 표면상으로는 사회주의 국가들과의 관계개선을 겨
냥하고 있지만 궁극적으로는 북한과의 단계적 통일논의 접근을 위한
성격을 띠고 있었다. 다시 말해 북방외교는 궁극적인 논의의 대상인
북한과의 핵심현안을 정면으로 다루지 않고 사회주의 국가들에 대하여
한국의 개방적 자세를 인지시킴으로써 북한의 대남한 정책을 변화시키
고, 나아가서 통일문제를 포함한 한반도 문제에 대해 한국이 주도권을
잡기 위한 정치·외교적 노력의 일환이었다. 그러나 그 본질은 경제·
군사·외교적 우위에서의 대북한 압박외교를 근간으로 하고 있었
다.55) 이 같은 북방외교는 북한에게 외교적 고립을 심화시키는 것이

---

54) '7·7특별선언'의 6개 정책방향의 주요 내용은 첫째, 남북상호교류와 자
    유왕래, 둘째, 이산가족의 서신왕래와 상호방문, 셋째, 남북한 교역문호
    개방, 넷째, 우방국의 북한 교역 불반대, 다섯째, 국제사회에서의 남북한
    간 협조, 여섯째, 북한과 우방과의 관계개선협조 등이다.

었고, 대북압박정책으로 인식했다고 볼 수 있다.

다음으로 1993년 2월 출범한 김영삼 정부는 남북정상회담 추진 의지를 천명하는 등 적극적인 대북정책을 모색하였다. 또한 이전 정부의 통일방안을 계승하고 보완하여, 1994년 8월 15일 「한민족공동체 건설을 위한 3단계 통일방안」(민족공동체 통일방안)을 발표하였다. 그러나 1993년 3월 12일 북한이 핵확산금지조약」(NPT) 탈퇴를 선언함으로써 북핵 문제를 둘러싸고 국제적인 긴장이 고조되는 가운데 남북관계도 위기국면으로 치달았다. 그 이후 미·북 간에 고위급 회담을 열고 1994년 10월 '제네바 기본 합의서'를 채택함으로써 북핵 문제는 일단 고비를 넘기게 되었다.

한편, 1994년 6월 카터 전미 대통령의 방북을 계기로 북한이 남북정상회담 개최에 호응할 의사가 있음이 확인됨에 따라, 김영삼 대통령은 남북정상회담을 제의하였다. 그 결과 남북정상회담을 위한 부총리급 예비접촉이 이루어졌고, 여기서 「남북정상회담 개최를 위한 합의서」가 채택되었다. 그러나 남북정상회담을 며칠 앞둔 1994년 7월 8일 북한의 김일성 주석이 사망함으로써 남북정상회담은 개최되지 못하였다.56) 이 시기의 남북대화의 규정력은 한마디로 북핵 문제라고 할 수 있다. 이 점은 북한이 NPT탈퇴를 전후하여 미국과의 직접대화 창구를 유인하고, 남북대화보다는 미·북 대화에 더 치중하는 현상에서 파악할 수 있다.57) 북한의 통미봉남정책은 남북관계를 더 악화시키는 결과로 작용하였고, 북핵 문제는 북·미 주도로 전개되었다.

이와 같은 상황에서 1996년 4월 16일 클린턴 방한 시 합의된 '4자회담' 방식을 제안하며 핵 문제에 대한 다자간 협상을 제안하였지만,

---

55) 한국정치외교사학회, 『한국외교사 Ⅱ』(서울: 집문당, 1995), p.457.
56) 2003년 『통일백서』 참조.
57) 이창헌, "남북대화의 전개와 환경요인: 평가와 전망", 『한국정치학회보』 제30집 3호, (서울: 한국정치학회, 1996), pp.257-258.

126

북한은 핵 문제의 미국과의 직접대화를 통한 핵 문제 해결이 외교정책 기조로 추진하였기에 통미봉남 정책을 추진하였다.58) 요약하면, 노태우 정부는 탈냉전의 도래와 맞물려 사회주의 국가들과의 국교수교를 통해 대북접근을 시도했다는 측면에서 대북정책의 변화를 보였다고 할 수 있다. 하지만 이는 북한에게 대외고립과 외교적 압박으로 작용했다는 측면에서 한계가 있었다. 또한 김영삼 정부는 북한의 핵카드의 영향으로 강경정책과 유화정책의 교차를 통해 일관성 없는 대북정책을 추진한 한계점을 보였다고 볼 수 있다. 따라서 이시기 남한의 대북정책은 정치관계에 따라 수시로 변화하는 비일관성을 특징으로 한고 있다고 할 수 있다.

현상유지전략 시기 남북경제협력(이하 경협)의 특징은 첫째, 남북경제교류가 안정화되기 시작했다는 점이다. 둘째, 북한도 남북경제교류의 필요성을 느끼기 시작했다는 것이다. 이것은 당시 북한의 사회주의권의 붕괴에 따른 시장의 소멸과 경제난에 시달리고 있던 상황에서 남한과의 경제협력의 필요성은 절박했기 때문이다. 셋째, 북한시장이 개방되기만 하면 많은 개발이익을 누릴 수 있다는 남한기업의 환상이 없어지기 시작했다는 점이다.59) 이것은 남한 기업이 남북경제협력의 환상을 접고 경제적 실효성을 중시하는 입장으로 선회했다는 것을 의미한다.

이와 같은 특징에 입각한 남북경협의 변화는 제도화 과정과 교역규모를 보면 확연히 나타난다. 그 전개과정을 보면, 1988년 10월 '남북물자교류에 관한 기본지침서'의 발표로 북한과의 교역에 대한 제한이 완화되었다. 이에 따라 1989년 처음으로 남북한 간 교역이 성사되었

---

58) 한·미 공동발표문에서 제의된 4자 회담은 남북한이 평화협정을 체결하고 미국과 중국이 이를 보장하는 형식을 취해나가되 그 전단계로 남북한과 미국, 중국이 한자리에 앉자는 것이다. 또한 4자 회담에서 광범위한 긴장완화 조처도 토의될 수 있다고 하였다. 『한겨레』. 1996. 4. 17
59) 동용승, "남북한 간 투자 10년 평가와 과제", 『북한의 대외경제정책 10년 평가와 과제』(서울: 대외경제정책연구원, 2002), pp.311-312.

다. 1990년 8월에는 '남북교류협력에 관한 법률'과 '남북협력기금법'이 제정됨으로써 대북경제관계에 관한 법적 근거와 지원제도 등 남북경협에 관한 기본적인 제도적 틀이 마련되었다.60) 여기에서 주목할 것은 이 시기 남북한 간의 경제협력의 특징은 남북한 간의 정치적 관계의 진전에 따라 영향받는다는 것이다. 이와 같은 이유로 1992년 2월에 이루어진 '남북 사이의 화해와 불가침 및 교류·협력에 관한 합의서'가 발효되었다. 또한 각종 분과 위원회 및 공동위원회의 설치, 북한 부총리의 남한 방문, 두만강 유역 개발사업 관련 우리 대표단의 방북, 민·관으로 구성된 남포조사단의 파견 등 남북경협에 획기적인 제도적 변화가 발생했기 때문이다.61)

그러나 전술하였듯이 남북경협은 남북한 정치환경의 영향을 받았기에 1992년 말부터 남북고위급 회담 중단과 북한의 NPT탈퇴선언 및 북핵 문제의 대두로 남북관계가 급격히 경색되면서 남북한 교역은 감소하게 된다. 하지만 북한과 미국 사이의 핵 문제가 제네바합의에 의해 해결국면에 접어들자 한국정부는 『남북경제협력 활성화 조치』(11·8)를 발표했다. 1995년에는 기업인 방북 및 경제협력사업(자)승인 등의 조치로 경색되었던 남북관계를 풀고 남북경협을 활성화하기 위한 적극적인 활동들을 취해 나갔다.62) '경협 활성화 조치' 직후 남한기업들의 북한방문은 확대되었으나 남북경협은 당초 기대했던 것처럼 확대

---

60) 조동호, "남북경협의 전망과 정책과제", 『21세기 남북한과 미국』(서울: 삼영사, 2000), pp.217-218.

61) 1992년 제8차 남북고위급 회담은 남북경협에 중요한 의미를 갖는다. 이 회담에서는 '남북교류협력 부속합의서' 채택과 직교역 추진에 대한 원칙적인 합의, 결제수단으로써 청산계정의 설치 및 운영에 대한 동의가 이루어졌다. 그 외에도 경제교류 및 협력을 위한 제도적 장치에 관한 기본적인 언급이 있었고, 이에 따라 남북관계는 실질적인 경제협력단계에 진입하게 된다. 조동호(2000), 앞의 책, p.219.

62) 조명철, "남북한 간 교역 10년 평가와 과제", 『북한의 대외경제정책 10년 평가와 과제』(서울: 대외경제정책연구원, 2002), pp.279-280.

되지는 않는 상황이 발생했다. 이의 가장 중요한 원인은 남북한 경제
협력을 추진함에 있어서 북한의 경직된 경협의 자세와 남한의 정경분
리원칙에 입각한 일관성 있는 경협추진에 있어서 한계를 보여주었기
때문이다.

그러나 이 같이 남북한 경제협력이 정치관계의 전개에 따라 부침이
있음에도 불구하고 교역의 규모의 지속적인 성장세를 보이며 발전하는
양상을 보인다는 것이다. 이것은 남북한의 정치적 관계가 정치적 특수
성이 강제하는 상황에서 갈등국면이 전개될 때에도, 경제협력은 지속
적인 성장세를 보이며 전개되는 이중적 특성을 갖고 있었다는 것을 말
해준다. 이를 말해주는 것이 남북한의 교역규모의 확대라고 볼 수 있
다. 이는 다음 〈표 4-7〉을 참조하면 쉽게 알 수 있다. 이 같은 남북한
의 교역규모는 남한의 입장에서는 매우 낮은 수준(1997년 남한 총 무
역규모의 0.1%)이지만, 북한의 교역규모가 20억 달러로 평가되는 시
점에서는 매우 중요한 위치를 차지하고 있다고 할 수 있다.63) 1997
년에 들어 남한의 IMF 사태로 남한 경제가 어려워져 남북경협이 위
축되었지만, 1998년 들어 다시 회복세를 보였다. 이와 같은 남북경협
전개 양상은 1998년 김대중 정부의 출범에 따른 전향적인 대북포용정
책의 추진과 1998년 4월 30일 '대북경협 활성화 조치'를 발표함으로
써 새로운 전기를 맞게 된다.64) 결과적으로 남북관계는 정치적 현안
에 따라 관계진전이 변화를 보이지만, 경제협력에 있어서는 교역규모
의 점진적 증가라는 발전하는 이중성을 보인다.

---

63) 조동호(2000), 위의 책, pp.223-226.
64) 「국민의 정부의 남북경협 활성화 조치」(1998. 4. 30)의 주요 내용; 〔기
   본 방향〕 경협주체인 기업의 자율적 판단 존중, 민간주도의 경협 추진,
   정부의 경협질서 유지를 위한 과당경쟁 및 불공정거래 행위 방지 등 경협
   추진 여건 조성에 주력 등이다. http://www.unikorea21.net, 통일부
   자료 참조.

3. 미국의 대북정책: 핵 문제 발생과 대응

탈냉전 초기 북한은 전술한 변화된 국제질서 속에서 과거 이념적 동지로서 협력관계를 유지했던 사회주의권 국가들과 새로운 관계를 재설정 할 수밖에 없었다. 이것은 국제질서 속에서 북한이 새로운 변화를 시도하게 하는 변화요인으로 작용하였으며, 변화된 국제질서의 구조는 북한에게 새로운 선택을 강요했다고 볼 수 있다. 이 같은 북한의 대외관계 변화시도에 있어서 포괄적 국가이익을 담보해 줄 수 있는 핵심적 외교관계 대상국으로 부상한 국가는 미국이었으며, 대미정책은 대외정책의 핵심 고리로 자리하게 된다.65) 이 시기 북한이 미국과의 관계개선에 집착한 것은 정상국가로서 체제보장을 용인 받는 동시에 대외고립의 탈피와 북·일 수교와 남북관계 변화 그리고 경제난 해결 등의 문제를 해결할 수 있는 지름길로 생각했기 때문이다. 이를 위한 수단으로 북한은 과거 1980년대 들어 무력통일 위한 억지와 강압의 수단으로 개발한 핵을 1990년대 들어 미국과의 협상수단으로 이용하였다.66)

이와 같은 이유로 북한은 경제문제의 해결과 체제보장이라는 국가이익을 위해 핵무기를 수단으로 체제보장과 경제지원 등의 '외부추출'을 시도했다고 볼 수 있다. 이는 일상화된 내부동원의 한계와 공급문제의 해결 없이 경제난의 극복이 불가능한 상황에서 대외경제에 의존할 수밖에 없는 절박한 상황에서 현실적 선택이었다. 반면, 이와 같은 북한의 인식과는 반대로 미국은 북한을 ① 적성국가, ② 국제테러리스트국가, ③ 공산주의 국가, ④ 인권침해국가, ⑤ IAEA 안전협정을 위반한 핵무기 비보유국가, ⑥ 미사일기술 확산 활동국가로 규정하여, 가장

---

65) 서보혁, 『탈냉전기 북·미 관계에 관한 구성주의적 접근: 북한의 국가정체성을 중심으로—』(한국외국어대학교 박사학위논문, 2003), p.83.
66) Samuel S. Kim, *op. cit.*, Oxford University Press, 1998, pp.140-143.

포괄적이고 엄격한 제재조치를 장기적으로 유지해 왔다. 이 같은 미국의 대북정책은 미국의 동북아 전략과 세계전략에 그 기조를 두고 추진되었기 때문에, 북한의 국가이익은 미국의 국가이익과 충돌이 불가피하였다는 것을 의미한다. 과거 냉전기 북미관계는 대립각을 세운 적대적 관계였다. 이와 같은 적대적 관계를 유지하며 강경한 제재를 수행하던 미국의 대북정책이 변화를 보인 것은 1991년의 가을로 부시 행정부의 관리들이 점점 고조되어 가는 한반도의 긴장과 북한의 핵무기 개발 노력을 저지하기 위한 목적 때문이었다.[67] 북한의 핵 개발계획이 미국의 정찰위성에 처음으로 탐지된 것은 1982년이었다. 그 후 의혹이 깊어 가는 속에서 1989년 북한은 영변의 5메가와트 원자로를 100일간 폐쇄하는 조치를 단행했다. 이 100일간은 연료봉 교체를 통해 핵무기 1-2기의 제조에 필요한 플루토늄을 추출할 수 있는 충분한 시간이었기 때문에 북한의 핵 개발의혹은 화급히 해결되지 않으면 안 되는 심각한 문제로 급부상 하였다. 냉전종식에 따른 세계유일 패권국 미국에게 북한의 핵 문제는 미국의 자국중심의 세계질서 유지, 특히 대량살상무기의 확산방지는 가장 중요한 과제가 되었다.[68] 미국의 북핵 개발 프로그램에 대한 우려는 북한의 대외활동에 장애요인으로 작용했다. 1991년 일본과의 국교정상화 회담의 중지와 남한과의 경제협력의 축소가 그 대표적 사건이라고 할 수 있다.

이와 같은 상황에서 1991년 9월 부시 대통령은 "해외에 배치되어 있는 미국의 모든 육상 및 해상의 전술 핵무기를 일방적으로 철수하겠다"는 발표를 한다. 이것은 미국이 북핵 문제를 해결하려는 의지를 엿볼 수 있으며 북핵 문제의 중요한 분수령으로 작용하였다. 이후 미국은 북핵 문제를 해결하는 방법으로 북한이 IAEA의 사찰을 수용하도

---

67) 하버드 대학교 케네디 스쿨·서재경 역, 『한반도, 운명에 관한 보고서』
　　(서울: 김영사, 1998), p.33.
68) 신지호(2002), 위의 책, pp.133-134.

록 압력을 행사했다. 이를 위해 남한의 북한에 대한 경제지원의 속도 조절과 북·일 수교의 정지작업을 병행했다. 반면, 북한은 미국이 남한으로부터 모든 핵무기를 철수하고 북한에 대해 핵무기를 사용하지 않는 다는 약속을 하기를 원했으며, 핵 협상과제의 전제로 미국에 2개의 전제조건 즉 주한 핵무기 철거 및 미군 철수 요구하였다.69)

이와 같이 북한의 핵 개발을 둘러싼 북미 간 갈등이 진행되는 과정에서 1991년 12월 13일 '한반도 비핵화에 관한 공동선언'은 핵 문제에 대한 해결의 실마리를 제공했다.70)이후 미국은 NPT을 통한 북핵 문제의 해결을 도모할 수 있었으며, 북한은 한반도 비핵화와 팀 스피리트(Team Spirit)훈련 중단이라는 안보적 이익과 함께 남한과 경제협력 증진 그리고 북·일 수교를 통한 경제적 이익을 얻을 수 있는 '기회의 창'을 얻는 듯 했다. 이와 같은 상황에서 1992년 대통령 선거 후 미국 행정부의 교체는 북핵 문제를 새로운 국면으로 접어들게 하는 중요한 계기로 작용하게 된다.

1) 위기구조하에서 북·미의 선택

탈냉전 도래와 함께 북한은 대외고립과 경제난에 처한 상황에서 이를 극복할 위기극복전략이 필요했다고 볼 수 있다. 이와 같은 측면에서 볼 때, 대내외적 위기구조하에서 북한이 어떤 위기극복전략을 추진했는지는 대외정책의 전개과정을 통해 설명할 수 있다. 북한은 1992년 1월 핵 안전협정에 서명한 이후 최고 인민회의 제9기 제3차 회의에서 이를 승인하는 동시에 6월에 핵사찰을 받을 것임을 천명하였다. 동년 5월 북한은 보유 핵 물질과 시설에 대한 첫 보고서를 국제원자력기구에 제출하였다. 그러나 IAEA는 1993년 2월까지 6차례의 대북

---

69) Samuel S. Kim(1998), *op. cit.*, pp.147-150.
70) 하버드 대학교 케네디 스쿨·서재경 역(1998), 위의 책, pp.33-43.

132

임시 · 일반사찰을 실시하였지만, 핵 재처리시설의 가동여부, 플루토늄 추출량, 사용 후 핵연료의 행방 등과 관련, 핵 의혹이 증폭됨에 따라 1993년 2월 영변의 2개 미신고 시설에 대한 특별사찰 요구 결의안을 채택하였다. 이에 반발하여 북한은 NPT 탈퇴를 선언을 하였고 핵 위기가 발생했던 것이다.71) 북한은 핵확산금지조약(NPT)탈퇴선언 이후 곧 그 탈퇴를 유보하는 조치를 취하긴 하였으나, 5월에 대북한제재를 북한에 대한 선전포고로 간주하겠다는 위협발언과 함께, 제2의 한국전쟁이 있을지도 모른다고 경고하는 등 강경노선을 견지하였다.

이와 같은 위기 상황에서 북·미 간 최초의 고위회담이 1993년 6월 뉴욕에서 열렸다. 이후 9월 북한은 IAEA에 의한 핵사찰을 거부하였고, 이듬해 3월 북한은 고위관리의 '서울 불바다'발언으로 한국민뿐만 아니라 전 세계를 놀라게 하였다. 1994년 여름 한반도는 사실상 전쟁위기에 처해있었으며, 김일성 사망 이후에도 북한은 공격적 외교정책을 더욱 강화하였다.72)

북한의 입장에서는 6개월간(1992년 5월 - 1993년 1월) 여섯 차례의 IAEA 사찰을 수용한 대신, 북한이 원했던 경제지원 및 투자, 미국·일본과의 관계개선, 나아가 미국의 전술핵무기 철거 검증 등 어느 것도 달성하지 못하였다. 오히려 북한은 두 곳의 핵 의혹 시설에 대한 검증 요구와 팀스피리트 훈련 재개 등으로 핵 협상을 계속할 인내력을 시험받고 있었다. 이 같은 상황에서 한국과 미국이 3월 팀스피리트 훈련을 재개하자, 김정일은 전군에 준전시상태에 돌입하도록 명령하였고, 12일 정부 성명을 통해 미국의 핵 공격 위협, IAEA의 불공정성을 이유로 NPT를 탈퇴한다.73)

---

71) 정규섭, 『북한외교의 어제와 오늘』(서울: 일신사, 1997), p.245.
72) 홍관희, "체제유지를 위한 북한의 안보외교 정책", 『통일연구논총』 제5권 2호 1996, pp.72-73.
73) 서보혁(2003), 위의 책, p.127.

북한의 NPT탈퇴 선언은 기존 북한의 핵 관련 대외정책이 IAEA와의 관계 또는 남한과의 관계에서 진행되는 것이었다면, 이제는 정책과 협상의 대상이 미국과의 관계문제로 이전되었다는 것을 의미했다. 이는 로동신문 사설을 통해 북한의 주장이 잘 나타나는데, 사설에서 북한은 "우리의 핵 문제는 유엔에서가 아니라 우리와 미국이 해결해야 할 문제"라고 주장하고 있다.74) 그리고 사찰을 통해 밝혀질지도 모르는 핵 개발계획과 진행 정도에 대한 모호성을 계속 유지하면서 이를 미국과의 협상에서 주요한 협상카드로 유지할 수 있다는 것을 의미했다.75) 이와 같은 상황에서 클린턴 행정부는 국제분쟁에 대한 개입은 미국의 국익에 기초하되, 일방주의보다는 국제기구를 통한 다자간 해결을 선호했고 대외경제가 외교, 안보의 시녀로 전락하는 일은 막고자 했다.76) 이 같은 대외정책을 추진한 이유는 당시 대내외적으로 소련이 부재한 현실, 경제문제의 중요성 부각, 그리고 국내정치의 상대적인 비중 증대가 안보에 대한 여론의 관심을 희석시킨 요소가 중요한 요인으로 작용하였다. 이와 같은 이유로 클린턴의 대외인식과 국내적 분위기하에서 취임 초에 발생한 북핵 문제가 대북정책의 기동성과 순발력을 떨어지게 만들었다.77) 그럼에도 분명한 사실은 북핵 문제가

---

74) 『로동신문』. 1993. 4. 13.
75) 김계동(2002), 위의 책, p.219.
76) Tim Hames, "Foreign Policy and the American Elections in 1992," International Relations, Vol. XI, No.4 April 1993. 재인용.
77) 탈냉전 초기 사회주의 붕괴 이후 클린턴 정부 시기 미국의 대북정책 기조는 북한에 대해 붕괴론과 비붕괴론이 대립되고 있는 상황에서 붕괴론에 기반한 대북정책이었다. 이와 같은 예측이 가능하게 한 이유는 김일성 사망, 식량난과 경제침체의 장기화 때문이었다. 셀리그 해리슨은 이와 같은 붕괴론에 입각한 지배적 대북정책이 북·미 제네바회담의 이행을 못하게 했으며, 경제난과 미국위협으로 인한 붕괴에 대한 두려움이 북한의 핵 개발을 부추기는 역할을 했다고 주장한다. Selig S. Harrison, *Korean Endgame: A Strategy for Reunification and U.S. Disengagement*, Princeton University Press, 2000, pp.3-4.

134

미국의 안보 이해에 중요한 의미를 가지는 사안이었다는 것이다. 클린턴 행정부는 북한이 핵무기와 함께 장거리 운반수단을 보유할 경우 1급 위기로 분류되어 미국의 일반적 군사조처 대상으로 지목됨을 분명히 했다. 그럼에도 불구하고 클린턴은 이 문제가 국무부 중심으로 해결되기를 원했다.[78] 북핵 문제에 대한 대응책에 있어 국무부가 강조하는 재래식 사찰방식이 시간을 더해가면서 한계를 노정시킴에 따라 국방부는 이 시점부터 군사력 사용도 포괄하는 적극적인 핵 확산 저지 정책을 표명하고 나섰다. 1993년 12월 7일 애스핀 국방장관에 의해 '명백히 북한이야말로 미국의 정책이 변화할 필요가 있음을 보여주는 실례'라는 명분으로서 등장하게 되었다.[79] 이렇게 미 행정부의 강온기류가 교차되는 상황에서 1994년 1월 21일 북한과 IAEA는 기본적인 사찰 형태에 대해서는 합의를 보았지만, 사찰범위에 대해서는 이견을 좁히지 못했다.

이와 같은 북미관계의 교착상태에서 북한은 2월 15일 단일 사찰 허용, 남북대화 개최 등을 발표하였다. 북한의 이와 같은 입장선회는 대북제재 가능성을 약화시키고 일괄타결을 위한 미국과의 3단계 고위급 회담 재개를 동시에 겨냥한 것이었다. 북한 사찰 허용 발표 후 IAEA 사찰단은 1994년 2월 15일, 북한의 '안전조치 연속성 유지'를 확인하는 사찰에 합의하고 3월 1-15일 북한에 들어갔다. 그러나 사찰단은 이후 북한의 비협조를 비난하였고, 북한은 IAEA 사찰단이 합의 이상의 사찰을 요구하였다고 비난하였다. 이 같은 상황에서 북한은 협상을 진행하면서도, 한편으로는 위기를 조성하면서 북·미 협상을 통해 이익 극대화를 추구하는 '벼랑 끝 외교전술'을 구사했다.[80]

---

78) 정옥임, 『탈냉전기 미국의 대북정책과 국내정치』(성남: 세종연구소, 2002), pp.19-20.
79) 정옥임, 『북핵 588일: 클린턴 행정부의 대응과 전략』(서울: 서울프레스, 1995), p.97.
80) 1993년 들어 북한은 핵 문제를 수단으로 미국과의 정치협상 국면을 조성

이후 1994년 3월 북·미 뉴욕회담 결과에 따라 남북대화, IAEA의 영변 핵사찰이 재개되었지만, 북한은 7개 신고시설이 포함된 재처리 시설에 대한 IAEA의 접근을 거부하였다. 몇 주 후에 발표된 사찰 결과는 대단히 우려되는 것으로 보였고, 남북 특사교환 예비회담도 소위 '불바다' 발언 파문으로 결렬되었다. 북한의 이와 같은 행위에 대해 클린턴 행정부는 제재를 검토하기 시작했고, 5월 31일 열린 각료회의에서는 단계적인 제재안을 마련함과 동시에 6월 3일의 고위급 회담재개 제안을 철회하였다.[81] 북미 간 타협점 모색의 실패가 한반도 핵 위기로 발전한 것이다.

이와 같은 위기 상황에서 1994년 6월 15일 전직 미대통령 카터의 북한 방문은 벼랑 끝으로 치닫던 위기 상황의 북한과 미국을 협상 테이블로 이끄는 역할을 했다. 카터의 북한 방문에서 카터의 역할은 그들에게 방법을 제시하는 것이지, 모든 일을 변화시키는 미국의 새로운 정책을 제시하는 것이 아니었다.[82] 클린턴 행정부는 카터의 방북 결과와 비판적 여론을 감안해 협상과 제재를 동시에 추구하였다. 미국은 6월 22일 유엔의 대북제재를 추진하면서 그 다음날 3단계 북·미 고위급 회담이 7월 8일 있을 것이라고 발표하였다.[83]

하기 위하여 벼랑 끝 외교를 감행하였다. 벼랑 끝 외교의 선택은 ① 필요조건으로 대내외적 위협의 존재, ② 충분조건으로 극단적 방법을 통한 이익 극대화 가능성에 대한 기대, ③ 촉진요인으로 상대국의 반응 등이 성립될 때 나타난다. 실제 벼랑 끝 외교는 위기조성→협상의 문 개방→완고한 태도의 지속 등과 일련의 단계를 밟으며 전개된다. 1993년 북한의 벼랑 끝 외교도 미국의 핵 공격에 대한 위협의 인식, 핵 개발 시위를 통한 북·미 협상에 대한 기대, 미국의 협상 수용 가능성 등과 같은 조건하에서 등장하였다. 서보혁, "탈냉전기 북한의 대미 정체성 정치", 『한국정치학회보』 37집 1호(서울: 한국정치학회, 2003), p.207.

81) 서보혁(2003), 앞의 책, pp.136-139.

82) 리언 시걸·구갑우 외 역, 『미국은 협력하려 하지 않았다』(서울: 사회평론, 1999), p.204.

83) Washington Post, June 22-23, 1994.

북·미 고위급 회담이 예정된 7월 8일 김일성이 갑자기 사망함으로써 회담은 연기되었고, 3단계 1차 고위급 회담에서 8·12 합의문을 도출 한 북·미 양국은 9월 7-16일 경수로 제공에 관한 전문가급 회담을 가졌다. 이후 9월 23일 제네바에서 3단계 2차 고위급 회담이 재개되어 핵 동결, 중유공급, 특별사찰문제 등에 대해 마지막 협상을 진행하였다. 이와 같은 협상과정을 거쳐 1994년 10월 21일 「북·미 기본 합의서」가 채택되었다. 이 시기 미국의 대북정책을 요약하면, 클린턴 행정부의 대북정책의 외교노선에 대해 무방향적이었으며 대중요법의적 외교였다는 주장과 처음부터 북핵 문제를 평화적으로 해결하고 북한을 경제적으로 통합하는 데 궁극적 목표를 두고 있었다는 시각 모두에 대해 비판적 시각이 존재한다.84) 이와 같은 측면에서 볼 때, 북·미 제네바합의는 클린턴 행정부가 미국의 새로운 안보전략으로 제시한 '개입과 확대전략에 의해 추진된 것이다. 클린턴 대통령은 1999년 연두 교서에서 이 전략을 구체화했다.85) 또한 클린턴 행정부는 자유주

---

84) 부시 행정부가 클린턴 행정부의 대북정책을 비판하는 주된 내용은 북한과의 협상에서 강경하지 못했고, 남북대화 전개에 충분한 주의를 기울이지 않았고, 결과보다는 과정자체에 비용을 들였으며, 너무 성급하게 협상을 마무리하려 했다는 점 등이다. Joel Witt, "U.S.-North Korea and U.S.-South Korea Relations," Paper Presented at in Commemoration of the First Anniversary of the June 15 North-South Joint Declaration Korea-U.S. Exports Meeting organized by The Kim Dae-Jung Foundation and The Sejon Institute, June 14, 2001. p.1.

85) 클린턴 정부의 연두교서는 무기확산과 테러, 마약, 기상이변의 위험을 방지하고 이라크 등 불법국가 혹은 테러집단에 대해 억지가 필요하고, 화학무기·대량살상무기·핵 경보·컴퓨터 체계 교란 등에 대해 미국은 대비체계 완비해야 하며, 위협요소에 대해 미국은 부정도 홍분도 하지 않는 노선 견지할 것이라는 내용이 포함하고 있다. 이를 위해 국제협정을 준수하는 선상에서 MD준비해야 한다는 것이다. 따라서 클린턴 정부의 대북정책은 전술한 도전에 해당하며 이 문제를 해결하는 해법에서 '개입과 확대전략' 혹은 '자유주의적 국제주의'에 입각한 대북정책을 추진했다고 볼 수 있다. Clinton Remarks on US Foreign Policy, February 26,

의적 국제주의와 국제주의적 자유주의를 넘다드는 무력제재와 외교적 협상을 동시에 병행하는 이중적 대북정책을 추진했다고 볼 수 있다.

반면, 북한은 대외고립과 심각한 경제난 해결을 위해 미국을 유일한 협상파트너로 인정했고, 핵무기를 협상수단으로 벼랑 끝 외교정책을 추진함으로써 국교정상화와 경제적 지원이라는 외부추출과 외부정당성을 확보하려했다고 볼 수 있다.

2) 북미 간 경제관계의 특징: 경제제재 내용과 효과 그리고 그 한계

북한의 대미외교에 있어서 정책적 우선순위는 정권의 체제유지를 위한 정치·군사적 목적이 경제적 이익보다 우선 시 되어 추진되었다. 이렇게 북한 대미정책 목표의 우선순위에서 경제적 이익이 안보는 물론 위신보다 뒤에 놓여진 이유는 북·미 관계의 기본적 특성에서 기인한다. 구체적으로 ① 적대관계에 있는 양국의 주요 관심사가 정치·군사적 문제들로 이루어져 있고, ② 북한의 체제의 위계적 특성을 고려할 때 위신 제고에 대한 정치적 필요가 높고, ③ 미국으로부터의 경제적 실리는 잠재적이기 때문이었다.[86] 이를 잘 설명해 주는 것이 북·미 관계에 있어서 경제제재의 현황이다.

미국은 한국전쟁이 일어난 후부터 지금까지 북한에 대해 경제적 제재를 지속해 오고 있다. 미국의 대북 경제제재는 1950년 12월 17일부터 시행된 적성국 교역법(Trade with the Enemy Act)에 기초한 포괄적 경제봉쇄형태로 이루어졌다.[87] 그 결과 1982년 외국주재 미국외교관이 제3국에서 열리는 행사에서 북한외교관을 접촉하는 것을

1999. 연두교서.

86) 서보혁(2003), 위의 책, p.91.

87) 양운철, 『미국의 대북한 경제제재』(성남: 세종연구소, 2001), p.5.

허가한 것과 1988년 베이징에서 북한 대사관과 외교 채널을 유지한 것을 제외하면 미국정부는 북한과의 일체의 접촉을 금해왔다. 오직 전쟁방지라는 군사적 억지정책에 충실할 뿐이지 북한을 외교의 상대로 인정하지 않는 이른바 '봉쇄정책'이었다.[88] 이러한 미국의 대북정책은 1980년대 세계적 탈냉전의 분위기가 확산되면서 변화를 보이기 시작하였다. 미국정부는 1989년 1월 3일 해외자산규제법규를 수정하여 북한과의 비공식적 비정부 차원의 교류를 허용했다. 아울러 1989년 4월 24일에는 수출관리법규의 수정에 따라 인도적 기본수요를 충족시키기 위한 물품(식량, 양품 등)을 상업적으로 북한에 수출하는 것을 허용하였다. 그러나 이 같은 미국의 대북봉쇄 완화조치는 북한의 핵개발 의혹이 짙어짐에 따라 더 이상 진척되지 못하고 중단되었다.[89]

미국의 경제제재 해제조치는 1994년 10월 북·미 간 제네바합의에서 양국 간 정치 및 경제관계를 완전히 정상화하기로 합의함에 따라 그 계기가 마련되었다. 특히 제네바합의 제2조 1항은 "합의 후 3개월 이내에 통신 및 금융거래 제한을 완화시켜간다"고 규정했다. 이에 따라 1995년 1월 20일 제1차 제재완화를 통해 부분적으로 해제되었다. 또한 1999년 9월 17일 북한의 미사일 시험발사 유보 선언으로 북·미 간 베를린 미사일협상이 진전됨에 따라 클린턴 대통령의 지시에 의거하여 상무부, 재무부, 교통부가 관련된 대북한 경제제재 완화의 구체적 내용이 지난 2000년 6월 19일 세부 완화조치 내용이 미 연방정부 관보에 게재됨으로써 발효되었다.[90]

제네바합의 이후 1995년 1월 미국은 제1차 대북 경제제재 완화의 내용을 발표하고, 2월 14일에 구체적인 시행에 착수했다. 그러나

---

88) 신지호(2002), 위의 책, p.133.
89) 남궁영, "북·미 경제관계 10년 평가와 전망", 『북한의 대외경제정책 10년 평가와 과제』(서울: 대외경제정책연구원, 2002), pp.189-190.
90) 임종관, "미국 국적 선박·항공기의 북한 운항", 『통일경제』(서울: 현대경제연구소, 2000), pp.21-22.

2000년 6월의 경제제재 완화 조치의 경우는 그 규모와 범위의 대상이 넓었다는 것과 북·미 미사일 회담이 잘 진행되지 않은 이유로 발표와 시행 시간에 많은 시차가 있었다. 동년 6월 19일자로 발효된 경제제재 완화 조치의 주 내용은 과거 미국이 북한에 적용했던 적성국교역법, 수출관리규정 등의 적용과 같은 일반적 규제의 대폭적인 완화였다. 이 경제제재 완화조치는 북한의 상품 대부분의 미국시장 진입을 허용하며 미국의 소비재와 금융서비스를 북한에 수출할 수 있고 미국 기업의 북한 투자 허용 등 민간차원의 무역과 투자에 있어서의 제약을 거의 모두 해제한 내용을 담고 있었다.[91]

그러나 미국의 경제제재 완화조치는 북한의 의도와는 다르게 미국의 대북한 수출이 전반적으로 가능해졌음에도 불구하고, 북한의 낮은 구매력으로 인하여 수출물량이 단기간에 크게 확대되기는 어려웠다. 또한 북한산 원자재 및 상품을 수입하고자 하는 미국 기업은 재무성의 허가를 취득해야 하기 때문에 미국 기업의 대북한 수입은 여전히 상당한 제약을 받을 수밖에 없는 상황이었다. 결과적으로 북한의 대미수출은 규제가 풀렸다고 해도 미국이 북한에 대하여 정상교역관계(NTR: Normal Trade Relations) 대우를 부여하지 않고 있다. 이것은 미국이 개발도상국에 적용하는 관세특혜인 일반특혜관세(GSP)을 북한에게 적용하지 않고 있다. 때문에 미국의 북한에 대한 경제제재완화는 경제적 실효성을 담보할 수 있는 실질적인 경제제재 완화조치라고 할 수 없었다.[92]

2000년 2차 경제제재조치 완화로 수출입이 가능해졌지만, 높은 관세율로 북한산 제품의 대미수출은 현실적으로 불가능했다. 미국은 정상교역관계(NTR)나 일반특혜관세(GSP)대우를 받는 국가들에 'Column 1'관세율을 적용하고 있으나, 북한, 아프카니스탄, 라오스, 베트남, 쿠

---

91) 양운철(2001), 위의 책, p.27.
92) 남궁영(2001), 위의 책, p.204.

바 등 5개 국가에는 'Column 2'관세율을 적용하고 있다.93) 이는 'Column 1'관세율보다 최소 2배에서 10배 이상까지 높은 수준이다. 이러한 조건하에서 북한산 위탁가공제품의 대미수출은 중국 제품에 비해 수출단가(FOB기준)를 최소 30-50% 이상 절감하지 않으면 수출이 불가능한 상황이다.94) 더욱이 북한은 아직도 테러국가 규정과 미사일 규정에 대해서는 해제를 하고 있지 않은 상황이며, 미국의 반테러리즘과 확산금지를 위한 수출통제를 계속 받고 있다. 그리고 미국은 다른 국가에서 북한에 대해 국가안보와 관련된 특정상품의 수출을 통제하기 위해 수출관리국에서 상품규제목록(Commercial Control List: CCL)을 선정할 뿐만 아니라, 재래식 무기와 이중 용도의 상품을 통제하는 바세나르 협약,95) 생화학 무기를 통제하는 오스트레일리아 그룹, 미사일 기술의 확산을 막기 위한 미사일 기술 통제 제도, 핵 공급자 그룹 등과 같은 국제적 모임에서도 통제대상이 되는 상품을 선정하여 상품규제목록에 반영하고 있다.96) 이와 같이 미국의 실질적인 경제제재가 해제되지 않는다면 북한은 미국과의 경제관계에서 경제적 실효성을 얻기가 불가능하다. 또한 이것은 한 북·미 간의 여러 정치적 문제의 우선적 해결

---

93) 미국의 통상법은 적성국이나 GATT(1995년 WTO)미가입국에 대해서는 정상교역국가 관세(Column1 관세)가 아닌 Column 2관세율을 적용하도록 규정하고 있다. 'Column 2'관세율은 해당국의 수출이 거의 불가능한 수준인 금지관세적 성격을 띠고 있다는 측면에서 북한의 경제제재조치 해제가 갖는 한계를 단적으로 말해준다고 본다.

94) 김연철, "북한 정보화의 국제적 변수: 바세나르체제와 미국의 대북경제제재를 중심으로", 『인터넷과 북한』(경남대 극동문제연구소, 2000), pp.86-87.

95) 소련 붕괴로 COCOM체제는 해체되고 1995년 12월 네덜란드 바세나르에서 COCOM회원국 17개국을 비롯해 세계 28개국 대표들이 새로운 재래식무기 및 군사기술 통제 장치인 바세나르 협정설립에 동의했다. 바세나르 협정의 주요 내용은 첫째, 상용무기와 이중용도 품목 및 기술의 불법 축적방지를 목적으로 하고 있다. 둘째, 대량파괴 무기의 비확산 체제를 강화하고 보완하는 역할을 수행하는 것이다. 보다 자세한 내용은 김연철(2000), 앞의 책, pp.67-91. 참조.

96) 양운철(2001), 위의 책, pp.29-30.

이라는 정치관계의 정상화 없이는 인도적 차원의 지원 외에 여타 국가의 차관도입과 ADB, IMF, IBRD, 세계은행 등으로부터 실질적인 경제지원과 정상적 경제관계의 설정이 현실적으로 불가능하다는 것을 의미한다.

따라서 북·미 경제관계가 인도적 차원의 대북지원에 그치고 있고, 경제관계가 발전할 수 없는 한계점에는 정치문제와 연동되어 미국의 경제제재가 작동되고 있기 때문이라고 할 수 있다. 미국의 이 같은 대북 경제제재조치 완화 발표는 그 형식에 있어서는 북한과의 경제교류의 현실화가 가능해졌음을 의미하지만 미국이 규정하고 있는 대북경제제재의 법규범이 현실을 반영하고 있지 못하는 한계가 상존하고 있다. 더욱이 미국이 대북경제제재를 작동할 수 있는 법적 근거는 미국의 대외정책의 근간을 이루는 핵심정책이라는 측면에서 이에 대한 폐기가 없는 경제제재 완화조치의 현실적 적용은 정치적 의미만 있을 뿐 현실적 실효성이 없는 조치라고 볼 수 있다. 또한 경제적 측면에서 작금의 북한 경제는 국제적으로 비교우위상품을 갖고 있지 않은 상황에서 전술했듯이 대북경제제재조치의 유지는 대미수출을 원초적으로 불가능함을 의미한다고 할 수 있다. 결국 이것은 경제제재조치 완화가 갖는 내용에 있어서 한계가 있음을 의미한다고 볼 수 있다.

따라서 북미 간 현실적 대외관계의 진전을 위해서는 정치관계와 함께 경제관계의 실질적 발전이 병행함에도 불구하고, 미국의 대외정책의 핵심원칙에 충돌하는 정치적 협상 결과는 그 한계점으로 나타날 수밖에 없었다. 북한은 미국과의 관계정상화를 통해 정치적으로는 안보위협의 상쇄, 체제보장을 받고, 경제적으로는 발전적 경제관계를 수립하여 경제난 극복하는 것이 목적이었다. 반면, 미행정부는 국내적 제도와 현실이 상충하는 딜레마 상황에서 미국의 핵심이익인 핵 문제 해결에 중심을 두는 대외정책을 추진했다는 측면에서 간극이 존재했다는 것을 의미한다. 이 같은 간극을 잘 설명해 주는 것이 경제제재 완화조

치를 발표했음에도 불구하고 경제제재를 유지하고 있는 이중성을 보이고 있다.97)

이와 같은 측면에서 북한의 핵 문제에서 미국의 경제제재는 과연 얼마나 효과적인 제재수단으로 작용했는가? 그 문제에 대해서는 회의적 시각이 지배적이다. 그 이유에 대해 엘리옷(K. Elliot)의 분석은 유의미하다. 그는 "만약 김정일이 핵무기의 선택을 체제생존의 중요한 선택으로 여긴다면, 경제제재를 통해 이를 포기하게 하는 것은 불가능하다. 그러나 만약 그가 핵무기의 개발위협을 흥정물(bargaining chip)로 여긴다면 당근과 채찍을 통해 핵무기를 흥정할 수 있을 것이다."라고 주장한다.98) 또한 그는 "경제제재는 어떤 국가의 요구사항을 들어주었을 때 비용보다 제재의 비용이 높을 때 효과가 있을 때 사용하는 강압적인 외교정책의 목적이다"라고 주장하며, 일반적으로, 경제제재가 효율적으로 성공하기 위해서는 다음의 다섯 가지 조건이 충족되어야 한다고 주장한다. 첫째, 목적이 상대적으로 온화한 경우, 경쟁강국의 지원의 기회를 줄이고, 도움을 얻기 힘들게 할 수 있는 다면적 협력의 중요성을 줄이는 것이다. 둘째, 제재가 부과되기 전에 경제적 약화와 정치적 불안이 야기되어야 한다. 셋째, 경제 제재국과 상대국이 우호적인 관계이어야 하고 실질적 무역거래가 평균 28% 이상일 때, 경제

---

97) 미국은 한국전쟁 이후 ① 상업 및 금융거래의 실질적 완전금지, ② 미국 내 북한의 자산동결, ③ 북한에 대한 경제적 지원 및 원조 제한, ④ 미국의 북한에 대한 최혜국 대우 부정, ⑤ 북한과의 무기거래 및 군수산업관련 수출입 금지 등을 내용으로 대북경제 제재조치를 추진했다. 그 이유는 북한이 ① 적성국가, ② 공산주의 국가, ③ 국제 테러리스트국가, ④ IAEA 안전협정을 위반한 핵무기 비보유국가, ⑤ 인권침해국가, ⑥ 미사일기술 확산 활동국가 때문이라는 것이다. 이는 모두 미국의 안보정책과 밀접한 연관이 있다. 남궁영 외, "북·미 경제관계 10년 평가와 전망", 『북한의 대외경제정책 10년 평가와 과제』(서울: 대외경제연구소, 2001), p.191.
98) Kimberly Ann Elliot, "Economic Leverage and the North Korean Nuclear Crisis," International Economics Policy Briefs, Institute for International Economics, April 2003, pp.1-2.

제재가 성공하는 사례이고 19%일 때는 실패하는 경우이다. 넷째, 결정적 충격을 주기 위해 제재는 빠른 시간에 결정해야 한다. (모든 성공의 사례들은 GNP의 2.4%에 해당하는 평균 비용이 들 경우이며, 1% 이하는 실패사례) 다섯째, 경제제재 자체가 자신에게 고비용을 창출을 피해야 한다는 것이다.

그러나 그는 그간 미국이 추진한 대부분의 경제제재는 미국의 단독으로 수행했으며, 미국은 다른 국가의 도움을 찾지 않았다는 한계를 지적한다. 때문에 그는 이와 같은 미국의 경제제재는 성공적인 경제제재라고 할 수 없으며, 성공적인 경제제재가 되기 위해서는 국제적 협력이 중요한 역할이 중요하다고 강조한다.99) 또한 그는 미국은 미국적 가치와 배치된 국가에 대해서는 군사적 수단과 경제적 수단을 병행하여 추진해 왔으며, 미국의 정책 결정자들은 경제제재에 대해 그것이 비효율적인 것이라 할지라도 그들이 옳은 것을 하고 있다라는 신념의 상징적 표시로 인식하여 경제제재를 외교적 수단으로 사용한다고 주장한다.100)

미국의 대북경제제재가 갖는 의미에 있어서 주목해야 할 것은 미국의 목적이 무엇이라는 것이다. 엘리웃은 미국의 대북경제정책의 목적은 미국의 경제적 이익 극대화보다는 군사－안보적 목적에 두고 있기 때문이라고 지적하고 있다. 또한 그는 지금도 미국의 대북경제제재가 추진되고 있는 상황에서 그 효과는 어떠했는가라는 반문을 통해 지금까지 미국이 정치·경제적 이유로 여러 국가들에 추진한 경제제재정책의 성과를 분석하고 있다.101)

---

99) Elliot(2003), *ibid.*, pp.3-4.
100) Solveig Singleton and Daniel T. Griswold, *Economic Casualties*, CATO Institute Washington, D.C. 1999, p.14.
101) 그에 따르면 1차 대전 이후 이라크의 쿠웨이트 침공을 전후하여 미국 주도의 단독 경제제재는 115건 중 77건에 해당하고, 지금도 미국은 단독으로 경제제재를 외교정책으로 사용하고 있으며, 1990년 이후 EU와 UN도 그 사용이 증가하고 있다는 것이다. 115건의 경제제재의 사례 중 적어도 부분적으로 성공한 사례는 35%에 해당했고, 이 중 잠재적 적

이와 같은 경제제재 사례를 통해 엘리옷은 경제제재의 실효성에 대해 의문을 표시한 후 북한의 경제제재의 성공을 위해서는 마치 몇 년 전에 중국과 일본, 한국과 협력이 가능했던 것처럼 주변국의 협력이 필수적이라고 말한다. 그러나 만약 미국의 경제제재의 목적이 김정일 정권을 붕괴시키는 것이라면, 붕괴시킬 능력과 동기가 주변국가들에게 있어야 한다고 말한다. 그러나 북한의 주변국은 북한 체제붕괴에 따른 한반도의 불안정을 두려워하기 때문에 엄격한 경제제재를 바라지 않고 있으며, 이것은 미국이 일방적으로 목적을 달성하기 위해 충분한 지렛대로 경제제재를 사용할 수 없는 이유라고 지적한다.102)

따라서 미국의 북한에 대한 경제제재는 별 효과는 없을 가능성이 높다고 할 수 있으며, 북한에 취한 경제제재 완화조치의 실제적 적용에 있어서도 한계가 있다고 할 수 있다.

(敵)의 군사력을 약화시키거나 항복을 하게 강제력으로 작용한 경제제재는 25%에 해당한다는 것이다. 전술한 사례들의 시기는 2차대전 이후에 50%의 성공률을 보였고, 1970년대 이후에는 20%보다 낮은 정도의 성공률을 보였다는 것이다. Elliot(2003), *op. cit.*, pp.5-7. Gary Hufbauer, Jeffrey Schott, *Economic Sanctions Reconsidered*, second edition, 1990. 참조.

102) Elliot(2003), *ibid.*, pp.1-7. 참조. 미국의 경제제재에 대해 김대중 전 대통령은 "지금까지 미국은 북한에 대해 50여 년 이상의 경제체제를 하고 있다. 역사상 이렇게 긴 시간 동안 경제제재를 가한 역사는 없다면서 한반도가 갖고 있는 지정학적 특수성하에서 주변국 특히 중국과 러시아가 협조하지 않을 것이고, 남한도 이 부분에서 협조하기 어려운 상황이라고 주장한다." 또 그는 핵 문제를 수단으로 체제인정하고 국교 수립하자는 북한에게 경제제재는 성공할 수 없는 정책이라고 비판했다. 김대중 2003. 6. 15, KBS 인터뷰.

제3절 '현상유지전략'의 내용

1. 선 정치권력 강화를 위한 이데올로기의 변용(變容)

소련·동구의 체제전환은 북한에게 심각한 정치·경제적 영향을 미쳤다. 정치적으로 사회주의권의 체제전환은 맑스─레닌주의의 창조적 적용을 통해 만들어진 주체사상에 입각한 정치체제의 이데올로기 정당성에 심각한 상처로 작용하였다. 경제적으로는 사회주의 시장소멸과 경제체제의 내부적 모순에 따른 심각한 위기에 직면하게 했다. 여기에 1994년 7월 김일성의 사망은 수령제 국가 북한에서 수령이 존재하지 않는 권력구조의 변화가 발생하여 김정일에게 권력승계가 이루어지는 등 권력구조의 변화가 발생했다.

이와 같은 현상유지전략 시기 대내외적 상황 변화에 따른 정치·경제적 위기를 극복하기 위해 북한이 대내적으로 추진한 위기극복전략은 주체사상의 변용을 통해 정치체제의 안정화를 우선하는 현상유지전략이었다. 이것은 북한지도부가 소련·동구의 체제전환의 원인이 경제체제의 내부모순에 기인하여 정치체제의 붕괴로 이어졌다기보다는 정치체제의 붕괴로 체제전환이 이루어졌다는 인식에 기반 했다. 이 시기 북한지도부는 체제전환의 원인을 중시하기보다는 결과를 중시했다고 볼 수 있다. 실제 북한 최고 지도자들은 1990년대 체제전환의 인식에 있어서 '제국주의의 악랄한 반사회주의적 책동'으로 규정하고, 사상개조사업의 부족을 지적하고 있다. 김정일은 "적지 않은 나라들에서는 민주주의 혁명과 사회주의 혁명을 수행하는 과정에서 군중로선을 철저히 지키지 못하고 일부 계층의 리익을 침해하는가 하면 계급로선에서 리탈하여 적대계급에게 양보하는 것과 같은 좌우경적인 편향을 범했습니다. 혁명의 주체의 위력은 무엇보다도 그 정치·사상적 수준에 의하여 결정되며 따라서 혁명의 주체를 강화하는 데서 사상개조사업이 중요합니다. 그러나 적지 않은 나라들에서는 사회경제관계를 사회주의적으로 변혁하고 인민들의 물질적 생활조건을 개선하면 사람의 사상의식이 저절로 개변될 수 있는 것처럼 생각하면서 사상개조사업에 응당한 주의를 돌리지 않았습니다. 여러 나라들에서 사회주의가 시련을 겪게된 중요한 원인이 바로 여기에 있다"고 강조한다.103)

이와 같은 북한지도부의 대내외적 상황인식은 김일성 사망이후 김일성 부재에 따른 권력승계가 진행하는 과정에서 김정일 정권의 정치권력 안정화에 초점을 맞춘 현상유지전략을 강조했다고 볼 수 있다. 북한 지도부가 체제의 존속을 위협하는 극히 모험적인 정책변화는 피하면서 경제난과 식량난을 타개하려 단지 체제위협요소로 작용하지 않을 정도의 부분적인 대내외적 개혁을 통한 변화를 시도했다는 것이다. 이처럼 현상유지전략 시기 북한이 부분적 대내외 개혁·개방을 시도한 이유는 당시 김정일 지도력을 안정화시킬 내부 정치체제의 안정화에 집중했기 때문이었다. 말하자면, '부분적 개혁·개방 시기' 북한의 지도부는 적극적인 경제개혁·개방정책의 절대적 필요성과 정치권력의 안정화라는 두 가지 목적을 동시에 추진해야 하는 딜레마에 빠져있었다고 할 수 있다.104)

이와 같은 딜레마에서 북한은 선 정치체제의 안정화를 기하면서 부분적 개혁·개방정책을 강조한 것이다. 이를 반증하는 것이 주체사상의 변용을 통해 강조된 우리식 사회주의, 붉은기 사상이라고 할 수 있다. 우리식 사회주의와 붉은기 사상은 '주체사상'의 변용으로 대내외

---

103) 김정일, "우리나라 사회주의 주체사상을 구현한 우리식 사회주의이다", 『김정일선집』 제10권 1990, (평양: 조선로동당출판사 1997), pp.479-480.
104) 이호철, "북한 사회주의 경제체제의 변화와 전망: 개혁. 개방의 정치경제", 『통일문제연구』 제8권 1호, 1996, p.60.

위기 상황에 주체사상을 중심에 두고 인민이 일치단결하여 위기 극복을 위한 '정치적 구호'로 이용한 것이다.

북한의 우리식 사회주의는 1989년부터 시작된 사회주의권의 붕괴에 대응하기 위해 새로이 이념을 정립해가는 과정에서 출현했다고 할 수 있다. 북한은 사회주의 국가들의 시장경제로의 체제전환에 따른 충격과 영향이 내부로 확산되는 것을 차단하고, 자신들은 여전히 사회주의 체제를 고수·발전시켜 나가고 있다는 차별성과 자신감을 내외에 천명하기 위한 것이라 할 수 있다. 그런 점에서 보면 우리식 사회주의는 1990년대에 등장한 북한 사회주의의 총칭이라 할 수 있다.105) 그 내용은 크게 다섯 가지로 정리할 수 있다. 첫째, 지도사상과 총노선의 측면에서 보면 주체사상을 지도사상으로 하고 있으면서, 사회주의 완전승리를 위한 인민정권의 강화와 사상·기술·문화의 3대혁명노선을 사회주의 건설의 총노선으로 하고 있다. 둘째, 정치체제의 측면에서 보면 수령에 의한 유일적 영도체제와 김정일 후계체제에 기초하고 있다는 것이다. 셋째, 정치적으로는 공산당의 일당독재와 중앙집권적 통제, 경제적으로는 사회주의 계획경제 원칙의 고수, 생산수단의 전 인민적 소유로의 전환, 경제관리의 집체적 지도를 강조한다. 넷째, 1990년대 사회주의 붕괴에 대응하기 위한 수세적이며 방어적인 성격의 체제생존을 지키기 위한 수단이었다는 것이다. 다섯째, 대외관계의 측면에서 자주·평화·친선을 그 기본이념으로 하고 있다는 것이다.106)

김정일도 "우리의 사회주의의 공고성과 불패성의 비결은 인민을 사회의 진정한 주인으로 내세우고 사회의 모든 것이 인민을 위하여 복무하는 인민대중중심의 사회주의라는 데 있습니다. 우리나라 사회주의는 위대한 주체사상을 구현하고 있는 인민대중중심의 우리식 사회주의"라고 강조한다. 또한 김정일은 "오늘 우리 인민은 당과 수령을 끊임없이

---

105) 임영태, 『북한 50년사 2』(서울: 들녘, 1999), p.209.
106) 임영태(1999), 앞의 책, pp.210-213.

148

신뢰하고 당과 수령이 가리키는 길을 따라 힘차게 싸워나가고 있습니다. 우리 인민은 《당이 결심하면 우리는 한다》라는 구호를 높이 들고 당의 로선과 정책을 관철하기 위하여 물불을 가지지 않고 투쟁하고 있다"고 강조한다.107)

아울러 북한은 '조선민족제일주의'를 한층 강조했다.108) 이는 대외고립에 직면한 북한이 대외적으로는 자주성을 강조하며, 내부적으로 북한 사회주의의 우월성을 강조한 측면이 있다고 볼 수 있다. 김정일은 "조선민족제일주의를 강조하는 것은 민족주의를 고취하고자 하는 것이 아닙니다. 우리가 조선민족제일주의를 강조하는 것은 당원들과 근로자들이 우리나라의 유구한 력사화 빛나는 혁명전통, 우리 당의 지도사상과 우리나라 사회주의 제도가 제일이라는 긍지와 자부심을 가지고 우리의 것을 사랑하며 그것을 더욱 빛 내이기 위하여 애국적 헌신성을 발휘하도록 하는 데 있다"고 강조했다.109)

1990년대 중반에 들어서 북한은 1995년 8월 28일 『로동신문』을 통해 '붉은기를 높이 들자'는 제하의 정론을 발표했으며, 붉은기 사상은 김정일의 '신념이며 철학'이라고 강조하였다. 이후 1996년 당보·군보·청년보 신년 공동사설 '붉은기를 높이 들고 새해의 진군을 힘차

---

107) 김정일, "인민대중중심의 우리식 사회주의는 필승불패이다", 『김정일 선집』 제11권 1991. 1-1991. 7(평양; 조선로동당출판부 1997), pp.40-80.
108) '우리식 사회주의의 본질'은 중국과 소련에서 사회주의가 자본주의로 이행하더라도 북한은 그들과는 다른 현재의 체제를 그대로 고수하겠다는 뜻을 내포하고 있다. 우리식 사회주의를 정당화하기 위한 하나의 방법은 항일 빨치산의 과거 전통에서 사례를 찾는 것이다. 항일 빨치산 전통이 동원되는 하나의 유형은 중국이나 소련, 동유럽 사회들이 개혁한다고 해서 북한도 개혁할 것이 아니라 '주체식' 또는 '우리식'으로 할 것을 강조하는 것이다. 이것은 외부의 변화의 사조가 북한 내부로 침습하여 동유럽이나 중국 및 소련에서처럼 인민대중들이 봉기할 것을 우려하여 대응하는 내용으로 볼 수 있다. 서재진(1995), 위의 책, pp.405-406.
109) 김정일, "당사업과 사회주의 건설에서 전환을 일으켜 1990년대를 빛내이자", 『김정일선집』 제10권 1990(평양: 조선로동당출판사 1997), p.6.

게 다그쳐 나가자'에서는 "혁명의 붉은기를 높이 들고 전진하는 우리 당과 인민의 투쟁은 우리식 사회주의의 3대 진지인 사회주의 정치사상 진지와 경제적, 군사적 진지를 불패의 보루로 다지기 위한 투쟁"이라며, 이데올로기로서의 붉은기 사상을 강조했다.

1996년 10월 18일자 『로동신문』사설에서부터 붉은기 사상에 대한 언급이 본격화되는데 , 신년공동사설에서의 붉은기 사상에 대한 언급이 우연적인 것이 아니라, 일정한 장기적 구상 아래 이루어진 것이라는 인상을 갖게 한다. 또한 1996년 10월 18일자 『로동신문』사설은 '혁명적 군인정신'에 대해 언급하면서, "우리의 혁명적 군인정신에는 붉은기를 높이 들고 전진하는 혁명전사들이 지녀야 할 고결한 정신적 풍모가 전면적으로 구현"되어 있다고 지적하고, "혁명적 군인정신을 체득하고 투쟁하는 사람이 바로 우리 당의 붉은기 사상의 제일 체현자이며 우리 당이 요구하는 전위투사이다"라고 주장하고 있다.110)

또한 김정일은 주체철학의 독창적인 혁명철학이라고 강조하며, "주체철학은 우리 당의 지도사상인 주체사상의 철학적 기초와 근본원리를 주는 우리 당의 혁명철학이며 정치철학입니다. 주체철학을 어떻게 대하는가 하는 문제는 순수 철학리론에 관한 문제입니다. 당의 사상을 절대적인 진리로 받아들이고 견결히 옹호하며 그것을 혁명적 신념으로 만들어 주체철학을 옳게 이해하고 해석하며 선전하도록 하여야 합니다. 우리는 주체철학과 같은 위대한 정치철학을 가지고 있는 데 대하여 크나큰 긍지와 자부심을 가져야 하며 주체철학의 원리를 깊이 체득하여 혁명과 건설을 위한 실천활동에 철저히 구현해야 한다"고 강조한다.111)

이와 같은 사상중시를 통한 선 정치체제의 안정화를 기하는 '현상유

---

110) 정성장, "김정일 체제의 지도이념과 성격연구: '붉은기 사상'과 북한 체제의 변용을 중심으로", 『국제정치논총』, 제39집 3호, 1999, p.311.
111) 김정일, "주체철학은 독창적인 혁명철학이다", 『김정일 선집』 제14권 1995-1999(평양: 조선로동당출판사, 2000), pp.201-202.

150

지전략'의 이데올로기로서 '우리식 사회주의', '붉은기 철학' 그리고 '주체철학'은 인민으로부터 정치체제의 정당성을 획득하고 사상동요를 막는 데 중요한 역할을 했다고 볼 수 있다. 결국 사회주의 체제붕괴과정에서 여타 사회주의 국가들에서 맑스-레닌주의가 이데올로기적 정당성을 상실했던데 반면, 북한의 경우에는 정치체제의 안정화를 위해 '주체사상'의 변용을 통해 사상통제의 건재성을 유지한 체제적 특성을 갖고 있었다고 할 수 있다.

결과적으로 사회주의 체제전환에 목격했던 북한은 자신들의 체제를 고수·옹호하기 위해 이데올로기의 변용을 시도했는데, 1990년대 초기에는 우리식 사회주의로, 1990년대 중반에는 붉은기 사상으로 나타난 것이다. 이를 통해 정치·사상적 무장과 통제를 더욱 강화하면서 정치권력 안정화를 추진했다고 볼 수 있다.

2. 계획경제 붕괴 후 선택; 새로운 구호와 정책의 등장

현상유지전략을 추진하는 북한은 이데올로기의 변용과 함께 사회주의 우호무역의 소멸 그리고 사회주의권 시장상실 그리고 북한 내부적으로 심각한 물자부족에 직면한 상황에서 새로운 구호와 정책을 추진하게 된다.

경제난 심화는 연관 산업에 의한 국내 분업체계의 붕괴를 초래하여 자력갱생론도 각 단위 차원에서의 풀 세트 생산을 지향하는 방식이 당국에 의해 장려되는 기형적 방식으로 변질되었다. 소비부문에 있어서도 배급제 및 국영상업의 기능마비 현상이 발생하면서 비공식부문의 확대, 암거래의 확산, 밀수의 일상화, 각종 부패의 만연 등의 현상이 발생하게 되었다.

이와 같은 경제난으로 인해서 북한은 장기적인 경제계획을 수립할 수 없는 상황에 돌입하게 된다. 실제로 북한은 1993년 종료된 제3차 7개년 계획을 마지막으로 장기계획을 제시하지 못했다. 이 같은 장기계획의 부재는 북한당국이 계획수립에 필요한 조건과 능력을 상실하였음을 시사한다고 할 수 있으며, 경제난을 극복할 수단을 가지고 있지 못한 북한 당국은 효과적인 대책을 수립할 수 없었다. 그 결과 정책과 현실의 괴리, 공식부문과 비공식부문의 이중구조 심화현상은 가속화되었다.[112]

따라서 현상유지전략 시기 경제난을 타개하기 위해 북한은 자립적 민족경제 건설노선을 강조하면서도, '3대 제일주의', '90년대 속도전'과 '고난의 행군' 같은 내부동원을 강조하는 구호가 등장하게 되고 제한적 대외개방정책을 추진하게 된다.[113]

1) 경제발전노선 변화

북한은 사회주의 건설과정에서 당내 갈등을 거쳐 확립된 이른바 축적방식에서의 중공업 우선노선, 생산관계의 선차적 의의와 정치·사상적 자극의 우위, 그리고 철저한 내부원천 동원을 강조하는 자력갱생의 원칙이라는 이른바 자립적 민족경제노선의 핵심원칙으로 확립하였다. 그리고 이 경제발전전략은 주체사상, 수령제와 함께 북한체제의 근간을 형성하는 체제원리로 자리 매김 한 상황이었다. 때문에 경제정책에서 자립적 민족경제노선을 벗어나는 것은 그 자체로 대단한 변화가 아닐 수 없다. 이와 같은 측면에서 1993년 김정일이 국방위원장에 취임한 이후 자립적 민족경제노선의 핵심원칙에 변화가 일어나기 시작했

---

112) 조동호(2003), 위의 책, 47-48.
113) 1992년 신년사에서 김일성은 "사회주의 경제건설에서 우리는 오늘 그 정당성이 더욱 뚜렷이 확증되고 자립적 민족경제건설노선을 철저히 관철하여 나라의 경제적 위력을 강화하고 인민들의 식의주 문제를 사회주의적 요구에 맞게 원만히 해결하여야 합니다."라고 주장하며 자립적 민족경제건설노선을 강조한다.

152

다. 과거 자립적 민족경제노선에서 사회주의공업화전략의 핵심은 줄곧 중공업 우선 노선이었다. 그러나 북한은 현상유지전략 시기 '3대 제일주의'를 강조하며 경제발전노선에 대한 변화를 시작했다.114) '3대 제일주의'의 배경을 통해 이것이 갖는 의미를 설명하면 다음과 같다.

북한은 제3차 7개년 계획이 실패한 후 1993년 12월 8일 당중앙위원회 제6기 제21차 전원회의에서 북한 역사상 최초로 경제정책의 실패를 공식 자인했다. 여기서 이후 2-3년간을 경제건설의 완충기로 설정하고 동시에 농업·경공업·무역 제일주의를 관철하는 3대 제일주의 '혁명적 경제전략' 채택하였다. 이때 천명된 새로운 경제정책은 이후 1994년 신년사에서 이른바 '혁명적 경제전략'으로 정리되면서 3대 제일주의와 인민경제 선행부문이 동시에 강조된다.115) 혁명적 경제전략이 비록 인민경제 선행부문의 강조를 빠트리지는 않았지만, 그럼에도 불구하고 이 전략의 핵심적 특징이 3대 제일주의임은 의심의 여지가 없었다. 김정일은 먼저 "농업제일주의는 당의 일관한 방침이며 혁명적 경제전략의 첫째가는 내용입니다. 최근에 농사가 잘되지 않아 나라의 식량사정이 전례 없이 긴장해 지고 있습니다. 최근 농사가 잘되지 않는 것은 일군들이 농사에 대한 지도를 주관주의, 관료주의적으로 하는 것과도 관련되여 있습니다."고 강조한다.116)

다음으로 "인민생활을 빨리 높이자면 경공업에 큰 힘을 넣어야 합니다. 나는 올해에 인민생활제일주의구호를 내세우고 경공업에 힘을 넣어 인민생활문제를 결정적으로 풀기로 결심하였습니다. 오늘 우리에게

---

114) 공식적으로는 '중공업의 우선적 발전과 경공업, 농업의 동시발전'이었지만 이 동시발전 테제는 결코 중공업과 경공업·농업의 동시발전이 아니라 중공업의 선차성을 전제한 위에서의 농업과 경공업의 동시발전이었다. 김근식, "김정일 시대의 북한 경제 정책 변화: 혁명적 경제정책과 과학기술 중시정책", 『통일경제연구』(2001. 1·2), p.36-45.
115) 『김일성 저작집』 제44권(평양: 조선로동당출판사, 1995), p.474.
116) 김정일, "경제사업을 개선하는 데서 나서는 몇 가지 문제에 대하여", 『김정일 선집』 제14권(평양: 조선로동당출판사, 2000), pp.161-163.

는 무엇이나 마음만 먹으면 만들어낼 수 있는 자립적 민족경제의 튼튼한 토대가 마련되어 있습니다. 우리는 올해에 중공업부문 공장, 기업소 건설을 일부 조절하고서라도 경공업부문에 대한 투자를 더 늘이려고 합니다."라고 경공업제일주의를 강조했다.117)

마지막으로 "변화된 현실적 조건에 맞게 무역사업을 개선강화 하여야 하겠습니다. 사회주의 시장이 없어진 오늘의 조건에서 그에 맞게 무역사업을 개선강화하지 않고서는 당의 무역제일주의 방침을 관철할 수 없으며 대외무역을 발전시킬 수 없습니다. …… 사회주의 시장이 있을 때와는 상이하게 주로 자본주의 시장을 대상하는 조건에서 그에 맞게 수출구조와 무역방법을 대담하게 고쳐야 합니다."라고 말하며 무역제일주의를 주창했다.118)

이와 같이 경제위기 극복 필요성을 강조한 김정일은 1994년 10월 16일의 조선로동당 간부에 대한 담화 속에서, "당중앙위원회 제6기 제21차 전원회의에서 새로운 혁명적 경제전략을 내놓은 지 1년이 되어 오지만 경제사업이 당의 요구대로 힘있게 추진되지 못하고 있다"고 비판했다. 또한 그는 "우리는 당의 '혁명적 경제전략'을 확고히 실행하고, 농업제일주의·경공업제일주의·무역제일주의의 3대 과업을 철저히 관철하고 주민 생활을 조속히 향상시키지 않으면 안 된다"고 강조하고 있다.119) 즉 3대 제일주의 경제전략노선이 효과를 보지 못했다는 것

---

117) 김정일, "당사업과 사회주의 건설에서 전환을 일으켜 1990년대를 빛내이자", 『김정일선집』 10권 1990(평양: 조선로동당출판사 1997), pp.13-14. 강성산 총리는 1994년 4월 6일 최고 인민회의 제9기 제7차 회의 「보고」에서 경공업제일주의는 경공업공장의 정비보강과 현대화를 통해 천 생산 1.2배, 신발생산 1.1배 증산 및 식료가공공업 발전, 지방공업부문에서 지방원료에 의한 소비품생산 비중을 70% 이상달성, 비날론을 비롯한 화학섬유생산과 합성수지생산을 각각 1.1배 이상 달성, 종이, 염료와 기초 화학제품을 비롯한 제반 경공업원료의 원만한 생산보장 등을 강조하고 있다.

118) 김정일(2000), 앞의 책, pp.164-165.

119) 김정일, "위대한 수령을 영원히 높이 받들어 수령의 위업을 최후까지 완

을 김정일 스스로 자인한 결과가 되었지만, 이를 줄기차게 강조하고 있는 것은 경제난 해결을 위해서는 신경제전략을 추진해야 된다는 당위성을 표현하고 있다고 할 수 있다. 이와 같은 정책변화 시도에도 불구하고 1995년 식량난이 극심해 지면서 1997년 신년사에서는 먹는 문제의 결정적 해결을 사회주의 경제건설의 중점과업으로 꼽고 있을 정도로 경제난은 심화되었다. 때문에 김정일은 "자력갱생의 구호 밑에 이미 마련된 경제적 밑천을 최대한 동원리용하여 먹는 문제를 결정적으로 풀고 인민생활을 획기적으로 향상시키며 국토건설을 다그쳐 부강조국의 토대를 튼튼히 쌓는 것, 이것이 올해 사회주의 경제건설의 중심과업이다."고 언급하며 경제건설의 중요성을 강조했다.[120]

그러나 이와 같은 '혁명적 경제전략'으로 추진된 3대 제일주의는 사회주의 경제원리를 그 중심에 두고 경제체제의 내부모순을 극복하기 위한 경제정책의 변화였다는 한계가 존재하였다. 이는 경제체제에 대한 전면적 개혁이라기보다는 농업·경공업에 대한 생산력 향상과 무역의 활성화를 위한 경제정책의 변화에 불과했다는 것이다. 또한 이것은 경제체제에 대한 개혁·개방의 파급효과가 정치체제에 미칠 위협요인으로 작용할 것이라는 북한 지도부의 인식에 기반한 경제정책의 우선순위를 변화시킴으로써 정책변화를 통해 경제난을 타개하려했던 자구책의 측면이 있다는 것이다. 이미 1980년대 말에 김일성에 의해 농업, 무역제일주의와 경공업 발전이 주장되었지만, 이것이 국가적 경제발전전략으로 추진되지는 않았다.

1993년을 기점으로 이것이 '혁명적 경제발전전략'으로 채택된 것은 북한의 내부경제체제의 문제가 얼마나 심각한 수준이었는가를 말해준다. 동시에 기존 중공업 우선 전략을 갖고 경제발전전략을 고수하는

성한다.—조선로동당중앙위원회 책임간부에 행한 담화(1994년 10월 16일)", 『김정일 선집 13』(평양: 조선로동당출판사, 1998), p.436.
120) 1997년 신년사.

데 한계에 봉착했음을 대변해 준다.121) 김정일은 "당의 혁명적 경제전략을 관철하는 데서 농업제일주의, 경공업제일주의방침과 함께 무역제일주의방침을 옳게 관철하는 것이 중요합니다. …… 사회주의 사회에서 자본주의적 무역방법을 허용하면 사회주의를 침식시키는 엄중한 후과를 가져 올 수 있습니다. 여러 단위들이 국가의 통제에서 벗어나 제 가끔 자본가들과 거래하고 외화를 벌어 망탕쓰게 하면 제국주의자들이 바라는 대로 〈개혁〉, 〈개방〉이 되고 나라의 경제가 자유화, 자본주의화 될 수 있습니다. …… 우리는 사회주의 원칙을 철저히 지키면서 대외경제관계를 우리식으로 확대 발전시켜 나가야 한다면서 혁명적 경제전략과 우리식 사회주의를 강조"하고 있다.122)

현상유지전략 시기 내부모순에 따른 경제개혁의 실패로 정책변화의 효과가 미미하자, 북한은 1997년 겨울부터 혁명적 경제전략을 언급하는 것이 극단적으로 적어지고, 1998년 초까지 공식 매체에서 전혀 이를 언급하지 않았다. 그럼에도 불구하고 그러한 시기에 '혁명적 경제전략'의 이행을 강하게 호소하는 김정일 담화가 공개된 것은 북한 경제의 위기 상황을 대변하여주는 것이라고 할 수 있다. 또한 1998년 1월 1일자의 『로동신문』, 『조선인민군』 공동사설은 '주민 생활의 향상'에 대해서 일체 언급하지 않아 주목을 모았지만, 그 후 1월 9일자의 『로동신문』사설에서는 다시 주민 생활의 향상의 중요성을 강조하기 시작

---

121) "지금은 국가계획위원회가 계획을 세우기만 하고 그 집행을 옳게 장악추진하지 않는 것이 결함입니다. …… 인민경제 모든 부문, 모든 단위에서 국가계획을 바로 집행하도록 정무원에서 엄격히 감독, 통제하여야 하며 각급 인민위원회들에서도 책임적으로 밀어주야 합니다. …… 경제과업에서 농사제일주의, 무역제일주의, 경공업을 발전시켜나가야겠습니다." 김일성, "중앙인민위원회와 정무원의 사업방향에 대하여", 『김일성 저작집』 제42권 1989. 6-1990. 12(평양: 조선로동당출판사, 1995), pp.323-342.

122) 김정일, "당의 무역제일주의방침을 관철하는 데서 나서는 몇 가지 문제", 『김정일 선집』 14권(평양: 조선로동당출판사 2000), pp.8-9

156

하였다.

이와 같이 주민 생활의 향상에 대해서는 강조 정도나 빈도에 편차를 보이지만, 1998년 4월 20일에 발표된 조선로동당 중앙위원회 슬로건 ─조선민주주의인민공화국 창건 50주년 제고에서도 "오늘날 전당과 전인민이 최대의 힘을 기울여갈 사업은 경제건설이다. 금년 강행군의 기본 목표도 하루라도 빨리 국가 경제를 부흥(회복)시켜 주민 생활 문제를 해결하는 것이다"라고 언급하고 있어 전과 다름없이 경제난 극복에 역점을 두어지고 있음을 엿볼 수 있다.123)

이와 같이 현상유지전략 시기 김정일 정권은 경제난을 극복하는 데 있어서 경제발전노선에 대한 수정을 통해 먹는 문제와 주민생활 향상을 꾀하였으며, 이 과정에서 경공업과 농업이 중시하는 정책변화를 보였다. 또한 대외고립에 직면한 상황에서 대외무역 필요성과 효율적 대처를 주장했다. 이 같은 정책변화는 북한이 정치체제위기와 경제난 극복이라는 이중고를 해결해야 하는 딜레마 상황에 놓여 있었고, 경제난 극복의 당위성을 역설하고 있다고 볼 수 있다. 그럼에도 불구하고 정치권력의 선 안정화, 후 경제난 극복이라는 국가발전전략에 기인한 기존 체제의 경직적인 경제운용정책의 견지는 그 성과를 얻는 데 한계점으로 작용하였다.

2) 동원의 일상화

북한은 소련과 동구 사회주의 체제전환 이후 악화된 대외경제와 내부 경제의 악화로 김일성 사후 혹독한 경제난에 직면하게 된다. 이 같은 경제난 극복을 위한 방법으로 북한은 1995년에 대규모의 군중적 노동동원운동인 '고난의 행군'을 주창한다. 북한은 경제성장을 가속화하기 위하여 또는 당면한 병목현상을 해결하는 방법으로써 이미 여러

---

123) 『로동신문』, 1998. 4. 21.

차례 노력동원운동을 전개하였다.

1990년대 이후 '90년대 속도운동'이 그 대표적인 것이다. 이는 제2의 천리마운동, 라남의 봉화 등으로 이어진다. 이와 같은 군중적 노력동원운동을 위로부터 연출하여 노동을 채찍질하는 경제방식은 북한 경제체제의 기능상 하나의 확고한 원칙으로 자리잡았다. 최고 지도자는 국가의 절박한 대내외적 위급 상황을 환기시키면서 노동자에게 극도의 생산증대와 절약을 호소하고, 주민대중은 그 호소를 열광적으로 접수하여 자발적 생산증대의 대중운동을 일으킨다고 하는 것이 고정 시나리오였다.124) 이 같은 내부동원의 일상화는 현상유지전략을 추진했던 시기에 김정일에 의해 1996년 신년사와 조선로동당 중앙위원회 책임일군들과 한 담화에서 어려운 경제난을 극복을 위해 《고난의 행군》정신으로 나타난다.125)

김정일은 "당과 혁명 앞에 무거운 과업이 나서고 있는 오늘 우리 당은 전체 당원들과 인민군장병들, 인민들이 백두밀림에서 창조된 《고난의 행군정신》으로 살며 싸워나갈 것을 요구하고 있다. 우리는 지금 가장 어려운 환경 속에서 사회주의를 건설하고 있다. 《고난의 행군》정신은 제힘으로 혁명을 끝까지 해나가는 자력갱생, 간고분투의 혁명정신이며 아무리 어려운 역경 속에서도 패배주의와 동요를 모르고 난관을 맞받아 뚫고 나가는 락관주의 정신이며 그 어떤 안락도 바람이 없이 간고분투해 나가는 불굴의 혁명정신이다."는 것이다.126)

---

124) 박형중, "북한경제정책의 기본 틀과 그 결과", 『북한경제 어제와 오늘』(서울: 현대경제사회연구소, 1996), pp.275-276.
125) "우리는 지금 가장 어려운 환경 속에서 사회주의를 건설하고 있다. 《고난의 행군》정신은 제힘으로 혁명을 끝까지 해나가는 자력갱생, 간고분투의 혁명정신이며 아무리 어려운 역경 속에서도 패배주의와 동요를 모르고 난관을 맞받아 뚫고나가는 락관주의 정신이며 그 어떤 안락도 바람이 없이 간고분투해나가는 불굴의 혁명정신이다. 이 정신이 맥박치는 곳에 혁명의 붉은기가 높이 휘날리고 사회주의 승리 만세의 함성이 힘차게 울리게 된다." 1996년 신년사.

158

또한 김정일은 "당에서 《고난의 행군》정신으로 살며 투쟁할 데 대한 구호를 내놓은 것은 모든 간부들과 당원들과 근로자들이 항일혁명 선렬들의 《고난의 행군》시기에 발휘하였던 수령옹위 정신, 자력갱생의 정신, 난관극복의 정신, 혁명적 낙관주의 정신을 가지고 오늘의 어려움을 이겨내며 혁명과 건설의 모든 분야에서 새로운 앙양을 일으키도록 하기 위해서라며 《고난의 행군》정신으로 살며 투쟁하자면 어려움을 참고 견디기만 할 것이 아니라 시련을 뚫고 힘차게 전진하자"고 강조한다.127) 이 시기 북한은 대외고립에 직면한 상황에서 외부로부터 부를 추출할 수 없었고, 내부적으로 내부동원에 의존할 수밖에 없는 상황이었기에 군중적 노력동원운동인 고난의 행군을 추진한 것이다.

1980년대 북한은 군중적 노력동원운동을 전국적으로 전개하였으나 커다란 성과는 얻지 못하였고, 결국 1990년대 들어와 경제는 돌이킬 수 없는 상태로 치닫는 상황을 맞게 되었다. 심지어 1992년에는 '하루 두 끼 먹기 운동'을 벌일 정도였다.128) 또한 1997년 12월에 고난의 행군이 종료되었음을 선언하면서 1998년에는 이른바 '제2의 천리마 대진군'을 내놓았다. 이로써 '제2의 천리마운동'이 개시되었던 것이다. 이는 김정일이 1998년 1월 자강도의 강계트랙터 공장을 현지지도하면서 내놓은 '강계정신'을 통해 구체화된 것이며, 1956년 12월에 김일성이 강선 제강소를 현지 지도하여 내놓은 '강선정신'을 대체한 것이었다.129)

---

126) 1996년 신년사.
127) 김정일, "일군들은 《고난의 행군》정신으로 살며 일해야 한다", 『김정일 선집』 제14권 1995-1999(평양: 조선로동당출판사, 2000), pp.249-250.
128) 만성적 식량난 및 물자부족 현상에 직면해 있는 북한 노동자들을 '자극' 시키기 위한 내부동원의 일상화는 이 시기 주민들의 노동기피현상을 완화시킬 수 있는 획기적인 인센티브가 없는 상황에서 커다란 성과를 거두기에는 한계가 있다. 『북한동향』 제462호(서울: 통일부, 1999. 11. 20-11. 26), pp.7-9.
129) 강계정신은 1998년 1월 김정일의 자강도 현지지도를 계기로 자력갱생 ·간고분투의 혁명정신을 정치적 구호로 내세우는 노력동원이라고 할 수 있다. 이 같은 '강계정신'과 '제2의 천리마운동', '라남의 봉화'는 김정

　여기서 주목할 것은 김일성이 강선정신이 천리마운동이라는 군중노선을 내놓았다면, 김정일의 강계정신은 제2의 천리마운동130)이라는 군중노선을 제시한 것이었다.131) 『로동신문』은 "우리는 당의 준 전투적 과업을 어려운 조건에서도 자체의 힘으로 끝까지 수행하고야 마는 자강도 사람들의 결사관철의 정신, 견인불발의 의지를 따라 배워야 한다. 강계정신을 구현해 나가는 데서 일꾼들은 솔선수범하여 대중을 이끌어 나가야 한다. 강계정신이 온 나라에 넘치게 하는 데서 당 조직들의 역할을 높이는 것이 중요하다."고 주창하며 강계정신을 강조하고 있다.132)

　그러나 당에 의한 계획경제의 실행이 이루어질 수 없는 상황에서 자력갱생 방식에 의한 경제난 극복을 주창한 고난의 행군은 북한 당국이 의도하지 않았던 결과를 낳았다는 것이다. 고난의 행군 혹은 사회주의 강행군은 각 하부경제단위들이 원료나 자재, 소비물자 등을 위에 기대지 않고 스스로의 힘으로 해결해야 된다는 자력갱생방식으로 만성적인 부족 상황에서의 불가피한 경제관리 방식이었지만, 결과적으로 하부단

　　　일 시대의 내부동원체제의 전형이라고 할 수 있으며, 이후에도 '성강의 봉화'에 이어 '낙원의 봉화'라는 내부노력동원의 변용 추진하며 제2의 천리마 대진군을 위한 새로운 경제선동슬로건으로 제시하고 있다. 『로동신문』, 2000. 2. 6. 「강계의 정신으로 억세게 싸워나가자」, 『로동신문』, 2000. 4. 22. 참조.

130) 북한은 '개혁·개방 확대전략' 시기(1999)「제2의 천리마 대진군운동」 등 대대적인 주민노력동원을 실시하고, 김정일이 경제부문에 대한 간여 폭을 확대하는 등 경제건설에 총력을 경주해 오고 있다. 북한은 경제건설에 대한 주민 및 당조직들의 노력 배가를 촉구하기 위해 최근 각종 언론매체를 통해 선전선동활동을 강화하는 추세이다. 1999. 7. 23 『로동신문』사설(제2의 천리마 대진군을 더욱 힘차게 다그쳐 나가자), 7. 24 『중앙방송』 정론(제2의 천리마 대진군 앞으로), 8. 5., 『로동신문』사설(3대혁명붉은기쟁취운동을 심화발전시켜 제2의 천리마 대진군을 힘있게 다그치자) 등이다. 『북한동향』 제454호(서울: 통일부, 1999. 9. 25-10. 1), p.10.

131) 차문석(2001), 위의 책, pp.266-267.

132) 「강계정신으로 제2의 천리마 대진군을 힘있게 다그치자」, 「로동신문」, 1999. 9. 28.

위들의 사실상의 자율성을 신장시켰다. 이것은 경제난이 가져오는 위로부터의 강제된 자율성인 것이다. 또한 이는 다름 아닌 계획중앙의 독점적인 자원 추출 및 재분배 능력의 약화를 반영했다. 이처럼 당중앙에 의한 계획적인 자재공급기능의 와해와 만성적인 물자부족 상황은 국영·집단부문에 대한 강력한 국가독점 현상을 지속적으로 약화시켰던 것이다. 이는 공장 기업소 단위 등 일선의 공식 계획 영역의 탈계획화 현상을 증대시키고 있음을 함축한다고 할 수 있다.133)

이와 같은 측면에서 볼 때, 북한은 경제난으로 배급제와 자재공급제의 마비상황처럼 중앙정부의 자원추출능력과 재분배 기능의 약화되었고, 중앙과 지방 관계 등 중앙과 하부단위 간 관계에 있어서도 일정한 변화징후를 가져왔다고 볼 수 있다. 결국 이것은 계획중앙이 배분할 수 있는 자원의 양이 줄어듦에 따라 계획중앙이 하부단위를 통제할 수 있는 능력도 제약됨을 의미하는 것이다. 바로 여기에서 중앙의 하부단위들에 대한 직접적인 장악과 통제라는 사회주의적인 정치적 지배관계의 주요 특성이 변형되고 있다는 중요한 측면을 파악할 수 있다.134)

따라서 북한은 이와 같은 경제난 환경에서 노력동원운동을 지속적으로 전개하며 경제난을 극복하려 시도했다고 볼 수 있다. 그러나 이와 같은 내부동원의 일상화는 생산성의 하락과 주민들의 노동의욕을 상실시키는 요인으로 작용했다고 볼 수 있다. 이 같은 측면에서 내부동원의 일상화 문제가 야기한 여러 효과는 궁극적으로 북한 지도부가 이후 전향적인 경제개혁을 추진하게 하는 중요한 동인으로 작용했다고 볼 수 있다.

---

133) 정세진, 『동아시아 국제관계와 한반도』(서울: 한올 아카데미, 2002), p.236.
134) 정세진(2002), 앞의 책, 238-239.

3) 경제에 대한 당적 지도의 변화

북한의 심각한 경제난은 국가의 경제에 대한 계획능력을 약화시켰다. 구체적으로 공장·기업소 차원에서 보더라도 경제전반의 물자부족 상태는 계획 실행과정에서 계획에 따른 물자가 적재적소에 제대로 공급되지 않는 문제점을 야기시켰다. 때문에 각 경제단위들 간에는 공식구조 내의 유기적 연계성은 취약해지고, 비공식적인 관계가 강화되는 경향을 나타냈다. 만성적인 물자부족 상황에서 각 기업소들은 필요한 투입물들을 확보하기 위해 필요한 자원들을 비공식적 교환을 통해 획득해야만 하는 경우가 많았다.135) 실제 내부경제는 계획경제 붕괴 후 나타난 현상들에서 과거 계획경제 붕괴되기 이전의 경제와는 다른 면을 보였다. 첫째, 배급제 마비를 농민시장이 대체하는 상황, 둘째로 기업소 간의 준시장적 거래를 포함한 다양한 뒷거래활동들이 중앙의 하부단위에 대한 자재공급 기능을 보완하고 있는 점, 셋째로 자력갱생이 구조적으로 '강제'되는데 따른 공장 기업소 등 하부단위들의 사실상의 자율성 증대 혹은 반(半)시장적 기업화 현상, 넷째로 상당수 간부층들의 비공식적 수입원의 창출과 주민 층의 자구적인 경제활동들이 성행하고 있다는 측면 등이다.136)

이와 같은 공급부족 상황에서 경제에 대한 당적 지도의 변화가 나타났다. 이를 기업관리에 대한 당적 지도를 강화를 위해 추진한 연합기업소 변화를 중심으로 설명하면 다음과 같다. 사회주의 경제체제의 특징 중 하나는 경제의 정치적 논리의 지배로 그 대표적인 예가 대안의 사업체계와 연합기업소 설립을 통한 기업소에 대한 당적 지도의 강화라고 할 수 있다. 1980년대 중반 북한이 주장하는 연합기업소가 도입

---

135) 정세진, 『'계획'에서 시장으로: 북한체제 변동의 정치경제』(서울: 한울 아카데미, 2000), p.61.
136) 정세진, "전환기 북한의 「계획경제」침식에 따른 사회주의적 지배구조 약화", 『한국정치학회보』 제34집 2호, 2000, pp.225-226.

된 배경은 산업규모의 성장과 과학기술의 발전 등으로 생산단위들의 규모가 커지고, 경영활동이 복잡해짐에 따라 새로운 생산조직과 운영 방식이 필요했기 때문이었다.

또한 연관 산업을 횡적으로 결합하여 생산성을 높이자는 취지였다. 그러나 실제는 중앙의 계획위원회에 의해 수립된 계획경제가 해당 시, 군 당위원회에 의해 제대로 통제되지 않는 상황에서 계획경제체제의 문제점 즉 허위보고, 낭비, 관료주의, 계획부실, 생산성 하락 등이 발생하였다. 국가는 이에 대한 해결책으로 연합기업소를 설립하여 시, 군 당위원회에 의한 통제가 아닌 중앙과 연합기업소가 직거래하는 당적 지도를 강화하기 위한 조치로 연합기업소를 설립한 것이다.

하지만 1980년대 중반 이후 경제자재에 대한 공급문제 발생과 계획경제체제가 갖고 있던 경직성은 당적 지도가 투영되는 경제체제를 유지할 수 없게 만들었다. 북한에서 각급 단위에서 유지되고 있는 당적 지도의 원칙은 북한체제의 경직성과 비효율성을 초래한 또 다른 요인이었다. 북한에서는 지역별로 지방 당위원회가 행정·경제위원회를 지도·감독하는 것은 물론이고, 공장·기업소 등 각급 기관에서도 당위원회 집행위원회가 해당 기관 내의 최고 정책경정기구이며 최고 정책결정권자는 지배인이 아니라 당비서였다. 각 분야에서의 당적 지도는 수많은 전문 당일군을 필요로 했으며, 행정경제사업에 대한 정치적 지도를 기본으로 하는 당의 지도는 행정의 효율성과 전문성을 침해하는 요인이 되었다.137)

이와 같은 현상은 급기야 1990년대 중반 이후 연합기업소의 역할이 약화되어 부분적으로 해체되는 결과를 초래했다. 본래 연합기업소는 국가계획기관의 지도하에 직접 계획을 세워 생산을 조직·추진하는 계획단위, 생산단위, 실행단위였다.138) 연합기업소 당위원회는 국가계획

---

137) 최진욱, 『북한의 지방행정체계: 중앙·지방관계 및 당·정관계를 중심으로』(서울: 민족통일연구원, 1997), pp.85-86.

기관의 관리하에 생산계획을 자체적으로 작성하고, 산하 공장과 기업
소들에 생산계획을 분할하였다.139) 필요에 따라서는 국가계획에 기초
하여 생산계획을 조절할 뿐만 아니라, 다른 공장과 기업소들과 경제거
래를 진행하였다. 이처럼 연합기업소는 국가계획의 테두리 안에서 생
산계획에서부터 생산지도, 기술, 설비, 자재, 재정관리 등 기업관리사
업 전반을 독자적으로 조직 진행하게 되었고, 그 결과에 대해서는 국
가에 책임을 졌다.140)

그러나 1990년대 들어 북한은 전체 공장가동률이 20-30%로 주저
앉았다. 아예 가동을 중단한 공장들도 많았다 이런 상황에서 계획경제
가 제대로 돌아갈리 없었다. 특히 연합기업소라 하더라도 생산에 필요
한 자재를 연합기업소 내에서 해결할 수 있는 것이 극히 제한적이었
다.141) 때문에 북한은 정무원 책임제의 도입과 중앙인민위원회의 폐
지, 연합기업소의 부분적 해체와 내각이 직접관리하는 총회사의 도입
등 경제관리 수직구조 내의 층을 줄이거나 부문별 분권화와 하부단위
의 물적 인센티브를 높이는 방안들을 통해 관료적 거래비용을 절감하
려 했다.

이와 같은 일련의 지방 분권화 조치를 통해 중앙과 지방 간의 국가

---

138) 양문수, 『북한경제의 구조: 경제발전과 침체의 메커니즘』(서울대학교
    출판부, 2001), p.358.
139) 연합기업소는 구조상 특성에 따라 세 가지 유형으로 구분하였다. 첫째,
    모체 기업소를 중심으로 그것과 생산기술적으로 연관된 공장이나 기업
    소로 조직편성된 형태(주로 중화학 기업소), 둘째, 일정한 지역 내의 동
    일제품 생산 기업소들과 생산기술적으로 연관된 공장이나 기업소를 모
    체 기업으로 하고, 그것과 동통된 관련을 가진 기업을 횡적으로 결합한
    형태, 셋째, 동일한 제품을 생한하는 기업소들을 전국적 범위에서 결합
    한 형태. 류영철, "2중 독립채산제는 연합기업소의 합리적인 관리운영방
    법", 『경제연구』, 1993년 제4호, p.21. 참조.
140) 연합기업소에 관한 북한 측의 가장 자세한 설명은 박영근 외, 『주체의
    경제관리리론』(평양: 사회과학출판사, 1992) 참조.
141) 양문수(2001), 앞의 책, p.394.

164

위계구조에 내재하는 거래비용의 축소를 시도해왔다. 즉 지방 예산제를 도입하거나 도경제 지도위원회를 설치하기도 하였고, 지역단위의 무역을 허용하였으며, 지방 기업소가 세부생산계획을 수립하게 하였다.142) 여기서 특기할 것은 과거 1980년대 말 북한의 연합기업소의 특징은 분권화와는 거리가 멀었다는 것이다. "집행기능과 지도기능을 다같이 가지고 있는 연합기업소 당위원회는 당 경제정책집행에서 나서는 모든 문제들을 연합기업소적인 범위에서 집체적으로 토의결정한 데 기초하여 매개 공장, 기업소 당위원회의 사업 방향과 방도를 제시해 주며 연합기업소 당위원회가 집체적으로 토의 결정한 문제들을 산하공장, 기업소 당위원회가 철저히 집행하도록 지도강화"하는 것이었다.143)

이와 같은 측면에서 볼 때, 연합기업소의 부분적 해체는 중앙의 계획능력의 상실과 당의 지도의 약화를 의미한다고 볼 수 있다. 왜냐 하면, 기업소에 있어서 당위원회가 경제행위에 대한 모든 결정을 했다면, 연합기업소의 부분적 해체 후 개별기업소의 지배인이 실질적인 경제행위를 주도하게 되는 변화를 보이기 때문이다. 실제로 이 같은 변화는 연합기업소 도입과정에서 보인 국영 기업소에 대한 당적 지도의 변화과정을 보면 쉽게 이해할 수 있다.

연합기업소가 도입되기 이전의 국영 기업소에 대한 당적 지도는 해당 시, 군 당위원회에서 실시하였다. 생산계획은 국가계획위원회의 관리하에 정무원의 각 부와 위원회가 작성하여 산하 공장과 기업소에 하달하였다. 그러나 연합기업소가 조직된 이후에는 연합기업소 당위원회가 도당위원회에 직속되어 시, 군 당위원회와 같은 기능을 수행하게 되었다. 그 이유는 연합기업소에 대한 시, 군 당위원회의 간섭을 줄이

---

142) 이영선, "이행경제의 정치경제학", 『국제경제연구』 제9권 1호, (서울: 한국국제경제학회, 2003. 4), p.15.
143) 리상설, "대안의 사업체계 관철과 연합기업소", 『근로자』 1986. 7-12 제7호, p.47.

고, 연합기업소 당위원회가 연합기업소와 산하공장, 기업소에 대한 당
적 지도를 원활하게 하기 위해서였다.144) 이와 같은 측면에서 볼 때,
연합기업소의 부분적 해체는 공급물자부족으로 국가계획능력이 상실되
었다는 간접적으로 대변해 준다고 볼 수 있을 뿐만 아니라, 경제에 대
한 당적 지도의 약화를 의미한다고 볼 수 있다는 것이다.145)

이와 같은 시각과 함께 "연합기업소가 산하기업의 생산활동에 대한
장악·통제의 기능도 수행하고, 그 산하기업을 국가계획의 범위 내에
서 일정의 독자성을 갖고 직접 지도·관리한다."146)고 하는 측면에서
이를 분권화로 보는 시각도 있다. 이와 같은 이유로 연합기업소의 부
분적 해체는 분권화의 후퇴로 보는 시각이 있다. 이에 대해 양문수는
북한의 연합기업소는 분권화의 요소와 집권화의 요소를 동시에 지니고
있다고 주장한다. 그에 따르면 연합기업소의 부분적 해체와 부활의 움
직임을 두고 집권화·분권화를 따지면 문제의 본질을 흐리게 할 우려
가 있다는 것이다. 특히 연합기업소의 부분적 해체가 분권화의 후퇴,
즉 집권화라는 논리는 곧 연합기업소의 부활이 분권화라는 이야기로
이어질 수밖에 없다는 것이다. 때문에 그는 북한에서 생산활동의 가장
큰 고민거리는 원자재 공급문제이고 연합기업소의 도입의 최대 목적이
전후방 연관성이 큰 기업들 간의 원자재 공급보장이었다고 한다면, 연
합기업소 해체·부활을 둘러싼 움직임도 그러한 맥락에서 이해되어야

---

144) 김일성, "연합기업소를 조직하며 정무원의 사업체계와 방법을 개선할 데
　　대하여", 『김일성 저작집 39권』(평양: 조선로동당출판사, 1994), p.229.
145) 북한에서는 여타 사회주의 체제와 다르게 중앙에서와 마찬가지로 지방
　　에서도 당적 지도가 철저히 준수되는 특징을 보여 왔다. 특히 북한 지
　　방경제관리의 핵심은 지방의 자립체제구축에 있었으며, 이를 위하여 군
　　을 지방경제발전의 종합적 단위로서 육성하여 왔다. 최근 경제가 파탄
　　에 빠지자 중앙에서는 자구노력을 할 것을 강조하고 있다. 그러나 최근
　　경제난의 와중에서 북한이 시도하는 도 단위의 무역허용, 분조관리제
　　개선, 농민시장 허용조치 등은 북한의 경제체제의 변화를 촉진시키는
　　요인으로 작용할 것이다. 최진욱(1997), 위의 책, pp.84-85.
146) 『경제사전』(평양: 사회과학출판부, 1985), p.475.

한다고 주장한다.147)

따라서 이 시기 연합기업소 부분적 해체가 갖는 의의는 공급물자 부족이라는 경제난이 초래한 국가 계획능력의 상실과 경제에 대한 당적 지도의 약화를 의미한다고 할 수 있다. 또한 경제활동의 원자재 부족이 연합기업소의 생산활동을 크게 위축시켰고, 심지어 기업의 활동이 정지되는 상황을 초래했다는 것이다. 이와 같은 이유로 개별기업소의 지배인이 경제행위를 주도적으로 추진하는 변화를 보였다. 결과적으로 연합기업소의 부분적 해체는 부족이 부족을 낳는 심각한 경제난 상황에서 계획이 상실된 계획경제를 운용하기 위해 작동할 수 있는 하부기업소의 경제활동만이라도 작동하게 하려했던 의도라고 볼 수 있으며, 경제에 대한 당적 지도의 변화를 초래했다고 볼 수 있다. 이와 같은 정책변화는 장기적 경제난에 처한 북한의 고육지책이라고 볼 수 있다.

3. 대외개방정책: 라진·선봉자유무역지대의 성과 및 한계

1) 추진 목적 및 성과

북한은 1990년대 초 1980년대 추진한 합영법과 같은 폐쇄적 개방에서 탈피한 소극적 대외개방정책인 '라진·선봉자유무역지대' 지정하였다. 이 같은 대외개방정책을 추진한 주된 원인은 대외환경의 변화와 내부계획경제의 비효율성에 의한 경제난 심화였다.148) 당시 소련과

---

147) 양문수(2001), 앞의 책, pp.395-396.
148) 라진·선봉자유경제무역지대 설치 배경에 대하여 북한의 대외경제협력위원회 위원장 김정우는 다음과 같이 말하였다. "우리는 1990년을 전후하여 동구라파 사회주의 나라들이 무너짐으로써 세계에는 자본주의 시장만이 남은 국제적 환경과 우리 당중앙위원회가 1993년 12월 전체회의에서 제시한 경공업위주의 경제전략, 무역제일주의 경제전략의 요구를 고려하여, 라진·선봉지역에서 시장 구조를 자유경제무역지대의 특

동구의 체제전환과 중국의 경제개혁·개방정책 추진이라는 사회주의권의 대변혁에 따른 대외 여건은 1990년대 들어 심각한 경제위기에 직면한 북한에게 경제난을 악화시키는 요인으로 작용했다. 당시의 북한과 소련·중국관계 사이의 대외관계를 보면 이를 더 확연히 알 수 있다. 북한에게 있어 가장 중요한 교역 상대국인 소련과의 대외무역이 1991년에 들어와 전년보다 68.1%나 감소하였으며, 그 결과 대소무역이 북한의 대외교역에서 차지하는 비중도 전년의 37%에서 14%로 급락하였다. 또한 북한의 대중국 무역에 있어서도 원유 도입 가격이 1990년의 톤당 58달러에서 1991년에는 126달러로 2배 이상 급증하는 등 북한의 경화 수요는 크게 늘어났으나, 경화 획득이 가능한 수출 상품 공급 능력의 한계로 1991년 중 북한의 대외 교역은 전년보다 16% 감소하였다. 이러한 경제 위기를 극복하기 위한 북한의 대응이 중국의 경제특구 전략을 부분적으로 모방한 대외 개방정책으로 나타난 것이다.149) 두 번째 원인은 내부 계획경제의 비효율성 따른 경제난 극복을 위한 새로운 정책의 필요성이 요구되었기 때문이었다.

이와 같은 상황에서 북한은 이미 1984년 합영법을 제정하여 외국자본의 직접적 유치를 시도했으나, 폐쇄적이며 경직된 계획경제체제의 고수로 인해 성공을 거둘 수 없었다.150) 이후 북한 지도부는 1989년

성에 맞게 개선함으로써 이 지대를 대수출 지지, 기술 교류 거점으로 꾸리려고 합니다."(1996. 7. 15). 〈조선민주주의 인민공화국 정부의 라진·선봉자유경제무역지대 개발정책에 대하여〉, 일본 동경에서의 투자 촉진 세미나 연설문.

149) 전홍택, '북한경제 반세기 평가', 『통일경제』(서울: 현대경제연구소, 1996. 1), pp.57-58.

150) 북한은 대외경제정책을 국가독점의 원칙, 자급자족경제의 원칙, 호혜평 등의 원칙에 입각하여 자립경제 완성을 위한 보조적인 수단으로 간주하여 추진하였다. 그러나 내부경제체제의 모순에 의해 자립적 민족경제건설을 할 수 없는 내부적 원인과 1990년대 초 사회주의권 붕괴라는 대외적 원인에 의해 급격히 감소한 대외무역을 극복하기 위해 관련법규를 체계적으로 정비하며 법적 근거를 마련하기 시작하였다. 특히 주목할 것은

168

대 말부터 1990년대 초기까지 경제적 상황이 갈수록 나빠짐에 따라 독립채산제의 본격적인 실시, 개인부업의 장려, '새로운 무역체계'의 도입, 자유무역지대와 같은 일련의 정책을 추진했다.151) 이 시기 북한은 경제체제의 비효율성이 초래한 복합적인 문제점에 봉착했음에도 불구하고, 경제침체는 이념적 제약으로 인한 국제환경의 악화 때문에 궁극적으로 외화의 부족에서 기인하고 있다는 점만 강조해 왔다. 이와 같은 인식의 한계 속에서 나타난 경제정책 변화가 바로 1991년 12월의 '자유경제무역지대'지정이었다.152) 때문에 라진·선봉자유무역지대는 체제유지와 경제난 해소를 동시에 해결하기 위한 대책의 일환으로 설정된 경제특구를 통한 개방모형이라고 볼 수 있다. 지대 선정에 있어서 라진·선봉인 이유는 평양과 멀리 떨어져 있어 제한적 개방의 상징적 실험장 및 선전장뿐만 아니라 시장경제와 계획경제 간의 완충지대로 활용할 수 있다는 데 있었다.153)

라진·선봉무역지대를 발표한 후 북한은 개발 계획이행을 위해 외국인 투자 관련법을 지속적으로 재·개정하는 한편, 1995년부터는 김일성의 유훈사업 일환으로 별도의 대내외 투자설명회와 적극적인 홍보활동을 벌였다. 특히 1997년 6월에는 통화와 환율체제 변경, 자영업 허용과 자유시장 개설, 독자적인 관리운영(독립채산제 실시), 외국기업들의 투자·무역업무 지원차원에서 인재개발을 위한 라진기업학교개

1994년 이후 '무역제일주의'를 천명하고 대외무역확대를 강조했다는 것이다. 『북한동향』 제472호(서울: 통일부, 2000. 1. 29-2. 4), p.13.
151) 양문수(2001), 위의 책, pp.353-364.
152) 이와 같은 시도는 체제전환 이전의 소련 및 동구권 국가들이 사회주의 계획경제체제의 비효율성을 해소하기 위해 이념적 제약하에서 시도했던 경제계획기구의 개선방안들과 맥락을 같이 한다. 오승렬, 『북한 경제개혁의 최근방향 연구』(서울: 민족통일연구원 1996. 10), pp.112-113.
153) 홍순직·신연회, "북한의 특구정책 평가와 성공 과제", 『7·1경제관리개선조치의 평가와 향후 전망』 제4회 국제학술세미나(고려대 북한학 연구소, 2003), p.148.

설, 행정절차 간소화 등 라진·선봉지대 활성화 조치를 발표하였다. 이는 사적 소유와 시장원리를 인정하고 경영계획의 수립, 판매, 가격 결정까지 모든 경영활동에 대해 자율성과 책임경영을 강조하는 획기적인 조치라고 할 수 있다.154)

이러한 정책들은 부분적인 개방을 통해서 외국의 자본과 기술을 적극 도입하여 경제성장을 도모하고자 했다는 측면에서 과거 북한의 소극적인 대외무역정책과 비교할 때 상당한 변화라고 할 수 있다. 특히 1997년 6월에는 라진·선봉 경제특구에 시장경제원리를 대폭 수용하였고, 특구내의 기업들에게 생산과 판매의 자율권도 보장했다. 또한 개인기업의 설립 허가, 국영기업에 대한 독립채산제도 도입, 원정리에 조·중 공동시장을 개설, 시장경제교육을 위한 학교도 개설하였다. 뿐만 아니라 그동안 많은 제약이 있어왔던 외화의 환전에 있어서도 '돈바꿈표' 등을 폐지하면서 북한 원화와 달러의 자유로운 태환을 보장하는 등 정책변화를 시도하였다.155)

이와 같은 정책변화로 인해 1996년 한 해 동안에 관련 법·규정은 총 21개나 새로 제정되었고, 투자 집행실적도 1991-1996년까지의 83.1%를 차지할 만큼 급속히 늘어났다. 1996년 9월의 라진·선봉 포럼에서 2억 8,500만 달러의 계약이 성사되었고, 이후 계약고가 계속 늘어나 1997년 말까지 총 111건에 7억 5,077만 달러의 계약체결과 5,792만 달러의 집행실적을 보였다.156) 이 같은 사실은 1997년

---

154) 홍순직·신연희(2003), 앞의 책, p.149-150.
155) 1992년부터 2002년까지 '외국인투자법', '자유경제무역지대법' 등 50여 개 이상의 외자유치 관련법규를 제정하거나 개정하였다. 정형곤, "북한의 무역정책 10년 평가와 과제," 조명철 외, 『북한의 대외경제정책 10년 평가와 과제』(서울: 대외경제정책연구원, 2002), p.29.
156) 1998년에 들어 2,500만 달러의 외자가 추가로 유치되었고, 혹자는 2000년 7월 현재 투자 계약액은 5억 2,000만 달러, 실행액은 2억 2,000만 달러라고 한다. 이찬우, "두만강 지역 개발 10년-평가와 과제", 『KDI 북한 경제리뷰』(서울: 한국개발연구원), pp.53-59. 재인용.

170

9월 일본투자설명회에서 대외경제협력추진위원회에서 맹철호 과장이 이 시기 창설된 외국투자기업은 58개로 그중 합장 10개, 합영 37개, 단독기업 11개, 외국기업사무소 및 지사가 6개라고 설명한 것에 확인할 수 있다.157) 이후 라진·선봉자유무역지대의 주목할 만한 변화를 요약하면 다음과 같다. 1998년 9월 자유라는 글귀가 빠진 경제무역지대가 된 것, 사업을 주관한 대외경제위원회가 무역성으로 변경되면서 대외경제협력추진위원회의 권한이 약화된 것, 금강산 관광사업이 시작되면서 라진·선봉지역의 위상이 약화된 것 등이다.158)

이와 같은 성과를 낸 라진·선봉자유무역지대가 1997년도 하반기에 상당히 활발한 투자실적을 보였다. 반면 후술하겠지만, 북한이 직면한 대내외 정치·경제적 조건의 한계로 인해 1998년도 이후에는 저조한 실적을 보이고 있다는 것이다.

2) 한계 및 의의

당초 외자유치를 위해 추진된 라진·선봉무역지대는 기대와는 달리 외자유치가 소규모이고 부진한 상황에서 실패하게 된다. 그 중요한 경제적 원인은 사회간접자본의 미비, 불투명한 내수 및 수출 시장으로의 발전 가능성, 내부자원의 빈곤과 최악의 대외신용 상태, 국제금융기구 미가입 등의 경제투자 환경 미비를 들 수 있다. 또한 체제·정치적 원인으로는 사회주의 계획경제체제의 경직성, 사회주의 체제 방어적인 철저한 제한적·폐쇄적 개방 체제 고수, 불안정한 대외관계 및 예측 불가능한 북한 내 정치상황, 남북한 간의 대치 상태와 북한의 높은 국가 위험도, 투자 위험에 대한 담보적 장치 미흡 등이라고 볼 수 있다.

홍순직·신연희(2003), 위의 책, p.150.

157) 배종열, "나진-선봉지역 외자유치정책에 대한 평가 및 전망", 『수은조사월보』, 1999. 6, pp.12-15.

158) 배종열(1999), 앞의 책, pp.15-16.

또한 남한 기업에 대한 투자배제와 유인책 부족, 체제 우선의 소극적인 개혁·개방정책 추진도 실패의 원이라고 할 수 있다. 이 외에도 법령의 구체성 결여에 의한 자의적 판단 개입 여지와 복잡한 행정절차와 노무관리의 경직성, 미숙한 행정력, 외자유치에 대한 구체적인 프로그램과 일관된 정책 추진의 부족, 자금조달 계획 등 개발경험의 부족에 따른 전략 자체의 구체성과 실행 계획이 결여되어 있다는 점도 라진·선봉지대의 개발 속도와 성과를 부진하게 했던 주요한 원인이었다.159)

이것에서 알 수 있듯이 당시 북한은 개혁개방에 따른 외부위협에 대한 국가개입의 내성이 좁은 체제였고, 대외개방이 성공할 수 있는 내부적 인프라와 대외환경이 우호적으로 작동되지 않은 상황이었다는 것이다.160) 이 같은 대외개방정책의 한계점은 북한이 대외개방정책을 추진함에 있어서 자신들의 자립 경제체제를 위협하지 않는 범위에서 경제적 실리를 취하고자 했기 때문이었다. 때문에 교류방식을 엄격히 통제하고, 개방의 지리적 대상을 제한하며 노동자의 관리를 국가지도 하에 둠으로써, 자본주의 국가와의 교류에서 파생될 수 있는 시장경제

---

159) 남궁영, "북한 경제개방정책의 한계와 가능성: 경제특구 정책을 중심으로", 『통일경제』(서울: 현대경제사회연구원, 1997) 제7호, pp.50-76.
160) 놀란드의 특구정책에 대한 견해는 주목할 만하다. 그는 대부분의 경제특구정책의 목적은 기술도입과 자유무역지대와의 연계, 수출무역지대보다도 싼 임금을 통해 경제적 이익을 창출하는 것이라고 주장한다. 역설적이게도 북한의 경우 자유무역지대와 다른 경제지역과 연계하지 않고 있는 고립자유무역지대라는 것이다. 자유무역지대의 제한적 목적이 갖는 회의론 두 가지를 지적한다. 첫 번째는 사회부분에 대한 고도의 통제상태에서 자유무역지대를 한다는 것은 어렵다는 것이다. 성공적 자유무역지대를 위해서는 자유로운 이동과 불간섭이 필요조건이다. 두 번째는 북한의 경쟁력 저하와 고임금, 인프라 낙후, 지리적 고립의 장애는 자유무역지대의 성공을 보장할 수 없다는 것이다. 이와 같은 측면에서 북한 특구정책이 갖는 한계가 있다는 것이다. Marcus Noland, "The External Economic Relations of the DPRK and Prospects for Reform," Samuel S. Kim, *op. cit.*, Oxford University Press, 1997, pp.197-198.

172

적 경제질서와 문화의 침투를 차단하는 데 고심했다. 실제 북한은 "남조선 당국자들이 북한을 개방으로 유도해야 한다고 떠들고 있는 것은 우리가 개편정책과 부르조아 다당제, 시장경제를 받아들이게 함으로써 사회주의 제도를 허물고 자본주의로 복귀시키려는 망상"이라고 공격했다. 그러나 "우리 공화국은 언제 한번 문을 닫아 맨 적이 없으며, 지금도 문을 열어 놓고 있다"고 밝힌다. 또한 "우리는 개방을 해도 남의 것을 통째로 삼키는 개방이 아니라 우리식대로 제일 훌륭한 개방을 하고 있으며, 앞으로도 해나갈 것"이라고 강조하며 개방의 필연성을 강조하는 이중적 태도를 보였다.161)

이와 같은 개방에 대한 이중적 인식으로 인해 북한의 경제특구정책이 성과를 얻기에는 그 한계점이 이미 노정되어 있었다고 볼 수 있다. 즉 전술한 이 시기 라진·선봉무역지대는 개혁·개방의 효과가 체제위협요인으로 작용할 위험성을 내포한 이중적 조건하에서 계획경제체제틀을 유지하면서 시도된 정책적 아이디어 차원이었다. 때문에 추진 범위와 내용에 있어서 제한적이며 부분적인 수밖에 없는 한계점을 갖고 있었다고 볼 수 있다.162)

---

161) 『평양방송』 논평, 1998. 10. 3. 김일성은 워싱턴 타임스 기자단과의 인터뷰에서 중국의 경제개방모델에 대해 다음과 같이 평가하고 있다는 것은 주목할 만하다. "최근 몇 년간 중국공산당의 령도 밑에 형제적 중국인민이 사회주의 건설에서 커다란 성과를 거두고 있는데 대하여 우리는 매우 기쁘게 생각합니다. 매개 나라는 자체의 실정에 맞는 사회주의 건설방도를 모색해나가야 합니다. 우리는 중국에서 실시하는 경제건설 정책이 중국실정에 맞는 것이라고 인정하면서 그것을 적극 지지합니다." 김일성, "미국〈워싱톤타임스〉기자단이 제기한 질문에 대한 대답", 『김일성저작집』 제43권 1991. 1-1992. 10(평양: 조선로동당출판사, 1995), pp.345-346.

162) "개방을 한다고 떠들어야 개방이 되는 것이 아닙니다. 우리는 경제 분야에서 다른 나라들과의 합영·합작도 장려하고 있으며 다른 나라 사람들의 투자도 허용하고 자유경제무역지대도 만들고 있습니다. 다른 나라 사람들이 마음대로 우리나라에 들어와 경제활동을 하게 하면 그것이 개방입니다. 우리는 개방을 하여도 우리식대로 하고 있습니다. 나는 다른

결과적으로 전술한 북한 대내외 정치·경제적 조건이 1990년대 초 북한의 개혁·개방정책에 우호적으로 작동하지 않음으로써 실패로 나타났다고 할 수 있다. 그럼에도 불구하고, 북한이 1990년대 초부터 발생한 핵 문제의 위기 상황—대외환경이 우호적으로 돌아가지 않는 상황과 개방에 따른 외부위협이 존재하는 상황—에서 부분적이지만 대외경제개방정책을 추진한 것은 그 개혁·개방 성격을 이해하는 데 중요한 함의를 제공한다.

제4절 소 결

북한은 현상유지전략 시기 대외고립과 내부경제체제의 모순으로 심각한 경제난을 겪었으며, 이것이 정치체제의 위협요인으로 작용하는 상황에서 탈냉전기를 맞았다. 북한은 이 같은 대내외적 위기를 극복하기 위해 정치적으로 먼저 붉은기 사상과 우리식 사회주의 등과 같은 이데올로기의 변용을 시도했으며, 김일성 사후 유훈통치를 통한 김정일 시대를 열었다. 경제적으로 3대 제일주의를 주창하며 경제발전노선의 변경을 시도하였고, 공급물자 부족을 해결하기 위한 고육지책으로 연합기업소의 부분적 해체를 단행하였다. 뿐만 아니라 비록 제한적이고 부분적이지만 라진·선봉자유무역지대 같은 특구정책을 추진함으로써 경제난을 극복하려는 정책변화를 시도했다. 또한 대외적으로 핵무기를 수단으로 강경한 외교정책을 추진함으로써 대내외적으로 위기를 조장함으로써 이를 내부체제를 강화하는 정치적 수단으로 이용했다.

나라에서 하는 것을 그대로 본 따는 것을 제일 싫어합니다." 김일성, "우리나라 사회주의는 주체의 사회주의이다", 『김일성 저작집』 제44권 1992. 12-1994. 7(평양: 조선로동당출판사, 1995), p.359.

174

이와 같은 정책변화는 대외고립과 경제난에 직면한 북한이 선 정치권력 안정화 확보를 기하면서, 후 경제체제 내부모순의 극복을 추진하기 위해 추진한 현상유지전략이라는 국가발전전략의 일환이었다고 볼 수 있다. 이 같은 개혁·개방의 특징을 토대로 이 시기 북한의 개혁·개방의 유형과 성격을 코르나이와 바쉬크의 가설을 적용하여 설명하면 다음과 같이 설명할 수 있다. 먼저 코르나이는 사회주의 체제변화 유형에 있어서 개혁의 개념을 전통적 사회주의 체제 혹은 스탈린식 사회주의에서의 변화로 규정하면서 경제정책의 변화를 가져오기 위해서는 우선 권위구조와 이념체계의 수정, 소유권의 조정, 그리고 관료적 조정이 감소하는 대신 시장적 조정역할을 증가되는 것으로 보았다.[163] 그의 체제변화 유형을 기준으로 현상유지전략 시기 북한의 경우를 볼 때, 권위구조와 이념체계 그리고 소유권 조정에 있어서 체제의 근본적 질서 변화가 이루어지지는 않았다. 그러나 계획경제의 붕괴로 인하여 경제난에 직면한 상황에서 관료적 조정문제가 개혁정책을 통해 부분적이며 제한적인 개혁과정을 진행한 특징을 보였다.

또한 바쉬크(Vacic)는 개혁의 범위에 따라 경제체제개혁 유형을 구분하였다. 그의 가설에 따르면, 북한은 냉전기 계획경제붕괴의 징후가 나타나는 단계를 지나 심각한 경제위기가 정치체제의 위협으로 작용하는 상황에서 경제체제의 '부분적 개혁'을 통해 이를 극복하려는 개혁유형을 보여준다는 측면에서 부분적 개혁유형이라고 볼 수 있다. 때문에 이 시기 북한 체제변화 유형은 생산성 향상과 무역활성화를 위해 기존 경제체제에서 유지되어 오던 핵심 원칙에 대해 정책적 수정을 가했다는 측면에서 체제내적 변화라는 개혁에 해당한다고 볼 수 있다.

또한 대내외적 초기조건에 의해 경제체제의 개혁의 내용과 속도 그리고 범위에서 한계가 있었지만, 계획경제 붕괴 단계에서 나타난 문제

---

163) Kornai(1992), *op. cit.*, pp.385-395.

를 해결하기 위한 대외개방을 포함한 부분적 개혁을 추진했다는 측면에서 개혁·개방 성격은 부분적 개혁체제라고 할 수 있다. 때문에 이 시기 북한은 정치권력을 우선하며 경제난 해결을 위해 대내외 정책에 있어서 부분적 개혁·개방정책을 추진하며 체제내적 개혁과정을 보여주었다고 볼 수 있다. 또한 이와 같은 부분적인 개혁·개방의 추진의 의미는 개혁·개방에 따른 외부위협에 대해 '국가개입의 내성'이 좁은 체제의 특징을 갖는다는 것이다.

그러나 이와 같은 개혁·개방 성격을 규명함에 있어 고려해야 할 것은 당시 북한이 직면한 대외적 초기조건의 위협요인하에서 대외개방에 따른 안보위협에 대한 국가개입의 내성이 좁았음에도 부분적이며 제한적인 대외개방을 추진했다는 것이다. 이는 북한 지도부가 경제체제의 내부모순의 심화에 따른 경제난을 정책변화로 극복하려했다는 것을 반증하는 것이다. 결국 이를 해결하려는 의지와 함께 대외개방의 필요성을 인정하고 있음을 의미한다고 볼 수 있다. 또한 이 시기 대외고립과 경제난의 심화가 북한 정치체제에 위기의식을 증가시켰고, 이는 정치권력의 정당성 확보에 지대한 악영향을 주었다는 것이다. 그러나 이에 대한 해결을 위해 부분적이지만, 경제체제의 개혁을 추진하며 경제난 해결을 모색했지만, 정치체제의 이데올로기 변용을 통한 기존 체제의 강화를 시도했다는 측면에서 그 성공의 한계점을 갖고 있었다고 볼 수 있다. 결과적으로 이 시기 북한은 외부위협에 대한 국가개입의 내성이 좁은 체제였고, 북한 지도부는 내부동원의 일상화를 견지하면서 정치체제의 선 안정화를 기하는 동시에 부분적 경제체제의 개혁을 병행하는 대외개방을 추진해야만 하는 이중적 상황에 처해있었다고 볼 수 있다.

여기서 주목해야 할 것은 정치체제의 안정화와 대외개방의 필요성이 갖는 이중적 상황에서 선 정치권력 안정화 확보, 후 경제발전 추진이라는 현상유지전략을 추진하여 1998년 이후 김정일 정권의 제도적 안정화를 기하는 데 중요한 역할을 수행했다는 것이다.

이와 같은 국가발전전략으로 인해 정치체제의 선 안정화를 확보했다고 하더라도, 그 결과로 인해 장기적으로 방치한 경제난은 더욱 심화되었다. 실제 당시 북한은 계획 없는 계획경제를 유지하고 있었으며, 심각한 경제난은 국가의 통제를 벗어난 상황이었다. 때문에 현상유지전략 이후 추진된 새로운 국가발전전략의 배경에 대해 다음의 두 가지 설명이 가능하다. 먼저 북한 지도부는 현상유지전략을 통해 정치체제에 있어서 김정일 정권의 안정화를 기했다는 인식하에 김정일 정권이 자신감의 표현으로 경제난을 극복하려는 의도로 전향적인 내부개혁과 대외개방을 추진했다는 것이다.

다음으로 현상유지전략 추진을 통해 북한 지도부가 정치권력의 안정화를 이루었을지는 모르지만, 정치권력 안정성 확보를 우선하는 전략의 추진을 통해 더욱 장기화된 경제난과 경제체제 내부모순은 부분적이고 제한적인 경제개혁조치만으로 해결이 불가능한 상황에서 개혁·개방을 확대할 수밖에 없었다는 것이다. 이것은 역설적이게도 북한은 현상유지전략을 통해 정치권력의 안정화를 우선적으로 추진을 함으로써 어느 정도 그 성과를 얻었음에도 불구하고, 이것이 초래한 10여 년의 장기적 경제난이 경제체제에 대한 포괄적 개혁·개방을 추진하지 않으면 안 되는 상황에 직면하게 만들었다는 것을 의미한다. 이처럼 현상유지전략 추진 결과 장기적 경제난은 더욱 심화되었고, 이의 결과는 지도부의 의지와는 상관없이 추동(推動)될 수밖에 없는 상황을 만들었다고 볼 수 있다.

따라서 현상유지전략 시기 북한의 개혁·개방 유형은 체제내적 변화를 시도하는 부분적 개혁·개방에 해당한다고 할 수 있으며, 그 효과가 갖는 이중성이 새로운 국가발전전략을 추진하게 촉진하였다고 볼 수 있다.

제5장 '개혁·개방 확대전략'(1998~2002)

　탈냉전 초기 북한 지도부는 '현상유지전략'에 따라 정치체제의 권력 안정화를 성취했다고 인식하였지만, 내부동원의 일상화라는 내부추출을 통한 경제난 극복의 한계를 인식했다고 볼 수 있다. 때문에 체제보장과 북·미 관계 정상화, 북일관계 정상화, 외부의 경제지원 등과 같은 외부추출의 성과가 미흡한 상황에서 새로운 국가발전전략의 필요성에 직면했다고 볼 수 있다. 이것은 현상유지전략 시기 대내외 정치·경제적 구조가 북한 지도부에게 새로운 국가발전전략을 선택해야만 하는 데 중요한 요인으로 작용했음을 의미한다. 이 같은 대내외적 조건 하에서 1998년 북한은 헌법을 개정하고 권력구조를 개편하는 등 김정일 시대를 열었다.1) 또한 '강성대국론'과 '선군정치'라는 21세기의 정치적 구호로 주창하며 새로운 국가발전전략을 추진하였다. 이후 전개되는 전향적 경제정책변화를 시도한 것은 현상유지전략의 효과가 갖고 있는 이중성 때문이라고 볼 수 있다. 즉 먼저 김일성에서 김정일 시대로의 정치권력 안정화 확보에 대한 자신감의 표현이라는 것이다. 다음으로 경제난이 김정일 정권의 체제유지에 막대한 위협요인으로 작용할 가능성이 있는 상황에서 이를 극복하기 위해 추진했다는 것이다. 이 같은 이유로 정치권력은 안정화되었다고 할 수 있지만, 역설적이게도

---

1)　1998년 9월 북한 헌법개정이 갖는 경제적 측면에서 변화는 첫째, 사회주의 경제체제의 비효율성과 현실적 모순에 의해 사회주의 계획경제원칙을 수정하고 극도로 침체된 경제에 활력을 넣고 경제난을 극복하기 위하여 부분적으로 시장경제원리를 도입하였다. 둘째, 대외경제개방을 위한 헌법적 근거를 마련하여 외국자본의 투자를 유도하려했다. 셋째, 사적 경제영역의 확대를 통한 경제발전을 도모하려했다. 장명봉, "최근의 북한 사회주의 헌법 개정의 분석 배경·내용·평가 및 정책전망", 『통일연구논총』 7권, 2호, 1999, pp.1-40.

178

장기적인 경제체제의 내부모순의 심화는 정치권력의 정당성을 약화시키는 결과를 초래할 가능성이 높았다는 것을 의미한다. 더욱이 북한의 벼랑 끝 외교가 경제난 해결의 실마리를 제공하지 않은 조건하에서 정치관계 정상화와 경제지원이라는 외부추출을 기할 수 없는 조건은 경제난을 더욱 악화시키는 원인으로 작용했기 때문이다. 또한 적대적인 외교정책을 추진한 새로운 미행정부 등장과 더불어 전략적 이해를 달리 하고 있는 동북아 주변국들과 새로운 핵 협상을 해야 하는 대외환경은 정치권력의 안정화를 이루었다고 하더라도, 이와 같은 대외환경은 경제난을 더욱 심화시켰다.

때문에 북한은 현상유지전략 시기처럼 경제체제의 개혁·개방에 따른 외부위협에 대한 '국가개입의 내성'이 좁았지만, 경제난 심화로 인해 국가개입의 내성이 넓은 전향적 개혁·개방정책을 추진할 수밖에 없는 선택에 직면해 있었다고 할 수 있다. 이는 북한이 정치권력의 안정화를 통해 자신감을 갖고 개혁·개방정책을 적극적으로 추진했다는 측면으로도 볼 수 있지만, 대외환경과 경제체제의 내부모순의 장기화로 인해 적극적 개혁·개방정책을 추진할 수밖에 없었던 측면이 이중적으로 작용했다는 것을 의미한다.

따라서 이와 같은 대내외적 정치·경제적 구조가 북한의 포괄적 개혁·개방조치를 촉진했으며, 이런 구조하에서 북한 지도부는 '개혁·개방 확대전략'을 선택한 것이다.2) 여기서 주목할 것은 개혁·개방 확대

---

2) 셀리그 헤리슨은 북한 붕괴론에 입각한 시각에서 북한이 경제개혁을 시작할 의지와 능력이 없다는 주장에 대해 비판한다. 헤리슨은 북한이 이미 사경제와 제한적이지만 경제적 자유화를 추진하고 있다고 본다. 그는 기존 지배층의 권위는 상당부분 약화되겠지만, 김정일 정권 유지는 가능하다고 주장한다. 이를 위해서는 경제정책의 개혁이 필수적이라고 주장하며 북한은 김정일이 혹은 그 없이도 경제정책의 개혁을 통해 생존할 것이며, 김정일이 선택할 수 있는 정권 내 지지층에서 온건파는 사경제는 식량난 극복에 도움이 될 뿐만 아니라 시장경제체제로 향한 도약을 주장하는 사람들이라고 언급하고 있다. Harrison(2000), *op. cit.*, pp.6-7, 26-27.

전략을 국가발전전략으로 추진하고 있는 북한이 정치권력의 안정화를 이룬 자신감으로 이 정책을 추진한다는 시각으로 보면, 경제체제의 적극적인 개혁·개방정책을 추진함으로써 개혁·개방에 따른 외부위협에 대해 국가개입의 내성이 넓은 체제로 변화를 보인다는 사실이다. 그렇지 않고 경제난의 결과가 이를 추진하게 했다면, 경제난의 심화가 정치권력 자체를 위협하는 요인으로 작용한 상황에서 최후의 선택으로 개혁·개방에 따른 위협요소의 감수를 통해 국가개입의 내성이 넓은 체제로 변할 수밖에 없는 구조 속에서 개혁·개방 확대전략을 선택했다는 것이다. 비록 개혁·개방 확대전략이 이중적 성격을 갖고 있을지라도, 이 시기 북한이 추진한 대외정책정책과 대내외 경제정책의 특징은 고립외교에서 전방위외교로, 제한적이며 부분적인 폐쇄적 개혁·개방정책에서 적극적이며 포괄적 개혁·개방정책으로 변화를 보인다. 이것은 김정일 정권이 체제유지와 경제체제의 내부모순을 극복하려는 국가발전전략을 추진하고 있다는 것을 의미한다. 이와 같은 이유로 이 시기 국가발전전략을 '개혁·개방 확대전략'으로, 이 시기를 '적극적 개혁·개방 시기'로 개념화한다.

따라서 본 장에서는 북한이 개혁·개방 확대전략을 추진하게 된 대내외적 정치·경제적 조건은 무엇이었으며, '개혁·개방 확대전략'의 내용과 한계를 설명할 것이다. 이를 통해 북한의 개혁·개방의 성격을 어떻게 규정할 것인지를 논의할 것이다.

제1절 '개혁·개방 확대전략'의 내부적 요인

1. 군사·경제강국의 이중전략

북한은 현상유지전략 시기에 대내외적 위기 상황을 극복하기 위해 정치체제의 안정화를 우선하는 동시에 경제체제에 대해 제한적이며, 부분적인 개혁을 실시하는 현상유지전략을 추진하였다. '우리식 사회주의'와 '붉은기 사상' 그리고 '고난의 행군', '라남의 봉화'3) 등을 주창하며 내부동원을 통해 경제위기에 대처하고, 사상적 기반과 군사적 기반을 우선적으로 안정화하는 전략을 추진했다. 이 같은 현상유지전략을 통해 정치권력의 안정화를 달성했다고 인식한 김정일은 정치권력 안정화에 대한 자신감의 표현인 동시에, 장기적으로 방치한 경제난을 극복하기 위한 방법이라는 이중성이 존재하는 개혁·개방 확대전략을 추진하게 된다. 이 같은 새로운 국가발전전략은 강성대국론을 통해 구체화된다.4)

강성대국론은 김일성 사망 후 4년이 지난 1998년 9월 제10기 최고 인민회의에서 '김일성 헌법'을 공포하고 국가기구들을 정비함으로써 김정일 체제를 안정화시킬 법·제도적 장치를 갖춘 상황에서 21세기

---

3) "라남의 로동계급과 일군들은 당의 강성부흥구상을 실현하기 위한 새 세기 혁명적 진군에서 놀라운 기적과 위훈을 창조하고 있다. 이번에 타오른 라남의 봉화는 새로운 시대적 요구를 반영한 혁명적 내용을 담고 있다. 라남의 봉화는 위대한 장군님의 강성대국건설구상과 결심을 자신의 신념으로 삼고 거창한 현실로 전변시켜 나가는 우리 조선로동계급의 무한한 충실성과 애국적 헌신성의 뚜렷한 상징이다.", 『로동신문』사설, 2001. 11. 22 "라남의 봉화 따라 강성부흥의 북소리 높이 울리자."

4) 북한에서 '주체의 강성대국'이란 용어가 등장한 것은 김진국의 "백두의 붉은기 정신은 우리 인민의 영원한 혁명정신", 『로동신문』 1998. 1. 18이 처음이다. 강성대국론의 등장에 관해서는 서동만, "북한 정치체제 변화에 관한 시론", 『정치비평』 1998년 가을·겨울호, pp.140-142. 참조. 고유환, 『국제정치논총』, 제38집 3호(서울: 한국국제정치학회, 1998), p.136.

의 국가발전전략으로 제시된 것이다. 이것은 현상유지전략이 1998년을 기점으로 김정일 체제의 권력안정화와 체제유지에 대한 자신감의 표현으로 강성대국론을 주창함으로써 현상유지전략에서 개혁·개방 확대전략으로 국가발전전략이 수정되었음을 의미한다. 또한 이것은 "우리 공화국은 사상과 정치의 강국, 군사의 강국으로 존엄을 떨치고 있다. 이제 우리가 사회주의 건설을 다그쳐 경제를 활성화하고 자립경제의 위력을 높이 발양시키면 우리 조국은 모든 면에서 강대한 나라로 빛을 뿌리게 된다"[5]는 로동신문의 정론이 의미하듯 경제건설의 필요성을 역설하고 있다는 측면에서 정치권력의 강화와 경제난 해결을 동시에 해결하려는 이중전략의 성격이 있다고 할 수 있다. 즉 1998년을 전후한 북한의 대내외 정책의 방향은 한마디로 '군사주의'와 '경제적 실리주의'의 동시추구라는 '이중전략'으로 요약할 수 있다. 이는 유일한 가용자원인 군사부문을 대내외적으로 활용하여 체제유지와 대외협상용 카드로 사용하면서, 다른 한편으로 내부 경제자원의 고갈에 따른 체제위기 극복을 위해서 경제 분야에서 실용주의적 성격을 강화시키는 전략이기 때문이다.[6]

사상과 정치의 강국, 군사의 강국을 완성한 상황에서 경제적 강성대국을 건설하자는 강성대국의 주장은 북한의 국가전략의 방향성이 경제문제에 대한 해결에 큰 비중을 두고 있음을 말해준다.[7] 이와 같은 이중전략에 따라 북한은 1998년을 기점으로 정치적으로는 강성대국론을

---

5) 『로동신문』, 1998. 8. 22.
6) 이종석, "99년 북한의 정책전망: 군사주의와 경제적 실용주의의 이중전략 추구", 『정세와 정책』(서울: 세종연구소, 1999) 1월호 참조.
7) 이러한 내용은 김정일의 신년사에서 잘 나타나고 있다. "경제건설은 강성대국건설의 가장 중요한 과업이다. 우리의 정치사상적, 군사적 위력에 경제적 힘이 안받침 될 때 우리나라는 명실공히 강성대국의 지위에 올라설 수 있다. 우리는 〈(고난의 행군)을 락원의 행군으로 힘차게 이어가자〉는 구호를 높이 들고 강성대국건설의 새로운 진격로를 열어나가야 한다." 1999년 신년사.

주장하며 내부통제에 주력하면서, 경제적으로는 대외개방에 적극적인 실용주의적 경제정책을 추진하고 있는 것이다.

북한이 강성대국론을 처음 꺼낸 것은 1998년 8월 22일 『로동신문』 정론을 통해서였다. 그러나 그 구체적 의미는 1998년 8월 31일 북한의 광명성 1호 인공위성을 발사한 이후 관심을 끌었다. "첫 광명성 1호 인공위성은 사회주의 강성대국 건설의 새로운 이정표이자 과학자들이 김정일 동지에게 바치는 충성의 선물"이라고 밝혔을 때, 그 의미는 김정일 시대의 개막을 알리는 새로운 정치 캐치프레이즈였다. 강성대국이라는 단어가 과거에도 쓰인 전례는 있으나, 이를 총체적인 정치적 구호로 제시한 것은 김정일 체제 출범을 앞두고 새롭게 나타난 변화였다. 김정일은 94년 김일성 사후 주체사상 대신 붉은기 사상을 전면에 내세우며 고난의 행군정신을 유훈통치 시대의 정치구호로 내세워 왔지만, 이를 공식 마감하고 자신의 시대를 개막할 즈음 강성대국 건설이라는 새로운 정치구호를 내세운 것이다.8)

개혁·개방 확대전략 시기 김정일 정권이 본격적으로 출범하면서 대내외적으로 처음 내세운 구호가 '사회주의 강성대국건설'인데, 강성대국의 의미는 "나라는 작아도 사상과 총대가 강하면 세계적인 강대한 나라가 될 수 있다"는 것, "사상과 정치에서 대국이고 군사에서 강국일 뿐만 아니라 경제에서도 세계 제일인 나라가 된다"는 것으로 풀이하고 있다.9) 김정일 정권은 김일성 사망 후 파산상태의 경제난에도 불구하고 체제유지를 우선하는 현상유지전략하에서 부분적 개혁과정을 진행하였다면, 1998년 이후 강성대국론이라는 새로운 정치적 구호로 적극적인 개혁·개방정책을 추진하고 있다고 볼 수 있다.

여기서 주목해야 할 것은 강성대국론이 정치권력을 강화하기 위한

---

8) 이미숙, 『변화는 시작됐다: 김정일 시대의 북한, 어디로 가는가』(서울: 학민사, 1999), p.130.
9) 『로동신문』, 1998. 9. 8.

국가발전전략이라는 측면에서 새로운 이데올로기의 변용으로 사용된다
는 측면뿐만 아니라, 경제난 해결을 위한 비젼을 제시하는 역할을 동시
에 제시하는 양면성을 갖고 있다는 것이다. 정치와 군사영역뿐만 아니
라 경제에서의 실리주의 강조가 이를 뒷받침해준다.10) 비록 북한이 주
장하는 강성대국건설의 요체는 곧 '사상강국·군사강국·경제강국'을 실
현하는 데 있으며, 특히 무엇보다도 강성대국건설에서의 군사강국을 실
현하고자 하는 것은 김정일 시대가 군부 체제적 특성을 더욱 강화하려
는 의도를 갖고 있는 측면도 있다. 이것은 특히 김일성 사망 후 김정일
이 군부의 위상강화를 통해 자신의 물리적 강제력과 정통성을 확보하고
자 주력해왔으며, 위기관리체제를 군부에 의존하고 있음을 말해준다.

또한 "자본주의 병균은 비사회주의적 요소를 매개물로 하여 자라나
고 온 사회에 퍼지게 된다"면서 "자본주의적 요소는 절대 허용할 수 없
다", "제국주의의 사상 문화적인 침투를 배격하자,"라고 주장하고 있
다.11) 이러한 사태 전개를 체제유지에 대한 심각한 위협요소로 인식
한 북한 지도부는 계획경제체계의 강화를 목적으로 '인민경제계획법'의
제정(1999. 4. 8)을 통해 공식경제의 정상화를 최우선과제로 설정하
였다.12) 제도적으로 인민경제계획법은 현실적이고 실용주의적 경제관

---

10) 북한의 새로운 경제정책은 중공업에서 경공업을 강조하는 등 군수부문에
    대한 상품과 시설의 생산보다는 소비재 상품과 시설 등에 집중하는 것이
    었다. 이와 같은 김정일의 경제개혁정책은 경제강국을 건설하는 것을 정
    치적 구호로 하여 김정일의 리더십과 권력을 수호하는 군사우위정책을
    완전하게 유지하는 상황에서 사경제영역의 핵심인 노동계급에서 '제2의
    천리마운동'을 확대하는 것이었다. Hwang Eui-Gak, "Beyond the
    Summit: Deeping Linkages," Joint U.S-Korea Acaedmic Studies
    Volume 11, 2001, The Korea Economic Institute of America,
    and The Korea Institute for International Economic Policy,
    pp.68-69.
11) 『로동신문』, 『근로자』, 1999. 6. 3. 공동사설.
12) 김정일 정권의 공식승계 이후 '사상해방' 또는 '신사고'를 통해서 자본주의
    시장경제원리의 도입, 사유제의 확대, 농업개혁 등의 획기적인 정책변화

을 강조하고 있지만, 실제 경제관리 부문은 분권화나 자유화는 허용하고 있지 않는 계획경제의 고수를 강조한 측면도 있다. 이는 국가의 중앙집권적 지도원칙 아래 내부통제력 강화를 통한 계획경제체계의 복구를 강력하게 추진하겠다는 것을 의미한다.

이와 동시에 그 정책방향이 중공업 우선정책과 자립적 민족경제 건설 노선의 고수로서 군사부문에 대한 우선적인 투자와 대외개방에 대한 부정적 입장을 천명하는 것에서 강성대국론의 성격을 군부체제적 특정을 과도히 해석하는 측면이 있다는 것이다.13) 그러나 2000년대에 들어서 김정일 정권은 사상강국과 군사강국의 목표는 이미 달성되었다고 수사화(rhetoric)하여 종결짓고, 이제 경제강국을 건설하는 일만 남았다고 하면서 본격적인 경제건설에 노력을 집중할 것을 선언하였다. 즉 강성대국론의 또 다른 성격은 경제난 해결을 위한 경제중시의 국가발전전략의 측면이 있다는 것이다.

이와 같은 측면에서 김정일 정권의 신경제노선의 논리적 구조는 최상위에 강성대국 건설이라는 목표와 비젼이 있고, 그 하부에 이를 달성하기 위한 기본원칙으로서 실리주의와 신사고가 있으며, 또 그 아래에 분야별 경제정책들이 있는 구조라고 할 수 있다.14) 이러한 사실은 김정

를 하지 않을 경우 경제위기는 심화될 것이며 이는 결국 당분간 '군사우위의 위기관리체제'를 운영하면서 그럭저럭 버티기(muddling through)는 가능하겠지만, 인민생활을 한 단계 끌어올리는 전환점을 마련하지 못할 경우 '효율성의 위기'에 직면하여 정치위기에 봉착 가능성 높다. 고유환, 『국제정치논총』, 제38집 3호(서울: 한국국제정치학회, 1998), p.149.

13) "우리는 이미 주체사상의 원리에 기초하여 경제관리 체계와 방법을 우리식대로 끊임없이 개선하여 왔으며 지금도 개선하고 있다. 우리는 대외경제관계도 평등과 자주성의 원칙에서 열어놓을 것은 다 열어 놓았다. 우리 나라의 문호가 언제 한번 폐쇄된 적이 있었는가? 우리에게는 이제 와서 새삼스럽게 더 개혁할 것도 없고 개방할 것도 없다. 제국주의자들이 우리보고 개혁·개방하라는 것은 결국 자본주의를 되살리라는 것이다.", 『로동신문』·『근로자』, 1998. 9. 17 공동사설.

14) "경제적 효과성을 바로 타산하는 것은 경제사업에서 실리를 보장하기 위

일이 "경제관리방법을 해결하는 것이 '종자'이며 나라와 인민에게 실제적이 리익을 주는 것이 기본원칙으로 된다"고 한 발언에서 확인된다.[15]

따라서 강성대국론은 김정일 시대대의 도래를 알리는 지도이념이라고 할 수 있으며, 그 내용에 있어서 사상강국, 경제발전을 동시에 중시하는 이중전략이라고 할 수 있다.[16] 주목할 것은 강성대국의 주장이 과거 북한이 강조해왔던 여러 이념적 주장과 내용에 있어서 일맥상통한 부분이 많이 있지만, 정치와 경제의 병행발전을 추진한다는 측면에서 경제난에 대처하려는 지도부의 정책적 의지의 표현을 담고 있다는 것이다.

1) 실리주의와 신사고

김정일 정권의 공식적 출범 후 곧 경제정책의 목표인 강성대국과 이념인 실리주의와 신사고는 경제운영에 있어서 기본 원칙으로 제시되어 북한의 공식문서에 명시적으로 등장하기에 이르게 되었다. 최근에는 전 사회를 휩쓸고 있는 핵심 키워드가 되고 있다. 또한 김정일은

한 중요한 방도이다. 위대한 령도자 김정일 동지께서는 다음과 같이 지적하시었다. 〈우리는 경제사업에서 실리주의로 나가야 합니다. 정치와 외교에서도 실리가 중요하지만 경제사업에서는 실제적인 리익이 더 중요합니다〉 한철, "경제적 효과성타산은 경제사업에서 실리를 보장하기 위한 중요방도", 『경제연구』, 2001. 제1호, p.11.

15) 성채기, "김정일 시대의 신경제노선 평가와 전망", 『KDI 북한경제리뷰』, 제4권 10호, 2002, pp.13-14.

16) "사회주의 강성대국의 표징인 국력이란 정치사상적, 군사적, 경제적 위력 전반을 포괄하며 모든 것이 흥한다는 것은 물질적으로 뿐 아니라 정신문화적 면까지도 다 포괄한다." …… 김동남, "위대한 령도자 김정일동지께서 사회주의 경제강국건설의 길에 쌓아 놀리신 불멸의 업적", 『경제연구』(평양: 과학백과사전종합출판사, 2001) 제1호 p.2., 『로동신문』, 2000. 12. 2. 정론, 김정일 새로운 호칭의 변화는 주목할 만하다. 「21세기 수령」, 「장군형의 위대한 수령」, 「위대한 군인」 등의 호칭은 선군정치를 강조하기 위한 호칭이라고 할 수 있다.

2001년 신년사에서 신사고로 평가되는 신시대적 발상을 제시하며 구체화 시켰다.17) 경제면에서 강성대국을 건설하기 위해서는 국가경제력 성장이 가장 중요한 과업이라고 강조하며 이를 실현하기 위해 사상관점과 사고방식, 투쟁기풍과 자세에서의 근본적 혁신을 선차적 과업으로 규정하고 혁신적인 안목과 기발한 착상, 진취적 사업기풍을 요구하고 있다. 또한 "21세기에 상응한 국가경쟁력을 다져 나가는 것보다 더 중대한 과업은 없다"고 하면서, "경제건설의 중시과업은 인민경제 전반을 현대적 기술로 개건(改建)하기 위한 사업을 착실히 해나가는 것"이라고 강조하고 있다.18) 이것은 강성대국론이 정치권력을 안정화하려는 정치적 구호를 중시할 뿐만 아니라, 경제발전을 그 핵심목표로 설정하고 있다는 양면성이 존재한다는 것을 보여주고 있다.

또한 김정일 위원장의 중국방문을 계기로 '현시대의 요구에 맞게 경제와 공업을 발전시켜야 하며 강력한 국가경제력을 건설해야 한다'는 등 변화하는 현실을 반영하고 '21세기 세계 경제, 과학강국의 대열에 당당히 서기' 위한 변화를 모색하기 위한 신사고 어록을 강조하고 있

---

17) 2001년부터 시작된 '새로운 사고'운동의 핵심은 모든 부분에서 실리를 우선시하는 것이다. 즉 "경제조직 사업에서 실리를 철저히 보장하고 인민들이 실제적으로 덕을 볼 수 있게 사업을 전개해 나갈 것"임을 강조했다(로동신문, 2001. 1. 9) 또한 "오늘의 자력갱생은 결코 문을 닫고 경제를 건설하는 것을 의미하지 않는다"고 함으로써 경제정책을 폐쇄적 자력갱생에서 개방적 자력갱생으로 전환했음을 보여주었다. 경제를 관리하는 데 있어서도 교조적 사상성과 혁명성보다 효율성 및 수익성에 기초한 실용주의를 추구하기 시작했다. 김계동, 『북한의 외교정책』(서울: 백산서당 2002), p.367.

18) 2001년 신년사에서 김정일은 "인민경제의 기술적 개건은 현 시기 경제사업의 중심고리이며 더는 미룰 수 없는 절박한 과제이다. 우리는 모든 공장, 기업소들을 대담하게 현대적 기술로 갱신해 나가며 최신과학기술에 기초한 새로운 생산기지들을 일떠세워야 한다. 온 사회에 과학기술을 중시하는 기풍을 세우며 기술혁신의 불길이 세차게 타 오르게 하여야 한다"라고 주장하고 있다. 북한에서는 개혁이라는 말 대신에 개건이라는 말을 사용한다는 측면에서 내부경제개혁의 필요성을 주장하고 있다고 할 수 있다.

다는 점이다. 이것은 북한이 '부분적 개혁·개혁개방시기'에 추진한 국가발전전략이 안고 있던, 장기적인 경제난을 해결하려는 의지의 표현이라고 볼 수 있다. 더욱이 강성대국론의 기치 아래 북한은 모든 정책 영역에서 실리주의와 신사고를 강조하고 있다는 측면에서 그 목적을 알 수 있다. "모든 정책과 경영, 관리에 있어서 가장 중요한 기준으로 작용하는 실리주의는 경제운영에 있어서 만연한 형식주의에 대한 자성으로부터 출발한다." 이는 한마디로 '나라와 인민에게 실익을 주는 원칙'을 의미한다. 즉 손에 잡히는 실질적 이익을 기준으로 모든 것을 평가해야 한다는 것이다. 이것은 강성대국의 비젼에 비추어 볼 때도 매우 실용적이고 실천적인 원칙으로서, 그간 취해져 온 제반 정책들의 기본성격을 과거와 차별 지우는 핵심이라는 점에서 매우 중요한 의미를 갖는다고 할 수 있다.19)

이와 같은 실리주의와 신사고의 강조를 통해 이후 김정일 정권은 대내경제관리 방식의 개선과 대외개방정책이라는 전향적인 정책들을 추진하게 된다. 2001년도 신년사는 이의 필요성을 강조하고 있다. 신년사는 "새 세기의 요구에 맞게 사상관점과 사고방식, 투쟁기풍과 일본새에서 근본적인 혁신을 이룩해 나가는 것은 우리 앞에 나서 선차적인 과업이다. 21세기는 거창한 전변의 세기, 창조의 세기이다. 위대한 김정일 동지께서는 언제나 먼 앞날을 내다보시며 통이 크게 작전하시고 대담하게 변혁을 이룩해 나가고 계신다. 새 세기는 혁신적인 안목과 기발한 착상, 진취적인 사업기풍을 요구한다."고 강조했다.20) 또한 동년 『로동신문』정론도 "구시대의 관습과 사고방식을 대담하게 털어버리

---

19) 성채기는 북한의 실리주의를 중국의 흑묘백묘론(黑猫白猫論)에 비유하면서 그 심도와 강도에 있어서는 차이가 있지만, 변화의 기본원칙과 지침이 되고 있다는 점에서 본질적으로 동일하다고 주장한다. 성채기(2002), 위의 책, pp.13-15.
20) 「고난의 행군에서 승리한 기세로 새 세기의 진격로를 열어 나가자」, 2001 신년사.

188

고 모든 것으로 새롭게 바꿔나가자. 사상관점과 사고방식도 일본새와 생활기풍도 근본적으로 일신하고 모든 것을 새롭게 사색하고 새롭게 실천해나가자."라고 강조하고 있다.21)

여기서 주목해야 할 것은 이와 같은 변화가 단지 정치적 구호로서 변화인지 혹은 지도부의 확고한 의지인지에 대한 의문이다. 이 같은 시각에 대해 후자가 강조되는 것은 김정일의 연설과 논문에서 언급된 표현이 단지 정치적 구호로 치부하기에는 그 한계가 있음을 대변해 준다는 것이다. 실제로 2000년 1월 김정일이 중국 상하이를 방문하면서 중국의 발전상에 대단한 찬사를 보낸 바 있다. 김정일의 중국 방문 이후 북한은 주민들에게 새로운 사고, 근본적인 일신, 새로운 관점 등을 지속적으로 촉구하였다. 남한 언론은 이것을 신사고로 명명하였다. 김정일 위원장이 이렇게 신사고를 주장한 배경은 복합적 요인에 기인한 것으로 볼 수 있다. 즉 김정일은 위기에 처한 북한 경제체제를 회생시키기 위한 방안으로 정치적 구호로서 뿐만 아니라, 북한이 처한 경제적 낙후성과 체제의 비효율성으로 인해 기존의 경제운용방식에 대해 개혁의 필요성을 인정하였다는 것이다.

때문에 북한은 신사고와 실리주의 강조를 통해 전향적인 개혁·개방 정책을 추진했다고 볼 수 있다. 이 같은 전향적 변화를 알 수 있는 것은 새로운 경제운용방식에 접근시도를 지속적으로 해오고 있다는 것이다. 북한은 이미 경제운용방식의 문제점을 해결하기 위해 전향적으로 관료들을 해외에 파견하여 시장경제 교육을 실시하는 등 경제운용방식에 대한 문제해결을 위한 노력을 지속적으로 추진해 왔다. 특기할 것은 이러한 변화가 1998년 이후 연속성을 갖고 추진되고 있다는 사실이다.

또한 북한은 이미 1997년부터 1999년 11월까지 UNDP 등 국제기구의 지원 아래 총 215명의 경제관료 및 기술자 등을 해외에 파견

---

21)「로동신문」정론,〈더 용감하게, 더 빨리, 더 높이〉, 2001. 1. 7.

하여 시장경제 교육·연수 및 기술 습득을 추진하였다. 1999년부터 북한관료들에게 시장경제를 연수시키고 있는 아시아 재단의 퀴노네스 박사는 이미 상당한 수준의 교육을 진행하고 있으며, 이 문제가 워낙 민감한 사안인 까닭에 공개적으로 추진하지 못할 따름이라고 언급하는 등 북한의 시장경제 교육 열기가 대단하다는 것을 엿볼 수 있다.22) 이는 다음 〈표 5-1〉의 시장경제를 연구하기 위해 파견한 전문경제관료의 파견일지를 보면 더욱 명확해 진다.

---

22) 남성욱, "북한의 경제 회복을 위한 국제사회의 역할," (정신문화연구원, 2002), 검색일, 2003. 8. 30., http://www.kifs.org/main/dbbank/db_view.php?s_id=1046 참조.

<표 5-1> 북한의 시장경제 교육일지: 1998-2001

시 기	교육내용	주 관	장소	비 고
1998년 6-12월	-통상법·국제경제학	UNDP	북경 호주	총 경제관료 110 명 참가
1999년 4월	-자본주의 경제학	UNDP	평양	IBRD 후원
1999년 6월	-시장경제 교육 -'경제관리 훈련'(Economic Management Training)	UNDP	미국 워싱턴	싱가포르, 말레이시아 및 호주 연수 병행
1999년 12월	-회사법 및 파산법과 함께 북한 측의 추가 요청으로 국제계약 및 법무법인(Law Firm) 설치 및 운영에 관한 법률 등	아시아 재단	북경	북한 측에서 입법 담당관·대외무역 담당 실무관리 및 법률학자 등 10여 명이 참석
2000년 3월	-세계금융시장 동향 파악과 금융인력 양성		상해	경제관료 및 학술단체 참석
2000년 6월	-자본주의 상법	UNDP	북경	김일성 대학 부총장최고 인민회의 등 고급관료 15명
2000년 1월	-대외결제 등 금융 분야 및 정보기술 산업정책 연수	상해시	상해	김정일 방중 수행 경제관리 40여명
2001년 2월	-자본주의 학습을 위한 자료수집, 기업체, 산업단지 견학		북경	무역성, 아·태평화위, 민경련 등 20명
2001년 2월	-국제경제심포지엄(국제상거래와 제도) 참가 IMF 및 IBRD 관계자 면담	미국 스탠리 재단	워싱턴	한성렬 외무성 부국장 및 무역은행 관계자 등 5명
2001년 5. 22~6.5	-조선국제무역촉진위원회 김정기 위원장 및 인민경제대학 교수	미국 포틀랜 드대	시에틀	시장경제이론, PSU와 학술교류 논의(북한학생의 유학 및 PSU 교수 북한파견

출처: 연합뉴스, 통일부 「북한동향」, 한겨레 2001. 7. 2일자. 남성욱, "북한의 경제 회복을 위한 국제사회의 역할," (정신문화연구원, 2002) 참조.

현재 북한 경제난 중 식량난은 남한을 비롯한 외부의 지원으로 극복이 가능했지만, 전반적인 경제발전을 위해서는 주민들의 경제활동에 있어서 동기부여와 과학기술에 대한 적응 등이 필요하다.23) 주민들에 대한 경제적 동기 유발을 허용하지 않고 그리고 급속한 과학 기술시대에 적응하지 않고서는 경제강국 건설은 공염불에 그칠 가능성이 높다.

따라서 '사회주의 건설의 역사적 교훈'에서 체득한 진리인 사상 교양사업을 끊임없이 강화시켜나가면서도, 이 같은 현실적 상황에 부응하기 위해서 신사고라는 새로운 명제를 제시한 것이다.24) 김정일의 신사고 발언은 정치·군사·사상의 강성대국 달성과 선군정치를 통한 체제유지에 대한 자신감을 바탕으로 경제문제 해결을 위한 보다 적극적인 자세로의 방향전환이라고 볼 수 있다.25) 이렇게 등장한 신사고 방식은 2002년 7·1경제관리개선조치와 이후 정책들로 구체화되었다고 볼 수 있다. 신사고에 의해 추진된 경제관리개선조치의 주요 골자는 임금 및 물가의 인상조치, 배급제 폐지, 공장·기업소의 독립채산제

---

23) 1990년대 말 북한의 일시적인 경제회복은 남한을 포함한 국제사회의 외부지원이 큰 역할을 수행하였으며, 남한을 포함한 국제사회의 외부지원이 없어지면 북한의 경제는 더 악화될 가능성이 높다. Nicholas Ebestadt, "Prospects for economic Recovery: Perceptions & Evidence," Joint U.S-Korea Acaedmic Studies Volume 11, 2001, The Korea Economic Institute of America, and The Korea Institute for International Economic Policy, pp.1-24.

24) 유호열, "북한의 외교전략과 남북관계 전망", 『통일경제』(서울: 현대경제연구소, 2001.9), p.44

25) 홍순직, "김정일 총비서의 신사고와 북한의 개혁·개방", 『통일경제』(서울: 현대경제연구소. 2001. 3-4), p.56., 북한은 주체성을 강조하면서 개혁·개방이란 용어 대신에 '전환', '일신', '변혁', '혁신' 등의 단어를 사용함으로써, 다른 나라와 차별성을 두려고 하고 있다. 다시 말해 신사고란 용어는 흑묘백묘(黑猫白猫), 남파북파(南爬北爬)로 상징되는 등소평의 '사상해방(운동)'과 '실사구시'정책, 베트남의 도이모이 개혁, 구소련의 고르바쵸프가 제창한 개혁(페레스트로이카), 개방(글라스노스트)의 신사고 (노보에밀셀리니, New thinking) 등과 유사한 북한식 변화의 상징어라고 볼 수 있다.

192

실시 등이며 대외개방정책은 신의주 특별행정구, 개성공단 특구, 금강산 관광특구 지정, 경의선·동해선 철도연결사업 등이라고 볼 수 있다. 이러한 조치들은 경제정책결정의 분권화, 대외무역 권한의 분산, 생산활동의 인센티브 인정 등과 적극적인 대외개방을 의미하는 것으로 계획경제체제가 시장경제체제를 지향하는 과정에서 실시되는 경제조정정책의 일환이라고 할 수 있다.26)

이와 같이 북한은 '강성대국'의 목표를 설정하고 그 원칙으로 실리주의와 신사고를 강조하며 '개혁·개방 확대전략'을 추진하고 있다고 볼 수 있다. 이렇게 경제 분야에서의 실리주의를 중시하는 정책적 변화는 북한 경제의 원칙인 자립적 민족경제건설의 기본방도인 자력갱생에 대한 새로운 의미부여에 있어서도 두드러지게 나타나고 있다.27) "현대적 기술에 의거하지 않는 자력갱생, 실리가 안 나는 자력갱생은 사실상 필요 없다"는 것이 최근 몇 해 동안에 강조된 사항을 대변해준다.28)

그러나 북한 정치체제가 갖고 있는 이데올로기의 경직성은 경제적

---

26) 박종철, "북한 발전전략과 체제안보 딜레마", 『민주평통』 346호, 2002. 11. 30.
27) "오늘날의 자력갱생은 결코 뒤떨어진 것을 창의 고안하는 식의 자력갱생이 아니다"라면서 "경제의 기술적 낙후성을 청산하고 그것을 현대적 기술로 바꾸는 혁명투쟁"임을 강조하고 있다. 『로동신문』 2001. 2. 28., 이는 2000년대에 들어서면서 북한의 자력갱생의 개념에 변화가 나타나고 있음을 의미하는 것이다. "새로운 자력갱생"으로 표현되는 이 개념은 현대적 과학기술에 기초한 자립경제를 지향한다는 점에서 과거의 것과 구별된다. 이는 북한이 '자립경제의 건설'이라는 기존의 틀을 유지하면서도 그것의 추진방식은 새로운 환경과 현실적 요구에 맞게 변경할 필요가 있음을 반영한 것이다.
28) 강일천, "7·1경제관리개선조치 1년의 평가와 재해석", 『7·1경제관리개선조치의 평가와 향후 전망』 제4회 국제학술세미나(고려대 북한학 연구소, 2003), p.14. "국가의 리익, 전인민경제적 리익을 실현하는 데 복무하지 못하고 경영손실을 내는 그 어떤 경제활동도 자력갱생으로 정당화될 수 없으며 이와 같은 현상은 더는 묵인될 수 없는 우리의 투쟁대상으로 된다.", "현대과학기술에 기초한 자력갱생이 오늘의 자력갱생이다", 『근로자』, 2002. 10월호. 참조.

실리주의와 신사고를 강조하면서도, 정치권력의 안정화를 동시에 강조하는 이중적 태도를 보인다. 김정일 위원장은 경제발전과 과학기술발전을 역설하면서 동시에 강성대국건설을 위한 3대 기둥으로 '사상중시', '총대중시', '과학기술중시'를 제시하는 등 여전히 우리식 사회주의와 자립적 민족경제노선을 강조하고 있다. 이는 북한이 직면한 대내외 정치·경제적 초기조건이 개혁·개방을 제약 혹은 촉진하는 상황에서 그 내용과 속도 그리고 범위를 선택해야 하는 기로에 서 있음을 의미한다. 또한 이를 잘 대변해 주는 것이 개정헌법 발표 이후 외부세계에서 북한의 개혁·개방 확대를 예상하는 전망이 확산되자 개혁·개방을 거부하고 나섰다는 것이다. 현실적으로 개혁·개방을 통한 경제난 극복이 최선인 상황에서 북한은 개혁·개방에 대해 "우리는 이미 주체사상의 원리에 기초하여 경제관리 체계와 방법을 '우리식'으로 끊임없이 전개하여 왔으며 지금도 개선하고 있다. 우리의 대외경제관계도 평등과 자주성의 원칙에서 열어놓을 것은 다 열어 놓았다. 우리에게는 새삼스럽게 더 개혁할 것도 없고 개방할 것도 없다. 제국주의자들이 우리보고 개혁·개방하라는 것은 결국 자본주의를 되살리라는 것이다"라고 주장하고 있다.[29]

　이와 같은 상호 모순된 김정일 위원장의 강성대국론 주장은 정치에 있어서 군부 중시를 유지하면서도 경제난 해결을 위해서는 적극적 개혁·개방경제정책을 모색할 수밖에 없는 북한 지도부의 딜레마를 표현하고 있다고 할 수 있다. 북한 지도부의 체제유지와 경제난 해결에 있어서 딜레마 상황은 1998년 이전 현상유지전략을 통한 정치체제의 안정화 달성이라는 자신감이 더해짐으로써 경제난 해결을 위해 1998년 이후에 보다 적극적인 국가발전전략을 모색할 수 있는 조건을 제공해 주었다고 볼 수 있다. 일부에서는 강성대국을 북한의 군사모험주의의

---

29) 『로동신문』, 1998. 9. 17.

194

연장선에서 보기도 하나 이는 그 일면만 보고 평가하기 때문이라고 본
다. 오히려 강성대국론에는 경제문제 해결에 대한 강한 의지가 실려있
다고 볼 수 있다. 단지 그들이 유일하게 가지고 있는 가용자원인 군을
최대한 활용하면서 경제건설을 하겠다는 것이다. 요컨대, 군사주의적
토대 위에서 경제건설에 대한 강한 열망을 나타낸 것이 강성대국론이
라고 할 수 있다.[30) 이를 잘 보여주는 것이 다음 〈표 5-2〉로 1995년
이후 나타난 당중앙의 구호의 건수와 비중에 있어서 경제관련 구호가
중시되고 있다는 것이 이를 반증한다고 할 수 있다.

〈표 5-2〉「당중앙위 구호」 분야별 건수 및 비중 추이[31)

구 분	정 치	군 사	경 제	통일·대외	기 타	총 계
1995	100(36%)	48(17%)	58(21%)	50(18%)	25(9%)	281
1998	43(19%)	35(16%)	62(28%)	17(8%)	66(30%)	223
2000	54(25%)	29(13%)	74(34%)	26(12%)	34(16%)	217

출처: 『북한동향』 제499호(통일부: 2000. 8. 5-8. 11), p.4.

또한 이를 잘 대변해주는 것이 『로동신문』 1998년 8월 22일자 정
론에서 주장된 강성대국론의 구체적 목표라고 할 수 있다. 정론은 김
정일 국방위원장의 사상으로 일색화된 사상강국, 군 중시의 정치가 구
현된 군사강국, 인민생활을 향상시킨 경제강국 건설을 3대 목표로 제
시하였다. 또한 공화국 창건 50돌을 기념하는 9월 9일의 『로동신문』
사설에서 '사상과 정치의 강국, 군사의 강국, 경제의 강국을 핵심내용

---

30) 함택영 외, 『김정일 체제의 역량과 생존전략』(서울: 경남대학교, 2000)
    pp.89-90.
31) 북한은 당창건 기념일, 정권수립 기념일 등 중요 계기마다 사전에 「당중
    앙위 구호」를 발표하여 주민 동원을 위한 선전선동 수단으로 활용해 왔
    다. 「당중앙위 구호」에서 '개혁·개방 확대전략' 시기 경제 관련 구호의
    비중이 높다는 것은 주목할 만한 변화라고 할 수 있다.

으로 하는 사회주의 강성대국 건설'을 강조하고 있다.[32] 특히 "경제건설은 강성대국 건설의 가장 중요한 과업"이라고 규정하고, "우리의 정치 사상적, 군사적 위력에 경제적 힘이 안받침될 때 우리나라는 명실공히 강성대국의 지위에 올라설 수 있다"고 밝히고 있다.[33]

또한 김정일 위원장은 항일투쟁시기 '고난의 행군'에서 승리했듯이 이제 위기에 처한 북한을 "정치 사상적, 군사·경제적 힘을 총동원하여 강성부흥의 새 시대"를 열어 나가려 하고 있다. 이 목적을 달성하기 위하여 북한공산 체제는 99년을 '수령결사용호 정신'에 기초하여 대내적으로는 ① 사회주의 군사강국, ② 사회주의 사상강국, ③ 경제강국을 이룩하며, 대외적으로는 ④ 김정일의 '민족대단결 5대 방침'에 의거 남한체제가 변혁－민족자주정부수립과 연공연북 통일－되도록 하며, ⑤ "미제의 오만한 강권행위"를 시정토록 해야 한다는 것이다. 결국 김정일의 통치방식은 ①+②로서 ③ 위기를 극복하며, ④를 이용하여 경제실리를 얻어내고, ⑤를 이용하여 안보위협을 완화하자는 것이라고 요약할 수 있다.[34]

이와 같이 북한은 개혁·개방 확대전략 시기 강성대국론을 국가발전전략으로 세워 그 핵심 분야로 경제발전을 추진함에 있어서 경제정책분야에서 신사고와 실리주의를 강조함으로써 적극적인 대내경제개혁·개방정책을 추진하고 있다. 이것은 '자립적 민족경제건설의 원칙'을 고수하던 상황에서 이에 대한 '실리주의적 자력갱생'의 해석을 시도하는 등 경제에 있어 실리주의 강조는 과거 북한의 경제정책 수립과 추진에 있어서 경제체제가 갖고 있던 체제적 특징을 강조했던 것과는 차별화된 것이라는 것이다. 또한 대내외 정치·경제적 구조하에서 북한 지도부가

---

32) "당의 영도따라 강성대국 건설위업을 힘있게 다그쳐나가자", 『로동신문』, 1999. 9. 9.
33) 1999년 북한 신년사.
34) 김갑철, '북한의 대미·대남정책과 99년 정책전망', 『East Asian Review』, 1998년 1권 참조.

이를 선택하지 않으면 안 되는 상황도 작용했다고 보기 때문이다.[35]

결과적으로 신사고에 기초한 획기적인 개혁·개방정책을 추진할 수 있었던 이면에는 정치·군사·사상 측면에서의 안정을 바탕으로 경제 분야에 주력할 수 있는 여유가 있었기 때문이다. 또한 무엇보다도 심각한 경제난이 체제유지의 최대 불안요소 중의 하나로 작용함으로써 체제유지와 생존을 위한 불가피한 선택이라고 할 수 있다. 이외에도 본격적인 김정일 시대를 맞아 새로운 경제정책 비젼을 제시해야 할 시대적 요구가 커진 점도 한 요인으로 지적할 수 있다.[36]

따라서 북한이 과거와는 상이한 '개혁·개방 확대전략'의 추진을 통해 여러 경제정책들의 변화를 시도하는 인식의 전환을 보이는 변화의 중심에는 지도부의 정치권력의 안정화를 통한 자신감의 표현뿐만 아니라, 심각한 경제난에 봉착한 상황에서 경제적 실리주의를 강조할 수밖에 없는 북한 경제현실이 자리잡고 있다고 볼 수 있다.

2) 과학기술중시

2001년 당창건 55돌을 맞이하여 발표된 '당중앙위원회 구호'에서도 김정일은 과학중시사상을 언급하면서 전자 공학, 생물공학을 비롯한 과학 기술의 첨단 분야를 빨리 발전시키며, 전자 자동화 공업과 컴퓨터 공업 발전에 힘을 넣어 21세기 현대적인 공업을 창설하자고 강조하였다. 북한이 '과학기술 중시정책'을 강조하는 배경에는 황폐화한 기존의 산업시설을 복구하는 시간과 자본이 많이 소요될 뿐만 아니라,

---

35) 최근 북한이 '혁신', '일신', '과거 관례 탈피' 등 「변화지향적 어휘」를 잇따라 강조하고 있는 것은 과거와는 다른 논조로서, 북한 내부 및 경제부문 개혁과 관련하여 주목할 만한 변화라고 할 수 있다. 특히 '변화'에 대해 알레르기 반응을 보이던 북한이 이 같은 「변화지향적 어휘」를 적극 사용하기 시작했다는 것 자체가 '변화'라고 할 수 있다. 『북한동향』 제521호 (서울: 통일부, 2001), pp.13-14.

36) 홍순직·신연희(2003), 위의 책, p.141.

그 성과도 그다지 크지 않을 것으로 판단한 상황에서 새로운 경제 성장 전략으로 부가가치와 성장 가능성이 큰 첨단산업 분야를 집중적으로 육성함으로써 낙후된 경제력을 단시일 내에 강화시키겠다는 의지의 표명으로 볼 수 있다.[37] 더욱이 이를 반증하는 것이 최근 강성대국건설과 관련한 『경제연구』, 『근로자』, 『로동신문』 등 북한문헌에 발표된 경제정책의 특징은 '과학기술이 발전하면 그것이 곧 주체의 사회주의 강성대국'이라고 강조하는 등 과학기술을 중요시하는 논설이 증가하고 있다는 점이다.[38]

김정일은 "과학기술은 강성대국건설의 힘있는 추동력입니다. 높은 과학기술이 없이 강성대국을 건설할 수 없습니다. 모든 과학자, 기술자들이 당의 구상을 높이 받들고 강성대국을 건설하는 데 나서는 과학기술적 문제들을 풀어 나가는 데 온갖 지혜와 정열을 다 바치도록 하여야 합니다"라고 강조하고 있다.[39] 또한 『경제연구』의 논문은 "과학중시사상은 우리 당이 부강조국 건설에서 전면에 내세우고 있는 전략적 로선이다. 우리 당은 혁명과 건설의 모든 사업에서와 마찬가지로 경제강국건설에도 과학기술발전을 확고히 앞세우고 있으며 이것을 올

---

37) "발전하는 현실의 요구에 맞게 최신과학기술성과에 의거하여 현존경제토대정비사업을 착실히 진행하고 그 능력을 최대한 높여 나가면 얼마든지 경제강국을 앞당길 수 있다. 여기서 중요한 것은 모든 일군들과 근로자들이 당이 혁명적 경제정책과 과학기술중시사상으로 튼튼히 무장하는 것이다." 김동식, "현존경제토대를 정비하고 그 위력을 최대한 높이는 것은 사회주의 경제강국 건설의 중요방도", 『경제연구』(평양: 과학백과사전종합출판사, 2001) 제2호 pp.9-11.
38) '우리는 사상중시, 총대중시, 과학기술 중시 로선을 틀어쥐고 올해 총진군을 다그쳐 나가야 한다. 사상과 총대, 과학기술은 강성대국 건설의 3대 기둥이다', "당창건 55돌을 맞는 올해를 천리마 대고조의 불길 속에 자랑찬 승리의 해로 빛내이자", 『로동신문』, 2000년 1월 1일자; "과학중시사상을 틀어쥐고 강성대국을 건설하자", 『로동신문』, 『근로자』, 2000. 7. 4 공동논설 등 최근 과학기술에 대한 강조가 크게 증가되었다.
39) 김정일, "올해를 강성대국건설의 위해한 전환의 해로 빛내이자", 『김정일선집』 제14호(1995-1999), p.460.

198

해 경제건설의 중심과업을 수행하기 위한 근본담보로 내세우고 있다. 과학기술중시가 강성대국건설을 위한 우리 당의 전략적 로선으로 되는 것은 무엇보다도 과학기술발전이 자체의 힘으로 경제를 발전시켜 나가게 하는 확고한 담보."라고 강조하고 있다.40) 결국 과학기술은 '나라의 부강 번영과 사회적 진보를 이룩하기 위한 기본 열쇠의 하나'이며 이와 같은 의미에서 과학기술은 '국력과 군력'이라고까지 평가되고 있는 것이다.41)

강성대국을 상위의 개념으로 하고 경제발전을 추동함에 있어서 과학기술을 그 기반으로 강조하고 있다고 볼 수 있다. 이것은 우창덕의 논문을 통해 확인할 수 있다. "〈오늘의 시대는 과학과 기술의 시대이다〉 사회주의 경제건설은 사회주의, 공산주의의 물질 기술적 토대를 쌓고 근로인민대중의 자주적이며 창조적인 생활에 필요한 물질적 수단들을 생산보장하기 위한 투쟁이다. 이 투쟁은 자연을 개조변혁하며 정복하는 과정을 통하여 진척되게 된다. 따라서 사회주의 경제건설과정은 과학과 기술의 발전을 전제로 한다"는 것이다.42)

이와 같이 북한이 '과학기술 중시정책'을 추진하는 것은 두 가지 의미가 결합되어 있음을 알 수 있다. 우선은 과학기술이 '혁명적 경제정책'을 성공적으로 수행하기 위해 필요한 수단으로써 강조되는 측면이다. 즉 먹는 문제해결과 생산의 정상화 과정에서 발생하는 기술적 문제를 효과적으로 해소하겠다는 것이다. 다음으로 경제발전을 위한 기술적 개건 즉 기술혁신을 강조하는 측면이 있다는 것이다. 이 같은 측면에서 볼 때, 북한의 과학기술 중시정책은 기술혁신이라는 차원을 넘

---

40) 강응철, "과학기술중시는 강성대국건설을 위한 우리 당의 전략적로선", 『경제연구』(평양: 과학백과사전종합출판사, 2001) 제1호 p.8.
41) 김근식, "김정일 시대의 북한 경제정책변화: 혁명적 경제정책과 과학 기술 중시정책", 『통일경제』(서울: 현대경제연구소, 2001. 12), p.43.
42) 우창덕, "기계공업에서 과학기술발전의 기본방향과 생산공정의 현대화 정도", 『경제연구』(평양: 과학백과사전종합출판사, 2000) 제4호, p.20.

어 향후 중장기 발전전략의 목표로서 이른바 '정보통신 산업'의 집중
육성이라는 보다 적극적 의미를 포함하고 있다.43) 이처럼 과학기술
중시는 낙후된 경제의 발전을 목표로 하는 강성대국론의 이념적 구호
라고 할 수 있으며 '개혁·개방 확대전략'의 일환으로 추진 중에 있는
개혁·개방정책의 성격을 읽게 하는 중요한 단초를 제공해 준다고 할
수 있다.

2. 군대중시 정치의 양면성

개혁·개방 확대전략 시기 북한의 국가발전전략을 이해하기 위해서
는 강성대국론과 함께 정치영역에서 새로운 정치적 구호인 선군정치의
성격에 대해 고찰해야 한다. 북한에서 군부를 중시하고 이를 강화하는
데 선차적인 힘을 넣는 정치라는 의미로 정의되는 선군정치라는 용어
는 1998년 5월 26일자 정론을 통해 처음 등장한 것으로 보인다.44)

여기서 주목해야 할 것은 선군정치가 군을 중시하는 것과 군을 정치
의 중심에 둔다는 것 사이에는 현격한 차이가 존재한다는 것이다.45)

---

43) 김근식(2001), 위의 책, pp.43-44. 김근식은 북한의 과학기술 중시정책
    은 중장기적인 경제발전 전략으로 경제후진국의 '개구리 도약전략(leap-
    frogging strategy)'으로 성격규정하고 있다.

44) 고상진, "위대한 령도자 김정일 동지의 선군정치의 근본특징", 『철학연구』
    1999년 1호(평양: 과학백과사전종합출판사, 1999), p.17 재인용, 박현
    옥 연구에 의하면 선군정치는 이미 1995년 5월 26일자 정론을 통해 처음
    등장한다는 것이다. 그는 김정일이 1995년 새해 첫날 제124군부대를 방
    문한 때부터 선군정치가 시작되었다고 주장하고 있다. 박현옥, "북한의 선
    군정치와 군사전략," pp.175-176., 정성장, "김정일 시대 북한의 선군정
    치와 당·군 관계", 『국가전략』(성남: 세종연구소, 2001) 제7권 3호, p.54.

45) 와다 하루키에 따르면 북한은 대외적으로는 중·소 논쟁과 쿠바미사일 위
    기 그리고 남한의 군부집권과 한일수교 등과 같은 새로운 국제긴장 속에
    있었다. 때문에 1960년대 후반의 북조선에는 국가사회주의 체제 위에 새
    로운 구조가 이차적으로 만들어졌다고 보았으며, 이를 그는 1985년부터

이것은 군 중시 정치를 군을 중심으로 통치하겠다는 것으로 잘못 이해하여 김정일 체제에 대해 '군부 중심의 위기관리체제' 또는 '군중심 비상관리체제'라고 규정하는 것은 오류가 있다는 것을 의미한다.46) 비록 정치·경제적 위기 상황에서 당의 통제력과 역할이 약화되었다고 할지라도, 북한은 당을 정치에 두는 당 우위국가라고 할 수 있으며, 위기 시에도 당-군 관계체제로 당이 정치에 중심에 있다는 것이다.47)

이에 대해 유길재는 북한의 '군사국가화'에 대해 국가기구 자체를 군사 체제화한 것이 아니라, 국가기구 체제에서 군사를 우선하고 군사 분야의 지위와 역할을 최대한 높이도록 권능을 규제한 정치체제라고 말한다. 전시 상태와 마찬가지인 현재 위기 상황을 극복하기 위해 강력한 정치적 기반을 확보하고자 하는 것인데, 그러한 정치적 기반을 당을 통해서도 얻을 수 있겠지만 경제난과 식량난으로 인해 기존의 명

'유격대국가'모델이라 제시했다. 그에 따르면 김정일 시대에 들어와 북한은 유격대 국가가 아니라 정규군 국가가 되었다고 주장한다. 그에 의하면 북한은 군대가 곧 인민이고 국가이며 당이 되기 때문에 최고 사령관인 김정일이 북한의 모든 것이 되는 정규군 국가가 되었다는 것이다. 와다 하루키·서동만·남기정, 『북조선: 유격대국가에서 정규군 국가로』(서울: 돌베개, 2002), pp.122-123.

46) 정성장(2001), 위의 책, p.61. 이에 대해 서대숙은 김정일의 정치체제는 북한에서 군인지상 정치체제가 출범했음을 말해준다고 지적한다. 이 체제는 군국주의 국가들에서 흔히 볼 수 있는 현역 군인들의 정치개입이나 그들의 과도한 정치적 영향력을 행사하는 정치체제가 아니라, 군인들의 정치개입을 제도화한 정치체제라고 규정하고 있다. 한마디로 김정일 시대의 북한은 노동당이 아니라 군부가 통치하는 체제로 변화되었다는 것이다. 이와 같은 이유로 북한은 당-국가체제에서 기형적인 군-정-당체 체제로 바뀌었다고 주장한다. 서대숙, 『현대 북한의 지도자: 김일성과 김정일』(서울: 을유문화사, 2000), p.223.

47) 이종석은 이에 대해 김정일이 "군대에서는 당 정치사업을 활발히 벌이고 있지만 사회의 당 정치사업은 맥이 없습니다"라고 말한 것을 근거로 김정일이 북한 군대를 높이 평가한 것은 다름 아닌 군대의 당 사업을 높게 평가했기 때문이지, 군이 당보다 우위에 있지는 않다고 바라본다. 이종석, "김정일 시대의 조선노동당: 위상·조직·기능," 이종석, 백학순, 『김정일 시대의 당과 국가기구』(성남: 세종연구소, 2000), pp.18-19.

령경제 시스템이 작동할 수 없는 상황에서는 당이 그 효율성을 담보할 수 없다는 것이다. 이와 같은 이유로 최고 권력가인 김정일에게는 당이든, 군이든, 정부기구든 필요하면 그 중 어느 한 부분을 부각시켜 활용할 수 있는 권력자원이었다. 때문에 북한은 권력자원을 활용할 수 있는 범위 내에서 선택할 수 있는 유일한 대안이 집단성, 효율성, 상명하복의 충성심을 최고의 덕목으로 삼는 군을 부각시키는 '군사 국가화'였다는 것이다.48)

김철우는 "선군정치를 군, 당, 민중이 일심단결되고 운명공동체로 결집된 이북 사회주의의 본성에 뿌리를 둔 이북고유의 정치방식이며, 선군정치는 무엇보다도 군대가 곧 당이라는 정치철학에 기초한다"고 주장한다.49) 이것은 북한의 선군정치가 결코 군부 우위의 군사 국가화를 지향하거나 군대에 대한 당적 영도의 원칙을 약화시키는 것이 아님을 의미한다고 볼 수 있다. 또한 선군정치는 단순히 군력 강화 그 자체에만 목적을 둔 정치가 아니라, 군대를 강화하고 그 위력에 의거하여 혁명과 건설의 전반사업을 힘있게 밀고 나가는 데 목적이 있다는 것이다.50) 이것은 선군정치의 성격이 정치에서 군을 중시하면서, 경제에서의 군의 역할을 강조하는 양면성을 갖고 있음을 의미한다고 볼 수 있다.51)

---

48) 유길재, "예외국가의 제도화: 군사 국가화 경향과 군의 역할 확대", 『현대북한연구』 제4권 1호(서울: 경남대학교 북한대학원, 2001), pp.121-157.
49) 김철우, 『김정일 장군의 선군정치: 군사선행, 군을 주력군으로 하는 정치』 (평양: 평양출판사, 2000), p.49.
50) 정성장(2001), 위의 책, p.62.
51) 이대근은 김정일 시대 '군중심의 위기관리체제' 인민군의 정치적 역할을 증대시켰지만 인민군의 정치적 영향력은 강화되지 않았다고 본다. 당의 헤게모니 약화는 인민에 대한 동의와 설득의 힘이 약화됐다는 것을 뜻하지 강제력과 통제 기능 상실을 의미하지 않는다는 것이다. 북한체제를 작동시키는 물리적인 통제 메커니즘으로서 당은 정상 작동되고 있다는 것이다. 따라서 당이 국가와 군대를 전일적으로 지배하는 사회주의 일반의 당—국가체제의 성격은 김정일 시대에도 지속되고 있다고 주장한다. 이대

이와 같은 주장에 대해 김철우는 "인민군대가 혁명의 주력군, 기둥으로서 혁명과 건설을 앞장에서 밀고 나가고 있는 이북의 독특한 정치상황을 반영한 것이고, 군대는 이 나라 사회주의 정치실체를 고수하는 유일한 주력군으로 되고 있을 뿐만 아니라, 북조선이 처한 모든 경제적 난관을 극복하는 말 그대로 최고 사령관의 돌격대, 주력부대로 활동하고 있다"고 주장한다. 또한 "이북은 〈고난의 행군〉, 강행군 시기에 그러했던 것처럼 앞으로도 인민군대를 혁명의 주력군, 기둥으로 내세워 강성대국을 건설하려고 하고 있다"는 것이다.52) 김정일도 선군정치 방식을 언급하며 군의 역할에 관하여 다음과 같이 강조하고 있다. 즉 김정일은 "인민군대를 기둥으로 하여 사회주의 건설을 힘있게 다그쳐 나가는 것이 선군정치 방식의 기본요구이다. 조선인민군은 조국보위의 핵심력량일 뿐 아니라 사회주의 건설의 강력한 기둥이며 선봉이다"라고 강조하고 있다.53)

현재 북한은 경제난과 사회적 이완현상에 제대로 대처하지 못하는 로동당을 대신해 인민군대가 정치의 전면에 나선 상태이다. 때문에 군대가 김정일 국방위원장에 의해 직접적으로 통제되는 경향의 강화, 국방위원회 등 군 기구의 제도적 위상 강화, 당-군 관계에서 군의 자율성 강화 등이 이루어지고 있다는 것이다. 이런 측면에서 북한지도부의 기본적인 인식은 경제위기 원인에 대한 분석보다는 군대를 통한 위기극복에 초점을 맞추고, 체제생존 전략은 군사주의와 경제적 실용주의를 동시에 추구하는 양면성이 있다는 것이다. 또한 현재 군사주의가 오히려 경제적 실용주의를 뒷받침하기 위해 활용되는 측면이 보다 크다는 것이다.54)

근, 『조선인민군의 정치적 역할과 한계: 김정일 시대의 당·군 관계를 중심으로』(서울: 고려대학교 박사학위논문, 2000), p.246.
52) 김철우(2000), 위의 책, p.221.
53) 김현환, 『김정일 장군 정치방식 연구』(평양: 평양출판사, 2002), pp.214-215.

실제 북한에서 군은 안보문제와 정치문제뿐만 아니라 사회경제적 활동에 있어서 중요한 역할을 수행했다. 시기에 따라 인민군의 사회 경제적 활동에 정도의 차이는 있지만 사회 경제적 활동을 한 해의 업적으로 제시한다는 점이 이를 뒷받침해 준다. 그 일례로 농사 지원은 인민군의 전통적 역할에 해당한다. 군인들이 봄과 가을철 주둔 부대 주변의 농민을 돕는 것은 '군민일치'의 미풍양속으로 오랫동안 선전되어왔다. 김일성은 "인민군이 지방 당을 정치적으로 도와주도록 촉구하는 등 주둔 부대와 인근 주민 간 '혈연적 연계'를 강조할 만큼 부대와 농민 간의 협력"을 강조해왔다. 김정일 시대에도 영농지원은 전통적인 군민일치 운동의 하나로 지속되었다.55) 이처럼 군의 역할이 경제난이라는 위기 상황에서 정치에서뿐만 아니라 경제에서도 확대되었다고 할 수 있다. 때문에 개혁·개방 확대전략 시기 북한의 선군정치가 갖는 양면성은 대내외적 위기를 돌파하려는 새로운 이데올로기의 변용의 측면이 있다는 것이다. "선군정치는 혁명의 주체, 력사의 자주적인 주체가 다름 아닌 수령, 당, 대중의 통일체라는 원리에 바탕하여 군대이자 곧 당이고 국가이며 인민이라는 정치철학을 그 이데올로기적 기초로 삼는 정치이다"는 것에서 이를 알 수 있다.56)

또한 선군사상으로 "우리식의 당, 국가, 군대 영도체계가 튼튼히 세워져 조선혁명대오의 일심단결의 전통을 세기를 이어 억세게 계승해 나갈 수 있는 확고한 담보가 마련되게 되었다"고 주장한다.57) 이것은 전술하였듯이 북한이 직면한 경제적 위기 상황을 극복하기 위한 수단으로써 군사부문을 이용하려는 것으로 현 체제의 유지를 위해 상대적

---

54) 김용현, 『북한의 군사국가화에 관한 연구』(동국대학교 박사학위논문, 2001), pp.143-144.
55) 이대근, 『조선인민군의 정치적 역할과 한계: 김정일 시대의 당·군 관계를 중심으로』(서울: 고려대학교 박사학위논문, 2000), pp.176-177.
56) 김철우(2000), 위의 책, pp.48-51.
57) 『로동신문』, 2003. 4. 14.

으로 경쟁력이 강한 군사부문을 활용하는 방법을 택한 것으로 볼 수 있다.58) 군사우위정책을 내세워 김정일 정권의 체제유지를 강화하고, 적극적인 대외개방을 병행함으로써 북한의 위기 상황을 극복하려는 정책적 기조라고 할 수 있다.

이와 같이 내부통제차원에서 선군혁명 영도로 불리기도 하는 선군정치는 김정일 정치의 특징으로 선전되고 있는데, "인민군대를 핵심으로 하여 혁명대오를 튼튼히 꾸리고 혁명적 군인정신을 무기로 하여 사회주의 건설을 밀고 나가는 것"으로 규정되기도 한다.59) 결국 이것은 군대를 중심으로 사회주의를 이끌어간다는 것을 의미한다.

그러나 이렇게 김정일이 군사주의를 추구하는 이유는 다음의 네 가지 정도로 추정할 수 있다. 첫째, 대내적으로 그들의 심각한 경제난에 따른 주민 불만이나 동요를 막고 체제를 단속하는 방법으로 군사주의를 이용하고 있다는 것이다. 즉, 군사주의의 강조를 통해서 현안의 경제난이라는 문제 자체를 희석시키려 하는 경제난 회피담론으로 군사주의가 추구되고 있다는 것이다. 예컨대 북한지도부는 지금 미국 등 제국주의세력의 압살과 봉쇄정책에 맞서서 체제수호를 위해서 국방력을 강화시키다보니 경제가 이 지경에 빠졌다고 변명하고 있다. 둘째, 내부경제자원이 고갈되어 유일한 가용자원이 군대밖에 없는 상황에서 외부세계에 대해서 그들의 가치를 인정받기 위한 방편으로 군사주의를 활용한다는 것이다. 셋째, 군대를 중시해온 북한 독재체제의 관성에 영향을 받고 있다는 것이다. 넷째, 새로운 국가기구체계에서 김정일의

---

58) "김정일 장군의 선군정치방식은 앞으로도 인민군대가 민중의 행복의 창조자답게 사회주의 건설의 돌파구를 힘있게 열어 제끼며 전체 민중이 인민군대의 혁명적 군인정신, 투쟁기풍, 생활기풍을 적극 따라 배워 새로운 기적과 위훈을 창조해 나갈 수 있게 하는 독창적인 정치방식이다"고 강조한다. 김현환(2002), 위의 책, p.216.

59) 로동신문의 선군정치에 대한 정의는 "인민군대를 혁명의 기둥, 핵심부대로 내세우고 혁명군대를 강화하는 것을 통해 혁명과 건설 전반을 밀고 나가는 정치방식이다." 『로동신문』, 2000. 11. 20.

국가기관에서의 최고 위상이 국방위원장이며, 이에 따라서 국방위원장을 국가수반으로 규정하면서 나타나는 현상이기도 하다는 것이다.[60]

결과적으로 김정일의 군사우위노선은 북한 정치에서 다른 국가기관에 비해 군부가 정치적인 영향력을 상대적으로 확대시켰고, 1998년 김일성 헌법제정으로 국가 주석직을 폐지하는 한편, 국방위원회 위원장의 권한에 대해 일체의 무력을 지휘 통솔한다는 종전 규정에 할지라도 전반을 지도한다고 추가함으로써 국방위원회 위원장을 명실상부한 제일의 권력자로 만들어 놓았다. 이로써 김일성 사망 후 헌법개정을 통한 정치체제의 권력승계는 실제적 실권자인 김정일을 제도적 권력자로 안정화시키는 역할을 했다. 이와 같은 김정일 체제의 권력 안정화는 경제문제 해결을 위한 새로운 경제발전전략을 추진하게 하는 중요한 요인으로 작용했다고 할 수 있다. 또한 이와 같은 현상은 북한이 탈냉전 초기 유지해온 현상유지전략을 통한 '위기 관리체제'가 강성대국론을 통해 김정일 체제로 제도화하는 데 중요한 지배담론의 역할을 했다고 볼 수 있다.

이와 같은 측면에서 볼 때, 북한 지도부는 대내적으로 김정일 영도력을 활용하고, 대외적으로는 협상력을 강화시키고자 체제생존에 불가피한 선택이었던 선군정치를 적극적으로 활용하고 있다. 이것은 대내적으로 김정일이 최고 사령관으로 있는 무적의 군대라고 선전하면서, 북한의 국방력을 세계에서 가장 강한 것으로 되게 하는 요인은 바로 '김정일 장군의 군사정치'라고 설명해 왔다는 것에서 알 수 있다. 또한 김정일은 2000년 8월 방북한 남한 언론사 사장단과의 면담 시 "내 힘은 군력에서 나옵니다. 내 힘의 원천으로는 두 가지가 있습니다. 첫째가 모두가 일심단결하는 일이고 두 번째가 군력입니다. 외국과 잘 되도 군력이 있어야 하고 외국과의 관계에서 힘도 군력에서 나오고 내

---

60) 이종석, "1999년 북한전망: 군사주의와 경제적 실용주의의 이중전략 추구", 『정세와 전략』(서울: 세종연구소, 1999), 1월호 참조.

힘도 군력에서 나오고 있습니다. 다른 나라와 친해도 군력을 가져가야 합니다"라고 말했다.61) 이처럼 선군정치를 통한 김정일 체제의 권력강화는 김정일에게 새로운 과제 즉 김정일 정권의 정치권력 안정화를 확보하기 위한 대내외적 비젼을 필요로 했다고 볼 수 있다.62) 이것이 선군정치로 표출되었다고 볼 수 있다.63)

따라서 선군정치는 군부를 중시하는 정치라고 볼 수 있지만, 위기를 돌파하기 위한 효율적 수단인 군의 정치적 역할을 강조할 뿐만 아니라, 경제발전을 위한 가용자원으로써 군의 경제적 역할을 동시에 중시한다는 양면성을 내포하고 있다는 것이다.64) 이 같은 선군정치의 양

---

61) "방북언론사장단-김 위원장 대화록(2)", 『중앙일보』, 2000. 8. 14, 정성장(2001), 위의 책, pp.60-61.

62) 이종석은 냉전 초기 경제위기 상황에서 북한의 최고 리더십이 군과 당관계 사업에만 노력을 집중하고 경제는 정무원에만 맡겨 놓음으로써, 결과적으로 북한의 경제부문에 최고 리더십이 부재하게 됨으로써 북한의 경제회복에 대한 기대가 힘들었던 구조적 문제는 1997-1998년 이후 극복되어 가고 있다고 주장한다. 북한은 이제 김정일이 정치·경제·군사부문을 함께 "틀어쥐고" 정책조정을 하게 됨으로써, 경제부문에서의 최고 리더십의 부재현상을 극복하고, 통합적인 리더십을 회복함으로써, 북한의 경제개혁과 경제회복에 대해 일말의 가능성을 보게 되었다고 주장한다. 이종석·백학순, 『김정일 시대의 당과 국가기구』(성남: 세종연구소, 2000), pp.73-74.

63) 선군정치는 전술하였듯이 정치적 의미로 설명될 수 도 있지만, 확고한 조직력과 기동력에서 월등히 우월한 집단인 군대를 경제재건의 선봉대로 투입하여 경제발전의 효과를 낼 수 있다는 측면에서 경제적 의미로 찾아 볼 수 있다. 한정된 자원의 효율적 배분과 경제발전을 위해 군대라는 조직을 동원하는 것은 가장 실리적인 선택이기 때문이다. 강일천, "7·1경제관리개선조치 1년의 평가와 재해석", 『7·1경제관리개선조치의 평가와 향후전망』, 제4회 국제학술세미나(고려대 북한학 연구소, 2003), p.15.

64) 로버트 스칼피노 교수는 북한은 1995년 식량난으로 남한과 일본의 원조에 의존해야 했으며 1991년 이후 경제 30%가 위축된 상태라고 주장한다. 그러나 그는 주체사상이 민족주의로 효율적이게 작용하고 있는 상황과 김일성 사망 후 김정일 계승에 심각한 도전에 직면한 상황에서 군부의 영향력 증가는 복잡한 환경을 조성하지만 중국과 베트남이 직면하지 않았던 심각한 외부위협에 직면한 것으로 본다면 군부의 급진적 역할이 급진적인

면성은 현상유지전략의 한계를 극복하기 위한 대안으로 경제적 실리를 중시하는 '개혁·개방 확대전략'이라는 국가발전전략의 변화를 읽을 수 있는 단초를 제공해준다는 측면에서 그 의의가 있다고 할 수 있다.

제2절 '개혁·개방 확대전략'의 외부적 요인

1. 동북아 주변삼국의 대북정책 특징과 그 영향

북핵 문제의 국제적 성격은 한반도 주변국의 대북정책 변화에 지대한 영향을 미쳤다. 이와 같은 측면에서 볼 때, 개혁·개방 확대전략 시기 한반도 주변삼국의 대북정책 변화를 고찰하는 것은 북한의 개혁·개방정책을 이해하는 데 중요한 함의를 제공한다고 본다.

먼저 중국의 대북정책은 경제적 실리보다 전략적 협력을 중시하는 정책변화를 보였다. 이는 중국이 경제적 이익과 안보적 이익 사이에 딜레마에 직면한 상황에서 추진하고 있는 일련의 외교정책과정의 분석을 통해 알 수 있다. 중국은 북핵 문제에 대해 경제적 이익을 위해 평화적 해결을 원하는 입장을 천명하였고, 동시에 미국의 대북강경정책이 중국의 안보위협요인으로 작용한다는 인식에 기반하여 이를 견제하는 정책을 추진하였다.65) 이 같은 대외정책은 중국이 사회주의 현대

것은 아니라고 주장한다. Marcus Noland, "The External Economic Relations of the DPRK and Prospects for Reform," Samuel S. Kim, *North Korea Foreign Relations in The Post-Cold War Era*, Oxford University Press, 1997, pp.187-188.

65) 미국은 북한과 이란 등 불량국가들의 위험출현에 집중보다 중국의 핵 억지력 상실을 우려하고 있고, 미국의 핵무기 정책은 러시아와 불량국가들에 대한 관심보다는 중국에 관심을 돌려야 한다. Brad Roberts,

화 건설을 위해서는 국제정세가 비교적 장기간 평화를 유지하는 환경
이 필요하다는 점을 분명하게 인식해 왔기 때문이다. 그리고 1990년
대 중반까지만 해도 여전히 세계정세에 대해서 낙관적인 전망을 하고
있었다.

그러나 1990년대 말에 이르러 나타난 일련의 새로운 흐름 속에서
그들의 인식에 부분적 수정을 가하고 있다고 볼 수 있다. 무엇보다도
중국은 세계가 다극화 추세를 띠고 있다는 기존의 인식을 바꾸어 미국
의 패권주의 추구로 상징되는 일극화의 경향이 병존한다고 보기 시작
하였다는 것이다.66) 이는 미국의 패권주의가 날로 성장하는 중국을
견제하는 반중국의 경향을 띠고 있다고 판단하기 시작했다는 것을 의
미한다.67) 이를 반증하는 것이 2000년 강택민 중국 국가주석과 러시
아 대통령 푸틴의 베이징 정상회담에서 미국이 일방적 군사안보·이익을
추구한다고 비난하는 데서 알 수 있다. 중국의 입장에서 미국의
MD(Missile Defense policy)정책은 북한과 이란을 위협하기 위한
것으로 말하지, 이것은 중국을 견제하기 위한 것이라고 비판했다. 이
는 경제발전을 통해 부상하고 있는 중국을 봉쇄함으로써 미국이 세계
패권을 유지하려는 시도라는 것이다.68)

Robert A. Manning, and Ronald N. Montaperto, "China: The
Forgotten Nuclear Power," Foreign Affairs Volume 79 No.4
July/August 2000, pp.53-53.

66) 이종석·백학순 외, 『남북정상회담 이후 주변 4강의 대북정책 변화와 우
리의 대응방향』(성남: 세종연구소, 2001), pp.75-76.

67) 중국은 막강하고 잠재적 팽창주의로 나갈 가능성이 있다. 경제와 안보 영
역에서 아시아의 패권을 추구할 것이며 동아시아에서 미국의 경제·안보
적 이익에 위협요인을 작용할 것이다. 중국은 동아시아에서 미국의 잠재
적 위협국이다. Kim R. Holmes and Thomas G. Moore, *Restoring
American Leadership: A U.S. Foreign and Defense Policy
Blueprint*, The Heritage Foundation 1999, pp.17-19.

68) Nicholas Berry, "U.S. National Missile Defense: Views from
Asia," Center for Defense Information, May 2001, pp.2-5.

이와 같은 미국의 안보전략에 대한 우려와 함께 2001년 부시 행정부 등장 이후 미국 지도부의 중국에 대한 적대적인 발언과 대만 문제를 둘러싼 중국을 자극하는 행동은 중국의 군사적 위협의식을 증가시켰다. 이와 같은 측면에서 볼 때, 미국의 안보전략과 연계된 북핵 문제는 중국의 대외전략 수정에 중요한 변수로 작용했다고 볼 수 있다.

중국에 있어서 미국의 안보전략에 대한 불안은 미국의 북핵 문제에 대한 대북강경정책의 추진과 함께 더욱 심화되었다.69) 중국은 북핵 문제가 단순히 주변국 문제가 아니라 미국과 중국의 국가이익 충돌로 인식하였다. 중국은 이 문제를 국제적 성격의 문제로 인식했기 때문이었다. 중국은 북한에 대한 미국의 위협은 '순망치한' 관계인 중국에 대한 위협이며, 이것이 야기하는 동북아시아의 안보불안은 중국의 국가이익과 배치되는 것이었다. 이 같은 인식하에 중국은 북핵 문제 해결의 평화적 해결을 줄기차게 주장해 왔던 것이다.70)

개혁·개방 확대전략 시기 중국은 북한이 개방정책을 본격적으로 확대 추진하기를 강하게 희망하고 있으며 북한도 이 문제에 대해서 과거와는 상이하게 긍정적인 방향으로 움직이고 있다. 중국은 북한을 국제

---

69) 미국의 MD(Missile Defense policy)정책은 중국의 군사력 증강의 원인 되고, 중국은 미국의 MD정책을 돌이킬 수 없는 정책으로 인식하며 미사일 개발에 대한 어떠한 제안에 대서도 수용하지 않을 것이라고 내다 봤다. 이들은 MD정책은 그것이 기대하는 것보다 덜 효과적이며 중국과 러시아의 반응은 과거 미국보다 덜 안전하게 말들 것이라고 진단하고 있다. Brad Robert, Robert A. Manning, and Ronald N. Montaperto(2000), *op. cit.*, pp.62-63.

70) 중국의 첫 번째 국가이익은 경제발전, 중국의 리더십은 포괄적인 국력으로 경제를 가장 중요한 요소로 인식, 두 번째 국가이익은 주권보장과 영토통합, 세 번째 국가이익은 다극체제의 세계에서 강국이 되는 것, 경제발전을 중시하는 이유는 경제력의 약화가 공산당 정통성 약화와 사회불안, 군사력 약화, 외세위협으로 작용할 것이기 때문이다. Nicholas Berry, "U.S. National Missile Defense: Views from Asia," Center for Defense Information, May 2001, p.1.

210

사회의 정상적인 행위자로 끌어내기 위해서 북한과 서방과의 관계개선에 대해 적극적인 입장을 보이고 있다. 이러한 중국의 태도는 북한지도부가 완고한 진영체제를 버리고 탈냉전의 추세에 부합하는 국제협력 대외노선을 추구하기를 바라는 데서 나온 것이다. 다른 한편으로 미국이 북한을 불량국가로 규정하면서 국제적 행위규범 준수와는 거리가 먼 비합리적 집단으로 몰아가려는 움직임을 제어하기 위한 것으로도 볼 수 있다.71)

이와 같은 중국의 대북정책 변화는 2000년 5월과 2001년 1월에 김정일 국방위원장의 중국방문으로 구체화되었고, 이후 양국관계는 보다 밀도 있는 정치·경제적 협력이 확대되는 양상을 보이고 있다.72) 이 같은 변화를 현상유지전략 시기 중국이 보여주었던 실리주의적 대북노선과 비교할 때, 개혁·개방 확대전략 시기 중국의 대북정책은 전략적 협력관계를 유지하는 방향으로 변화했다고 볼 수 있다.73) 즉 동북아에서 미국과 중국의 영향력 경쟁이 존재하는 상황에서 중국은 북

---

71) 이 시기 중국의 대한반도 정책의 변화는 한편으로 남북한 균형외교를 견지하면서도, 다른 한편으로는 북한과의 관계에 중점으로 두는 방향으로 설정되었다. 이를 위해 첫째, 북·중 관계를 활성화하고, 둘째, 양국 최고 지도부와 정계인사들의 정기·부정기 상호방문 및 교류 메커니즘을 만들어 나가며, 셋째, 양국 경제협력의 실질적인 발전을 도모했다. 이종석·백학순 외(2000), 위의 책, pp.77-80.

72) 2001년 북·중 정상회담에서 논의된 주요의제는 21세기 북·중 협력관계의 공고화, 대미관계 및 MD문제에 관한 협력, 경제부문의 협력 및 지원방안, 한반도 및 동북아 정세 등이었다.

73) 2002년 한·중 간의 교역규모는 4백11억 달러였고, 한국의 대외무역규모에 있어서 중국은 2001년 이미 일본을 넘어섰고, 2003년 말에는 미국을 추월할 것으로 예상되고 있다. 한·중 간 무역규모 대비 북·중 간 무역규모는 한국의 1/55수준으로 7억 4천만 달러에 불과하다. 이 중 식량과 공산품이 5억 7천만 달러에 이른다. 중국은 경제적으로는 남한을 중시하고, 군사·안보적 측면에서는 북한을 중시하는 전략적 관계를 설정한 상황에서 한반도 정책을 추진하고 있다고 볼 수 있다. 『중앙일보』, 2003. 8. 1. 참조.

한의 핵 문제 발생을 북한만의 문제가 아닌 동북아 패권경쟁으로 인식하고 있다는 것이다. 이것은 개혁·개방 확대전략 시기 북·중 관계가 전략적 협력관계로 발전하는 데 중요한 요인으로 작용했음을 의미한다. 때문에 북한은 체제유지를 위한 '생존전략'의 차원에서 대중국외교를 추진했다. 반면, 중국은 경제성장의 안정성 확보를 위해 한반도에서 현상유지를 원하는 전략적 목적하에 대북정책을 추진했으며, 이는 양국의 이해가 일치하였다는 것을 의미한다. 이와 같은 이유로 중국의 전략적 협력관계로의 대북정책 변화는 2002년부터 구체화된 개혁·개방 확대전략의 실체인 개혁·개방정책의 성과에 상당히 중요한 영향을 미칠 것이다. 또한 북핵 문제에 있어서도 조정자로서의 중국의 영향력이 높아질 것이다.

다음으로 개혁·개방 확대전략 시기 러시아의 대북정책 전개과정을 통해 정책변화의 특징을 보면 다음과 같다. 현상유지전략 시기 러시아는 북한과 경제적 실리주의 외교관계를 통해 초기에 소원해지지만, 이후 전통적 우호친선관계를 회복하는 관계로 변화되는 특징을 보였다. 1995년 8월 러시아는 사문화 선언 이후 1996년 9월 폐기됐던 '조−소 우호협조 및 호상원조에 관한 조약'을 대체하기 위한 신조약 체결 협상이 1997년 1월부터 시작되었다. 1999년 3월 평양에서 북·러 외무차관 회담에서 새 조약에 가조인하였고, 2000년 2월 북·러 외무장관 회담에서 '조−러 친선 선린 및 협조에 관한 조약'이 정식으로 서명함으로써 그간 멀어진 양국관계를 정상화되었다.74)

---

74) 이종석·백학순 외(2000), 위의 책, p.49., 이바노프 러 외무장관이 방북하여 '신조약'에 조인하고 기자회견에서 , 이 조약이 북·러 친선관계를 발전시키는 법적 기초로서 한반도와 지역안정에 이바지할 것이라고 언급하고, 한반도의 안정을 위한 러시아의 역할을 강조하였다. 주목할 것은 러시아가 "한반도 통일을 위해 모든 지원할 용의"를 표명하고, 북·러 간 과학·문화·교육 분야 교류를 발전시킬 필요성을 언급했다는 것이다. 출처: 『북한동향』 제473호(서울: 통일부, 2000), p.20.

212

또한 2000년 7월 푸틴 러시아 대통령은 평양방문을 통해 북한과의 전략적 협력관계를 강조하며, 「북·러 공동선언」을 채택함으로써 한반도 문제의 평화적 해결과 미사일 문제에 대한 '조건부 미사일개발 중단' 그리고 북·러 간 경제협력의 기틀을 마련하였다.75) 이후 2001년 8월에 김정일 국방위원장은 러시아 답방외교를 통해 북·러 관계의 정상화를 확인하였다. 러시아의 대북정책이 과거의 우호협력 관계로 복원되는 것을 의미했다. 한반도가 핵 문제로 위기국면에 접어든 상황에서 북·러 간 새로운 공동선언 채택은 동반자 관계를 재확인 한 북한의 대외관계에서 새로운 활력소로 작용했다고 볼 수 있다. 이렇게 과거 소원했던 러시아와의 관계 강화는 북한이 정치·외교 및 군사적인 측면과 아울러 경제적인 측면에서도 고립외교를 탈피할 가능성을 열어놓았다는 측면에서 중요한 의의가 있다.76) 또한 북·러 정상은 정상회담을 가진 뒤 채택된 8개항의 '모스크바 선언'은 양국의 정치 군사적 협력협정 체결, 교역확대와 전력협의, 북한의 철도현대화를 위한 러시아의 지원 확보, 한반도 문제해결에의 공감대 형성, 미국의 미사일방어체제(MD) 계획에 대한 공조 구축 등을 내용으로 한 양국 간 현안에 대한 포괄적 합의였다. 이것이 갖는 의의는 북·러 관계가 전방위 협력구도로 발전했음을 의미하는 것이기 때문이었다.77) 이처럼 러시아의 대북정책이 전략적 협력관계로 발전하게 된 원인 중의 하나는 미국 부시 행정부가 '힘의 우위를 바탕으로 한 현실주의 외교'를 공언했

---

75) 「북·러 공동선언」은 11개항으로 구성되어 있으며, 김정일 위원장과 푸틴 대통령이 직접 서명하였다. 주목할 것은 ②항: 상호 침략 또는 안전위협 상황발생시 지체 없이 접촉 ③항: 「남북공동선언」에 따른 남북의 자주적 통일노력지지 ⑥항: 아태지역의 TMD 반대, 북한 미사일의 평화적 성격 강조 ⑧항과 ⑩항: 국제경제협조 확대(⑧항), 쌍방 무역·경제 및 과학기술 연계를 적극 발전(⑩) 등이다. 『북한동향』 제496호(서울: 통일부, 2000), pp.7-8.

76) 유호열(2001), 앞의 책, pp.45-46.

77) 『연합뉴스』, 2001. 8. 5.

기 때문이다. 미국은 MD체제 구축과 미·일 동맹의 강화 및 일본 자위대의 집단 자위권 행사 등 역할 확대권유, 대중·대북 고압정책 등을 추진하여 동북아의 정세를 긴장시켰다. 이 같은 미국의 MD체제 구축을 통한 안보전략의 변화는 러시아의 우려를 자아냈으며, 동북아에서 북핵 문제로 야기된 안보환경의 변화가 미국 중심으로 변화되는 것은 러시아의 동북아 국가전략과의 충돌을 의미했다.78)

이와 같은 이유로 북핵과 미사일 문제의 해결 방향이 향후 러시아의 동북아시아 국가전략에 중요한 변수로 작용할 가능성이 높다. 때문에 러시아는 북한과의 관계를 1990년대 초 실리주의 외교에서 1990년대 말에 전략적 협력관계로 복원하게 된 것이다.79) 이 같은 북·러 관계가 복원된 이유는 러시아의 동북아 지역에 대한 세 가지 국가안보이익을 국가전략 차원에서 추진하고 있기 때문이라고 볼 수 있다. 첫째는 가장 중요한 좁은 의미의 안보이익으로서 동부국경지역의 안전보장과 단일한 정치, 경제, 사회, 문화 공간으로서의 영토적 통일성을 보전하는 것이다. 둘째는 경제안보이익으로, 시베리아와 극동지역의 전략자원 및 기간산업의 보호 등이다. 셋째는 지정학적 위상강화를 위한 정치적·전략적 균형추 역할 회복이다. 이것은 '균형자적 등거리 외교'를

---

78) MD정책은 NMD(National Missile Defense)와 TMD(Theater Missile Defense)로 나뉘는데 미국이 동아시아의 동맹국 및 우방국을 포괄하는 TMD구축 계획을 구체화하면서 동아시아 각 국의 반응도 엇갈린다. 과거 사회주의 동맹국가들인 북한·중국·러시아는 NMD는 물론 TMD에도 원칙적으로 반대의사를 분명히 하는 반면, 동아시아 TMD안보우산에 속하는 한국·일본·대만은 자국의 이익과 안보환경을 고려하면서 TMD 입장을 정리하는 데 부심하고 있다. 러시아는 미국 부시 행정부의 MD정책에 대해 향후 10년간 군비를 두 배로 늘릴 것이며, 미국은 불량국가들의 위협에 대처한다는 명분을 구실로 MD체제구축을 합리화하고 있다고 비판했다. 이삼성 외, 『한반도의 선택』(서울: 삼인, 2001), p.121, p.140.
79) 러시아는 미국의 북한위협에 대한 MD정책추진은 넌센스(nonsense)라고 비판하고, 북한의 ICBM추진에 대해 미국의 NMD 추진 정당성을 제공하기에 철회를 요구했다. Nicholas Berry(2001), *op. cit.*, p.5.

통한 러시아의 국제적 지위향상, 미국의 주도적인 영향력 견제, 중·일 간 군비확장을 포함한 패권경쟁 저지, 동북아의 정치·군사적 요충지인 한반도의 평화정착과정에 러시아의 역할을 강조한 것을 의미한다. 또한 북한과의 관계정상화와 김정일 정권지지 그리고 한국과의 전략적 협력관계 유지·강화를 병행하면서 한반도에 대한 영향력 회복하려는 의도가 있음을 의미한다.[80]

이와 같은 러시아의 국가전략은 미국의 세계전략과 충돌양상을 의미한다. 이 충돌은 경제발전에 신경을 곤두세우고 있는 러시아 입장에서 딜레마라고 할 수 있다. 러시아는 경제발전을 위해서는 미국의 경제적 지원이 필요하고, 군사·안보적 상황에서는 미국을 견제해야 하는 상황에 직면해 있기 때문이다. 이 같은 딜레마 상황에 처한 러시아는 북한을 새로운 전략적 동반자로 인정하며, 북·미 관계와 남북관계에서 '정치적·전략적 균형추 역할'을 하는 외교정책을 추진하고 있다고 볼 수 있다. 이와 같은 측면에서 볼 때, 러시아의 북한에 대한 입장변화는 동북아 안보상황의 변화조짐에 기인한다고 볼 수 있으며, 이것이 북·러 관계의 새로운 출발점을 강화하는 데 일정부분 역할을 했다고 볼 수 있다. 또한 북·러 관계 변화의 추동력은 북한의 개혁·개방 확대전략 추진에 있어서 러시아의 역할을 기대하게 하는 중요한 단초를 제공해 준다고 본다.[81]

마지막으로 일본의 대북정책의 변화는 다음과 같이 설명할 수 있다. 북일관계는 정치적으로 정식 외교관계 수립은 없었음에도 경제적 교류

---

80) 홍현익·이대우, 『동북아 다자안보협력과 주변4강』(성남: 세종연구소, 2001), pp.146-148.

81) 2001년 북·러 정상회담 이후 북한과 러시아의 관계가 긴밀해지고 있고 이는 연해주 북·러 국경지역에 원자력 발전소 건설 계획추진, 연해주와 북한 간 전력 교환 합의, 시베리아 횡당철도와 한반도의 연결사업, 극동 러시아와 북한 간의 경제협력 강화 등으로 나타나고 있다. 홍현익, "부시─푸틴 전략적 합의와 한국의 국가전략", 『정세와 정책』(성남: 세종연구소, 2002), p.15.

와 협력은 비정부 기관과 민간인 그리고 조총련을 중심으로 이루어졌다. 이때 북·일 경제교류는 정치적 상황변화에 민감히 반응하며 진행되는 특징을 보였다. 1962년 시작으로, 1970년대 초 급격한 무역확대가 이루어지고, 1970년대 중반 이후 누적된 채무가 1980년대 중반에 상환불능까지 진행되면서 경제교류는 위축되게 된다. 이후 1986년부터 1992년까지는 조·조합영사업과 수교회담이 동시에 전개되었지만, 투자에 대한 경제적 실효성 문제, 대북사업의 안정성, 채무상환 약속 불이행 등의 문제로 활성화되지 못했다. 또한 탈냉전 초기 남한의 북방외교를 통해 소련과 중국과 국교수립이 이루어지면서 1990년 자민당의 실력자 가네마루는 김일성과의 회담에서 조속한 시일 내 국교정상화와 이의 실현을 위한 양국 간 수교교섭의 개최에 합의하였다.[82] 이후 1991년 1월부터 1992년 11월까지 총8차 회담, 그리고 2000년 제9차, 제10차, 제11차 회담을 통해 북일 양국 간의 회담은 갈등 속의 접촉, 그리고 접촉 속의 반목 그 자체였다.

　북한이 일본과의 국교수교를 빠르게 진행하게 된 이유는 탈냉전기 북한이 직면한 외교적 고립의 탈피와 경제난 해결을 위한 자본의 부족 문제를 일본과 국교수립을 함으로써 얻으려 했기 때문이다.[83] 그러나 국교수립에 관한 협상이 진행되는 과정에서 핵과 미사일 문제 발생과

---

82) 신지호, "북-일 경제관계의 10년 평가와 전망", 『북한의 대외경제정책 10년 평가와 과제』(서울: 대외경제정책연구원, 2002), p.167.
83) 냉전 시기 북한이 의도했던 대일외교정책의 목적은 다음과 같이 요약할 수 있다. 냉전 시기 일본은 북한에게 ① 한·미·일 안보동맹체제에 대한 견제, ② 일본 내 공산주의 운동 및 재일교포들과의 통일전설의 수립, ③ 전후복구를 위한 경제적 이해관계라는 측면에서 전략적 접근의 대상이었다. 탈냉전기에는 ① 대서방외교의 새로운 채널 확보, ② 한·미·일 공조체제의 내부분열시도, ③ 경제적 위기극복과 변화를 위한 자금의 확보라는 차원에서 북한은 일본에 대해 전략적 제휴와 경제적 협력모색 그리고 국교정상화 시도라고 볼 수 있다. 박정진, "북한의 일본에 대한 '전략적 이해변화' 분석: '1965년 질서'와 '1994년 질서'", 『북한실태 정치』(서울: 통일부, 2001) 신진연구자 북한 및 통일관련 논문집(제3권), p.216.

위기 확대는 국교수립의 걸림돌로 작용했으며, 미·일 간 신안보동맹의 설정이 의미하는 것과 같이 일본의 대북정책에 있어서 미국의 영향력은 북일관계가 발전할 수 없는 제약요인으로 작용하였다. 이와 같은 미·일 간의 관계 성격이 일본의 북한에 대한 독자적 외교정책을 추진할 수 없는 제약요인으로 작용함을 피해가기 위해 일본은 북·일 수교과정 중 납치 문제를 북·일 수교교섭의 전제조건으로 제시하였다. 이것은 일본이 북·일 수교교섭을 서두를 생각이 없다는 것을 나타내는 것이라고 볼 수 있다. 왜냐하면 납치사건 해결은 그 자체로서 중요한 인도주의적 문제이며, 일본정부로서도 국내여론상 이 문제해결의 진전 없이 수교교섭에 나서기는 어려운 상황이 되었기 때문이다. 또한 납치사건이 사실이라 해도 그 책임을 북한이 인정할 리 없는 사안이었기에 여론 악화를 빌미 수교교섭에 적극적이지 못하다는 것을 의미했다.[84]

그러나 일본의 이 같은 예측은 2002년 북한의 납치사건 인정을 통해 북일 정상회담을 평양에서 개최함으로써 빗나가게 된다. 북한이 납치 문제에 대해 인정하고 사과를 통해 이의 재발 방지를 약속하는 등 전향적인 자세로 북일 정상회담에 임했기 때문이다. 북한이 납치 문제에 대해 전향적인 자세를 표현함에 따라 일본은 납치와 핵 문제의 진전 없이는 경제협력 논의에 응하지 않겠다고 배수진을 쳤으며, 북한이 가장 필요한 경제협력을 카드로 삼아 납치 문제 등에 대한 진전을 이끌어 내겠다는 기본 전략으로 회담에 임했다. 북한은 이에 대해 수교 문제를 먼저 타결한 후 나머지 현안은 포괄적으로 해결하자는 입장이었다. 이것은 북한의 경제 상황 등을 감안할 때, 일본과 조기 수교가 필요하다는 북한의 인식에 기초한 결과라고 볼 수 있다.[85]

---

84) 이종석·백학순 외(2001), 앞의 책, p.33.

85) 『로동신문』은 9일 북일 두 나라 사이의 관계를 하루 빨리 정상화하고 선린 우호관계를 발전시켜야 한다고 강조했다. 신문은 이날 '조(북)-일 관계를 정상화하고 두 나라 사이의 선린우호관계를 발전시키는 것은 두 나라 인민들의 공통된 염원'이라며 '우리 인민은 조-일 두 나라가 가깝고도

2002년 9월 김정일 북한 국방위원장과 고이즈미 일본 총리가 평양에서 북－일 정상회담을 갖고 4개항으로 평양선언을 발표함으로써 양국간 불미스러운 과거를 청산하고 10월 중 북－일 국교정상화 회담을 재개키로 하는 등 합의를 이끌어 냈다. 또한 쌍방은 한반도 핵 문제의 포괄적인 해결을 위하여 모든 국제적 합의들을 준수하며, 북한은 미사일 발사의 보류를 2003년 이후 더 연장할 의향을 표명한다고 밝혔다.[86]

그러나 북·일 정상회담을 통한 평양선언에도 불구하고 납치 문제에 대한 일본내부의 여론과 핵과 미사일 문제의 악화는 북일 평양회담이 사문화될 위기에 처하게 만들었고 북·일 국교 정상화는 아직도 논의 중에 있다. 이와 같은 측면에서 볼 때, 북한은 현상유지전략 시기 한·미·일 공조체제가 미국과의 관계 변화 없이는 불가능하다는 전제하에 북·미 관계 정상화에 매진하는 대미외교 중시의 외교정책을 추진했다. 그러나 1998년 이후 '개혁·개방 확대전략' 시기에는 북·미 관계 중시정책을 견지하면서도 남북관계와 북일관계의 진전을 꾀하는 동시에 중국과 러시아와의 관계도 진전을 추구하는 전방위 외교를 추진하는 변화를 시도하고 있다. 일본의 대북정책은 핵과 미사일 문제의 해결이 전제된 상황에서 북·일 수교에 임한다는 측면에서 미국의 대북정책의 기조와 그 축을 함께 한다고 볼 수 있다. 이것은 북한이 1999년 외부성 대변인 담화(1999. 11. 29), 외무성대변인 기자회견(1999. 12. 1), 『로동신문』논평(1999. 12. 4) 등을 통해 한·미·일의 '대북군사 압살정책'을 비난하는 것에서 알 수 있다. 이것은 북한이 안보영역에 있어서 미국과 같은 축을 형성하고 있는 일본의 핵 무장화에 대해 심각한 외부위협으로 느끼고 있다는 것을 동시에 의미한다.[87] 때문에 북한은 '국가개입의 내성'이 좁은 대외적 구조하에서 국

먼 나라가 아니라 가깝고도 가까운 이웃으로 서로 의좋게 지내기를 바라고 있다'고 밝혔다. 『평양방송』, 2002. 9. 9.

86) 『조선중앙통신』, 2002. 9. 17.

교정상화 외교를 통한 경제적 실리주의를 견지하는 전향적 정책을 추진하는 변화를 보였다고 볼 수 있다. 이것은 북한이 '일본인 납치사건' 인정하면서 국교정상화와 경제적 실리라는 국제적 전략의 외부추출을 추진한 것이 반증한다.

지금까지 동북아 주변삼국의 대북정책의 전개과정에서 나타나는 주요 특징을 정리하면, 중국의 경우 실리주의 외교에서 전략적 협력외교로, 러시아의 경우 실리주의 외교에서 균형자적 등거리 외교로, 일본의 경우 북핵 문제와 일본인 납치 문제 사이에서 미국과 공조하는 외교정책을 추진하는 커다란 틀 안에서 북한과의 국교정상화의 딜레마에 직면해 있다고 말 할 수 있다. 결국 이 같은 특징은 북핵 문제와 미사일 문제가 주변삼국에 중요한 외교현안으로 부상했음을 의미할 뿐만 아니라 현상유지전략 시기의 대외고립을 변화시키는 요인으로 작용한 측면이 있다는 것을 알 수 있었다. 따라서 이 같은 대외환경의 변화는 북한이 개혁·개방 확대전략을 추진함에 있어서 국가개입의 내성의 변화를 야기하는 데 중요한 영향을 주었다고 할 수 있다.

---

87) 안보영역에 있어서 미국과 같은 대북정책을 추진하고 있는 일본에 대해 북한은 심각한 안보위협을 느끼고 있다. 이는 북한의 방송매체의 보도가 반증한다. "일본은 이미 4천 여 개의 원폭을 만들 수 있는 30여 톤의 플루토늄을 비축하고 있는 것으로 알려졌다. 더욱이 최근 일본에서는 심각한 국제적 우려를 자아내는 사상최악의 핵사고가 발생했다. 일본당국은 핵무장화, 핵대국화 야망이 초래할 수 있는 파국적 후과에 대해 숙고하고 핵 물질 반입책동을 당장 중지해야 한다", 『중앙방송』, 『평양방송』, 1999. 10. 7.

2. 남한의 대북정책: 대립에서 협력으로

1) 전략적 동반자 관계의 설정

탈냉전기이지만 아직도 남북관계는 반목과 대립의 냉전질서가 유지되고 있는 특수성이 존재한다. 김대중 정부는 남북관계의 냉전구조 해체를 위한 방안으로 다음 다섯 가지를 제시했다. 첫째, 남북 불신과 대결구도를 화해와 협력구조로 전환하고 둘째, 북·미, 북일관계가 정상적인 국가관계로 발전하도록 협조하며 셋째, 북한이 '열린사회'로 나가도록 환경을 조성하고, 넷째, 한반도에서 대량살상무기를 제거하고 군비통제를 실현하며, 다섯째, 한반도 정전체제를 평화체제로 전환해 법적 통일까지는 도달하지 못 하더라도 사실상의 통일을 이루는 것이다.[88]

김대중 정부의 화해와 협력을 중심으로 한 남북관계의 긴장완화정책과 북한을 평화적으로 관리하는 대북포용정책은 핵 문제로 악화일로를 걷고 있던 당시 한반도 안보상황에서 남북한의 신뢰구축에 중요한 단초를 제공했다. 뿐만 아니라 김대중 정부 출범과 함께 IMF 경제위기를 극복해야 하는 상황에서, 이를 위해 한반도의 안보상황이 안정적으로 작용해야 할 필요성이 있었다. 한국경제의 안정적 존속과 성장을 위해서는 무엇보다도 한반도의 긴장고조 방지가 필요했던 것이다. 김대중 대통령은 "금년은 우리의 재도약과 번영을 보장하는 데 매우 중

---

88) 김영재·이승현, "남북한 신정부의 대북·대남정책", 『국제정치논총』(서울: 한국국제정치학회, 1999), 제39집 1호, pp.239-243. 정부의 대북정책 원칙 중 흡수통일의 배제는 적극적인 입장에서 북한 스스로 변화할 수 있는 여건과 환경을 조성하기 위해 노력하는 것을 의미한다. 이것이 북한의 긍정적인 변화, 즉 시장경제와 자유민주주의 체제로의 변화를 통한 평화적·점진적 통합까지 배제하고 있는 것은 아니다. 이는 곧 북한의 체제를 인정하는 바탕 위에서 당사자 간 대화를 통해 점진적·단계적으로 통일을 이루어 나가겠다는 뜻이다. 정세현, "통일환경의 변화와 정부의 대북정책", 『외교』 제48호, 1999. 1., p.23.

요한 해이기 때문에 한반도에 불필요한 긴장이 조성되거나 위기 상황이 발생하는 것을 방지해야 한다."는 입장을 견지한 것이 이를 증명해 준다. 과거 남북관계가 정경연계원칙에 의해 정치관계 중심으로 이루어짐으로써 남북관계의 진전을 위한 대북정책의 일관성과 지속성은 한계에 봉착할 수밖에 없었다.

과거 정경연계정책 기조에 대해 김대중 정부의 대북정책은 크게 세 가지 부분의 연계해제정책을 추진했다. 첫 번째로, 정경연계로부터 정경분리정책을 추진하고, 둘째, 대북지원과 남북관계 진전의 연계의 수정을 가했다. 인도적 지원은 조건 없이 지원하지만 정부차원의 대규모 지원은 북한 당국의 요청과 상호주의 원칙에 입각해야 한다는 원칙을 설정했다. 이와 같은 정부의 상호주의 원칙은 1998년 4월 남북당국자 간 협상 실패 이후, '신축적 상호주의'로 수정된다. 세 번째는, 남북관계와 북·미, 북·일 관계를 연계시키지 않는 것이었다.[89]

이와 같은 김대중 정부 정책 기조의 변화는 냉전구조의 관리와 탈냉전으로의 변화를 산술적으로 병행하는 수동적 이중성이라기보다는, 상황을 주도적으로 변화시켜 가는 '유연한 이중성(flexible dualism)'이라고 할 수 있다.[90] 이러한 '유연한 이중성'에 기초하는 김대중 정부의 대북정책 운영원리는 다양한 원칙들로 표현된다.[91] 예컨대 분단관

---

89) 박형중 외, 『대북포용정책과 국내정치여건 조성 방안』(서울: 민족통일연구원, 2000), pp.47-48.

90) 한종기는 김대중 정부의 대북정책의 중심적 운영원리는 현상유지와 현상변경을 동시에 추구하는 이중접근전략(two-track approach)으로 요약한다. 즉 세계적 탈냉전의 흐름에도 불구하고 한반도에는 냉전구조가 잔존하는 상황, 같은 동족이면서 남과 북이 서로를 주적으로 간주하는 상황, 50년 만의 수평적 정권교체에도 불구하고 여전히 여소야대의 소수파 정권으로 등장한 상황 등은 김대중 정부가 직면한 상황의 이중성을 잘 보여 주고 있다. 한종기, 『햇볕정책의 정치동학: 남북관계의 국내정치화와 정책연계』(성남: 세종연구소, 2001), pp.56-57.

91) 김대중 정부의 대북포용정책 추진방향은 ① 안보와 화해협력의 병행추진, ② 평화공존과 평화교류의 우선 실현, ③ 북한의 변화여건 조성, ④ 남북

리에 초점을 과거의 운영원칙들인 '선 정부 후 민간교류원칙', '정경연계원칙', '엄격한 상호주의원칙'을 대신해 '쉬운 것부터 먼저하고 어려운 것은 나중에 한다', '경제문제부터 먼저 해결하고 정치문제는 나중에 논의한다', '민간단체 교류를 우선 허용하고 정부 간 교섭은 나중에 추진한다', '먼저 주고 나중에 받는다' 등과 같은 화해협력을 우선하는 원칙들로 구체화되었던 것이다.92)

이와 같은 과거 정부와 차별되는 전향적인 김대중 정부의 대북포용정책 기조는 통미봉남정책을 견지함에도 불구하고 핵과 미사일 문제에서 북·미 간 타협을 이끌지 못하고 있는 상황의 북한에게 새로운 남북관계를 정립할 수 있는 기회를 제공해 주었다고 볼 수 있다. 북한은 1998년 김정일 정권의 공식적 권력승계 이후 내부 권력의 안정화를 이루었을지는 모르지만, 심각한 경제난에 처한 상황에서 남북관계의 새로운 정립을 필요로 했다. 사실 북·미, 북일관계의 진전에 있어서 남한을 배제한다는 것은 불가능한 상황에서 전향적인 남북관계 지향하는 김대중 정부의 출범은 새로운 남북관계의 활로를 여는 '기회의 창'이었다고 볼 수 있다. 실제 북한은 군사적으로는 남한과 대치하면서도 경제적으로는 남한의 지원을 받는 양면적 접근을 통해 체제유지를 위한 생존전략 측면이 이 시기에 두드러지게 나타난다. 이러한 대남전략을 생존전략차원에서 구사하도록 압박한 가장 큰 요인은 심각한 경제난 때문이었다. 북한은 탈냉전 시기에 외부 경제지원을 요청하는 과정에서 자신을 당장 도와줄 나라가 남한밖에 없다는 현실을 절실히 느꼈으며,

---

한 상호 공동이익의 도모, ⑤ 남북 당사자 해결 원칙에 입각한 국제적 지지확보, ⑥ 국민적 합의에 기반한 대북정책 추진 등이다. 이와 같은 대북정책 추진방향과 함께 김대중 정부는 이른바 "대북정책 3대 원칙"을 내외에 천명하고 있다. ① 한반도 평화를 파괴하는 일체의 무력도발 불용의 원칙, ② 흡수통일배제의 원칙, ③ 화해·협력의 적극추진이라는 "대북정책 3대 원칙"이 그것이다. "김대중 총재의 강병안보선언", 『이기는 안보, 평화를 위하여』, 새 정치포럼, Vol. 26(97. 10. 27) 참조.
92) 한종기(2001), 위의 책, p.58.

1998을 기점으로 지도부가 국가기능의 정상화에 적극으로 나섰다. 북한의 입장에서 산업자원조달과 경제난 해소를 위해 외부 지원이 필수적이라는 인식을 했다. 여기에 김대중 정부의 대북포용정책에 대한 의구심 해소는 남북한 대화가능성을 여는 중요한 단초로 작용했다. 또한 북한은 2000년부터 대외관계 개선에 적극 나서면서 국제사회로부터 남북대화 요구를 줄기차게 받아왔고, 남북관계의 개선 없이 대외관계의 확대전략이 근본적인 한계를 지닐 수밖에 없다는 절박한 인식이 남북관계의 진전을 꾀할 수밖에 없는 요인으로 작용했다고 볼 수 있다.93)

결국 김대중 정부의 대북포용정책에 의한 남북한 신뢰구축의 필요성과 북한의 대북포용정책에 대한 위기의식 감소, 북한 현실에 있어서 대내외적 안보위기와 경제난에 대한 현실적 대처가 김정일 정권에게 있어 2000년 6월 15일 남북정상회담을 이끄는 중요한 요인으로 작용했다. 결과적으로 이는 서로에게 Win-Win하는 호재로 작용했다고 볼 수 있다.94) 이와 같은 김대중 정부의 일관성 있는 대북포용정책 추진은 2000년 3월 10일 베를린 선언 발표 후 2000년 6월 13-15일에 남북정상회담 개최라는 분단 반세기의 역사에 획을 긋는 일대 사건의 초석 역할을 하였다.95) 남북정상회담을 통해서 남과 북은 현재의 양자관계를 규정하는 적대적 대결상태를 종식하고 평화공존의 새로운 패러다임으로 전환하기로 한 사실상 합의였다.96)

---

93) 양재성, "북한의 대외정책과 대남관계의 변화", 『통일문제이해』(서울: 통일부, 2003), pp.94-95.

94) 이종석 외, 『남북정상회담 이후 주변 4강의 대북정책 변화와 우리의 대응방향』(성남: 세종연구소, 2001), p.11.

95) 2000년 3월 10일 「베를린 선언」이 4대 과제는 ① 남북경협을 통한 북한 경제회복 지원, ② 한반도 냉전종식과 남북 간 평화공존, ③ 이산가족 문제의 해결, ④ 남북 당국 간 대화 추진이었다.

96) "남과 북은 역사적인 남북공동선언의 정신대로 조국통일을 우리민족끼리 힘을 합쳐 자주적으로 평화적으로 민족적대단결로 이룩해 나가야 함" 평양방송, 2001. 1. 3, 6.15남북공동선언은 "조국통일 3대원칙에 기초한 자주, 평화통일, 민족대단결 선언이며 21세기 조국통일 이정표"라고 주

따라서 6·15남북정상회담 이후 남한사회는 북한에 대한 인식의 변화 그리고 민족문제에 대한 공감대 형성되었다고 볼 수 있다. 비록 북한에 대한 지원과 관계의 특수성에 기인한 논쟁을 통해 남남갈등 문제 등이 발생하였지만, 이는 과거 북한에 대한 커다란 인식의 변화를 야기한 상징이라고 할 수 있다. 결국 남북정상회담은 민족 내부적으로는 공동발전을 위해 적대와 반목의 시대를 마감하고 화해와 협력, 평화공존의 시대를 여는 전환점을 마련하여 전략적 동반자 관계를 수립하는 계기를 마련하였다고 볼 수 있다. 또한 김대중 정부는 과거 정부에 비해 대북정책을 일관성 있게 추진함으로써 6·15남북정상회담, 금강산관광사업과 개성공단사업 등 남북 정치·경제관계의 새로운 협력시대를 여는 데 중요한 역할을 하였다고 볼 수 있다.

2) 경제협력의 활성화와 제도화

김대중 정부의 출범과 더불어 본격화된 남북경제협력은 통일을 위한 분단의 관리정책인 동시에 상호 신뢰구축을 통해 민족의 동질성 회복의 목적뿐만 아니라, 군사력 대치상황에 처한 한반도에 "평화의 상징"으로 세계에 각인 시키는 계기가 되었다. 남북경제협력이 활발히 전개되는 데 있어서 남북한의 경제협력에 대한 제도화 과정은 중요한 역할을 했다.97)

김대중 정부는 1989년 3월 18일 민간차원의 '대북 지원 활성화 조치'를 발표하고 정경분리의 원칙에 입각하여 1998년 4월 30일 「남북

장. 2001. 1. 1 『로동신문』 신년 공동사설.
97) 정세현 장관은 "정부의 대북정책은 북한의 무력도발을 억지하는 「평화를 지키는 정책」(peace keeping)에서 한발 더 나아가 전쟁 가능성을 원천적으로 없애는 「평화를 만드는 정책」(peace making)을 병행 추진하는 것이라고 언급하고 있다. 즉 한반도에서 냉전구조를 종식시키고 공고한 평화체제를 구축할 수 있는 제도적 장치를 지속적으로 마련해 나가려는 것이다.", 『통일백서』 2003, p.21. 참조.

224

경협 활성화 조치」가 취해져 대북 투자규모가 완전히 폐지되었다. 이
후 남한에서는 경제협력의 활성화에 필요한 다양한 제도적 장치가 마
련된다.98) 이 같은 남한의 경협 활성화를 위한 제도화 과정에서 남북
한 경제교류는 1998년에 외환위기로 인해 다소 감소했다가 1999년에
는 위탁가공교역의 확대, 금강산 관광사업 및 경수로 건설사업 등 경
협사업의 진전으로 다시 증가했다.

이와 같은 남북한 경협의 증가는 2000년 남북정상회담이 개최된 이
후 사상 최초로 경제교류액이 4억 2천5백만 달러의 성과를 나타냈다.
남북정상회담을 기점으로 상호 관계발전에 일대 전환을 가져오는 계기
를 마련하였다고 볼 수 있다. 이후 각종 형태의 회담은 남북관계 발전
과 교류·협력 활성화를 위한 방향으로 추진되었으며, 2000년 7월－
2001년 11월 사이에 6차례의 장관급 회담이 열렸고, 남북한 6차례의
장관급 회담을 통해 조총련 동포의 고향방문, 경의선 철도 연결(문산
－개성 간 24km), 투자보장, 이중과세 방지 등 경제협력을 위한 제도
적 장치가 마련되었다. 이것은 그간 간헐적으로 진행된 남북경협이 제
도적 틀을 구비하는 제도화 과정을 겪고 있음을 의미한다고 볼 수 있
다. 또한 임진강 수해방지 사업의 공동추진, 한라산－백두산 관광단
교환, 이산가족 생사교환을 비롯한 서신교환 및 상봉과 남북경제협력
추진위원회 설치 등 다양한 교류·협력사업을 추진하였다.99) 이와 같
은 경제협력의 제도화는 철도·도로 연결사업과 개성공단 개발 및 금

---

98) 1999년 이후 남북경협의 제도화 과정을 보면 다음과 같이 정리할 수 있
다. 1999년 「남북경제교류협력에대한남북협력기금지원지침」, 「남북경제
협력사업 처리에 관한 규정」, 「남북교역 대상물품 및 반출·반입승인절차
에 관한 고시」, 「남북 왕래자의 휴대금지품 및 처리방법」 개정 및 제정되
었다. 2000년 11월 「남북경제교류협력에대한남북협력기금지원지침」 개
정. 2001년 「남북교류 협력에 관한 법률시행령」의 개정, 2002년 「남북
교류 협력 법 시행규칙」의 개정, 「금강산 관광객에 대한 경비지원지침」
제정되었다. 통일부(2003), 『통일백서』, pp.207-209.
99) 통일부(2001), 『통일문답』, pp.102-105.

강산 육로관광 등을 중심으로 남북 간 협의가 이루어지고 있다. 이것은 남북한의 경제협력은 이제 정치적인 합의의 수준을 넘어 법적·제도적 단계로 점차 발전되고 있음을 의미한다.100) 이것은 결국 남북한 분단이라는 특수성을 극복하기 위해서는 남북한 신뢰회복과 동질성 회복 그리고 적대적 의존성을 탈피해야 하며 상호존중 하는 동반자적 관계로 발전해야 되는데 그 대안이 경제협력의 발전에 있음을 의미한다고 할 수 있다. 실제 남북한 간 적대적 의존관계를 탈피하기 위해 정치·군사적 관계 중심의 남북관계보다는 교류와 협력을 확대하여 상호 신뢰의 소통구조를 만드는 경제협력의 활성화가 보다 적실성 있는 현실적인 정책이라 할 수 있다. 이와 같은 측면에서 앞으로 있을 통일달성을 위해 경제거래→경제통합→사회·문화적 통합→정치·군사적 통합→통일이라는 단계적 접근이 현실적이라고 할 수 있다.101)

이와 같은 측면에서 6·15남북정상회담 이후 본격적인 남북경제협력추진위원회가 가동되고 금강산 관광 활성화와 개성공단특구, 경의선 철도와 동해선 철도 연결 등 남북한 간 본격적인 경협의 추진은 남북관계뿐만 아니라, 동아시아의 주역이 될 수 있는 한 민족의 '기회의 창'이라고 볼 수 있다. 그 '기회의 창'을 여는 열쇠는 남북경제협력의 활성화에 있다는 측면에서 남북경협의 제도적 발전은 중요한 의미를 갖고 있다고 할 수 있다.

3. 미국의 세계전략하의 대북정책과 경제제재

부시 정부 출범 후 북미관계의 전개를 통해 나타나는 정치관계에서 미국의 대북정책과 경제관계에서 경제제재의 특징을 설명하면 다음과

---

100) 통일부(2003), 『통일백서』, pp.205-206.
101) 홍택기, 『남북한 경제통합론』(서울: 오름, 1999), p.257.

226

같이 논의할 수 있다. 먼저 정치적 관계로 북미관계의 전개는 부시 정부 출범 전으로 거슬러 간다. 미국은 2000년 「북·미 공동 코뮤니케 선언」 발표 후 올브라이트 국무장관의 평양방문을 통해 클린턴 대통령의 방북에 앞서 북한 미사일 문제와 테러지원국 해제 문제 등 쌍방 간 주요현안에 대한 입장 차이를 조율하였다.102) 이와 함께 북·미 간 현안문제인 「외교대표부 설치」, 「실종미군 신원확인」, 「한반도 긴장완화를 위한 구체적 조치」 등이 폭넓게 논의되었다.103) 이렇게 북·미 간 대타협을 모색하며 진행 중에 있던 북·미 협상은 해결의 실마리를 잡아가는 과정에서 다음 행정부로 넘어가게 된 것이다.

이와 같은 북미관계 협상 속에서 2001년 부시 행정부의 출범은 과거 클린턴 행정부의 대외정책에 대해 매서운 비판을 일관했던 공화당 정권의 출범이라는 측면에서 대북정책에 대한 변화가 예견되었다. 대북강경정책을 주장해 왔던 부시 행정부 출범은 북·미 관계의 수정을 가져왔고 9·11테러 이후에는 급격히 악화되었다. 그 가장 큰 원인은 ABC(Anything But Clinton)정책에 있다 할 수 있다. 부시 대통령은 엘 고어 전 부통령과 대통령 선거과정에서 클린턴이 대북정책을 유화정책으로 실패한 외교정책이라 비판을 가한 바 있다.

이와 같은 이유로 부시는 제네바 기본 합의서에 대해 회의적인 태도를 보여 왔을 뿐 아니라 2000년 10월의 올브라이트-조명록 공동성명과 올브라이트 국무장관의 방북자체에 대해서도 부정적 시각을 견지해왔다. 또한 페리 보고서에 제시된 북·미 관계 개선방안에 대해서도 부정적 시각을 견지해왔다. 바로 이러한 시각 때문에 2001년 1월 취

---

102) 「북·미 공동 코뮤니케 선언」의 주요 내용은 북·미 관계에 있어서 쌍방의 관계진전을 위한 방향 모색, 제네바 기본합의문의 의무이행 노력, 경제협조와 교류 증대 협력, 클린턴 미 대통령 방북 가능성과 국무장관 방북 합의, 남북정상회담 후 한반도 환경 변화인정과 남북대화지지 등이었다. 『북한동향』 제508호(서울: 통일부, 2000), pp.3-4.
103) 『북한동향』 제510호(서울: 통일부, 2000), pp.14-16.

임 이후 6월 초까지 부시 행정부는 북한에 대한 입장표명을 하지 않은 채 북·미 대화를 일방적으로 유보해 왔다. 이 같은 기류에서 2001년 6월 6일 부시 대통령은 대북정책 검토를 마치고 아무런 전제조건 없이 언제, 어느 곳에서도 북한과 대화할 용의가 있다고 발표하며 입장 변화를 보였다.

그러나 부시 행정부는 이미 '강성 포용정책'이라는 대북정책을 구축하고 그 틀 안에서 북한과의 대화를 제의하는 한계를 보였다.104) 이처럼 북·미 회담이 정지작업에 들어간 것은 북한의 핵과 미사일 문제가 원인이었지만, 이를 매개로 한 북·미 간의 이해관계의 차이에서 비롯된 것이라고 볼 수 있다. 이와 같이 답보상태를 면치 못하고 있는 북·미 관계의 갈등은 북한이 야심 있게 추진하고 있는 '개혁·개방 확대전략'의 성과를 얻는 데는 제약요인으로 작용했으나, 역설적이게도 이와 같은 대립구조가 북한의 경제체제 개혁·개방정책을 촉진하는 역할로도 작용했다고 볼 수 있다. 그럼에도 불구하고, 북미관계가 답보상태를 면치 못하는 것은 북한의 벼랑 끝 전략과 함께 부시 정부의 대북강경정책이 그 원인으로 작용했기 때문이다.

이와 같이 미국의 외교정책이 대북강경정책으로 추진된 이유는 부시 정부의 외교정책 기조 때문이라고 볼 수 있다. 부시 정부의 주요 외교정책 싱크탱크들은 클린턴 행정부를 비판하며 그 대안으로 강력한 미국을 만들 수 있는 청사진을 밝혔다. 이 보고서는 클린턴 정부의 '개입과 확대정책'은 수사적인(rhetoric)것으로 국가전략 부재하다고 주장하며, 미국의 국가이익은 균등하게 중요한 것이 아니고 국가이익에 있

---

104) 문정인, "부시 독트린과 북·미 관계 전망", 『북핵 위기와 한반도 평화』(통일한국포럼, 2003), pp.40-41, 강성포용정책은 북한과 대화는 하되, 그 의제를 핵과 미사일뿐만 아니라 화생무기, 재래식 전력 감축, 그리고 인권 문제를 포괄적으로 다루자는 제안을 주요 골자로 하고 있다. 그뿐만 아니라 힘의 우위에 기초하여 대북협상을 전개해 나가야 한다는 것이다.

228

어서 우선순위가 존재함에도 불구하고, 클린턴 정부는 국가이익에 있어서 우선순위에 대한 전략적 사고를 상실했다고 강조했다.105) 이를 위해 네 가지 원칙을 밝히고, 국가이익의 우선순위를 정하여 전략적이며 선택적인 개입을 해야 한다고 주장한다.106) 네 가지 원칙과 핵심이익 일곱 가지를 밝히면서 가장 핵심적 이익에 해당하는 것으로 핵무기로 무장한 중장거리 미사일을 소유한 국가들을 가장 위협적인 요소로 지적했으며, 여기에 북한은 호전국가로 명시되었다.107)

이와 같은 호전국가들의 위협에 대해 미국은 새로운 리더십을 세우고 강력한 미국을 건설하기 위해 새로운 전략이 필요하고, 국가이익의 상단에 있는 핵심 이익에 대해 정책결정자가 위협이 현실화될 때까지 기다리는 것은 부적절하고 위험을 감수하더라도 무력을 사용해야 한다고 주장한다.108) 이는 기존의 미국의 대외정책의 큰 기조라고 할 수 있는 수세적 억지전략(deterrence policy)에서 공세적 방어전략

---

105) Kim R. Holmes and Thomas G. Moore, "Defining U.S. National Strategy," Restoring American Leadership: A U.S Foreign and Defense Policy Blueprint, 1996, The Heritage foundation, pp.1-2.

106) 원칙 1. 강력한 국가안보 제공함으로써 강한 미국이 되어라. 원칙 2. 자주와 미국지도력을 보위함으로써 자유국이 되라. 원칙 3. 세계자유의 상징이 되라. 원칙 4. 미국 국익을 위해 개입할 때 선택적이어라. Holmes and Moore(1996), *ibid.*, pp.2-8.

107) 핵심이익 1은 미국의 영공해 방어이며 이중 가장 핵심적 위협요소는 핵무기로 무장한 장거리 미사일이다. 예를 들어 장거리 핵·미사일 보유국이며 현재의 위협국(러시아, 중국) 호전국가(이란, 북한), 중국지원의 이라크, 자발적 무장국가 인도이다. 미국은 이들의 미사일 위협 무방비 상태에 있으며, 전략방어를 위해 미국은 기술력 확보, 국방예산 증액이 필요하지만 클린턴 행정부는 정치적 의지가 부족했다는 것이다. Holmes and Moore(1996), *ibid.*, pp.12-13.

108) Holmes and Moore(1996), *ibid.*, pp.11-12. 그 예로 미국에 석유공급과 미국 무역 위협 등을 들고 있다. 2003년 이라크 침공은 핵무기와 대량살상무기의 제거라는 핵심적 이익과 함께 전술한 미국의 핵심적 이익에 대한 위협의 제거를 위한 대외정책 기조로 볼 수 있다.

(defence policy)으로 변화되었음을 의미한다.109) 세계유일의 패권국
가로 군림하고 있는 상황에서 압도적 군사력을 통해 잠재적 위협요인
에 대해서는 선제공격도 가능한 안보전략의 변화라고 볼 수 있다.110)

부시 정부의 대외정책은 미국의 국익을 위해 국제사회의 제도와 규
범보다는 자신의 힘에 의존하는 일방주의로 핵심적 국익을 실현하는
대외정책 기조를 보이고 있다고 볼 수 있다.111) 이와 같은 측면에서

---

109) 부시 정부의 억지전략의 개념은 위협요소에 대한 선재공격을 포함하는
적극적인 안보개념을 의미한다. 미사일 방어(missile defence)에 대한
약속이 지금 공화당 이념의 중심으로 억지(deterrence)에 대한 거부로
대표되며 보다 면밀한 핵 공격에 있어서 상호 취약성이 안정을 창출한
다고 주장하는 억제 독트린에 대해 반대하고 있다. 즉 핵 억지전략
(deterre위협nce)은 미국 군사정책의 중심으로 상존함을 의미하지만
방어정책(defence policy)은 국의 핵 공격에 대해 확실하고 압도적인
보복 공격 선언과 함께 압도적인 재래식 무기와 생화학무기에 대한 선
재공격 가능성을 피력하는 것을 말하는 것으로 보다 포괄적 의미로 사
용된다. Jim Wurst and John Burroughs, "Ending the Nuclear
Nightmare: A Strategy for the Bush Administration," World
Policy Journal, Spring 2001, pp.31-38.
110) 아미티지 보고서는 미국 부시 정부의 대북정책 기조를 이해하는 데 중
요한 단초를 제공한다. 이 보고서는 북한의 핵 개발 및 미사일 개발은
한반도는 물론 일본과 미국의 안보에도 위협이 된다고 주장하며, 주한
미군 증강, 북한 미사일 해외수출용 선박 해상 나포, 북핵 시설에 대한
선제공격(preemptive attack) 가능성 등 힘의 우위에 입각한 대결상
황을 상정하고 있다. Richard L. Armitage, "A Comprehensive
Approach to North Korea," Strategic Forum, National Defense
University, No.159, March 1999. 참조.
111) 공화당의 외교정책 기조는 크게 다섯 가지로 주장하고 있다. 첫째, 힘
(power)을 존중하고 국가이익에 대해 힘의 사용을 통해 대내외 목적을
성취하여 신뢰를 구축, 둘째, 동맹국의 유지와 구축 중시한다는 것(효
과적 동맹구축을 통해 핵심이익 보존), 셋째, 국제제도와 협정은 목적
을 성취하기 위한 수단으로 인식한다는 것, 넷째, 세계정치, 안보를 위
한 환경을 형성하는데 정보, 기술, 매체, 상업, 금융영역에서의 혁명적
변화를 포착해야 한다는 것, 다섯째, 아직도 세계에는 악의 국가가 상
존하고 있음을 인식해야 한다는 것. 생화학무기, WMD에 대해 경계하
고 파괴하여야 한다고 주장한다. Robert B. Zoellick, Campaign

230

볼 때, 부시 정부의 패권적 일방주의에 의한 세계전략이 핵무기와 미
사일을 수단으로 한 체제유지전략과 충돌하게 된 것이다. 이 같은 충
돌 국면에서 2001년 3월 김대중 대통령과의 백악관 회담에서 부시
대통령이 확인에 근거한 대북정책은 표명은 클린턴 행정부가 8년 동안
속은 과오를 씻고 다시 출발하겠다는 의지를 분명하게 표명한 것이며
김대중 정부의 햇볕정책에 대한 이견으로 비쳐졌다.112) 이 같은 검증
에 기반한 대북정책을 주장한 부시 정부의 클린턴 정부와의 차별화가
구체적 정책을 추진되어 가는 과정에서 2001년 9·11사태가 발생하
게 되었다. 이후 부시 정부의 대외정책 기조는 패권에 의한 힘의 정치
를 추진하게 되었다.113) 이를 구체화하는 정책은 아프카니스탄 침공
과 이라크 침공을 통해 행동으로 옮기게 되었고, 이 같은 강경기조는
2001년 12월 11일 사우스 캐롤라이나의 한 군사대학에서 연설을 통
해 "앞으로 전쟁을 치뤄야 할 상대는 불량국가들(rouge states)이다"
라고 결연하게 표현함으로써 구체화된다.114) 여기에서 미국은 주로

　　2000 A Republican Foreign Policy, pp.63-78.
112) 『신동아』, "미국보수파의 시각; 강성대국 고집하면 탈레반정권 꼴 난다,"
　　2002. 2월호.
113) 아미티지 보고서와 함께 미국의 국방부 보고서(QDR: Quadrennial
　　Defense Review)는 부시 정부의 외교정책 기조를 이해하는 데 중요한
　　함의를 제공한다. 미 국방부는 2001년 9월 30일, 4개년 국방전략검토
　　보고서를 발표하였다. 그 핵심 내용은 본토방어에 이어 ① 동맹국 보호,
　　② 적대세력의 위협에 대한 포기 설득, ③ 일선에서 단호한 억지, ④억
　　지 실패시 결정적인 격퇴 등의 전략목표도 제시되고 있다. The U.S.
　　Department of Defense. *Quadrennial Defense Review Report.*
　　September 30, 2001. 참조.
114) Robert Dujarric은 '불량국가'의 특징으로 약소국으로 미국의 정책을
　　방해하여 성공한 국가를 말하며, 핵무기 혹은 대량살상무기로 특정지역
　　에서 미국의 정책에 반대하는 북한, 이라크, 이란 같은 국가이라고 언급
　　되어진다고 말한다. 그러나 미국과 중국은 왜 불량국가가 아닌가라는
　　의문을 제기하며 기존에 설명한 불량국가 범주 안에서는 불량국가를 이
　　해하는 데 적합하지 않다고 주장한다. 그것은 불량국가보다는 '비합리적
　　국가'로 정의해야 한다고 주장한다. 비합리적인 정부란 "그 국가가 알고

NBC(Nuclear Biological Chemical) 무기들을 개발하고 퍼뜨리는 국가들을 겨냥하고 있으며, 부시 대통령은 아시아·태평양 지역의 안보위협은 주로 북한에서 온다고 판단하고 북한에 대한 제재조치를 서두르고 있음을 여러 번 시사했다. 또한 부시 정부의 대북정책에 대한 강경노선은 2002년 1월 30일 대통령의 연두교서에서 이란·이라크·북한을 '악의 축(axis of evil)'으로 지목하고 이들 국가에 대한 강경한 대응을 천명함으로써 구체화되는데, 여기서 북한을 '대량파괴무기개발 및 테러 지원국가'로 보고 '악의 축(axis of evil)'으로 명명함으로써 미국의 대북정책에 대해 강경노선을 피력하였다.115) 이와 같은 부시 행정부의 '불량국가(rouge state)' 이후 보다 더 강경한 발언인 악의 축은 미국의 국익에 도전하는 세력을 인정하지 않게 다는 것으로 2002년 9월 국가안보전략 보고서로 구체화된다.116)

9·11테러 이후 미국은 준전시체제로 아프카니스탄 전쟁을 수행하며 도덕적 절대주의에 기초하여 북한을 '불량국가(rouge state)'이자 '악의 축(Axis of evil)'으로 매도하기 시작하는 한편, 일방주의적이며 공세적 현실주의에 의거, 대화와 협상보다는 외압을 가중시키는 정책

취하는 행동이 국가의 이해관계와 반대되는 것이다"라고 정의 내리면서 북한은 미국에 미사일을 발사하면 북한은 정치적으로 괴멸됨을 알고 있으며 이와 같은 비합리적인 행위를 하지 않을 것으로 본다. Robert Dujarric, "North Korea: Risks and Rewards of Engagement," Journal of International Affairs, Spring 2001, 54, No.2. The Trustee of Columbia University in the City of New York, pp.465-468.

115) 백악관 연두교서 내용 참조.
http://www.whitehouse.gov/news/releases/2002/01/20020130-12.html

116) The National Security Strategy of the United States of America, September 2002, 9·11테러 이후 변화한 안보위협에 대응하기 위해 미국은 군사적 우위를 재확인하고 미국주도의 세계질서에 대한 어떠한 형태의 도전도 허용하지 않겠다는 강한 의지의 표명으로 미국의 세계전략을 구체화한 것이라고 할 수 있다.

을 일관했다.117) 이후 남북관계와 북·일 관계가 진전되는 과정에서 2002년 10월 켈리 특사의 방북은 북·미 관계의 새로운 변화에 대한 기대감을 주었지만, 북한의 핵 개발 시인으로 북·미 간 대화를 통한 화해 분위기의 조성보다는 새로운 위기국면을 야기하고 말았다. 켈리 (J. Kelly) 특사는 북측의 기대와는 상이한, 건설적 대화보다는 고농축 우라늄 프로그램의 개발의혹 규명에만 역점을 두었다. 켈리 방북 중 북한 측이 고농축 우라늄 프로그램 개발을 시인했고, 이는 제네바 기본합의의 명백한 위반이기 때문에 더 이상 북측과 대화할 수 없다는 입장을 표명했다.118) 이와 더불어 미국은 KEDO에 압력을 가해 공화국에 대한 중유공급을 중단시키고 다각적 압력을 가하기 시작했다.119) 북한의 핵 개발 시인 파문에 대한 미국정부의 입장은 북한의

---

117) 문정인(2003), 위의 책, p.41.

118) 이 같은 미국의 대북강경정책의 기조는 2002년 초 발표된 핵태세검토 (Nuclear Posture Review) 보고서를 통해 할 수 있다. NPR 보고서는 러시아, 중국 등 핵 보유국가는 물론, 북한 등 비핵국가에 대해서도 핵무기 사용 계획을 적용하고 있다. 이 보고서도 QDR과 같이 의회의 결정으로 국방부가 작성한 것인데, 대량살상무기의 확산을 막는다는 명분으로 핵무기를 사용한다는 이율배반적인 방침을 공식화한 것이다. 보고서는 핵무기를 사용할 수 있는 상황을 5가지(① 비핵 공격에 견딜 수 있는 지하 시설, ② 핵무기는 물론 생화학 무기를 이용한 공격 시, ③ 예상치 못한 군사적 상황으로 북한의 남한 공격, ④ 중국의 대만 공격, ⑤ 이라크의 이스라엘 및 주변국 공격)로 설정하고, 특히 북한, 이라크, 이란, 시리아, 리비아 등을 "즉각적이고 잠재적이며 예기치 않은 돌발상황을 초래할 국가"로 분류하고 있다. 그중에서 북한과 이라크는 "고질적인 군사적 우려의 대상국"으로 명시하고 있다. 이 같은 외교정책 기조는 미국의 대북정책을 이해하는 데 중요한 단초를 제공한다고 본다. The US. Department of Defense. "Nuclear Posture Review(Excerpts)." Submitted to Congress on 31 December 2001. 8 January, 2002.

119) 2002. 11. 15 발표한 부시 대북성명은 크게 네 가지로 요약 할 수 있다. ① 한반도 에너지개발기구(KEDO)가 북한에 대한 추가 중유공급을 12월부터 중단한다는KEDO의 결정을 환영 ② 북한의 미기본합의서, 핵비확산조약(NPT), 국제원자력기구(IAEA) 안전조치협정, 한반도 비

제네바합의 사실상 위반한 것이며, 그와 관련한 대북협상 불가, 평화적 해결 등으로 요약할 수 있다.[120)

그러나 북한 측은 강석주 부부장이 고농축 우라늄 프로그램 개발 사실을 인정한 것이 아니라 미국 측의 압살정책에 핵 주권의 행사로 맞설 수 있다는 점을 강조한 것이라고 해명했다.[121) 또한 구체적 사실 확인도 없이 미국이 일방적 행동을 취한 것은 수용할 수 없는 처사라고 비난하면서 제네바 기본합의의 무효화를 천명하기에 이르렀다. 이와 더불어 북한은 영변 핵 시설의 봉인을 제거하고 IAEA 사찰관을 추방하는 동시에 핵확산금지조약(NPT)탈퇴와 영변소재 5 메가와트급 원자로를 재가동하는 등 일련의 대응 조치를 취했다.[122) 이후 미국은 북·미 관계의 협상을 정지시키고 이라크 전쟁에 치중함으로써 새로운 위기국면을 맞고 있다.

이와 같은 측면에서 볼 때, 북핵 문제와 미사일 문제를 중심으로 한 북·미 관계의 갈등구조는 미국의 세계전략과 북한의 체제유지전략 간의 충돌로 설명될 수 있다.[123) 이것은 북핵 문제가 북한의 핵 개발

핵지대화 남북 공동선언 등을 직접적으로 위반, 북한의 이 같은 명백한 국제약속 위반은 묵과하지 않을 것임 ③ 한국을 방문했을 때 분명히 밝힌 것처럼 미국은 북한을 침공할 의사가 없음 ④ 우리는 북핵 문제를 다루는 데 단 한 가지 선택방안은 북한이 핵무기 프로그램을 완전하고 가시적인 방법으로 제거하는 것이다. Washington Post, 2002. 11. 16.

120) 미국은 제네바합의 제2조, 즉 북·미는 정치·경제적으로 완전한 관계 정상화를 추진한다는 합의내용에 성실한 이행을 하지 않았다. 국교정상화 미실시와 경제제재의 유지로 일관하고 있는 정책이 이를 말해준다. 북한의 핵개발을 빌미로 한 제네바합의 불이행에 대한 책임에 있어서 미국이 자유로울 수 없다. 『중앙일보』, 2003. 8. 7. 리언 시걸 인터뷰.

121) 『조선중앙통신』 2002. 10. 7.

122) 문정인(2003), 위의 책, p.42.

123) 미국의 핵 위협에 대한 대응으로 북한은 핵 개발을 하였다는 셀리그 헤리슨의 주장은 눈여겨 볼만하다. 이것은 북한이 외부위협에 대한 안보적 대응으로 핵 개발을 하였다는 것을 의미함과 동시에 미국의 핵 확산 방지라는 세계군사전략과 충돌을 의미하는 문제이기 때문이다. 탈냉전

234

의도와 이를 막으려는 미국 주도의 핵 비확산 의도와의 충돌에서 비롯된 문제이긴 하지만 보다 근본적인 측면에서는 탈냉전기 북미관계 정립이라는 큰 문제와 연결되어 있고, 나아가 한반도 평화체제 구축과 동북아 평화구도의 정착이라는 문제와 맞닿아 있다는 이유 때문이다. 또한 이는 북한이 핵 카드를 통해 미국으로부터 체제보장과 함께 결국에는 북미관계 개선을 얻으려는 목적이고 마찬가지로 미국 역시 지금의 북핵 문제를 통해 결국에는 향후 탈냉전기 동북아 질서 및 북미관계의 방향을 고민해야 하는 데서 잘 드러난다.124)

부시 정부가 추진하고 있는 세계전략하에서 북핵과 미사일 문제는 WMD(Weapon of Mass Destruction, 대량살상무기) 비확산이라는 미국의 세계전략과 충돌하는 문제로 이를 용인 할 수 없는 문제였다. 북한의 경우에는 이를 통해 체제유지를 담보 받고 북·미 관계 정상화를 통해 정상국가로 나가려는 체제유지전략의 일환으로 핵무기와 미사

기 북한에 대해 붕괴론과 비붕괴론이 대립되고 있는 상황에서 클린턴 정부 시기 미국의 대북정책의 기조는 붕괴론에 기반한 대북정책이었다. 이와 같은 예측이 가능한 것은 김일성 사망, 식량난과 경제침체가 그 대표적인 요인이었다. 셀리그 해리슨은 이와 같은 붕괴론에 입각한 미국의 대북정책을 비판하며 이와 같은 붕괴론에 의한 지배적 대북시각이 북·미 제네바회담의 이행을 못하게 했으며, 경제난과 미국위협으로 인한 붕괴에 대한 두려움이 미국이 핵 개발을 부추기는 역할을 했다고 주장한다. Selig S. Harrison, *Korean Endgame: A Strategy for Reunification and U.S. Disengagement*, Princeton University Press. 2000., pp.3-4.

124) 김근식, "북핵 문제 해결과 한국정부의 역할: 기대와 현실", 『평화와 번영의 동북아 시대』(성남: 세종연구소 2003), pp.4-5. 이를 두고 구성주의적 접근을 시도한 서보혁은 국제사회의 비확산 규범과 북한의 주권 규범 간에 충돌이라고 평가한다. 서보혁, "탈냉전기 북한의 대미 정체성 정치", 『한국정치학회보』 제37집 1호, 2003년 봄호, 또한 비슷한 맥락에서 허문영은 지금의 북핵 문제를 미국의 패권전략과 북한의 생존전략 사이의 충돌이라고 설명한다. 허문영, 『북한의 핵개발계획 인정과 우리의 정책방향: 대미협상행태 변화를 중심으로』. 통일 연구원, 2003. 김근식(2003) 재인용.

일을 수단으로 사용하고 있는 것이다.125) 이와 같은 이유로 협상의
주체로 북한은 북·미 간 직접대화를 통해 양국 간의 불가침 조약을
체결함으로써 해결하려는 입장이다. 반면 미국의 경우에는 북한과의
대화의 전제조건이 핵 계획의 포기이고 현재의 문제는 동북아 전 지역
에 관계되는 문제이므로 한국, 중국, 일본 및 러시아를 포함한 다자회
의에서 토론되고 해결되어야 한다고 주장하면서 북한과의 직접 대화를
거부하고 있다.

　미국은 또한 북한이 "완전하고, 투명하게 검증할 수 있는, 그리고
반복할 수 없는 폐기"를 요구하며, 북한이 원하는 체제보장은 "핵을 이
용한 공갈"로 간주하며, 수용할 수 없다는 입장을 견지하고 있다. 북한
의 조건을 받아들일 수 없는 이유 중의 하나는 국제사회에 나쁜 선례
를 만든다는 것이다.126) 이 같이 의제의 우선순위에 있어서도 북한은
'체제보장'과 '불가침 선언'을 문서화하면 핵과 미사일 문제를 일괄적
으로 해결한다는 입장127)인 반면, 미국은 일방주의 입장에서 '선 해

---

125) 일반적으로 국가가 핵 개발을 하는 이유에는 안보이유, 국내정치적 이
　　유, 상징제고 등이 있다. 북한이 핵 개발을 추진하는 데에도 안보, 국내
　　정치적 통합, 국제적 위상제고 등의 이유가 작용했다고 할 수 있다. 여
　　기에 덧붙여 북한의 경우에는 보상확보와 대미협상이라는 요인이 작용
　　한 것으로 볼 수 있다. 리언 시걸은 북한의 핵 개발 의도에 대한 미국
　　의 일반적 가정은 잘못된 것이었으며, 북핵 문제는 협상 가능한 것이었
　　다는 점을 반복적으로 지적한다. 시걸에 의하면 북한의 핵 개발 저지는
　　불가능하며, 북한은 불량국가(rouge state)이며, 핵 개발 저지는 강제
　　력에 의해서만 가능하다는 가정은 잘못된 전제였으며, 이러한 잘못된
　　전제 때문에 미국이 북한의 협상의사를 보다 일찍 알아차리지 못했다는
　　것이다. 리언 시걸, 구갑우 외 역, 『미국은 협력하려 하지 않았다』(서
　　울: 사회평론, 1999), pp.25-31.
126) 이홍영, "한반도 핵 문제: 그 원인과 위기해소 방안", 『북핵 위기와 한
　　반도 평화』(서울: 한국통일포럼, 2003), p.30.
127) 북한 중앙통신은 논평에서 "조미기본합의문의 정신을 처음부터 유린하면
　　서 리행을 방해하였고 끝내 파국으로 이끌어 간 것은 미국"이며, "기본
　　합의문과 공동성명 등을 통해 약속한 경수로 제공과 정치, 경제관계 정
　　상화, 핵무기 불사용과 핵위협 중지와 같은 그들의 공식담보가 결국 빈

체, 후 대화'라는 기존입장을 고수해 오고 있다.128) 이렇게 대결구도
의 북미관계가 지속되고 있는 것은 핵심 키를 미국이 갖고 있다는 측
면에서 미국의 입장을 논의해 볼 필요가 있다. 미국의 입장에서 북한
의 요구인 체제보장과 불가침 선언 요구에 대해 핵 문제와 미사일 문
제의 해결을 전제로 타협하게 된다면, 이후 다른 여타 국과도 그와 유
사한 외교적 협상을 벌여야 한다는 전례를 남기게 된다. 이는 제도적
으로 적성국 등 여러 국제규범을 준수하고 있지 않은 국가와의 외교적
협상을 맺는 것을 의미하기에 미국의 외교정책 기조와 충돌을 의미하
는 것이다. 때문에 미국은 외교현실과 규범의 딜레마에 봉착했다.

따라서 북미관계의 특징은 미국의 세계전략과 북한이 김정일 정권의
체제유지 전략과의 충돌이라고 할 수 있다. 이와 같은 양국의 외교전
략 충돌이 의미하는 것은 북한이 '벼랑 끝 외교'를 추진하면서 미국의
일방주의에 새로운 명분을 제공해 준 측면이 있다. 또한 미국의 일방
주의도 북한이 '벼랑 끝 외교'를 할 수밖에 없는 상황을 만들었다는 특
징을 보인다고 볼 수 있다. 이와 같은 양국이 추진하고 있는 외부추출
의 충돌은 북·미 관계를 악화일로의 대립구조 만들었으며, 이는 현재
북한이 추진 중에 있는 개혁·개방 확대전략의 성과를 이루는 데 있어
서 대외적 조건의 장애로 작용하고 있다고 할 수 있다.129) 또한 이것

말에 지나지 않았다는 것은 세상이 다 아는 사실"이라고 주장하고, 오히
려 한반도 핵 문제의 해결은 불가침조약체결에 있다고 주장했다. 『조선
중앙통신』 론평, 2003. 3. 4.
128) 문정인(2003), 위의 책, p.43.
129) 북한 김정일은 탈냉전기 핵 문제를 다룸에 있어서 대외적 상황변화에
따라 북한 지도부 내 두 가지 정책 노선을 전략적으로 선택하여 대외정
책을 추진했다. 그 첫 번째, 정책노선은 핵무기를 선호하며 미국과의 화
해는 불가능하다고 믿는 강경파(군부중심)이고, 다른 하나는 정권의 안
전과 경제 원조를 담보로 핵무기를 포기할 준비가 되어 있는 실용주의
자(경제관료·외교관)들이다. 김정일은 실용주의자 편이지만 그의 아버
지처럼 절대적인 통치자가 아니기 때문에 강경파를 무시할 수는 없는
입장에 있다. Selig S. Harrison, "Defusing the North Korean

은 북·미 관계 변화라는 대외적 조건이 우호적으로 전개될 경우 개혁
·개방 확대전략의 성과와 그 방향성에 중요한 영향을 미칠 것이며,
그 문제의 중심에 북핵과 미사일 문제가 자리잡고 있다고 볼 수 있다.

다음으로 부시 정부의 경제제재에 대한 입장과 추진과정의 특징을
설명할 수 있다. 2003년 2월 취임한 노무현 정부는 평화번영정책을
대북정책의 기조로 김대중 정부의 대북포용정책을 계승 발전시킬 것을
강조했다. 이후 2003년 5월 15일 노무현 대통령과 부시 미 대통령과
의 백악관에서 정상회담을 가진 뒤 발표한 공동성명에서 "국제적 협력
에 기반하여 평화적인 수단을 통해 북 핵무기 프로그램의 완전하고 검
증 가능하며 불가역적인 제거를 위해 노력한다"고 밝혔다. 두 대통령
은 그러나 "한반도에서의 평화와 안정에 대한 위협이 증대될 경우에는
추가적 조치의 검토가 이루어지게 될 것이라는 데 유의(noting)한다"
는 데도 뜻을 같이했다.130)

노무현 정부가 북핵 문제에 관하여 김대중 정부의 대북정책 과정에
서 한·미공조의 이완의 우려를 불식하며 굳건한 한·미공조를 통해
평화적으로 해결한다는 원칙을 확인하였다면, 부시 정부는 한·미공조
와 한·미·일 삼각동맹의 강화와 북핵 문제의 다자해결 원칙 그리고
대북제재의 추가적 조치를 얻는 선에서 공동선언은 타결되었다고 볼
수 있다.

이와 같은 한·미의 추가적 조치에 대해 북한은 『로동신문』을 통해
한·미 정상회담에서 한반도 위협이 증대되면 대북 '추가조치'를 검토
키로 한 것과 관련, "핵전쟁 위험을 증대시킨 위험한 행동"이라고 비난
했다.131) '겨레에게 실망을 준 굴욕 행각'이란 제목의 개인 필명의 논

Nuclear Crisis Remarks," the Chicago Council on Foreign
Relations, May 7, 2003. 참조.
130) 백악관 인터넷 검색 참조.
www.whitehouse.gov/news/releases/2003/05/20030514-17.html
131) 토머스 허바드 주한 미국대사는 11일 북핵 해법과 관련, 한·미 정상회

평에서 한·미 정상이 최근 공동성명에서 "핵 문제에서 '추가적인 조치'의 검토와 '남북교류의 현실 연계추진'을 거론한 것은 미국에 동조하고 굴복한 것으로 조선반도에서 핵전쟁 위험을 증대시킨 극히 위험한 행동이다"고 주장했다. 또 "핵 문제는 미국의 대조선 적대시 정책에서 산생된 것으로 미국이 먼저 적대시 정책을 포기하는 것이 문제해결의 순리"라며 "이와 같은 때에 동족을 반대하는 침략적인 외세의 전쟁열을 식혀 주지는 못할망정 전쟁공포증에 사로잡혀 추가적인 조치의 검토에까지 응수해 나선 것은 수치이고 치욕이다"고 말했다.132)

한미공동성명에서 대북 추가조치가 발표된 후 북한 『로동신문』은 20일 북핵 문제는 평등·공정성의 원칙에서 대화와 협상을 통해 해결해야 한다며 미국이 대북핵 압박을 강화할 경우 한반도에서 전쟁은 불가피하다고 주장하며, 핵 문제의 다자간 협상을 비난하고 미국의 핵 압박과 군사적 위협 공갈은 조선반도에서 전쟁을 초래할 것이라고 주장했다.133)

한미정상회담 이후 2003년 6월 6일에 있은 한일 공동성명에는 '추가 조치', '강경한 조치'가 들어가지는 않았지만 한·미, 미·일 정상회담 결과를 추인하고 재확인한 성격이 강했다. 북한에 대해 얼마든지 경제제재라든지, 해상봉쇄라든지 강경조치 가능성을 열어놓은 결과가 나온 것에 대한 우려의 목소리가 있다.134) 이렇게 북·미 관계가 막

담에서 언급된 '추가적 조치'와 '미·일 정상회담에서의 '더 강경한 조치'에 대해 "이 조치를 군사적 행동으로 해석하지 않겠다"라고 밝혔다. 『연합뉴스』, 2003. 6. 11.

132) "우리에 대한 어떤 제재도 곧 선전포고로 간주할 것이라는 데 대해 명백히 했다"며 "이번에 공동성명에 쪼아 박힌 추가적인 조치 따위로 앞으로 조선반도에서 그 어떤 예측할 수 없는 결과가 초래될 경우 책임은 전적으로 미국과 남측이 지게 될 것"이라고 경고했다. 『로동신문』, 2003. 5. 21.

133) 『조선중앙통신』, 2003. 5. 20.

134) 해상봉쇄나 대북제재 등의 방향으로 가서는 안 된다는 메시지를 담겨있어야 했다는 주장이 있다. 연합뉴스, 2002. 6. 7 그러나 이 같은 봉쇄

다른 길목에 접어든 것은 부시 정부가 2002년 연두교서에서 북한을
'악의 축'으로 규정하고 이후 동년 10월 핵 개발을 시인하자, 미국은
「북·미 기본 합의서」 무효화를 통해 KEDO 중유공급을 중단했고, 중
국에게는 북한에 대해 압력을 행사하라고 요구하고 최근에 와서는 해
상봉쇄와 공중봉쇄까지 언급하며 포괄적 제재를 가하고 있기 때문이었
다.135) 또한 북한도 이에 대해 NPT 탈퇴와 한반도 전쟁을 운운하며
강경한 '벼랑 끝 전술'로 임하고 있기 때문이다.136) 이 같은 미국의
포괄적 제재는 한·중·일·러 간의 협조가 없이는 성과를 내기에 불
가능하다. 이들 국가들에 있어서 북핵 문제는 복합적인 전략적 이해관
계를 갖고 있기 때문이다. 이를 단적으로 보여주는 것이 북핵사태의
유엔 안전보장이사회에 회부를 통한 해결이었지만, 중국과 러시아의
영향으로 결의안은 채택되지 못한 것이 이를 대변해 준다.137) 그러나

정책과 함께 미국은 북한의 대량살상무기(WMD)확산을 막기 위해 공중
봉쇄도 추진 중이라고 뉴욕 타임즈가 보도했다. New York Times.
2003. 6. 15 공중봉쇄는 대량살상무기 확산방지구상(PSI)의 구체안으
로 마련되고 있는 조치로 부시 대통령의 선재공격 독틀린을 뛰어넘는
'선제적 선제공격(preemptive preemption)'이라고 이 신문은 보도했다.
135) 부시 행정부가 북한의 핵무기 개발포기를 위해 무기수출 선박의 공해상
나포 등 대북경제 제재를 내용을 한 '맞춤형(tailored containment)봉
쇄정책'을 추진한 후 공중봉쇄로까지 확대된 것을 의미한다. '맞춤형
(tailored containment)봉쇄정책'에 대해서는 Washington Post,
2002. 12. 29. 참조.
136) 한국과 미국이 정상회담에서 합의한 대북 '추가적 조치'가 현실화된다면
"한반도는 외세의 핵전쟁으로 폐허가 되고 온 민족은 핵 참화를 입게 될
것", 『로동신문』 2003. 6. 2.
137) 2003년 2월 한 회담에서 중국의 왕의(王毅) 외교부 차관이 백남순 북
한 외무상에게 북한의 도발적 행동이 지속되면 중국은 경제제재조치에
대한 반대입장을 철회하겠다고 밝혔다. 러시아도 4월 알렉산드르 로슈
코프(Alekandr Losyukov) 외교부 차관를 통해 북한이 핵무기 생산을
재개하면 러시아의 대북 경제제재조치 반대를 재고한다고 밝히는 등
북한에 대해 핵 개발을 포기할 것을 강력히 촉구했다고 전해진다.
Kimberly Ann Elliot, "대북경제제재의 효과", 『KDI북한경제리뷰』(서
울: 한국개발연구원 2003. 5), p.50.

중국과 러시아는 북한이 변화를 보여 핵 포기를 수용하기를 원한다. 그러나 중국과 러시아가 원하는 북한의 변화는 미국의 포괄적 제재를 용인하고, 더욱이 추가적 조치로써 한반도의 제한적 전쟁과 김정일 정권 붕괴를 용인하는 것은 결코 아니며, 평화적 해결을 바라는 이들 국가들의 주장일 가능성이 높다.138) 결국 미국의 북한에 대한 무분별한 봉쇄정책은 체제붕괴보다는 핵 개발을 촉진하는 요인으로 작용할 가능성 높다는 것을 의미한다.

이와 같이 북한은 핵 문제를 수단으로 대미외교의 정상화를 통해 체제보장과 불가침조약체결 그리고 경제지원 등을 얻을 수 있는 정상국가로 탈바꿈하려는 전략을 추진하고 있다. 더욱이 '개혁·개방 확대전략'이라는 국가발전전략을 추진하고 있는 상황에서 핵 문제의 해결은 북한이 전향적으로 추진 중에 있는 '개혁·개방 확대전략'의 성과에 직결되는 중요한 역할을 할 것이며, 궁극적으로 이는 북한의 개혁과정에 결정적 역할을 할 것이다. 따라서 북한은 지금 핵 문제를 평화적으로 해결할 것인지 혹은 '그럭저럭 버티기 전략(Muddling through)'으로 교착의 지속으로 갈 것인지 혹은 '벼랑 끝 전술'로 파국을 맞을 것인지 그 기로에 북한이 서 있다고 할 것이다.139)

---

138) 2003년 10월 20일 APEC 정상회의 참석한 자리에서 두 번째 한·미 정상회담 공동선언문을 발표하였다. 공동선언문 제3항은 ① 북한 핵 보유 불용과 평화적 해결 원칙을 재확인, ② 북한을 침략할 의도가 없으며, 북한이 핵무기 개발 야심을 포기하기를 기대한다는 입장을 재확인, ③ 북한이 핵 폐기에 진전을 보인다는 것을 전제로, 다자틀 내에서 안전보장을 제공이 그 주요 내용이었다. 대북 안전보장의 구체적인 방법에 대해서는 언급하지 않았다는 것에서 한계가 있으나, 그럼에도 포괄적 제제(further steps)와 압력에 대한 내용이 빠져있다는 것이 하나의 특징이라고 할 수 있다. 『연합뉴스』, 2003. 10. 20.

139) 로란드는 "북한 체제의 장래는 위협적인 급격한 개혁이나 붕괴 쪽으로 전개되기보다는 부분적인 개혁만으로 현재의 위기를 '그럭저적 버티기(muddling through)' 중간의 길을 밝게 될 것이다"라면서 "더욱이 중국·일본·러시아 등이 북한의 존속을 원하고, 여기에 한국정부의 의지

제3절 '개혁·개방 확대전략'의 내용

1. '7·1경제관리개선조치'의 목적과 특징

북한의 계획경제에 대해 정책변화 실험은 1970년대 이후 그 내용과 범위에서 제한적으로 추진되었지만, 현상유지전략 시기에 들어 표면화되기 시작했다. 대표적인 것을 들면 기관 및 기업소의 독립채산제와 관련이 있는 '분권화 확대', 집단적 혹은 개인적 차원의 동기유발을 통해 생산성 향상을 꾀한 '물질적 자극 확대', '시장의 청산' 경제안정화를 위한 '가격 및 임금 현실화' 등이었다. 그러나 현상유지전략 시기 북한의 경제정책변화 시도는 소기의 성과를 올리지 못했다. 우선 중간 관료집단의 개혁에 대한 이해부족으로 경제계획 및 관리 분권화는 실질적인 진척을 보지 못했으며, 자본의 절대적 부족이 해소되지 않아 노동에 대한 동기유발에도 실패했다. 가격인상 역시 인플레이션만 초래했으며 화폐개혁은 정책에 대한 불신과 외화퇴장이라는 결과를 가져오게 되었다. 결국 2000년대에 들어서도 북한경제는 침체를 극복하지 못했으며 생산이 장기적으로 침체되어 공급부족의 경제상태가 지속되었다.[140] 이 같은 악화된 경제위기 상황의 극복을 위한 새로운 국가발전전략과 정책도입이 필요했던 2001년 초 김정일 위원장의 중국 상하이 방문으로 모습을 드러내기 시작한 신사고 강조는 전향적인 대내

까지 결합될 경우 북한이 생존할 가능성이 높다"고 전망하고 있다. Marcus Noland, *Why North Korea Will Muddle Through*, a Senior Fellow at the Institute for International Economics, Foreign Affaairs Volume 76 No.4, July/August 1997. 참조.

140) 김영훈·최윤상, "7·1경제관리개선조치와 북한의 농업", 『7·1경제관리개선조치의 평가와 향후 전망』, 제4회 국제학술세미나(고려대학교 북한연구소, 2003), pp.116-117.

242

경제관리 방식의 개선과 대외개방정책을 모색하게 하는 중요한 동기로 작용했다.

북한은 2001년 김정일의 경제개선관리에 대한 개선의지를 담화를 통해 피력한 후 2001년 최고 인민회의 제10기 5차 회의를 통해 '사회주의 사회의 본성적 요구에 맞게 경제관리를 개선강화하기 위한 획기적 조치'를 채택했다. 또한 2002년 7월 1일에 7·1경제관리개선조치를 발표하며 본격적인 신경제전략을 모색하게 된다. 7·1경제관리개선조치 이후 신의주 특별행정구, 개성공단특구, 금강산 관광특구지정과 같은 적극적인 대외관계 개선의지는 국내적으로 '부족의 경제'와 '공유의 비극'을 극복하고, 국제경제체제에 적극적으로 참여하겠다는 의지를 표현한 것이다.141) 이와 같은 점에서 이번 조치는 과거의 계획효율화 조치와 라진·선봉의 제한적 개방과는 질적으로 달랐다. 특히 이른바 신경제전략은 개혁과 개방을 병행추진하며, 적극적인 대외환경 조성과 연계되어 시작되고 있다는 점에서 새로운 흐름이 아닐 수 없다.

북한의 신경제전략은 7·1경제관리개선조치 이후 발표된 신의주 특별행정구, 개성공업특구, 금강산관광특구로 이어지는데, 여기서 주목할 만한 사실은 이러한 변화들이 각각 분절되어 있는 사건들이 아니라, 서로 밀접하게 유기적으로 연결되어 있는 있다는 점이다. 그리고 이 변화의 밑바탕에는 경제발전과 대외관계 개선을 하나로 묶는 북한의 신전략이 자리잡고 있다는 것이다.142) 북한의 정책변화는 향후 변화의 방향은 다양한 변수에 따라 결정될 것이지만, 특히 변화하겠다는

---

141) 우리가 사회주의강성대국을 건설하기 위하여서는 경제건설을 힘있게 다그쳐 나라의 물질 경제적 토대를 결정적으로 강화하여야 합니다. 지금 사회주의 경제건설에서 제일 걸린 것이 경제 관리문제입니다. 김정일, "강성대국건설의 요구에 맞게 사회주의 경제관리를 개선강화할 데 대하여". 담화, 2001. 10. 3.

142) 이종석, "북한의 신전략과 한반도 정세변화", 『정세와 정책』(성남: 세종연구소, 2002) 통권 75호, p.2.

행위자의 의지만큼이나 변화의 환경을 조성하는 것이 중요하다고 할 수 있다.143)

북한의 이번 경제개혁조치는 기본적으로 공급증대를 통해서만 성공이 가능한데, 북한의 현실은 내부자원의 고갈과 외부 자본유입의 제약이라는 심각한 난관에 부딪혀 있다. 이 난관을 극복해야만 성공과 실패를 운위할 최소한의 조건을 마련할 수 있다는 것이 북한 경제의 현실이다.144) 이것은 성공적인 개혁이 되기 위해서는 정치적·경제적 현실을 고려해야 함을 의미한다.

왜냐하면, 개혁 이행에 있어서 현실의 어려움은 일부 개혁들의 연속성을 피할 수 없다는 이유 때문이다.145) 그러나 북한의 대내외적 정치·경제적 조건은 개혁정책의 성과를 얻기에 많은 한계점을 갖고 있다고 볼 수 있다. 이것은 개혁의 내용과 범위에 있어서 각 국가의 특

---

143) 재일본 조선인총연합회(조총련) 경제학자인 강일천 교수는 이번 조치가 북한이 지난 99년부터 2001년 사이 단행한 낡은 기업소 통폐합 조치를 보완하는 측면이 강하고 오랫동안 준비해온 끝에 단행된 것이라고 설명했다. 이번 '7.1경제개선조치'의 성격을 시장기능을 활용하자는 차원에서 추진된 것으로 분석하며, 북한의 이번 조치는 경제적 현실에 입각해 사회주의 이념 실현의 속도와 노선을 조절하는 방향에서 정책상의 수정을 가한 것으로 평가했다. 최근 북한이 지난 7월 이후 시행하고 있는 경제개혁의 성공조건으로 ① 소비자들의 구매력을 충족시킬 수 있도록 소비물자를 확보 ② 생산 기반이 충분히 보장 ③ 대외환경요인의 변화를 지적했다. 『연합뉴스』, 2002. 11. 6.

144) 이종석(2002), 위의 책, p.7, 이종석은 단기적으로는 최소한 경제관리 개선조치의 조기실패를 막기 위해서 일본·남한 등으로부터 가격 기준 품목인 쌀의 지원을 받는 것이 필요하고, 장기적으로는 북일관계 정상화를 통해 들어올 대일청구권 자금과 서방 은행들의 북한에 대한 금융 지원이 필요함을 강조하고, 이를 위해서는 한반도 정세가 안정적으로 발전해야 하고, 적대적 북일관계가 정상화되어야 하며, 북·미 관계가 개선되어야 한다고 주장한다. 또한 북한의 극복과제로 북한의 변화에도 불구하고 북한을 여전히 '악의 축'으로 규정하고 있는 미국변수를 막아야 하고, 불안정한 남북 간의 군사적 긴장을 해소해야 한다고 주장한다.

145) Gros and Steinherr(1995), *op. cit.*, p.93.

수성이 존재한다는 것을 의미한다. 그럼에도 불구하고 북한의 이번 개혁·개방조치가 갖는 중요성은 '변화의 주도권'를 북한이 적극적으로 행사하기 시작했다는 점이며, 모든 변화는 2002년 7월부터 시작된 경제관리 개선 조치부터 시작되고 있다는 것이다. 이와 같이 7·1경제관리개선조치가 갖고 있는 의의와 한계점이 있지만, 그 성격과 방향성을 규정하는 데 있어서 크게 세 가지 시각이 존재한다.146) 첫 번째는 시장지향형 개혁으로 보는 시각이고, 두 번째는 체제내적 계획효율화 조치로 보는 시각이다. 세 번째는 양자의 속성을 동시에 갖고 있는 과도기적 성격을 갖고 있다는 시각이다.147)

---

146) 경제개혁 조치와 관련하여 세부적인 사항에서 조금의 차이는 있지만, 크게 세 가지 해석이 존재하는데 이와 같은 시각은 북한의 경제체제 변화를 어떻게 볼 것인가라는 문제와 병립한다고 할 수 있다. ① 북한의 강성대국 건설을 위한 경제전략에 초점을 맞춘 사회주의 경제체제의 정상화 또는 '체제 내의 개선'이라는 해석(조동호·연하청·서재진·박광작), ② 비교사회주의적 관점에서 계획경제의 유형론에 초점을 맞춘 유도형 계획경제 또는 부분개혁된 사회주의 경제개혁(분권적 유도형 계획경제로의 변화)라는 해석(신지호·박형중·정형곤·양문수), ③ 개선조치에 따른 조정 메커니즘의 변화가 가져올 북한 경제의 장기적 체제변화 가능성에 초점을 맞춘 시장 경제화의 시작이라는 해석(윤덕룡·이형군·김연철·박석삼·성채기·김명식·정세진)이 그것이다. 박순성, "경제관리개선조치(2002. 7. 1) 이후의 북한 경제", 『북한경제포럼』 제31차 세미나 발표논문. 2003. ①, ②의 차이점은 ①이 계획경제체제의 틀을 정상화하기 위한 현 시기의 개혁에 초점을 맞춘 주장이라면, ②는 계획경제의 문제를 해결하려 했던 과거부터 사회주의 체제는 제도개혁을 계속 추진했다는 인식하에 그 연속성상에서 추진되는 개혁의 과정에 초점을 맞춘 것이라고 볼 수 있다. ③은 계획경제의 본질적 특징에 대한 개혁을 단행함으로써 나타나는 그 효과와 방향성에 초점을 맞춘 주장이라고 볼 수 있다. ③에 대한 약간의 분석의 초점의 차이에 대해서는 김연철·박순성 편, 『북한 경제개혁 연구』(서울: 후마니타스, 2002), 박석삼, "최근 북한 경제조치의 의미와 향후 전망," (서울: 한국은행, 2002), 윤덕룡·이형근, "북한의 물가인상 및 배급제 폐지의 의미와 시사점,"(서울: 대외경제정책연구소, 2002)의 논문 참조.

147) 이찬우는 중국과 비교를 통해 7·1경제관리개선조치가 계획경제의 분권화, 가격기능의 정상화, 임금보전에 의해 구매력 유지, 기업경영의 독자

　　계획경제의 정상화로 보는 시각은 그간 북한 경제의 어려움으로 인해 비공식 부문의 확대를 묵인할 수밖에 없었으나, 향후 외부 여건의 긍정적 변화를 전제로 자본과 노동을 공식부문으로 흡수하여 계획경제체제의 정상화를 꾀하고자 한 것으로 이해한다고 할 수 있다.148) 또한 북한의 개혁·개방조치가 시장경제를 향한 개혁이 아니라 '체제 내의 개선'이며, 그동안 경제적 어려움으로 인해 비공식부문의 확장을 묵인할 수밖에 없었으나, 이제는 공식부문으로 자본과 노동을 흡수하여 계획경제체제를 정상화하고 경제성장을 도모하겠다는 의도로 추진되었다고 주장한다. 비록 최근의 정책이 과거에 비해 시장경제적 요소를 포함하고 있으나, 현재 북한당국이 시장경제체제로의 전환을 염두에 두고 있는 것으로 보기 어렵다는 것이다. 여기서 의도하지 않은 결과로서 시장경제로의 변화와 의도적인 시장지향적 개혁을 구분할 필요성을 주장한다. 다만 과거의 계획경제체제가 전통적인 스탈린식의 명령형 계획경제이었다면, 이제는 하부단위의 자율성과 인센티브 제고를 바탕으로 하는 분권적 혹은 유도형(indicative) 계획경제로의 변화라는 것이다. 그러나 명령형 계획경제에서 분권적 계획경제로의 변화가 시장경제 혹은 사회주의 시장경제로의 변화를 보증해 주는 것은 아니라는 점을 유념해야 한다고 주장한다.149)

　　성 확대 등의 내용으로 이루어졌다고 본다. 그는 이 같은 경제정책이 명령형 계획경제로의 완전한 복귀가 아니라 계획경제의 지도성 원칙을 유지하면서 시장경제가 갖고 있는 효율성을 수용하는 방향으로 취해졌다고 주장한다. 그는 이를 '명령형 계획경제'를 '지도형 계획경제'로의 개선이라고 주장한다. 이찬우, "북한의 7·1경제관리개선조치와 1980년대 중국개혁비교", 『7·1경제관리개선조치의 평가와 향후 전망』 제4회 국제학술세미나, (서울: 고려대 북한학연구소, 2003), p.76.

148) 김영훈·최윤상(2003), 위의 책, pp.121-122.
149) 조동호, 『북한 경제발전전략의 모색과 우리의 역할』(서울: 한국개발연구원, 2003), p.53-71. 계획효율화, 혹은 유도형 계획경제로의 변화로 보는 시각은 북한 당국의 계획정상화에 대한 의지, 소유권 및 가격정책의 제한성 등을 주목하며 시장지향적 개혁 시각에 반대한다. 대표적으

246

반면, 시장지향적 개혁으로 보는 시각은 2002년 7월부터 북한의 신경제전략은 분권화와 화폐 임금제, 적극적인 경제개방, 그리고 대외 관계개선으로 나타나고 있다는 것이다. 경제개혁 수준은 행정가격의 비탄력성과 사적영역의 불인정 등으로 미흡하나, 계획기반이 약화된 거시 경제적 구조를 고려할 때, 장기적으로 시장지향형으로의 변화 방향을 보여주고 있다는 것이다. 또한 이 같은 시각을 갖고 있는 논자들은 7·1경제관리개선조치를 '결과가 아니라 과정'으로 볼 필요가 있다고 강조하며 다음 네 가지 이유를 들어 경제개혁의 과도기적 성격으로 규정하고 있다. 첫째, 거시경제안정의 핵심과제인 공급확대를 지속하기 어렵다는 것, 둘째, 공급불안이 나타날 경우, 현재 임금과 물가의 균형체제가 무너질 가능성이 있다는 것, 셋째, 가격탄력성을 반영하지 못하는 행정가격은 수요와 공급을 왜곡할 수 있다는 것, 넷째, 재정 및 금융정책의 변화가 불가피하다고 주장한다.[150]

양자 시각이 차이가 있다면, 다소 중립적으로 바라보고 있는 시각도 존재한다. 북한의 경제개혁은 사회주의 시장이 없어진 조건에서 자본주의권과 경제교류하기 위한 내부조치로 보면서, 지난 1년간 북한의 경제개혁을 '대담한 시책'이라고 분석하며 계획경제를 포기하지는 않았지만, 시장 기능을 적극 받아들이려는 경향이 대세로 잡아가고 있는 있다는 것이다. 이들은 그 근거로 7·1경제관리개선조치의 특징을 두 가지로 제시한다. 첫째로 집권화와 분권화의 대응관계에서는 명백히 분권화를 지향하고 있다는 것이다. 둘째로 또한 경제의 계획적 조절과 시장적 조절의 대응관계에서는 시장적 조절 공간을 더 활용하는 방향

로는 조동호, "계획경제 시스템의 정상화: 최근 북한 경제 조치의 분석 및 평가"(한국개발연구원, 2002. 7. 30); 연하청, "최근 북한의 경제개혁 현황과 전망," 명지대 경제경영연구소, 『북한과 중국의 경제특구』 (2002. 10. 21 세미나 발표문), 참조.

150) 김연철, "북한 신경제전략의 성공조건", 『국가전략』, 제8권 4호(성남: 세종연구소, 2002), pp.5-12.

에 있다는 것이다. 한마디로 사회주의 사회의 본질적 성격(발전적 측면)과 과도적 성격 중에서도 과도적 성격을 더 잘 활용하는 데 중점을 둔 시책으로 특징지어진다는 것이다.151) 또한 북한 지도부가 2002년 7·1경제관리개선조치를 통해 전체적으로 붕괴된 계획경제체제의 정상화 또는 복원을 위한 것으로 판단하지만 가격조정 조치를 통해 모든 물가의 가격 현실화와 함께 임금의 현실화도 가능해졌다는 것이다. 이 같은 시각은 기존 계획경제하의 평균주의에 의한 배분이 성과에 따라 차별화된 임금지급으로 바뀐 성과주의로 발전하여 생산성 향상에 중요한 역할을 할 것이라고 강조하며, 그 성과에 따라 추동 방향성에 대해 잠재적 가능성이 있다고 주장한다.152)

이와 같이 북한의 경제개혁을 바라보는 시각의 차이가 있는 것은 가격 현실화를 통한 (암)시장가격의 간접인정, 계획 및 가격제정의 분권화, 생산재 유통시장의 허용, 현물경제에서 화폐경제로의 변화 등에 대한 평가에 있어서 차이가 있기 때문이다라고 볼 수 있다. 이 같은 시각의 차이점은 있지만, 7·1조치의 핵심적 특징은 계획 및 가격 제정의 분권화, 가격 및 임금 현실화, 화폐임금제의 도입 등으로 특징지을 수 있다. 이 중 가격체계의 개혁이 핵심적 내용이라고 할 수 있는데, 가격체계의 변화는 기존의 가격조정방식을 혁신적으로 바꿈으로써 과거와는 상이하게 모든 생산물 가격을 그 가치대로 반영한다는 점, 그간 조정적으로 운용해 온 가격들을 생산비뿐 아니라, 수급상황과 국제시장가격의 변화에 따라 앞으로 조정될 수 있는 가능성을 열어 놓았다는 데 큰 의미가 있다. 이 같이 가격체계의 개혁과 그에 따른 가격 및 임금 현실화 조치는 사회주의 경제계획 및 경영의 기초가 되는 경

---

151) 강일천, "최근 우리나라에서 실시된 경제적 조치에 대한 잠정적 해석; 전반적 가격과 생활비의 개정조치를 중심으로", 『KDI 북한경제리뷰』 2002. 10월호 제4권 제10호, pp.41-42.
152) 박순성, "북한의 가격·배급제도의 변화와 전망", 『민족발전연구 제8호』 (중앙대학교 민족발전연구원, 2003), pp.104-105.

248

제계산의 핵심요소이기 때문에 지금까지 추진된 북한의 경제시책 중 가장 큰 의미를 갖는 것 중 하나라 할 수 있다.153)

또한 분권화는 계획작성, 가격제정, 자재공급 전반에 걸쳐있으며, 쌀 가격을 기준으로 물가와 임금이 시장가격을 반영하여 현실화되었다. 소비재 할당 공급체계가 폐지되는 등 배급제의 제도적 기초가 변화되었으며, 북한의 전통적 경제운영 원리인, 대안의 사업체계, '계획의 일원화·세부화 조치' 등의 변화가 불가피해졌다는 것이다.154) 이들 조치의 실시는 여전히 계획경제와 집단화를 전제로 추진함에도 불구하고 계획경제의 근간인 배급제를 건드렸다는 것, 국부적인 실험이 아닌 사회 전반에 영향을 미친 조치로서 그 변화가 개개인의 생활과 직결된 '사활적인 문제'로 부상하였다는 것, 국가의 부담을 줄이고 실리가 개개인의 피부에 닿게 하여 경제적 타산을 앞세우게 하고 생산의 욕을 증진시켰다는 것, 돈만 있으면 무엇이나 충족할 수 있다는 새로운 가치관념을 불어넣었다는 것이다.155)

따라서 이번의 7·1경제관리개선조치가 다양한 평가가 있음에도 불구하고, 이 같은 경제개혁정책의 추진이 경제체제 전반에 중대한 영향을 미칠 수 있는 여지가 있다고 볼 수 있다. 이와 같은 측면에서 이번 경제개혁이 북한의 개혁·개방 성격 규정에 중요한 단초를 제공한다고 볼 수 있다.

---

153) 성채기, "김정일 시대의 신경제노선 평가와 전망", 『KDI북한경제리뷰』 제4권 제10호, 2002., pp.16-17.
154) 김연철(2002), 위의 책, p.7.
155) 김경일, "북한의 경제관리개선조치의 의의와 향후 전망", 『7·1경제관리개선조치의 평가와 향후 전망』 제4회 국제학술세미나(고려대학교 북한연구소, 2003), pp.60-61.

2. 경제관리개선조치의 내용

1) 대안의 사업체계와 독립채산제

북한의 기업관리체계의 이해하기 위해서는 이 부분의 변화과정을 반추해 본다면, 이것의 변화가 갖는 내용과 의의에 대해 보다 상세히 알 수 있을 것이다. 북한은 1960년대 전후 복구경제가 어느 정도 마무리되고 공업화의 기초를 마련한 상황에서 사회주의 경제를 발전시키기 위한 여러 정책을 추진하였다. 그러나 이 시기 북한은 소련과 동구국가들의 당 지도부가 이윤본위와 '리멜만리론'을 통해 국가의 중앙집권적·계획적 지도를 거부하며, 국가가 기업소에 내려 보내는 계획지표 범위를 대폭 줄이고 기업소가 자체로 세운 계획에 따라 경영활동을 조직하며, 물질적 자극을 강화하는 경제관리 정책을 추진하는 것을 보고 수정주의라고 비판하며 새로운 경제관리 체계를 도입했다.156) 이와 같은 대외환경과 내부반동에 대한 해결책으로 북한은 물질적 자극보다는 정치·도덕적 자극인 사상사업과 정치사업을 우선하며 경제에 대한 당 통제를 강화하였다.157) 이와 같은 목적하에서 추진된 것이 '대안의

---

156) 1962년 9월 소련 하리꼬브공업 경제연구소 교수로 있던 리베르만이 기업활동과 생산에 투입된 총자본과의 관계에서 리윤율을 기업활동을 평가하는 기준으로 삼자는 리베르만 이론을 제시하였다. 이른바 리베르만주의로 불리우는 이 주장은 리윤본위제의 자본주의적 기업관리이론이였다. 이와 같이 물질적 자극을 강조하는 기업관리방식에 대해 북한은 경제관리에서 물질적 자극을 절대화하는 수정주의자들의 책동을 견결히 반대하고 시종일관 정치·도덕적 자극을 위주로 하면서 그에 물질적 자극을 옳게 배합하는 원칙을 견지하였다. 고정웅·리준항, 『조선로동당의 반수정주의 투쟁경험』(평양: 사회과학출판사, 1995), pp.168-169.
157) 김일성은 당 안에 잠입한 반당수정주의 분자들은 '리벨만리론'을 넘겨다 보며 교활한 책동을 한다고 비판하고 "이들은 경제가 발전하고 그 규모가 커지는 데 따라 증산예비가 점점 작아진다", "생산은 사회주의적으로 하고 관리는 자본주의적으로 하여야 한다", "기업소들에 나가 물질적 자

사업체계'였다.

'대안의 사업체계'가 도입된 배경에는 크게 두 가지였다. 첫째는 '지배인 단독 책임제'에 대한 대체가 그것이다.[158] 북한에서는 해방 후 1946년 8월 주요 생산기업소의 국유화를 통하여 당적 지도통제와 공업의 계획적 지도, 민주집중제의 원칙에 입각한 사회주의 공업관리체계를 세우고, 국영공업의 관리운영에 독립채산제와 지배인 '일인단독책임제'를 도입한 이래 1961년 말에 대안의 사업체계가 도입되기 전까지의 공업관리 운영은 기본적으로 부문별 중앙기관의 지도하에 공장위원회를 최고 지도기관으로 하는 지배인 단독책임제에 의거하여 이루어지고 있었다.[159] 두 번째는 '청산리 방법'의 창출이었다. 청산리 방법은 1960년 2월 '청산리 협동농장'에서 김일성의 현지지도에 의해 창출된 것으로 기본골자는 다음과 같다.

"청산리 방법의 기본은 웃기관이 아랫기관을 도와주고 문제해결의 올바른 방도를 세우며 모든 사업에서 정치사업, 사람과의 사업을 앞세우며 대중의 자각적인 열성과 창발성을 동원하여 혁명과업

극을 위주로 하는 기업관리방법을 받아들이려고까지 시도하고 있다고 강력히 비판했다. 조선로동당출판사, 『위대한 수령 김일성 동지의 불멸의 혁명업적 15: 사회주의 경제관리 문제의 빛나는 해결』(1999), pp.176-250. 참조.

158) '대안의 사업체계'는 다음과 같은 원칙을 내세우고 있다. 즉, ① 당의 지도적 역할 강화, ② 경제적 자극보다 정치·도덕적 자극을 앞세우는 정치적 사업의 우선, ③ 공장 기업소 관리운영에서 공장당위원회의 집체적 토의와 지도, ④ 당 간부와 지배인의 생산현장지도의 강화, ⑤ 중앙집권화 된 계획적 관리, ⑥ 독립채산제의 실시 등이다. 대안의 사업체계의 조직은 ① 공장당위원회를 최고 기관으로 하는 집단지도체계, ② 통일적, 종합적 생산지도체계, ③ 중앙집권적 자재공급체계와 후방공급체계로 구성되어 있다. 박형중 외, "북한 경제체계의 내용과 계획의 과정", 『호남정치학회 회보』, 1995, p.95.

159) 「사회주의 경제관리에서 대안의 사업체계」(평양: 사회과학출판사, 1969), p.30.

을 수행하는데 있읍니다."160)

청산리 방법은 군중노선에 입각한 주체의 사업지도원칙의 정형이라고 볼 수 있다. 바로 이와 같은 활동방식이 경제관리체계에 구현된 것이 바로 대안 사업체계이며 이러한 방법이 도입된 결과 '사람과의 사업', '집단주의의 원리'가 경제관리 체계의 원칙으로 자리잡게 되는 것이다. 이러한 사업방식이 가능하였던 배경에는 당의 사상적인 통일과 당원들의 사상적 기술적인 훈련이 그만큼 강화되었고 대중의 정치적인 열성이 고양되었다.161)

이와 같은 배경하에서 김일성은 "한마디로 말하여 대안체계란 경제관리에서 군중로선을 구현한 것입니다."라고 언급한 것처럼 대안체계는 혁명적 군중노선을 강조하고 노동현장에서 사상과 정치사업을 강조함으로써 과거 낡은 자본주의적 경제관리방법의 잔재 청산과 사회주의 경제관리 체계를 구현하려는 것이었다.162) 그러나 실제에 있어서 대안체계는 당에 의한 경제통제를 강화하고, 정치사업의 일상화와 노동자의 사상혁명을 강화하기 위한 목적이 내재해 있었다고 할 수 있다.163) 이렇게 당에 의한 경제통제를 강화를 의미하는 대안의 사업체계는 북한의 계획경제관리운영 체계였다. 최근까지 유지되었던 이 같은 중앙집권화된 경제관리운영 체계가 2001년 10월 3일 김정일이 당

---

160) 김일성, "대안의 사업체계를 더욱 발전시킬 데 대하여", 『김일성 저작선집』 3권, p.422.
161) 이선태, "북한의 '대안사업체계'에 대한 소고", 『북한경제의 오늘과 내일』 (서울: 현대경제사회연구소, 1996), p.111.
162) 『김일성 저작선집』 4권, p.168.
163) 이때 김일성을 중심으로 생산에 대한 직접 현지지도에 나섰던 것이 생산에서의 당의 역할을 확대하는 데 크게 기여했다. '당 지도를 가지고 현지에 접근하자'라는 정치적 구호하에 진행된 이러한 방식은 생산의 실행뿐 아니라 점차 생산계획의 작성단계에서도 적용되게 되었다. 최봉석 (2003), 위의 책, p.60.

252

과 국가경제기관 책임일꾼들과 한 담화를 통해 '대안의 사업체계'에 대한 문제점이 지적되면서 2002년 7·1경제관리개선조치 발표 후 분권화 경향이 나타나는 변화를 보인 것이다.

이와 같은 계획의 분권화 경향은 계획작성, 가격제정, 자재공급 전반에 걸쳐있다. 우선적으로 계획작성에 있어서 전략적 중요성을 가진 지표는 국가계획위원회에서 계획하지만 나머지는 해당기관 기업소에서 하도록 했다. 특히 지방경제 부문은 공업총생산액이나 기본건설 투자액 등 주요 지표를 제외한 세부지표들은 도·시·군 자체 실정에 맞게 계획하도록 했다. 또한 가격제정에서도 지방공업 생산품(주로 소비재)은 상급기관의 감독 아래 공장자체로 결정할 수 있도록 했다. 자재공급체계에서도 생산물의 일부분을 자재용 물자교류에 사용할 수 있게 했으며, '사회주의 물자교류시장'을 허용하고 있다.164)

이와 같은 변화를 중국의 기업관리 변화와 비교하면서 그 한계점을 지적하는 의견도 있다. 즉 북한의 기업관리체계의 개선조치는 대체로 1984년 이전의 중국의 기업개혁단계와 유사하지만 분권화 조치는 1984년 이후의 개혁조치와 일부유사하다는 것이다. 그러나 납세제도 및 공장장책임제로의 공식적인 전환은 북한에서 아직 보이지 않는다는 것이다. 또한 북한의 '사회주의 물자교류시장' 제도는 중국의 '생산재 시장'과 유사하지만 수요자가 자유롭게 제품을 선택하고 가격이 시장에서 자유로이 정해지며 현금유통이 이루어지는 시장원리가 적용되고 있지 않다는 한계점이 있다는 것이다.165)

그러나 이번 조치는 모든 품목에 대해 당에 의한 계획수립과 실천여부 관리감독의 한계를 인정함과 동시에 권한의 하부위임이 확대되면서 당은 전략적으로 중요한 부문을 제외하고는 다른 부문에 대해서는 지

---

164) 김연철, "북한 경제정책 변화의 의미와 전망", 『정세와 정책』 2002-9 통권 74호, (성남: 세종연구소) p.7.
165) 이찬우(2003), 위의 책, p.76.

도감독을 할 명분과 실리도 없게 될 것이라는 측면에서 의의가 있다. 이렇게 되면 대안체계는 완화되거나 폐지될 가능성이 크다.166) 또한 대안의 사업체계의 변화와 중앙계획경제의 분권화로의 변화조치는 계획의 일원화와 세부화를 근간으로 한 북한의 계획경제 운영방식이 분권적인 방향으로 변화되었음을 의미한다.167) 이러한 변화와 함께 공업부분에서 중요한 변화는 무엇보다도 주요 생산단위들인 공장, 기업소 및 농장, 그리고 각급 기관의 관리 경영 분야에서 독립채산제의 확대, 강화, 내실화를 들 수 있다.168) 이는 각 생산단위들의 독립성과 자율성을 제고시킴으로써 이들의 효율성을 증진시키고 책임성을 강화하려는 데 목적이 있다고 할 수 있다.169)

다음으로 독립채산제의 변화를 들 수 있다. 북한에서 독립채산제는 이미 오래 전에 사회주의적 국영 기업소의 계획적 관리운영방법으로

---

166) 김명식, "북한 생산관리체계의 변화와 전망", 『민족발전연구』 제8호 2003. 3, p.127.

167) 조동호, 『북한 경제발전전략의 모색과 우리의 역할』(서울: 한국개발연구원, 2003), p.46. "오늘 우리는 대안의 사업체계가 창조되던 때와는 다른 환경과 조건에서 사회주의를 건설하고 있다. 현실은 그 어느 때보다도 혁신적인 안목을 가지고 사회주의 경제관리를 개선 완성할 것을 요구한다", 『근로자』 2002. 4월호. 강일천, 『7·1경제관리개선조치 1년의 평가와 재해석, 7·1경제관리개선조치의 평가와 향후 전망』 제4회 국제학술세미나(고려대학교 북한연구소, 2003), p.8.

168) 2002년 '7·1경제관리개선조치' 이전에는 국영기업소의 모든 경영활동은 무엇보다도 국가의 중앙집권적 지도, 계획적 지도에 엄격히 의거하였다. 국영기업소 경영활동의 독자성은 국가적 지도를 전제로 하며 사회주의 국가의 중앙집권적 지도의 한계 안에서 실현된다. 매개 국영 기업소들은 국가가 유일적으로 맞물리는 계획에 따라 다른 기업소들과 경제계약을 맺고 경제거래를 진행하며 생산물도 국가가 제정해 준 가격에 따라 실현하게 되며 기업소 재산도 국가계획에 예견된 목적에만 리용할 수 있다. …… 박홍업, "국영기업소의 경영상 상대적 독자성과 그 표현", 『경제연구』(평양: 과학백과사전종합출판사, 2001) 제2호 pp.19-21.

169) 성채기, "김정일 시대의 신경제노선 평가와 전망", 『KDI 북한경제리뷰』 2002. 10월호 제4권 제10호, p.20,

도입되었지만 사실상 유명무실하게 운용되어 왔다.170) 그 이유는 지금까지 북한이 군중로선에 입각해 생산자 대중의 당성, 노동계급성, 인민성에 호소하고 사회주의적 열의 등의 정치 도덕적 공간을 중점적으로 이용한 전체주의적 명령경제체제를 운영해 왔기 때문이다. 그러나 이러한 정치·도덕적 공간을 통해 침체된 경제를 활성화시킬 수 없다는 인식에서 효율적으로 생산할 수 있게 만드는 물질적 자극이 중요하게 되었고, 기업소의 독립채산제는 새로운 실리의 관점에서 재평가받게 된 것이다.171)

현재 독립채산제의 구체적인 시행방침에 대해서 별로 알려진 것이 없지만, 『조선신보』의 다음과 같은 내용의 보도는 시사점을 제공해 준다. 즉, "재정성과 그 산하의 독립채산제 지도국 일군들이 새로운 부기계산법을 완성 도입하여 독립채산제 규정과 그에 따르는 부문세칙들을 새롭게 작성하고 있다는 소식을 전하였다. 생산 경영활동에 대한 돈계산을 바로 하고 실리를 따져 볼 수 있도록 돈에 의한 계산체계를 정확히 새우는 것을 기본으로 하여 새로운 부기계산방법을 완성 도입하기 위한 사업에 박차를 가하고 있다는 것이다. 인민경제부문별 경리운

---

170) "독립채산제는 과도적 사회인 사회주의 사회에서 국영기업소들을 계획적으로 관리운영하는 방법이다. 과도적 사회인 사회주의 사회에서는 아직 생산력이 수요에 의한 분재를 실시할 수 있을 정도로 높지 못하며 사람들의 사상의식수준도 다 국가재산을 자기의 것처럼 애호관리하는 정도로는 높지 못하다. …… 사회주의 사회의 이러한 과도적 특성은 국영기업소들 사이의 경제거래에서 가치법칙이 형태적으로 작용하고 로동의 결과에 대한 근로자들의 물질적 관심성이 작용할 수 있는 객관적 기초로 된다." 한종순, "독립채산제와 기업관리의 합리화", 『근로자』(평양: 조선로동당 중앙위원회, 1979) 제9호, p.37.

171) 박광작, "동독의 『신경제체계』(1963-1971)와 북한의 『경제관리개선조치』(2002)의 비교연구," 2002, p.20. 1998년 헌법개정에서 "독립채산제를 실시하고 경제관리에서 원가, 가격, 수익성 등 경제적 공간을 고려한다"(제33조)는 것은 북한 당국이 실리중시의 경제정책 추진의도를 읽을 수 있다.

영방법, 소유형태에 관계없이 모든 기관·기업소에 다 해당되는 새로운 부기계산방법을 도입하기 위한 준비사업을 본격적으로 추진시켜 나가고 있다"는 것이다.

독립채산제 규정과 그에 따르는 "부문세칙들을 사회주의 원칙과 실리보장의 원칙에서 새롭게 작성하고 도입하기 위한 사업, 각도별로 내려가 실무강습을 진행하며 해당부문 일군들이 이를 잘 알고 실시하도록 하는 사업과 함께 김책제철 연합기업소, 순천시멘트 연합기업소를 비롯한 여러 단위들에 나가 실태를 요해하고 도와주기 위한 사업도 잘 조직해 나가고 있다. 이와 함께 인민경제 부문별, 도, 시, 군 지역별로 독립채산제 실시에서 본보기 단위를 창조하고 일반화하도록 하기 위한 준비사업도 짜고 들고 있다"는 것이다.172)

이와 같이 과거의 독립채산제가 계획관리운용의 도구로써 당 통제수단으로 형식적으로 추진되어 성과를 내지 못했다면, 이번 7·1경제관리개선조치 이후 실시되는 독립채산제는 각 개별기업소가 보다 많은 이익창출을 위해 실질적인 인센티브의 내실화를 기할 수 있게 되었다는 측면에서 중요한 변화라고 볼 수 있다.

2) 협동농장의 생산·배분과 분조관리제의 변화(1965→1996→2002)

이번 경제관리개선조치 이전의 농업관리체계에 대한 언급을 통해 농업관리체계의 변화 양상을 설명하면 다음과 같은 변화를 알 수 있다. 김일성은 1954년 11월 "농업협동화는 농업생산을 급격히 향상시켜 인민생활 수준을 높여 줄 것이다"라고 강조하며, 농촌의 부족한 노동력과 생산수단을 협동화하는 이외에 농업생산을 증가시킬 대안이 없다며 집단화를 강행하였다. 1960년 협동화가 완료되었을 때 북한 전역에는 3,736개 농장에 178만 9,000 정보가 포함되었다. 그 후 20년간

---

172) 박광작(2002), 앞의 책, p.21. 『조선신보』. 2002. 8. 19. 재인용.

20%가 감소하였다. 2000년 말 현재 3,000여 개의 협동농장이 존재하고 있다.173)

북한의 농업관리제도는 집단주의의 우월성을 강조하며 집단주의적 경제관리질서를 유지해왔다. 이와 같은 중앙계획기관의 계획에 의한 집단주의적 경제관리질서 강조는 구조적인 식량생산 부족을 초래했고, 중앙당과 국가계획위원회의 생산 배정량은 협동농장 농장원들의 의사와는 상이하게 농장 생산량을 훨씬 웃도는 결과를 초래했다.

중앙의 계획에 따른 생산량 책정과 노동현장에서의 집단농장의 생산량이 항상 불일치하는 괴리현상이 초래되었다. 이와 같은 중앙계획기관의 높은 기준의 배정량은 사실 농민들의 생산 의욕을 무력화시키며 공동생산 및 공동분배라는 협동농장의 장점을 희석시켰다. 북한 당국도 협동농장의 노력보수를 정확히 하는 것은 노력조직을 잘하고 노동생산 능률을 높이는 모든 대책들과 함께 농업협동경리제도를 공고히 발전시키는 데서 매우 중요한 의의를 가진다고 강조하고 있다. 이에 따라 당국은 분배의 기준으로 세 가지를 제시하고 있다. 첫째, 기본적인 분배, 둘째, '작업반 우대제' 분배, 셋째, '분조도급제' 적용 분배 등이다. 이러한 분배방법들은 상당히 과학적인 기준과 조건을 통해 농장원들 속에서 일하지 않고 남의 덕에 살아가려는 낡은 사상 잔재를 빨리 청산하고 공동노동에 대한 자각적인 태도를 키움으로써 농장원들의 혁명화, 노동계급화를 촉진하려는 목적을 가지고 있었다.174) 전술하

---

173) Phrang Roy, "The Experience of IFAD with the Co-operatives DPRK,", 『남북화해협력시대 협동조합의 역할에 관한 국제포럼』자료집, 농협중앙회, 2000. 11, pp.81-104., 남성욱, "북한 7.1경제관리조치와 농업개혁", 『민족발전연구 제8호』(중앙대학교 민족발전연구원, 2003), p.139. 재인용.

174) 남성욱, "북한 7.1경제관리조치와 농업개혁", 『민족발전연구 제8호』(중앙대학교 민족발전연구원, 2003), p.141. "경영활동의 조직화는 집단주의에 기초한 과학적인 경제관리질서와 기준에 기초하여 계획수행을 위한 조직사업과 평가, 총화사업을 진행하는 것으로 실현되며 결실을

였듯이 북한의 농업관리제도의 특징은 집단주의적 경제관리질서를 확립하는 것이었다. 이렇게 협동농장에 중심으로 한 집단농장제도에 관리방법을 중시한 상황에서 2002년 6월 1일 강원도 일부지역에서 시행되다가 중단된 분조관리제를 2003년부터 전국적으로 다시 시행할 것임을 예고하고, '개인영농제'를 시범실시, 개인텃밭의 확대를 인정하는 등 농업개혁조치를 단행한 것은 큰 변화라고 할 수 있다.

2002년 7월의 농업개혁은 지난 1996년의 실패를 거울삼아 보다 파격적으로 시행되었다. 농업분야의 개혁은 소비와 생산의 양 측면에서 시행되고 있다. 북한 당국은 농민들이 자신들이 재배한 농산물을 직접 내다 파는 소규모의 농민시장가격을 국영상점의 농산물 가격을 대폭 인상하였다. 쌀값이 인상됨으로써 농민들의 곡물증산 의지가 살아날 것이며, 쌀값인상은 농부들의 소득을 증대시켜 줄 것이기 때문이다. 농민들의 생활과 농업의 확대 재생산을 위한 조건이 대담하게 개선한 것이다.

농업개혁의 또 다른 부분은 생산된 곡물의 국가수매를 줄이고 협동농장의 자체분배를 확대했다는 것이다. 이것은 농민들 입장에서는 낮은 가격의 국가수매보다는 자체 처리가 더 유리하기 때문에 생산에 긍정적 효과를 미칠 가능성이 높다. 또한 곡물의 공급량이 수요량보다 절대량이 부족하기 때문에 가격 현실화에 의한 국가수매보다는 농민시장가격이 아무래도 높아지기 때문에 농민들 입장에서는 국가수매보다는 농민시장 등을 통해 사적처분을 희망할 가능성이 높아짐을 의미한다. 또한 7·1경제관리개선조치에 나타난 주요 농업 관련 정책변화는 생산물의 국가 수매량이 축소(15%)되고 협동농장의 자체분배를 확대했다는 점이다. 이와 같은 농업정책변화는 분조관리제의 개선에서 더 나아

맞게 된다." 안정찬, "군단위 국영농업 기업소의 관리에서 경제 기술적 방법의 내용의 하나를 이루는 조직화사업", 『경제연구』(평양: 과학백과사전종합출판사, 2001) 제2호, p.36.

258

가 일부 시장경제원리를 포함한 과감한 농업개혁방안도 고려하고 있는 징표라고 할 수 있다. 결국 제한된 범위이지만 집단 영농체의 문제점을 고려한 실용적 정책변화가 시도되는 양상이라고 볼 수 있다.175)

따라서 농업관련 7·1경제관리개선조치의 기대 효과는 농업생산 증대에 있으며 농산물 수매가격을 인상하고 성과에 따른 차등분배체계를 강화하여 농장 근로자의 동기를 유발시켜 농업생산 증대를 유도한다는 내용을 담고 있다고 볼 수 있다. 이의 해결을 위해 북한당국이 직면한 과제는 심각한 자본부족 문제 즉 공급부족을 해결해야 한다는 것이라고 할 수 있다.

다음으로 북한의 농업관리제도에서 분조관리제의 변화가 중요한 특징을 보인다고 볼 수 있다. 이의 특징과 내용을 보기 위해서는 분조관리제의 변화과정을 보면 알 수 있다. 북한 농정당국은 국가와 농장원간에 분배와 관련된 갈등을 해결하기 위해서 작업반 '우대제'(1960)와 분조관리제(1965)를 도입하였다. 이와 같은 제도는 모두 작업의 양과 질을 기준으로 농장원 개인들의 노력을 정확히 평가하려는 시도의 일환이었다.

처음 분조관리제는 분조를 단위로 하여 모든 사업이 조직되고 생산과 생활이 진행되었다. 그러므로 작업반장이나 관리일군들이 직접분조에 들어가고 분조에 분조장을 비롯한 초급일군들이 고루 배치되어 일했다. 이에 대해 북한 농정당국은 분조관리제가 초기에는 성과를 거둔 것으로 평가하였다.176) 그러나 이와 같은 분조관리제는 점차 생산,

---

175) 정세진, "이행학적 관점에서 본 최근 북한경제변화연구", 『국제정치논총』 제43집 1호, (한국국제정치학회, 2003), p.217.

176) 북한은 협동농장 아래 작업반 우대제와 분조관리제를 실시하였는데 분조관리제가 실시된 1967년 알곡생산은 그 전해에 비해 116%로 높아졌고 1968년에는 또다시 1967년에 비하여 111%로 높아졌다고 한다. 그러나 이시기 작업반 우대제는 개별적인 분조가 생산계획을 넘쳐 수행하였어도 작업반적으로 우대기준을 넘쳐 완수하지 못하였을 때에는 해당 분조도 우대몫을 받을 수 없는 한계가 있었다. 김일경, "북한의 경제

노동, 분배를 통합하는 소경영체 즉 '가족적 협업농'의 성격을 갖게 되었다. 이와 같은 이유로 분조관리제가 도입하게 됨에 따라 협동농장이 확립된 후 형태적으로만 남아있던 가족농이 노동동원과 생산을 위한 단위로 활용되었다.

그러나 시간이 갈수록 10-25명을 단위로 하는 분조제 역시 '작업반 우대제'와 같은 무임승차자의 발생과 비현실적 생산량 목표로 인해 1970년대 들어 한계를 농정하기 시작하였다. 이후 이와 같은 문제점을 해결하기 위해 1996년 새로운 분조관리제가 도입되었다. 구성원은 7-10명으로 축소되었으며, 구성원칙은 주로 가족·친척 단위로 구성되었으며, 생산계획은 지난 3년간 평균 수확고와 1993년 이전 10년간의 평균 수확고 간의 평균치로 정함으로써 생산목표를 하향조정하고 농민시장에서 자유처분권을 인정하였다. 더욱 중요한 것은 처분권인데, 과거 분조관리제에서는 초과한 몫의 농작물은 국가에서 수매했던데 반해, 새로운 분조관리제하에서는 초과분은 분조구성원들이 자유롭게 처분할 수 있게 되었다. 이와 같은 새로운 조치는 말할 것도 없이 농민들에게 물질적인 자극을 고취하여 식량위기를 타개하려는 의도에서 나온 것이다.

그러나 북한당국은 신조치와 관련, 개혁, 개선, 개량 등의 표현을 일체 쓰지 않고 대대적으로 보도하지도 않았다. 이것은 "과거 경험은 노력관리, 재산관리에서 빈틈이 생기면 일부 준비되지 못한 종업원들 속에서 공동로동보다 개인로동에, 집단경리보다 개인텃밭177) 가꾸기

관리개선조치의 의의와 향후 전망," 7·1경제관리개선조치의 평가와 향후 전망』, 제4회 국제학술세미나(고려대학교 북한연구소, 2003), p.54.
177) 이번 개혁조치를 통해 개인 텃밭의 확대되었다는 것이다. 종전의 30평 규모에서 하경도 회령 및 무산지방을 중심으로 400평까지 텃밭농사를 확대하고 있다. 텃밭의 생산성이 협동농장에 비해 2-3배에 달하고 있음을 고려해 볼 때 텃밭의 확대는 북한 곡물 생산량을 증가시킬 것이 분명하다. 현재 북한의 농업개혁은 중국의 1978년 개인영농 개혁을 연상시키고 있다. 북한의 농업개혁이 성공하기 위해서는 제도의 변화에 따른

에 더 신경을 쓰는 현상이 나타나며 공동생산물이 허실되는 데 대해 가슴 아프게 생각하지 않는 경향이 발로된다는 것을 보여준다"[178]라는 언급에서 알 수 있듯이 신조치가 물질적 자극을 제고하기 위해 입안되었음을 알 수 있다.[179] 이번 변화된 분조관리제는 1996년 강원도 등 일부 지역에서 시행되다 중단된 분조관리제를 보다 전국적인 차원에서 다시 시행함으로써 분조관리제가 본격 도입되었다. 특히 분조 구성원칙을 가족·친척 단위로 전환한 것으로 이러한 시도는 향후 그 성과 여하에 따라 개인 농으로 전환하는 전조로 해석 할 수 있다. 지난 2003년 6월 1일 관련 기관에 하달된 내부 문건에 따르면 내년 1월부터는 전국적인 시행을 예고하고 있다. 이 제도가 종전의 문제점만 보완하면서 시행한다면 생산성 증가에 영향을 줄 것이라는 측면에서 의의가 있다고 할 수 있다.[180]

이와 같은 새로운 분조관리제가 확산되고 정착되기 위해서는, 도입 초기단계에서 생산성 향상 측면에서 성과를 보이고 이에 따라 농민들의 소득이 실질적으로 증대되는 사례가 많이 나타나는 것은 매우 중요하다. 즉, ① 협동농장의 작업분조에서 목표 계획치를 초과하는 생산량을 달성하고, ② 작업분조원들이 초과생산분에 해당하는 양만큼 추가적으로 분배를 받고, ③ 분조원들이 추가분배분을 인근의 농민시장에서 팔아, ④ 분조원 모두 높은 소득을 얻게 되면, ⑤ 새로운 분조관리제 분배제도의 동기 유발효과가 구현될 뿐만 아니라, ⑥ 작업분조가 독자적으로 투자를 확대할 수 있는 재원도 확보하게 되어 차기의 농업생

농자재의 공급이 필요하다. 남성욱, "북한 7.1경제관리조치와 농업개혁", 『민족발전연구 제8호』(중앙대학교 민족발전연구원, 2003), p.149-150.

178) 정기풍, 「분조관리제를 올바로 실시하기 위한 당적 지도에서 얻은 몇 가지 경험」, 『근로자』, 1996년 제9호, p.83. 재인용.

179) 신지호(2000), 위의 책, pp.68-69.

180) 남성욱, "북한 7.1경제관리조치와 농업개혁", 『민족발전연구 제8호』(중앙대학교 민족발전연구원, 2003), p.147-149.

산 증대로 이어져야 한다.181) 이것은 농업생산량 증대를 위해 분조의 동기부여도 중요하지만 이의 실질적 성과를 위해서는 높은 목표생산량 책정수준을 현실에 맞게 합리적으로 조정해야 하며 비료, 종사, 에너지 등과 같은 취약한 농업생산자재의 공급문제를 해결해야 한다. 심각한 경제난에 처한 상황에서 이 문제의 해결이 결국 북한 내부경제개혁의 성과에 직결될 것이며, 이는 대외관계와 연동되어 있음을 의미한다.182)

3) '가격·임금의 현실화'의 목적과 효과 그리고 인센티브제 강화

탈냉전기 북한은 극심한 경제침체로 생산붕괴가 만성화됨에 따라 경제관리체제에 대한 자기비판과 함께 그 대안을 모색할 수밖에 없는 상황에 처하게 되었다. 예컨대 가격개선 문제의 배경이 된 식량배급제와 쌀의 가격을 일례로 볼 때, 여타 사회주의 국가에서는 식량배급제가 오래 전에 철폐되었지만 북한에서는 공식적일지라도, 부분적으로는 실제로 아직 유지되고 있고 그 가격도 1946년 이후 변함없이 8전의 가격으로 인민들에게 공급해 왔다.183)

그러나 '국가가격제정국'에서 책정한 획일적인 가격 결정방식은 제품의 품질확보는 물론이고 각 기업소에서 필요한 양을 공급할 충분한 물적 자극이 부족하였다. 또한 현실적으로 국영상점에는 없는 쌀을 비롯하여 식료품과 공산품 등 모든 품목이 농민시장에서 거래되고 있는 상

---

181) 김영훈·최윤상(2003), 위의 책, pp.129-130.
182) 배급제 폐지와 기업의 책임경영제 실시, 성과급 제도의 도입, 가족 분조제의 확대 등의 조처는 기존 경제관리 방식과는 차원이 다른 계획경제의 근간을 흔들 수 있는 개혁적 조처로 볼 수 있다. 이상만, "신의주 특구와 북한의 개혁·개방", 『민족발전연구』(중앙내학교 민족발전연구원, 2003), pp.62-63. 2002년 6월에 북한의 각 기관에 하달된 내부시행문건에서 이번 개혁조처에 따른 북한 사회의 내부동요에 대한 준비가 강조된 점은 이번 조처가 얼마나 개혁적인 내용을 담고 있는지를 말해준다.
183) 박광작(2002), 위의 책, p.2.

262

황에서 국가의 경제에 대한 통제력은 상실되었다. 그런 탓으로 북한에서의 계획경제관리체계의 현실적 수정은 불가피한 사안이었고 이렇게 낡은 화석화된 북한 경제관리체제는 7·1경제관리개선조치로 대대적으로 개편되는 계기를 맞게 된 것이다.184)

이번 7·1경제관리개선조치는 북한의 시장화의 단초를 제공하는 중요한 조치로서 '가격과 임금의 현실화'를 기하는 정책을 발표하였다. 가격 및 임금자유화를 추진한 후 후속 개혁조치를 취하지 않으면 경제개혁의 방향이 실종될 수 있기 때문에 일단 가격 및 임금자유화조치가 단행되면 후속조치가 반드시 필요하다. '국가의 기업에 대한 자금보장체계'의 폐지가 가격 및 임금자유화조치보다 선행하는 경우 경제개혁은 점진적 형태를, 가격 및 임금자유화조치가 '국가의 기업에 대한 자금보장체계'의 폐지보다 선행하는 경우에는 경제개혁이 급진적 형태를 띠게 되기 때문이다.185) 전향적으로 추진한 북한의 가격·임금 현실화 조치의 성공을 위해 새로운 후속조치가 취해질 가능성이 크고, 그 효과는 계획경제체제의 틀을 벗어난 새로운 경제운영방식의 도입을 야기시키는 동인으로 작용할 가능성이 있다고 할 수 있다.186)

---

184) 이번 가격 현실화조치는 가격인상의 수준과 제품당의 격차는 다음과 같은 가격제정원칙에 따라 정해졌다. 첫째로, 식량가격을 먼저 정하고 그를 기준으로 전반적 가격을 정한 것이다. 둘째로, 대중소비품가격을 기타 공업제품가격에 비하여 눅게 설정한다는 것이다. 셋째로, 국가보조를 일체 없애는 것을 전제로 가격을 제정하도록 했다는 것이다. 넷째로, 가격개정을 경제적 실리가 나게 생산자우대의 원칙에서 실시한 것으로 설명할 수 있다. 강일천(2003), "〈7·1경제관리개선조치〉 1년의 평가와 재해석, 제4회 국제학술세미나 7·1경제관리개선조치의 평가와 향후 전망", (서울: 고려대 북한학연구소, 2003), pp.4-6.
185) 박석삼, "북한 금융현황과 개혁전망", 『민족발전연구 제8호』(중앙대학교 민족발전연구원, 2003), pp.157-158.
186) 시장지향형 개혁으로 보는 시각에 따르면, 이번 조치에서 물가와 임금을 함께 인상하는 시장 친화적 정책을 택했다는 점은 국정가격 및 임금 인상을 통해 화폐와 가격 기능의 정상화를 시도했다는 것이다. 이 같은 기능이 정상화되면 시장경제로 접근하기 위한 기본적인 요건을 충족시

또한 북한이 추진한 임금현실화 조치에 따른 화폐경제실시는 임금배급방식과 금융체계의 변화를 야기했다고 볼 수 있다. 기존 현물임금방식은 임금을 개별기업이 아니라, 국가가 현물 형태로 지급해 왔기 때문에 기업의 생산비용 계산을 어렵게 하고, 엄격한 독립채산제 적용의 걸림돌이 되어왔다. 때문에 이번 화폐임금제로의 전환은 정치·사상적 자극에서 물질적 자극으로의 중심이동을 의미하며, 조직적 주민통제와 노동이동의 제한 수단으로 사용되어 왔던 배급제의 통제적 기능 역시 변화가 불가피 해졌음을 의미한다. 또 식량 구입과정에서 매점 매석 등을 방지하기 위해 국가의 행정력(판매량의 제한조치 등 판매과정에 대한 개입과 가격관리 정책)이 동원되겠지만, 대부분의 소비품은 자유 판매제로 변화가 되었다는 것이다.187)

가격체계의 변화는 금융제도의 변화를 동반하게 되는데, 북한의 금융제도는 '유일적 자금공급체계'의 틀 안에서 운용되고 있다. 즉 북한의 유일적 자금공급체계란 기관 및 기업소들의 경영활동에 소요되는 자금을 국가예산에 중앙은행을 통해 공급하며 기관·기업소의 추가적인 자금수요에 대해서만 대부자금으로 충당토로 하는 제도였다. 따라서 북한에서의 금융이란 국가재정사업을 부분적으로 보충해 주기 위한 수단에 불과하다고 할 수 있다.188) 이는 북한이 현물경제를 중심에

킬 수 있다는데 그 의미를 부여한다. 실제 공식가격(배급가격)이 시장가격 수준으로 인상은 배급제가 실제적으로 완화됨을 의미하기에, 이는 경제운용 패러다임의 변화라고 본다는 것이다. 즉, 중앙계획경제하에서 인위적으로 조작하던 자원배분과 소득배분을 시장의 가격기능에 점진적으로 맡기는 것은 시장경제로의 전환을 꾀하는 것으로 매우 획기적인 전환이라는 것이다. 또한 환율의 현실화를 통해서는 국내에서 외국인들이 거래할 수 있는 시장을 확대하고 장래 국제시장과 연계 가능성을 높여 개방할 때 적응력을 높이는 효과를 가져올 것이라고 전망한다. 김영훈·최윤상(2003), 위의 책, pp.120-121.

187) 박순성, "경제관리개선조치(2002. 7. 1) 이후의 북한경제", 『북한경제포럼』 제31차 발표논문, 2003. 4, p.3.

188) 박석삼, "북한의 금융현황과 전망", 『경제정책연구』 제4권 3호(사단법

두고 화폐경제를 보조적 수단으로 사용했음을 의미한다. 이와 같은 측면에서 볼 때, 7·1경제관리개선조치에서 실시한 가격과 임금의 현실화는 이와 같은 점에서 가격조정이 물량동학에 기초한 자원배분체계에서 가격동학에 기초한 자원배분체계로 경제체제를 변화시키는 모습을 띤다고 볼 수 있다.189) 실제 7·1경제관리개선조치의 발표 후 식량, 연료, 전력, 교통요금, 집세 등 가격을 수십 배에서 수백 배 인상하고 일반 근로자의 임금도 18배(월 평균 100-150원→2,000원 내외) 인상하는 조치를 취했다.190)

또한 7·1경제관리개선조치는 농민시장가격과 국정가격의 차이를 줄이려는 의도에서 가격과 임금을 현실화한 조치라고 할 수 있다. 그 자체로 북한의 시장경제로의 개혁을 의미하지 않지만, 이를 계기로 가격체계에 의한 북한 경제작동은 앞으로 북한의 경제체제의 개혁·개방을 가속화하는 중요한 역할을 할 것이다.191) 더욱이 1990년 중반 시

인: 국제문제조사연구소, 2002), p.78.

189) 이정철, "계획개량형 사회주의와 북한의 90년대 경제정책변화", 『김연철·박순성 편』(서울: 한국사회경제학회, 2002). 참조.

190) '7·1경제관리개선조치'에 따른 임금인상의 목적과 원칙은 크게 네 가지로 분석할 수 있다. 첫째, 물가인상에 따른 생활비 보전이다. 둘째, 임금을 차등 인상함으로써 분배의 평균주의 원칙에 따른 모순을 제거하기 위한 것이다. 셋째, 식량 및 소비품 가격과 집세 등을 인상하여 배급제도를 사실상 폐지하고 이를 보상하는 차원에서 임금을 인상함으로써 가계의 경제적 자립을 유도하기 위한 것이다. 넷째, 임금의 인상은 국가와 가계 및 기업소 간의 경제관계를 보다 독립적으로 유도하여 국가 재정을 건전화하는 목적을 가지고 있다. 남성욱·공성영(2003), 위의 책, pp.31-32., 7·1경제개선조치에 따른 각 직업에 따른 임금인상 변화내용에 대해서는 남성욱·공성영(2003), 앞의 책, pp.37-40. 참조.

191) 박석삼(2002), 위의 책, p.129., 북한의 이와 같은 주장은 가격통제정책을 통해 시장원리를 제어할 의도를 갖고 있음을 의미한다. 그러나 수요와 공급의 원리에 따라 변화하는 가격에 대한 통제문제는 당국이 의도하지 않는 방향으로 갈 가능성을 내포하고 있다. 더욱이 공급문제에 대한 해결이 이루어지고 있지 않은 상황에서는 더욱 유동적이라고 할 수 있으며 이는 당국의 가격통제정책이 갖고 있는 한계성을 의미한다고

작된 경제난으로 주민들이 경제생활에서 장마당에 의존하는 비중이 증가해 있는 상황에서 이와 같은 가격조정의 변화는 주민들에게 경제작동원리의 근본적 변화로 다가올 가능성이 높다. 또한 경제 분야에서 자신들이 경험했던 국가의 무능력을 확인하는 데 그치지 않고 이제는 국가가 "시장기구에 적응하여야만 살아갈 수 있다"는 사실을 명시적으로 공표 하였다고 볼 수 있다.[192] 때문에 가격과 임금의 현실화 조치는 그동안 경제운영에서 나타난 폐해를 바로잡아 유통체계를 안정시키기 위한 목적으로 고가의 가격이 형성되는 암시장과 같은 비경제영역을 가격과 임금의 현실화 조치를 통해 공식경제로 흡수하려는 의지로 해석할 수도 있다. 이것은 1990년대 중반 북한이 겪은 심각한 경제위기 상황 즉 식량난, 공자가동률 하락과 식량배급제가 의미를 상실, 국영 및 협동상점의 유통체계가 마비된 상황엣 유통체계도 마비되었다는 것을 의미한다.

따라서 공식부문의 위기는 암시장의 폭발로 이어졌고, 암시장이 소비재유통을 주도하면서, 국정가격과 암시장가격은 더욱 크게 벌어진 상황이 연출되었다. 이 같은 이중 가격체계는 공식부문의 상품을 암시장으로 유출하도록 함으로써, 공식부문의 위기가 더욱 가속화하는 악순환의 고리로 작용했다. 이와 같은 측면에서 볼 때, 이번 조치는 가격 및 임금 현실화를 통해 공식부문을 활성화시켜, 이를 통해 암시장을 축소하고자 하는 의도를 내포하고 있다.[193]

북한이 이렇게 국가 단위에서 시장경제적 요소를 일정하게 수용하면서도 사적 경제영역에서의 시장의 확대를 통제하려는 움직임도 동시에 보이는 것은 그들이 경제개혁조치를 계획경제의 유지·강화라는 차원

볼 수 있다.

192) 박순성, "북한의 가격·배급제도의 변화와 전망", 『민족발전연구』, 제8호, (서울: 중앙대학교 민족발전연구원, 2003), p.111.

193) 김연철(2002), 위의 책, p.8.

에서 해석될 수 있기 때문이다.194) 즉, "경제관리에서 일하지 않고 획득하는 평균주의 현상을 없애고, 일한 만큼 분배받는 사회주의 분배원칙을 체현하며, 전체 노동자들의 창조성과 혁명성을 최대한 발휘하는 것"이 이번 조치의 목적이라는 것이다. 바로 여기서 새롭게 등장하는 중심 화두가 실리보장이며, 북한의 시장을 향한 이중적인 태도는 개방 초기에 나타날 수 있는 과도기적 현상이라고 할 수 있다.195) 실제로 가격과 임금을 함께 인상할 경우 실제 구매력에는 변화가 없으나, 임금인상은 현금공급을 확대시켜 물가상승을 자극할 우려가 있다.196) 이를 해결하기 위해서는 경제의 총 공급 능력을 확대하는 한편 주민들이 보유하고 있는 현금 및 외화를 은행으로 집중시키는 조치가 수반되어야 하는데, 이러한 조치는 시장경제체제로 개혁개방의 형태를 취하지 않고는 효과를 거두기 어렵다. 즉, 가격 및 임금 인상조치를 취하면서 총 공급 확대를 통한 물가상승 압력을 억제하는 조치는 동전의

---

194) 가격 및 환율 인상에 대해서 계획경제의 정상화로 보는 시각은 그 목적을 두 가지로 분석한다. 우선 1990년대 '고난의 행군' 시기를 거치면서 비대해진 비공식 부문의 경제활동을 공식부문으로 끌어들이려는 목적이라는 것이다. 가격의 차이가 없어지면 비공식 부문을 자연히 축소될 것이기 때문이다. 둘째 목적은 퇴장되어 있거나 비공식 부문에서 사용되고 있는 화폐를 공식부문으로 흡수하여 자본을 동원하려는 데 있다는 것이다. 또 임금 인상은 가격인상에 대처할 수 있도록 하는 한편 노동 인센티브를 제고하기 위한 목적을 지니고 있는 것으로 분석되고 있다. 그간 비공식 부문을 통해 공급되는 물자의 가인센티브가 크게 저하되어 있었다. 공식 부문의 임금인상은 그만큼 노동 인센티브를 강화하는 작용을 한다는 것이다. 김영훈·최윤상(2003), 위의 책, pp.121-122.

195) 이종석(2002), 위의 책, pp.3-4.

196) 박석삼은 임금인상은 현금공급을 확대시키고 늘어난 현금은 농민시장으로 흘러들어 농민시장 물가를 자극할 것이라고 주장한다. 즉, 실질구매력에는 아무런 영향을 미치지 못하면서 물가만 자극하는 조치를 위한다는 것은 무의미할 뿐만 아니라 합리적이지 못한 조치라는 것이다. 이와 같은 측면에서 북한당국은 합리적이라면 이러한 가격과 임금을 인상하는 조치를 취하면서 동시에 물가상승 압력을 억제할 수 있는 방안을 강구하고 있을 가능성이 높다고 주장한다. 박석삼, op. cit., p.129-130. 참조.

앞뒷면과 같은 것으로 해석할 수 있기 때문이다.197)

이와 같은 측면에서 가격·임금의 현실화는 공급문제의 해결에 집중될 수밖에 없고, 자원배분 메커니즘의 시장화를 초래한다고 볼 수 있다. 사회주의 경제의 체제전환에서 핵심적인 두 현상은 생산수단의 사유화와 자원배분 메커니즘의 시장화였다. 북한의 경우, 사유화는 추진되지 않고 있지만, 가격조정을 통해 가격기구가 도입되고 시장의 범위가 확대됨으로써 시장화는 급속히 추진될 가능성이 높다는 것을 의미한다. 이러한 시장화는 인플레이션의 위험에도 불구하고 자원배분의 효율성을 상승시킴으로써 경제성장을 위한 투자확대정책의 실질적인 성과를 높일 가능성이 높다는 것이다.198)

그러나 중국의 가격개혁과 비교를 통해 북한의 가격개혁이 갖는 의의에 대해 다른 의견도 존재한다.199) 중국의 1980년대 가격개혁은 국정가격을 계획과 시장의 성격을 결합한 가격, 시장가격 등 다양한 가격이 공존하는 형태로 개편하는 것이었다. 즉 국정가격, 부동(浮動)가격, 협상가격, 시장가격 등 4종류의 가격제도를 정하고, 가격설정에

---

197) 박석삼(2002), 위의 책, p.130. 박석삼은 북한경제 상황에서 북한당국이 총공급을 늘리기 위해 선택할 수 있는 수단으로 세 가지를 지적하고 있다. 첫째, 기업의 생산능력의 확대, 둘째, 외국인투자 유치, 셋째, 국제금융기구의 자금지원 이외에는 없다고 주장한다. 다시금, 공급문제해결에 있어서 내부적으로 낮은 생산능력을 보이고 있는 상황에서 대외적 조건의 호전이 중요한 변수로 작용한다고 할 수 있다.

198) 이영훈, "이행기 북한의 경제정책에 대한 가상현실 분석: 최근 경제개혁의 의미와 정책적 과제", 『사회경제평론』 19호, (서울: 한국사회경제학회, 2002) 참조.

199) 중국과 베트남의 체제전환 유형을 시장사회주의(market socialism)체제라고 정의 내리는데 그 특징은 ① 자원배분: 국가의 거시조절하에 시장이 자원배분에 대한 기초적 역할, ② 정부역할: 계획, 지도, 조정, 감독기능의 정부집행 및 정부와 기업의 분리, ③ 계획 정도: 지도성 계획, ④ 시장: 시장체계의 육성에 중점 추진, ⑤ 경쟁: 제한적 적자생존, ⑥ 가격: 시장가격 위주의 가격체계, ⑦ 경제기초: 공유제를 핵심으로 하는 다중 소유제 등이다. 정세진(2002), 위의 책, pp.307-308.

서는 생산원가와 수요, 공급 등의 요소가 우선적인 의미를 가지고, 시장에서의 자유가격의 역할을 높이는 방향으로 가격개혁이 이루어졌다. 1990년대에 들어서서는 1992년 이중 가격제를 폐지하고 완전한 시장가격을 중심으로 한 가격조치가 실시되었다. 반면, 북한의 가격조정은 생산원가와 수요, 공급이라는 요소를 반영한 점에서는 중국의 경험과 같지만, 시장가격의 역할을 억제하는 점에서는 다르다는 것이다. 북한의 가격은 고정가격과 부동가격이 중심이며, 농민시장 등의 시장가격은 존재하지만 그 적극적인 역할이 억제되고 있다는 것이다.[200]

이와 같은 가격현실화 조치에 대한 상반된 평가가 있는 것은 이 조치의 추진 의도와 향후 효과 중 어디에 무게 중심을 두느냐에 따른 차이라고 볼 수 있다. 그러나 김정일은 강성대국의 기치를 걸고 야심찬 21세기 설계도를 작성하여 경제난 극복을 위한 강한 의지의 표현으로 개혁·개방조치를 추진하고 있다.[201] 때문에 이에 대한 다양한 해석이 존재하나, 경제난 극복을 위해서는 개혁·개방을 추진하지 않을 수 없는 북한 지도부의 이중적 상황에서 이번에 추진 중에 가격현실화 조치는 전반적으로 노동의욕의 증대와 경제활동의 활성화로 이어지는 긍정적 효과를 낳고 있다고 평가할 수 있다.

다음으로 인센티브제는 사실 계획체제와 함께 사회주의 경제체제의 본질적 요소의 하나이다. 새로 추진되고 있는 인센티브제의 핵심은 평균주의를 철폐하고 성과주의로 바뀌었다는 것이다.[202] 이번 7·1경제

---

200) 이찬우(2003), 위의 책, pp.71-72.

201) "우리는 이번 국가적 조치가 나라의 경제를 빨리 발전시키고, 인민생활을 실제로 해결할 수 있는 정당한 조치라는 것을 확실히 알아야 한다. 모두 이번 채택된 국가적 조치를 잘 알고, 하루라도 빨리 은을 낼 수 있도록 해야 한다." 김정일, "가격과 생활비를 전반적으로 개정한 국가적 조치를 잘 알고, 강성대국 건설을 힘있게 앞당기자." (평양: 조선로동당출판사, 2002) 참조.

202) 사회주의 로동보수제의 개선완성에서 원칙적인 문제는 이 보수제의 두 측면을 어떻게 해결하는가 하는 문제이다. 사회주의 로동보수제는 집단

관리개선조치는 과거와는 다르게 계획지표의 수준을 하향 조정함과 동시에 계획 달성도에 따른 분배의 차이도 더욱 확대하고, 또 계획지표의 달성도에 따라서는 누진적으로 보너스를 추가 지불하는 등 파격적인 조치를 취하고 있다.203)

평균주의에서 성과주의로 바뀐 인센티브제의 변화는 경제전반에서 물질적 인센티브제가 강화되고, 이것이 경쟁을 촉진하도록 하였다.204) 노동자가 목표를 초과달성 할 경우 초과부분에 대해 획기적인 인센티브제가 실질적으로 주어지며, 기업소들의 독립채산제가 보다 강화되어 생산성의 고저에 따라 기업소 간에도 빈부격차가 발생하게 되었다. 뿐만 아니라 일정기간 동안 기업의 생산성을 평가하여 경영실적이 지극히 부진한 기업은 생산품목을 바꾸거나 도태될 수밖에 없는 정책을 채택하였다. 바로 이러한 정책변화는 궁극적으로 개인가 기업이 모두 경제경쟁에 나서도록 유도하고 있다고 볼 수 있다.205)

또한 인센티브제는 그 외에도 이미 언급한 독립채산제, 임금의 대폭적인 인상이나 가격 현실화에 의해 뒷받침되고 강화되도록 했다는 측

의 요구를 실현하는 측면과 개인의 리익에만 관심을 가지게 하는 측면도 있다. 사회주의 로동보수제의 개선완성은 집단의 리익을 더욱 강화하면서 그에 기초하여 개인의 리익도 보장하게 하는 원칙에서 실현되어야 한다. 서영식, "사회주의 로동보수제에서 국가와 개인의 리익에 대한 기업소리익작용", 『경제연구』(평양: 과학백과사전종합출판사, 2001) 제2호, pp.22-24.

203) 성채기, "김정일 시대의 신경제노선 평가와 전망", 『KDI 북한경제리뷰』 2002. 10월호 제4권 제10호, pp.21-22.

204) "농업생산을 신속히 증대시키기 위해, 농민의 한 달치 생활비는 평균 2,300원 정도로, 노동자·사무원보다도 기준을 더 높게 정하고, 그것으로 식량도 사먹고, 생활도 할 수 있도록 했다. 앞으로는 누구를 막론하고 자기가 얻은 생활비를 가지고 생활 할 수 있도록 되었다. 공짜, 평균주의는 절대로 없다." 김정일, "가격과 생활비를 전반적으로 개정한 국가적 조치를 잘 알고, 강성대국 건설을 힘있게 앞당기자," (평양: 조선로동당출판사, 2002) 참조.

205) 이종석(2002), 위의 책, p.3.

면에서 과거 정치·도덕적 자극 즉 정신적 인센티브를 강조했다면, 지금은 정신적 인센티브와 함께 물질적 인센티브를 동시에 강조하는 변화를 보인다고 볼 수 있다. 이것은 과거 형식적 물질적 인센티브의 효과가 올바로 적용되지 못했다고 한다면, 이번 경제개선조치의 발표는 물질적 인센티브의 강조함으로써 북한 경제의 생산성 향상을 꾀한다고 볼 수 있다. 또한 과거 정신적 인센티브의 강조 즉 모범일꾼, 노동영웅 등과 같은 칭호의 부여는 상금과 함께 승진에 중요한 요인으로 작용하는 물질적 인센티브의 장점을 동시에 갖고 있었다는 사실이다. 여기에 정치·도덕적 자극이 북한이 사회에서 중시되는 사회풍조 속에서 물질적 인센티브가 갖는 자본주의사회에서의 장점과 성격을 달리한다고 볼 수 있다.

그러나 이와 같은 정치·도덕적 자극의 우월성이 지속적인 경제난에 따른 심각한 물질부족현상으로 궁핍한 생활이 지속되면서 북한 주민은 정치·도덕적 자극에 우선하여 물질적 보상을 선호하는 의식의 변화를 보였다. 국가 또한 실리주의, 신사고를 강조함으로써 물질적 인센티브를 생산성 향상을 위한 중요한 동인으로 간주하면서 이를 강조하고 있다. 이번 인센티브제의 변화는 현실적으로 물질적 보상을 보장하는 정책을 추진하고 있다는 측면에서, 그리고 과거 형식적으로 추진했던 인센티브제의 내용과 성격을 달리한다는 측면에서 중요한 의의가 있다고 수 있다. 다음 〈표 5-3〉는 북한 경제개혁의 내용 중 가격체제의 변화를 설명한 것이다. 이 표는 구체적 가격체계의 변화를 설명하는 데 의의가 있다.

〈표 5-3〉 최근 북한 경제개혁의 주요 내용과 가격체제의 변화

구 분	품 목	내 용
물가인상	· 쌀배급가 · 지상 전차요금 · 지하철요금 · 평성 – 남양 침대차요금 · 송도해수욕장 입장료	kg당 8전에서 44원 10전에서 1원 10전에서 2원 50원에서 3,000원 3원에서 50원
임금인상	· 사무직 종사자 · 생산직 근로자 · 탄광 등 고강도 근로자 · 노동자, 농민, 과학자 · 군인, 공무원	140원에서 1,200원 110원에서 2,000원 20여 배 인상 10배 인상 14-17배 인상
환율 현실화	· 대미달러화 · 외화환전표 폐지	달러당 2.2원에서 230원 인민원지폐로 외화교환가능
배급제	· 중요업무 종사자는 제외	부분적·단계적 폐지
농업정책	· 분조관리제 개선 · 자체분배 확대	분조관리제에서 가족단위 영농으로 전환 국가수매 줄이고 자체분배 확대

자료: 전국경제인연합회 동북아팀, "최근 북한경제개혁의 시사점과 향후 과제," 2002. 7. 29 참조.

3. 대외개방정책의 목적과 내용 그리고 극복과제

1) 신의주 특별행정구·개성공단특구·금강산 관광특구의 목적과 내용

북한은 개혁·개방 확대전략을 추진하면서 신의주 특별행정구, 개성공단 특구, 금강산 관광특구 등의 과거에 비해 전향적인 대외개방정책을 추진하였다. 이 같은 대외개방 사례는 북한의 개방정책에 대한 변화심도를 가늠하는 중요한 척도로서 역할을 한다고 볼 수 있다.

때문에 이에 대한 고찰을 통해 북한의 대외개방 변화심도를 논의하겠다. 먼저 북한은 7·1경제관리개선조치 이후 두 달 만인 2002년 9

월 12일 '신의주 특별행정구' 지정과 관련한 최고 인민회의 상임위원회 정령을 발표해 신의주 특별행정구는 특수행정 단위로서 중앙에 직할시 킨다고 밝혔다. 총 6장 101조 부칙 4개로 된 '신의주 특별행정구 기본법'을 제정해 입법, 사법, 행정권을 특구에 일임하는 등 파격적인 조치를 취했다.206) 이는 1991년 부분적이며 제한적인 나진·선봉 자유무역지대의 실패 이후 완전개방의 경제특구 구상 즉 일국양제(一國兩制)의 성격을 띤 완전 개방화 조치를 취했다는 측면에서 중요한 의의가 있다.

신의주 특별행정구 지정은 북한이 직면한 경제위기에 대한 대응과 계획·통제된 시장경제와의 타협을 추구하며 국가 전체에 특구정책을 수행하기보다는 특정지역에 제한적으로 실시하는 대외개방정책의 특징을 보이는 북한식 대외개방정책이라고 할 수 있다. 그러나 주체경제와 자립적 민족경제를 주창하며 폐쇄적 대외개방정책을 추진해왔던 북한의 국가발전전략에 입각해 볼 때 신의주 행정특구 지정은 큰 변화라고 할 수 있다.207) 이번에 단행된 획기적인 신의주 행정특구라는 획기적 개방화 조치는 제한적이고 폐쇄적 개방에서 전면적 개방정책으로 변화를 보인 것이라고 볼 수 있다. 이는 과거 탈냉전 시기에 북한이 보여주었던 현상유지전략에 입각한 부분개혁체제에서 내부경제관리개선조

---

206) 신의주 특별 행정구 기본법은 입법, 사법, 행정권을 특구에 일임함으로써 자치권을 부여하 등 일국양제의 특징을 갖고 있는데, 이것은 북한의 제한된 사회간접자본 투자능력과 상대적으로 비교우위가 불확실한 신의주 여건을 고려하여, 투자자에게 직접운영을 맡길 의도의 정책이라고 할 수 있다. 『중앙일보』, 2002. 9. 25 중앙일보 북한 취재팀은 "최근 북한정권의 움직임은 고립에서 탈피하려는 구체적 신호"라며 "베트남 등 공산국가들이 시장개방 과정에서 중국을 모델로 삼았듯 북한도 중국의 시장경제 체제를 도입할 것으로 예상하고 있다."

207) Young Namkoong, "North Korea's Policy of Sinuiju Special Economic Zone: Implications and Prospects", 『7·1경제관리개선조치의 평가와 향후 전망』 제4회 국제학술세미나(고려대학교 북한연구소, 2003), pp.80-81.

치와 함께 대외개방을 획기적으로 추진함으로써 '개혁·개방 확대전략'
으로 바꾸어 적극적인 경제개혁을 시도하고 있음을 보여주는 단면이라
고 할 수 있다.

　주목해야 할 것은 이번 신의주 특별행정구 지정의 일차적 목적은 현
재 북한이 추진하고 있는 개혁조치의 일환으로 외국자본의 도입과 중국
과의 교역 증대를 통한 공급물자의 확보에 있다는 것이다. 즉 외국투자
와 부족한 공급물자의 조달창구로서 중국과 접경지역인 신의주 지역을
선정한 것으로 볼 수 있다.[208] 이것은 전술하였듯이 북한이 발표한 경
제관리개선조치의 성공을 위해서는 공급물자의 조기확보와 외국투자의
도입이 절대적으로 필요한 상황에서 추진된 북한의 개혁·개방 확대전
략의 일환으로 추진되는 대외개방사례라고 할 수 있다. 낙엽 하나가 떨
어졌다고 가을이 온 것은 아니지만, 신의주 경제특구는 북한의 개방정
책에 있어서 변화를 시도하고 있음을 반증하는 사례라고 할 수 있다.[209]

　다음으로 개성공단특구는 남측 현대아산과 북측 아·태 간 '개성공
단 개발 합의서'를 2000년 8월 20일 체결 한 후 북한이 「개성공업지
구법」 2002년 11월 27일 발표함으로서 남북한 경제협력의 새로운 시

---

208) 이상만, "신의주 특구와 북한의 개혁·개방", 『민족발전연구』(중앙대학
　　교 민족발전연구원 2003), p.69, 실질적으로 신의를 「기본법」이 규정
　　하고 있는 것과 같은 특별행정구로 건설하기 위해서는 중국의 단둥 및
　　변경지역 관련 법규의 개정 및 신규제정이 불가피하므로 중국과의 사전
　　합의가 필수적인데 북한이 최근의 특구지정과정에서 이와 같은 과정을
　　거쳐 중국과 합의에 도달했는지 의문이다. 오승렬, "북한의 경제특구 건
　　설정책과 남북관계", 『신의주 특구개발과 한반도 주변정세』(한국외국어
　　대: 한국국제지역학회, 2002), p.8.
209) 신의주 특구의 내용은 1990년대 초 북한이 경제특구로 지정한 나진 ─
　　선봉 자유경제무역지대나 중국의 심천 등의 경제특구와 비교할 때 외국
　　인이 투자유치를 위해 경제적 특혜를 제공한다는 점에서는 유사한 면이
　　있다. 그러나 그 법적 지위나 시장경제의 도입을 위한 제도적 장치 등
　　을 고려할 때 중국의 경제특구보다도 더욱 개방적이며 행정적으로 더욱
　　자율적인 권한을 부여받고 있는 홍콩과 더 비슷하다고 하겠다. 이상만
　　(2003), 위의 책, p.74.

작을 알렸다.210) 이후 남북경제협력추진위원회 제5차 회의가 있은 후 2003년 5월 23일에 6월 하순 착공식 개최 합의하고 착공 시기가 연기되는 등 우여곡절을 겪었다.

북한이 「개성공업지구법」 하위규정인 「개성공업지구개발규정」과 「개성공업지구기업창설운영규정」을 2003년 6월 29일 발표함으로써 개성공단특구정책에 대한 구체적인 계획이 세워졌고, 남북한 관계자들이 참여 속에 2003년 6월 30일 개성공단 착공식이 열려 남북한의 새로운 경협의 시대를 열었다고 할 수 있다. 또한 2003년 10월 1일 '개성공업지구 임금·세무 규정안' 발표되면서 새로운 전기를 맞고 있다고 볼 수 있다.211)

이번 북한이 추진하고 있는 개성공단특구는 외자유치를 통해 내부경제난 해소와 경제개혁조치 이후 변화된 북한의 대외개방정책 방향과 의지를 엿볼 수 있는 중요한 단초를 제공해주었다고 볼 수 있다. 남한뿐만 아니라 외국기업이나 투자기업도 투자자로 허용하고 이들의 상속권과 사유권을 보장하는 한편 공단 안에서 자유로운 경제활동을 보장하겠다는 내용을 포함하고 있는 개성공업지구법은 북한의 특구정책의 방향이 과거에 제한적이며 부분적이었다면 과거에 비해 적극적인 개방화를 추진하고 있음을 반영한다고 할 것이다.

개성공단지구 지정의 변화는 북한의 개혁·개방 확대전략에 의해 추

---

210) 개성공단특구의 내용을 보면, 북한은 최고 인민회의 상임위원회에서 2002년 11월 20일 '개성공업지구법'을 채택하고 그 정령을 발표함으로써 해외 외자유치를 통해 경제개혁을 하겠다는 의지를 표현했다. 총 5장 46조 부칙 3조로 구성된 '개성공업지구법' 자유경영 보장과 외자유치의 활성화를 위한 전향적 조치라고 할 수 있다.

211) 그 주요 내용은 「10월 1일 조치내용」 월임금수준: 57.5달러, 임금인상 상한선 설정: 연간 5%, 근로자 직접 근로계약 가능, 근로자에게 직접 임금·보너스 지급가능, 남측 및 외국인 근로자 채용 가능, 충분한 노동력 보장 가능, 세무규정으로 기업소득세 14%, 경공업·첨단산업 인프라 등은 10%로 규정하고 있다

진되는 경제개방정책 사례라고 할 수 있다. 이것은 중국에서 특구정책이 점→선→면으로 확대되었다면, 과거 북한의 특구정책은 하나의 고립된 섬으로 제한적으로 추진되었다. 그러나 이번 개성공단은 경의선 철도 착공, 남한과의 근접거리, 평양, 신의주 특별행정구와 연계되어 막대한 파급효과를 미칠 것으로 예견되면서 추진되고 있다.

개성공단이 갖고 있는 개성공단의 입지적 요소와 거점적 요소의 장점은 다른 특구정책들과 구별되는 요소가 있다. 우선 입지적 요소로 강화도를 중심으로 보면 서울·인천 수도권의 성장세의 한 흐름이 영종도로 다른 흐름이 김포·일산을 넘어 개성으로 파급돼 모두 황해로 홀러드는 반원형의 모습을 하고 있다는 것이다. 즉, 개성은 육·해·공 물류망에 대한 접근이 가능하고, 수도권이라는 근접한 수요시장을 갖고 있으며 인천·안산 등 경기권에 북한이 목표로 하는 경공업의 육성에 적합한 다수의 기업을 보유하고 있다는 것이다.212)

다음은 거점적 요소로 개성은 남한의 경제적 활력이 북한으로, 동북아로 뻗어가는 형세여서 첫 관문에 해당된다는 것이다. 과거 북한이 역점을 두었던 라진·선봉 그리고 최근에 공표된 신의주 특별행정구가 갖고 있는 공통적인 특성은 대한 접근로가 비효율적이라는 것이었는데 반면 개성공단지구는 부산-서울-개성-평양-신의주-선양-베이징을 잇는 시발점 역할을 하기에 개성공단의 발전이 신의주 행정특구 발전에도 영향을 미치는 상호보완성을 갖고 있다고 말한다.213) 전술하였듯이 신의주 행정특구가 화교자본과 서방자본을 겨냥한 정책이라면

---

212) 개성공단특구는 남북 상호 공동의 경제적 이익을 추진 할 수 있다는 측면에서 평화사업으로서 기능을 할 가능성이 높다. 실제 전국경제인연합회는 개성공단이 중국지역의 다른 여타 공단보다도 물류비용 면에서는 압도적 우위를 보이고 있고, 이 사업을 통해 남한이 302억 달러, 북한이 154억 달러의 이익을 얻을 것으로 분석한 바 있다. 경제인연합회, 2003년 보고서. 참조.

213) 『중앙일보』, 2002. 11. 29.

개성공단특구는 남한의 기업을 겨냥한 정책이라 할 수 있다. 이와 같은 측면에서 개성공단특구의 성공은 신의주 행정특구 그리고 남북한 경제협력 그리고 동북아 경제허브로서 자리매김 하는 데 있어서 한국경제에도 중요한 영향을 미칠 것으로 보인다.

마지막으로 금강산 관광특구를 들 수 있다. 북한은 2002년 10월 23일 최고 인민회의 상임위원회에서 정령(3373호)을 채택해 금강산을 세계적인 관광지로 만들기 위해 강원도 고성군 금강산지구를 관광특별지구로 지정했다. 이는 남북한 간 경제협력인 금강산 관광사업이 현대그룹 고정주영 명예회장이 1989년 최초의 방북 한 이래로 북한 당국과 금강산 공동개발 합의를 통해 1998년 11월 18일 첫 금강산관광선 금강호를 출항시킨 이후 4년 만에 향후 금강산관광을 더욱 활성화하기 위한 법·제도적 기틀을 마련하는 전기를 마련했다고 할 수 있다.

이번 발표된 '금강산 관광특별지구'의 지정과 함께 현대아산과 북한 측이 2002년 12월 12일경부터 금강산 육로관광을 정례화하기 함으로써 남북한 경제협력의 핵심인 금강산 관광사업은 더욱 탄력을 받게 되었다. '금강산관광특별지구' 지정은 7·1경제관리개선조치와 신의주특별행정구 지정 등 최근 북한이 취하고 있는 일련의 경제개혁 정책의 연장선에서 평가할 수 있다. 북한은 현재 미국의 대북 압박으로 심각한 경제난을 겪고 있는 상황에서 막대한 공급물량을 전제로 하고 있는 7·1경제관리개선조치의 발표 후 더 심각한 경제난에 처하게 될 경제위기 상황에 직면해 있다.

신의주 특구가 양빈 장관 구속과 같은 외부영향으로 초기부터 어려움을 겪었다면, 금강산관광특구는 비교적 외부영향을 덜 받고 외자유치를 할 수 있다는 측면에서 그 잇점이 있다는 것이다.214) 이는 지난 5년간 금강산 관광사업을 통해 체제에 심각한 위협을 느끼지 않으면서

---

214) 『극동문제』(서울: 극동문제연구소, 2003), 1월호, p.98.

남한과의 경협을 통해 많은 이익을 낸 학습효과가 큰 몫을 차지했을 것으로 보인다. 북한에게 있어 부족한 외자를 얻는 데 체제위협을 느끼지 않고 경제적 실효성을 얻은 정책은 금강산 관광사업이었다는 북한당국의 판단에 따라 금강산관광사업을 더욱 활성화하기 위한 실질적인 조치를 취했다고 볼 수 있다.215)

금강산 관광특구 지정과 함께 육로관광 허용은 분단 50년 만에 해로관광에 이어 육로관광이 열림으로써 남북한 직교역 체제와 3통(통행, 통상, 통신)을 촉진시키는 계기를 마련했다. 금강산 육로관광허용은 금강산 관광사업 활성화에 따른 긴장 완화로 한반도 냉전 구조 해체와 남북한 상호간의 이해 증진에 크게 기여할 것이며 불안정한 북·미 및 남북관계에서 대화 창구로서의 역할 수행으로 긴장 완화에 기여할 뿐 아니라, 대규모 인적 물적 교류 확대로 상호 이질감 해소에도 큰 효과 예상된다.216) 경제적으로도 외자 유입 증대와 지역경제 활성화 등 남북한 경제 모두에게 긍정적 효과를 미칠 것이다. 또한 이는 남북한 경제력 격차 완화와 경제공동체 형성에도 큰 효과 기대된다.217) 더욱이 철도연결사업과 도로연결사업이 병행되면서 이것이 육

---

215) 지금까지 금강산 관광사업을 통해 북한이 얻은 경제적 이익을 간략히 서술하면 다음과 같다. 금강산 관광사업이 1998년 11월 이후 시작되어 2003년 7월 현재 4년 8개월 동안 1094항 차에 총 52만 9152명이 방문했다. 대북투자는 현대아산 30년간 금강산을 독점 사용료로 6년 3개월간 총 9억 4200만 달러(약 1조 2240억 원)를 북측에 지불키로 하고 초기 6개월 동안은 매월 2500만 달러씩 지불하기로 한 후 현재까지 총 1조 4천4백45억 6백40만 원에 달한다(1달러·1200원)적용. 『중앙일보』·『동아일보』, 2003. 8. 7. 참조하여 작성.

216) 금강산 관광사업을 활성화하기 위해 2001년 6월 8일에 ① 육로관광 실시, ② 관광특구 지정, ③ 관광객 수에 따른 대가 지급 등에 합의한 이후 구체화된 '금강산 관광특구지정' 발표이다. 관광특구법발표는 이를 구체화하면서 제도화하면서 특구지정의 의지를 피력했다는 데 의의가 있다고 할 수 있다.

217) 육로관광 허용은 관광의 접근성, 편의성 및 가격 차원에서의 문제점을 개선하고 새로운 수요를 창출하여 사업의 수익성을 높이는 데 큰 도움이

로관광과 연계된다는 측면에서 큰 의의가 있다. 육로관광은 금강산 특
구로의 접근성과 비용 및 시간 절감 등으로 인한 관광객 증대→사업의
수익성과 경제성 향상→금강산 사업에 대한 재투자 자금 및 외자 유치
증대→시설 투자 및 타 지역 연계 관광 촉진 등으로 추가적인 관광 수
요 창출→관광객 증대 등의 선순환 구조를 형성하며 발전할 전망이다.

  따라서 북한의 전향적인 관광특구 지정은 한반도를 둘러싼 정치·군
사적 관계의 불안정성에 기인한 많은 영향을 받음에도 불구하고 국제
적인 관광단지로 도약할 수 있는 발판을 마련함과 동시에 북한이 본격
적으로 시장경제 실험에 나선 측면에서는 그 의의가 있다고 할 수 있
다. 또한 핵과 미사일 문제로 한반도 위기가 고조되고 있는 상황에서
한반도 긴장완화를 위해 남북 간의 교류와 왕래를 통해 화해와 협력의
분위기를 조성한다는 측면에서 중요한 의의가 있다고 할 것이다.

2) 극복과제

  북한이 '개혁·개방 확대전략'에 의해 추진하고 있는 특구정책의 목
적은 외자유치를 통해 외화를 벌어들이고 이를 통해 북한의 경제난을
극복하려는 것이다. 때문에 외자유치의 성공 여부가 대외개방정책의
성공과 직결된다고 할 수 있다. 이와 같은 측면에서 볼 때, 외자유치
가 대외관계의 변화와 연동되어 진행된다는 측면에서 작금의 핵 문제
협상의 방향성에 밀접히 연관되어 있다고 할 수 있다. 이와 같은 상황
을 전제로 대외개방정책으로 추진된 구체적 사례가 갖는 시급한 과제
를 설명하면 다음과 같다. 먼저 신의주 특구의 경우 출발초기부터 양

될 것이다. 또한 남한과 북한의 사회·문화적 이질성을 극복, 관광거점으
로서의 성장 및 지역경제 활성화에 도움, 평화와 화대 분위기 조성 및 관
광 이미지 제고, 북한에 대한 남한의 대북포용 의지를 표시한다는 측면에
서 남북한 긴장완화에 효과가 있다. 최승담, "육로 관광 합의의 의미와
효과", 『통일경제』(서울: 현대경제연구소, 2001. 9), pp.17-20.

빈 장관의 구속에서 알 수 있듯이 중국의 지원과 영향이 지대하다는 것을 의미한다. 이것은 신의주 특구 성공에 있어서 중국의 '단둥특구'와 연계 문제 그리고 화교자본의 유입의 필요성이 중요한 요인으로 작용하기 때문이다. 즉 신의주 특구 성공이 단둥특구의 위축을 가져올 것이며 이는 중국의 국가이익과 충돌을 의미하는 것이다. 때문에 이를 극복하기 위해 북한은 단둥특구에 비해 경제적 실효성이 담보되는 외자유치와 투자조건의 개선과 경제적 인프라의 구축이 빠른 시일 안에 구축해야 하는 이유이다. 경쟁관계에 있는 단둥특구보다 유리한 투자 인센티브를 부여하고 임금, 토지사용료 등 생산비용을 낮게 유지하여 경쟁력을 확보해야 한다. 이를 위해서는 북한 스스로 경제특구가 성공할 수 있는 내부개혁을 추진하여 이를 뒷받침하는 내부개혁정책을 지속적으로 추진해야 한다.218) 내부경제개혁과 특구정책이 연동되지 않는 상황에서는 대외개방정책이 성공하기 어렵기 때문이다. 따라서 신의주 특별행정구가 성공하기 위해서는 인프라 조성과 임금·노동조건, 투자보장 장치, 그리고 국제적 환경이 효율적으로 작용해야 할 것이다.

다음으로 개성공단특구의 경우, 개성공단의 주요 투자자와 입주기업이 남한이 될 것이기 때문에 남북한의 정치·군사적 신뢰구축이 중요한 변수로 작용할 것이다. 이는 정치·군사적 신뢰구축이 기본적인 토대로 작용하지 않은 상황에서 경제협력이 실효성 있는 발전을 기대하기 어렵게 때문이다. 때문에 남북한 신뢰구축을 전제로 한 상황에서 개성공단특구 성공을 위한 극복과제는 투자자와 투자기업들에게 경제적 수익성을 보장되어야 한다. 경제적 수익성이 보장되지 않은 경제특구는 그 자체가 경제특구로서의 의미를 상실하기 때문이다.

이와 같은 측면에서 볼 때, 현재 개성공단특구는 ① 인프라 건설의 주체, ② 토지무상임대, ③ 공단의 분양가, ④ 노동자 임금219) 등 많

---

218) 신의주 행정특구에 대한 전망을 단기적, 중기적, 장기적 전망에 대해서는 Young NamKoong(2003), *op. cit.*, pp.106-111. 참조.

은 문제가 협의를 거쳐 해결되고 있는 과정은 주목할 만하다.220) 따라서 개성공단의 전술한 문제에 대해 북한이 투자자의 경제적 효율성을 보장하는 적극적인 자세가 필요하다고 본다.

마지막으로 금강산관광특구의 경우, 사업이 성공하기 위해서는 다음의 다섯 가지가 이루어져야 할 것이다. 첫째, 핵 문제의 평화적 해결이 이루어져야 한다. 생명에 위협을 느끼며 사업과 관광을 할 사람은 없을 것이기 때문이다. 두 번째, 남한과의 신뢰구축을 통해 경제협력의 지속성이 담보되어야 한다. 남북한이 분단체제라는 특수성을 갖고 있고 군사적 대결상황이기에 이에 대한 불안요소는 남한기업뿐만 아니라 외국기업도 민감하게 반응할 것이기 때문이다. 세 번째, 남한과의 육로관광이 실현되어야 한다.221)

---

219) 2003년 10월 현대아산과 북한 체결한 '개성공업지구 임금·세무 규정안'이 발표되면서 상황은 반전되었다. 이 안은 국내 중소기업들에게는 획기적인 것으로 인식되었고, 이 규정의 내용은 개성공업지구가 중국이나 동남아보다 월등한 입주 조건을 확보하게 되었다고 평가하고 있다. 임금 규정: 65달러에서 57.5달러로 하향 조정, 이는 중국이 70달러, 동남아가 70~80달러선인 데 비해서도 20~30% 낮은 수준. 근로 시간: 중국, 주 5일제 시행으로 40시간인데 비해 개성공단은 48시간으로 20% 높음. 법인세를 국제적 수준인 14%로 조정. 『시사저널』, 2003. 10. 16. 참조.

220) 2002년 8월 27일부터 서울에서 열린 제2차 경제협력추진위원회에서 남북 당국은 '전력 등 기반시설은 상업적 방식으로 추진한다'는 원칙에 합의했다. 상업적 방식이란 전력·통신 공급업자가 시설을 하고 전기료·이용료 징수를 통해 투자비용을 회수하는 방식이다. 이후 남북은 몇 차례의 경제협력추진위원회와 개성공단 건설 실무접촉 등을 통해 이를 재확인했다. 『주간동아』, 2003. 7(제391호), pp.30-31. 실제 개성공단지구법은 공단부지에 있는 주택 및 농지의 철거는 물론 도로·통신·전력 등 공단 외부 기반시설 설치도 사업시행자가 전적으로 부담하도록 규정하고, 토지 무상 임대 문제 등도 아직까지 타결짓지 못하고 있는 상황이다.

221) 현대아산과 조선아태평화위원회는 2001년 6월 관광대가를 해로관광은 1인당 100달러, 육로관광은 50달러로 사업이 활성화될 때까지 합리적으로 지불키로 합의했다.

현대아산이 지금까지 4년 동안 6천억의 적자를 기록하고 있는 상황에서 2002년 11월까지 50만 1천여 명이 관광을 했지만, 입사료 문제와 바다를 통한 관광이라는 지리적, 시간적 이유 등으로 관광의 많은 제약이 있었던 것이 사실이다. 금강산 관광의 대부분이 내국인이 차지하고 있는 현실에서 육로관광의 활성화는 금강산 관광의 성공뿐 아니라 남북한 교류의 활성화에도 도움이 될 것이기 때문이다. 네 번째, 남한기업과 외국기업에 경제적 수익성이 보장될 수 있는 자유로운 기업활동보장과 여타 외국의 경제특구 지위와 비슷한 제도적 장치를 구비하여야 하며 이의 실질적 준수가 실현되어야 한다.222) 다섯 번째, 금강산 관광특구법에 지적된 것처럼 여타 지역으로 확대되어야 한다. 이상의 정치적 문제의 해결이라는 필요조건을 통한 제반 경제문제 해결이라는 충분조건이 이루어 질 때 금강산 관광특구 사업은 남북한 경제협력 활성화에 중요한 역할을 할 것이다.

따라서 이와 같은 측면에서 볼 때, 여타 특구정책 성공을 위한 핵심 전제조건은 핵 문제의 평화적 해결과 제반 경제사업이 실효성을 거둘 수 있는 제도적 장치가 조속히 강구되어야 한다. 정치적 안정에 따른 제도적 안정 장치가 없는 상황에서 외국의 투자가 쉽지 않을 것이기 때문이다.

---

222) 금강산 관광사업 시작 이후 현대상선과 현대아산은 2002년 현재 6000천억 원의 누적적자를 기록하고 있다. 금강산 관광사업 3주년을 맞아 현대아산과 현대상선이 밝힌 금강산 관광사업 3년 결산 손익 현황을 살펴보면, 시설 투자 1억 4,100만 달러(1,820억 원), 대북관광 대가 지급 3억 7,900만 달러(4,940억 원) 등 금강산 관광사업 투자비용은 총 9,100억 원이다. 금강산 관광사업 수입(현대상선+현대아산)은 2001년 9월 말 현재 3,100억 원이다. 이로써 금강산 관광사업 손실액은 6,000억 원(현대상선 약 2,000억 원, 현대아산 약 4,000억 원)에 달한다. 고유환, "금강산 관광사업과 남북경협", 『통일경제』 제3·4호, (서울: 현대경제연구소, 2002), p.32.

제4절 소 결

개혁·개방 확대전략 시기 북한 지도부는 탈냉전 초기의 개혁·개방 정책이 초래할 정치체제에 대한 대내외적 위협에 대해 지도부의 정치권력 안정화에 대한 자신감의 표현뿐만 아니라 장기화된 경제난이 체제위협 요인으로 작용할 가능성을 내포한 이중적 구조하에 있었다. 이와 같은 측면에서 개혁·개방 확대전략 시기 김정일 정권은 정치체제의 안정화 작업이 진척되었다는 인식을 통해 체제유지에 대한 자신감을 갖고 적극적인 개혁·개방정책을 추진했다고 볼 수 있을 뿐만 아니라, 장기적으로 방치한 경제난 극복을 위한 대안으로 전향적 개혁·개방정책을 추진했다고 할 수 있다.

이와 같은 개혁·개방 확대전략의 이중성하에서 북핵과 미사일 문제는 북한이 한반도 주변국들과 새로운 외교관계를 설정하게 하는 데 중요한 요인으로 작용했음을 알 수 있었다. 또한 북한 경제체제의 조건이 더 이상 계획경제를 운용할 수 없는 조건하에 새로운 선택을 할 수밖에 없는 상황에 직면해 있었음을 알 수 있었다. 이와 같은 개혁·개방 확대전략이 갖는 이중적 상황하에서 이 시기 북한의 대내외 정치·경제적 조건을 정리하면 다음과 같다.

먼저 북한은 정치·경제적으로 강성대국과 선군정치와 같은 이데올로기의 변용을 시도했고, 경제난을 타개하기 위해 7·1경제관리개선조치, 신의주 행정특구 등 전향적인 경제개혁정책을 추진했다. 뿐만 아니라, 핵무기를 수단으로 미국과 벼랑 끝 외교를 추진하였다. 이 같은 조건들은 대외고립과 경제난 극복을 위해 추진한 북한의 개혁·개방정책을 촉진 혹은 제약하는 요인으로 작용하였다. 특기할 것은 이 시기 북한이 추진한 국가발전전략의 정치적 구호인 강성대국론이 정치강국과 경제강국을 병행추진 하는 이중전략이라는 것이다. 또한 경제적 위기 상황에서 선군정치는 위기 상황을 돌파하는 데 있어서 군이 갖고 있는 정치적 역할과 경제적 역할을 동시에 중시하는 양면성을 갖고 있다는 것이다. 이 같은 북한의 정치적 구호와 이데올로기의 변용은 이 시기 정치권력 안정화와 경제난 극복을 동시에 추구하려는 북한 지도부의 의지를 읽을 수 있는 단초를 제공한다고 볼 수 있다. 즉 북한 지도부는 이 시기 정치권력 안정화로 인한 자신감의 표현과 경제난이 초래할 수 있는 체제위협요소로 작용할 수 있는 이중적 딜레마 상황에 직면하였다고 볼 수 있다.223) 즉 북한 지도부는 정치체제가 과거 체제전환을 경험했던 국가들의 상황보다는 상대적으로 안정되었다는 상황인식 속에서 있었고, 장기적 경제난 심화가 정치권력의 안정화를 약화시킬 가능성이 있는 상황에서 이에 대한 적극적 대처의 필요성 증대로 개혁·개방 확대전략을 추진했다는 것이다.

결과적으로 개혁·개방 확대전략 시기 북한 지도부는 개혁·개방에 따른 외부위협에 대한 국가개입의 내성의 변화를 보이며, 내부 경제난을 해결하기 위해 강성대국론과 선군정치라는 정치적 구호를 통해 신사고와 실리주의를 강조하는 이중전략을 추진했다는 것이다.

다음으로 대외적 조건을 정리하면 다음과 같다. 개혁·개방 확대전략 시기의 대외환경은 비록 남한 정부의 대북포용정책이 우호적으로

---

223) 본쉬타인은 대부분의 중앙계획경제체제 국가의 지도자들은 조정기제가 중앙계획경제에 의해 만들어지진 기본적 문제를 해결하는 데 비효과적이고 바람직하지 않은 결과가 심각하다는 것을 발견하게 된다고 주장한다. 그들은 중앙계획경제가 "전천후 모델이 아니다"라는 사실을 알게 된다는 것이다. 이때 중앙통제경제의 핵심 요소(명령, 압력, 우선경제뿐만 아니라 확대발전과 폐쇄경제)는 역효과를 초래한다고 주장한다. 만약 체제 지도자들이 중앙통제경제하에서 발전과정 동안 발생하는 중요한 변화를 무시한다면, 결국 그들은 의도하지 않았던 체제변화에 직면하게 될 것이라고 언급하고 있다. Bornstein, *Comparative Economic Systems: Models and Cases*, (Michigan: Library of Congress Cataloging-in-publication Data 1989), pp.279-280.

전개되었음에도 불구하고, 북미관계와 북·일 관계는 답보상태의 긴장관계를 면치 못하고 있었다. 핵 문제와 미사일 문제가 갈등을 지속하고 있는 상황에서 미국은 경제적으로는 경제제재의 수위를 높여 추가적 조치를 강구하는 동시에 군사적으로는 선제공격을 포함하는 강경한 대북정책을 추진했다. 이 같은 대결국면은 북한의 체제유지전략과 미국의 세계전략과의 충돌을 의미하는 것이었다. 이처럼 대외환경이 대결국면의 갈등관계 구조를 지속하고 있던 상황에서 북한이 전향적인 개혁·개방정책을 추진한 것은 특기할 만하다. 즉 개혁·개방에 따른 외부위협에 대해 국가개입의 내성이 좁은 대외환경에서 전향적인 개혁·개방 조치를 추진했다는 중요한 변화라고 볼 수 있다. 때문에 이 시기 북한은 정치체제에 대한 자신감의 표현과 경제난 심화라는 이중성이 국가개입의 내성 심도를 변화시키는 요인으로 작용했다고 볼 수 있다.224)

결과적으로 개혁·개방 확대전략 시기 북한이 보여준 개혁·개방의 특징은 정치권력의 안정화에 대한 자신감뿐만 아니라 장기적으로 방치한 경제난 극복을 위해 정치체제가 경제적 실리를 주장하는 이중성을 보여주었다는 것이라고 할 수 있다. 또한 특기할 것은 정치중심의 경직된 지배담론에 대해 이데올로기의 변용을 시도하였다는 것이다. 이와 같은 지배담론의 변화가 경제적 실리주의를 강조했다는 측면에서 사회 전체에 새로운 이념적 토대를 제공하는 변화요인으로 작용했다는 것이다. 그 결과 국가주도로 경제부문에 대한 적극적인 개혁·개방정책을 추진하여도 그 자체가 기존 체제의 부정을 의미하지 않는다는 정

---

224) 브잔과 시걸은 공산주의 국가들의 개혁의 패턴은 공산주의 사회이전의 역사, 권력에 대한 노선, 개혁시기 권력의 운용 등에 따라 조금씩 차이가 나고, 또한 국제체제에 영향받는다고 주장한다. 그러면서 개방은 공산주의 국가들 사이에 더 진전되었지만, 뿌리 깊은 전통으로 인해 다양성이 존재할 것이라 주장한다. 또한 사회주의권의 체제전환이 냉전체제의 붕괴라는 국제체제변화에 기인한 것처럼 국제체제가 개별국가에 미치는 영향은 증대되고 있다고 주장한다. Buzan and Segal(1992), *op. cit.*, pp.16-17.

당성 기제로 작동하면서 정치권력이 주도적으로 개혁·개방조치를 추진할 수 있는 기회의 창을 제공했다는 것이다.225)

이와 같은 측면에서 볼 때, 북한 지도부가 개혁·개방 확대전략을 통해 부분적 개혁·개방에서 적극적 개혁·개방으로 개혁과정을 추진했다는 것을 알 수 있었다.226) 특히 북한체제가 갖고 있던 폐쇄적 성격의 대내외 개혁·개방정책을 탈피하여 개혁·개방 확대전략이 갖는 이중성이 존재하는 상황에서 전향적으로 경제체제에 대한 개방적 개혁·개방화 조치의 추진한 것은 국가개입의 내성이 넓은 체제로의 변화를 반증해 준다고 볼 수 있다. 이 같은 변화들은 북한의 개혁·개방의 성격을 규정짓는 중요한 함의를 제공해 준다고 본다.

---

225) 코르나이 이론을 북한에 적용하여 북한의 개혁성격을 논의한 성채기의 논의는 주목할 만하다. 그에 따르면 북한은 ① 권위구조 혹은 이념체계의 수정 ② 소유권 인정의 요소들이 적어도 당분간 변화가 없을 것이지만, ③ 경제에 대한 관료적 조정의 완화라는 요소 즉 경제의 조정기인 계획체제에 직접 중요한 변화를 가하거나 추후 변화를 초래하게 될 시책은 적지 않음을 주장하고 있다. 그 중 대표적인 것이 가격제도의 개혁이라고 주장한다. 개혁적 요소는 가격제도의 변화에만 있는 것이 아니라 정도와 범위가 문제가 되겠지만 계획기능의 상당한 부분이 기업소와 지방으로 이양되고 있는바, 이것은 계획 및 조정기구의 직접적인 분권화에 해당하므로 당연히 개혁의 범주에 들어간다는 것이다. 그 외에도 독립채산제의 실질화, 기업구조조정, 당의 역할 축소, 인센티브 강화와 같은 조치들도 경제체제의 핵심요소인 계획기구에 직접 또는 간접적으로 적지 않은 영향을 미칠 것이라고 주장하고 있다. 그는 이것이 북한의 신경제노선의 개혁적 성격임을 보여주며, 북한은 이미 체제개혁을 시작하고 있다고 주장한다. 성채기(2002), pp.26-27. 참조.
226) 김정일 정권은 공식적 권력승계 이후 표면적으로는 자력갱생식 '강성대국건설'을 고집하고 있지만, 내심은 중국식(경제특구)＋쿠바식(관광개방)＋박정희식(개발독재)의 장점을 절충한 국가발전전략을 모색하고 있는 것으로 보인다고 주장한다. 고유환, "북한의 체제변화와 남북관계 개선전망", 『남북한 관계의 분야별 현황과 과제: 쟁점과 대책』 통일문제 특별학술회의 논문집, (서울: 한국정치학회, 1997. 11), p.24.

제6장 결론: 개혁·개방의 특징과 성격

　지금까지 본문에서 고찰한 탈냉전기 북한의 개혁·개방의 특징을 통해 체제변화 유형과 노선, 그리고 개혁·개방의 속성을 통해 그 성격을 규정할 수 있다. 이를 위해 북한의 개혁·개방 특징을 정리하면 다음과 같다.

　첫째, 북한 최고 지도자의 소련과 동구 사회주의 체제의 체제전환에 대한 인식이었다. 체제전환 연구자들은 체제전환의 여러 요인 중 경제체제의 내부모순이 정치체제의 정당성 약화 요인으로 작용하는 데 결정적 역할을 했다고 지적하고 있다. 북한 최고 지도자들은 이 시기 소련과 동구유럽 체제전환을 경제체제의 내부모순에 의한 정치체제의 정당성 상실에 따른 체제붕괴로 인식하기보다 정치체제 약화로 인한 결과로 인식했다는 것이다. 때문에 북한은 탈냉전 초기 경제체제의 내부모순에 대한 우선 해결보다는 정치체제의 안정화를 우선하는―선 정치체제의 안정화, 후 경제난 극복―현상유지전략을 추진했다. 이와 같은 최고 지도자의 인식하에서 추진된 현상유지전략이 낳은 결과의 이중성―정치권력 안정화에 대한 자신감뿐만 아니라 장기화된 경제난 심화에 대한 대안―으로 개혁·개방 확대전략을 채택하지 않을 수 없는 상황에 직면했다고 볼 수 있다. 결국 시기별로 차이는 있지만, 경제체제의 내부모순을 해결하지 않으면 정치체제의 정당성을 확보하기 힘들다는 체제전환 국가들의 경험이 북한에게 탈냉전 후기 북한의 국가발전전략에 반영되었다고 할 수 있다.

　둘째, 북한은 정치체제 내의 정권교체 없이 이데올로기의 변용을 시도하면서 상대적으로 체제전환을 경험한 국가들에 비해 정치권력이 안정화되어 있다는 것이다. 실제 체제전환을 시도했고, 체제변화 과정에

288

있는 사회주의 국가들은 정권교체를 통해 정치체제의 제도화된 안정화를 기하는 상황에서 기존 권력자와 차별을 꾀할 수 있는 '기회의 창'을 맞이했다. 반면, 북한의 경우 주체사상을 토대로 한 수령제와 유일지도체제라는 정치체제의 특수성을 유지하면서 통제된 안정화를 이루었다고 할 수 있다. 즉 김일성·김정일 체제의 문제점을 비판 혹은 부정하는 정치세력이 내부적으로 존재하지 않았고, 체제내의 정권교체의 경험이 없었다. 이와 같은 이유로 체제전환 시기 북한이 정치·경제체제의 급격한 변화를 시도하는 것은 기존 권위구조의 내부 정당성에 치명적인 상처를 주는 결과로 작용할 가능성이 있었다. 때문에 북한 지도부는 주체사상의 이데올로기 변용-붉은기 사상, 강성대국론, 선군정치-을 통해 기존 정치체제를 공고히 함과 동시에 경제난을 극복하려는 이중전략을 추진했다. 특기할 것은 북한 지도부가 위기극복전략으로 군을 중시함에 있어서 군이 갖고 있는 정치·경제적 가용자원이 갖는 양면성이 존재한다는 것이다. 따라서 북한은 체제전환을 경험한 국가들에 비해 이데올로기 변용을 통해 상대적으로 통제된 정치체제의 안정화를 유지하면서 경제체제의 내부모순을 해결하기 위한 개혁·개방조치를 추진하는 특징을 보였다는 것이다.

셋째, 북한의 경제체제는 심각한 경제난에 직면해 있는 부족경제체제라는 것이다. 비록 선언적으로 계획경제를 고수하며 자립적 민족경제, 우리식 사회주의 등을 주장하고 있지만, 실제 경제정책을 추진함에 있어서 경제의 대외의존도가 높은 부족경제체제였다. 이와 같은 대내외 경제적 조건은 북한이 내부동원 일상화의 한계, 대외무역의 저조, 기술도입의 한계와 기술낙후를 초래했을 뿐만 아니라 자립적 민족경제의 건설을 불가능하게 했다. 즉 북한의 경제체제는 내부동원을 통한 경제난 극복에 한계점을 갖고 있었고, 대외지원을 포함한 대외경제에 의존도가 높은 특징을 보였다.

넷째, 북한의 경제체제는 대외관계에 많은 영향을 받았으며, 그 개혁·개방의 특징과 성격도 이와 연동되어 진행되었다는 것이다. 또한 향후에도 연동되어 진행될 가능성도 높다는 것이다. 현재 핵과 미사일 문제가 현안이 되고 있지만, 이미 북·중, 북·러 관계가 전략적 협력 관계로 변하였고, 남북, 북·미, 북·일 관계가 변화하고 있는 상황에서 이들 문제가 개혁·개방 확대전략 시기 개혁·개방조치의 성과에 중요한 영향을 미칠 것임이 이를 단적으로 설명해 준다. 실제로 미국의 경제제재가 지속되는 한 대서방 경제관계 진전이 위축될 것이고, 이것이 남한과 일본과의 경제관계 진전 속도에도 영향을 미칠 것이기 때문이다. 결국 북한의 개혁·개방은 대외관계의 변화와 밀접한 연관성이 있다는 것을 의미한다. 그 예로, 과거 사회주의 체제전환 국가들이 대외관계의 우호적 설정을 통해 경제난을 해결했던 데 반해 북한은 이 같은 혜택을 받지 못하는 대외환경에 직면해 있다. 아울러 개혁·개방 확대전략이 성공하기 위해서는 자원공급문제(인프라 구축과 자본·기술 유입 그리고 대외협력)등이 해결되어야 하는데, 이것 또한 대외관계와 연동되어 있다는 측면에서 중요한 특징이라고 할 수 있다.

다섯째, 정치체제가 여타 체제전환을 겪었던 국가들에 비해 상대적으로 정치권력이 안정화 된 상황에서 경제난 해결을 위한 국가발전전략을 모색했다는 것이다. 이것은 북한이 동구권에서 발생한 정치·경제적 혼란과 정책추진의 비일관성 그리고 각 정치세력의 경제체제 변화전략의 수정에서 오는 보상비용과 불확실성에 대한 기회비용을 지불하지 않고 개발독재형의 개혁·개방을 추진할 가능성을 배제할 수 없다는 것을 의미한다. 즉 국가주도형의 국가발전전략을 연속성을 갖고 추진할 가능성이 높다는 것이다. 여기서 주목해야 할 것은 비록 북한 지도부가 정치권력이 상대적으로 안정화를 이루었다고 인식했을 지라도, 정치체제의 위협요인으로 작용할 가능성이 있는 장기화된 경제난을 방치하고 있지 않다는 것이다. 즉 경제난 극복을 위해 경제체제에 대한 전향적 개혁·개방조치를 강구함으로써 기존 경제체제의 경직성을 극복하려 변화를 시도하고 있다는 것이다.

여섯째, 북한은 개혁·개방의 변화 심도를 가늠하는 데 중요한 역할을 하는 국가개입의 내성의 심도가 시기에 따라 다양한 변화를 보였다는 것이다. 이것은 북한의 국가개입의 내성이 대내외적 정치·경제적 환경에 밀접히 연동되어 변화하였다는 것을 알 수 있었다. 즉 1970년대 이전 북한의 국가개입의 내성은 체제대결 구도하에서 좁은 체제의 특징을 갖고 있었다. 그러나 데탕트 체제와 김일성의 독재권력 강화되는 시기 북한의 국가개입의 내성은 넓은 체제로 변화를 보였다. 반면, 신냉전 초기 대외환경의 대결구도는 국가개입의 내성을 다시 좁게 만들었다. 반면, 신냉전 중반에 들어서 국가개입의 내성은 사회주의 체제의 내부변화와 경제난 극복의 필요성으로 인해 신냉전 초기보다는 넓은 체제로 변화를 보였다.

또한 탈냉전기 북한의 국가개입의 내성은 크게 두 가지 형태로 변했다. 즉 현상유지전략 시기에는 사회주의 체제전환과 경제난 심화 등의 원인으로 개혁·개방 효과가 정치체제의 위협요인으로 작용할 가능성이 있는 상황에서 국가개입의 내성이 좁은 특징을 보였다. 반면, 개혁·개방 확대전략 시기 북한 지도부가 개혁·개방에 따른 외부위협이 존재하는 상황이었지만, 김정일의 정치권력의 안정화에 대한 자신감의 표현일 수도 혹은 장기적인 경제난 심화를 해결하지 않으면 안 되는 이중적 상황으로 인해 국가개입의 내성이 넓은 체제로 변화를 보였다. 여기에는 개혁·개방 확대전략의 이중성에 대한 해석에 따라 두 가지 해석이 가능하다. 먼저 국가개입의 내성이 좁은 체제였지만, 경제난 해결을 해결하지 않으면 안 되는 상황에서 전향적 개혁·개방정책을 추진하면서 넓은 체제로 변화를 시도했다는 해석이다. 다음으로 내부적으로 강성대국과 선군정치를 통해 정치권력 안정화를 통한 자신감의 표현으로 국가개입의 내성이 넓은 체제로 변화를 보였다는 해석이다. 결국 이 시기 국가개입의 내성을 변화시켰던 대내외적 배경에 있어서 이중성이 존재했지만, 전향적인 개혁·개방정책의 추진을 통해 국가개입의 내성이 넓은 체제로 변화를 보였다는 것이다.

일곱째, 탈냉전기 시기별로 대내외 정치·경제적 조건이 복합적으로 상호작용하며 북한의 개혁·개방심도에 영향을 미쳤다는 것이다. 냉전기 대내외 정치·경제적 조건의 영향이 현상유지전략의 초기조건으로, 이의 영향이 개혁·개방 확대전략의 초기조건으로 작용하여 상호 밀접한 상관성을 갖고 정치체제의 이데올로기 변용과 체제유지전략 그리고 경제체제의 개혁·개방 심도변화에 영향을 주었다는 것이다.

지금까지 탈냉전기 북한 개혁·개방 특징을 코르나이의 체제변화 이론에 적용할 경우, 북한 개혁·개방 유형은 정치·경제적으로 체제의 근본질서 변화를 의미하는 체제전환보다는 체제내적 변화를 시도하는 개혁에 해당한다. 또한 이미 언급했듯이 체제변화의 정의를 체제전환과 개혁의 변화속성을 포괄하는 의미로 그의 가설에 적용할 때, 북한의 체제내적 변화가 어떤 개혁·개방 성격을 갖는지를 규정하는 데 중요한 함의를 제공한다. 그에 따르면 체제전환의 요인으로 X1-이데올로기와 권위구조의 변화, X2-사유화 인정, X3-경제에 대한 관료적 조정의 변화를 핵심변수로 언급하고 있다. 이 같은 변수들 중 두 개의 변수가 변할 때, 종속변수인 C-대외의존성은 증대한다고 본다. 그의 가설은 체제의 근본적 변화를 의미하는 체제전환을 예시한 서술이기에 북한의 개혁을 설명할 때는 한계점이 있다.

그러나 그의 주장처럼 체제변화를 체제전환과 개혁이 갖는 포괄적 변화속성 개념으로 북한의 개혁을 논의하면, 북한의 개혁·개방은 경제체제의 축적된 긴장과 모순 속에서 북한 지도부가 변화의 심도와 속도를 조절하면서 경제체제의 개혁을 추진하고 있다고 볼 수 있다. 이것은 그가 지적했듯이 사회주의 국가들에 있어서 체제변화는 경제체제의 축적된 긴장과 모순에 의해 강요된다는 것처럼 북한의 경제개혁은 경제체제의 내부모순이 이를 강요한 측면이 있기 때문이다.

　따라서 그의 가설을 현재 북한에 적용할 때, 북한은 X1의 경우 여타 사회주의 체제전환을 경험한 국가들에 비교하여 정치체제가 상대적으로 통제된 안정화를 유지하고 있다고 할 수 있다. 즉 시기별 국가발전전략에 따라 위기극복을 위한 기존 체제를 강화하기 위한 정치적 구호로서 강성대국론, 선군정치, 신사고 등의 이데올로기의 변용을 시도하였다. 이 같은 이데올로기의 변용은 위기극복 담론의 역할을 하면서 정치체제를 강화하는 기제로 작용했다는 측면에서 체제전환 국가들의 이데올로기의 수정 혹은 권위구조와는 차별화된 특징을 보인다. X2의 경우에는 부분적으로 사유화도 인정하고, 비공식 경제영역이 더욱 확대되고 있는 상황이지만, 공식적으로는 공유제를 인정하고 있다는 측면에서 소유화의 인정이라고 볼 수 없다. 반면, X3의 경우에는 경제난 심화로 인해 당의 통제력이 약화되면서 가장 많은 변화를 보인다.

　따라서 본문에서 언급한 경제체제의 체제내적 개혁들이 여기에 해당한다고 볼 수 있으며, 그 변화는 관료적 조정에서 시장적 조정으로 변화조짐을 보이고 있다고 할 수 있다. 이 같이 보는 것은 북한의 자원배분구조에 있어서 관료적 조정 메커니즘이 약화되고, 이를 시장적 조정이 대체되는 변화조짐을 보이고 있기 때문이다. C의 경우에는 체제내적 변화라는 개혁을 추진하는 과정에서 X3에 해당하는 여러 정책들의 성과에 직결되는 영향을 대외환경이 준다는 측면에서 그 어느 때보다도 증대하고 있다고 볼 수 있다.

　이와 같이 코르나이 체제변화 이론의 적용을 통해 알 수 있는 것은 북한의 체제변화 유형이 체제내적 변화를 진행하고 있는 개혁이라는 것이며, 개혁이 이데올로기와 사유화 부분에서 이루어지고 있지 않고, 경제체제의 조정문제 영역에서 활발히 추진되고 있다는 것이다. 이것은 북한의 체제변화가 경제체제 영역에서 체제내적 변화를 추구하는 개혁을 추진하는 단일변화 유형을 추구한다고 볼 수 있는 단초를 제공해 준다고 볼 수 있다. 또한 구소련과 동구 국가들의 체제전환 시기

이데올로기 수정이 정치체제의 정당성 약화를 초래했던 데 반해, 북한의 강성대국론, 선군정치, 신사고, 실리주의 등과 같은 주체사상의 이데올로기 변용은 체제를 공고화하는 위기극복을 위한 정치적 구호로서 사회 전체를 관통하는 지배담론으로 작용했다는 것이다. 특기할 것은 강성대국론과 선군정치가 위기극복 담론으로 작용함에 있어서 정치권력을 강화하는 지배담론뿐만 아니라 경제난 극복을 위해 경제부분을 강조하고 있다는 것이다.

또한 탈냉전기 북한의 개혁·개방 특징을 바쉬크의 경제체제의 개혁유형과 코르나이의 경제체제 분류를 적용하여 그 유형과 단계를 규정할 수 있다. 바쉬크에 따르면 경제체제의 개혁유형을 개혁의 범위에 따라 부분적, 혹은 포괄적 개혁으로 나누고, 개혁이 사회주의 경제체제의 근본질서 변화일 경우에는 경제체제의 전환으로 설명한다. 그 개혁유형은 크게 세 가지로 나누어 설명할 수 있는데, 즉 ① 부분적 경제개혁, ② 포괄적 경제개혁, ③ 경제체제의 전환이 그것이다. 이 중 북한의 경제개혁 유형을 논의한다면 현상유지전략 시기에는 부분적 경제개혁유형이라고 할 수 있으며, 개혁·개방 확대전략 시기에는 ①과 ②가 혼재된 유형이라 할 수 있다. 또한 코르나이는 자원배분과 소유구조를 독립변인으로 경제체제를 분류했는데, 전술한 개혁·개방 특징을 토대로 탈냉전기 북한 경제체제 개혁을 그의 가설에 적용할 경우, 북한 경제개혁은 ① 순수 사회주의 경제체제를 지나 ② 사회주의 경제개혁에서 ③ 시장 경제체제로의 변화를 보이는 과도기에 있다고 할 수 있다.

이와 같이 규정한 탈냉전기 북한의 개혁·개방 특징을 통해 체제변화와 개혁·개방의 유형과 단계 속성을 규정할 수 있다. 즉 북한 체제변화는 단일변화 유형으로 경제체제에 대한 체제내적 변화를 시도하는 개혁을 추진하고 있으며, 대내외 정치·경제적 조건의 특징들이 제약 혹은 촉진하는 상황에서 그 내용과 속도가 점진적인 개혁노선을 추진하고 있다고 할 수 있다. 또한 개혁·개방의 유형과 단계 속성은-부분적 경제개혁과 포괄적 개혁의 혼재, 사회주의 경제개혁에서 시장 경제체제로의 과도기적 속성 — 을 포괄하는 체제내적 개혁을 추진하고 있다고 할 수 있다.

따라서 탈냉전기 북한 체제변화와 개혁·개방의 유형과 노선 그리고 속성을 토대로 경제체제의 개혁·개방 성격을 규정할 때, 북한의 개혁·개방 성격은 정치체제의 개혁과 연동되지 않고, 대외환경 변화에 심각한 영향을 받는 한계점을 갖고 있지만, 경제체제의 개혁 성과에 따라 그 근본적 질서까지 변화시킬 수 있는 가능성을 배제할 수 없는 경제체제의 전반적 개혁이라고 규정할 수 있다.

참고문헌

1. 국문 단행본

강인덕, 『북한전서』(서울: 극동문제연구소, 1974).

강성학・양성철, 『북한외교정책』(서울: 서울프레스, 1995).

구본학 외, 『세계외교정책론』(서울: 을류문화사, 1995).

구성렬 외, 『베트남의 남북경제통합과 한반도 경제통합에 대한시사』(서울: 연세대학교 동서문제연구원, 1995).

길영환 외, 『북한경제의 전개과정』(서울: 경남대극동문제연구소 1990).

김계동, 『북한의 외교정책』(서울: 백산서당, 2002).

김대중, 『김대중의 3단계 통일론』(서울: 아태평화출판사, 1995).

김세원, 『국제경제질서의 변화와 한국경제의 선택』(서울: 대한교과서주식회사, 1997).

김연철, 『북한의 산업화와 경제정책』(서울: 역사비평사, 2001).

김태홍 외, 『페레스트로이카의 경제적 도전』(서울: 우아당, 1989).

남궁영, 『북한 경제특구 투자환경 연구』(서울: 민족통일연구원, 1995).

리언시걸, 구갑우 외, 『미국은 협력하려 하지 않았다: 북한과 미국의 핵외교』(서울: 사회평론, 1999).

동북아평화연구회, 『국민의 정부 대북포용정책』(서울: 밀레니엄북스, 1999).

__________, 『문답으로 풀어 본 대북포용정책』(서울: 밀레니엄북스, 1999).

박명서, 『통일시대의 북한학 강의』(서울; 돌베개, 1999).

박형중, 『북한적 현상의 연구-북한 사회주의 건설의 정치경제학』(서울: 연구사, 1994).

박형중 외, 『대북포용정책과 국내정치여건 조성 방안』(서울: 민족통일연구원, 2000).

방찬영, 『북조선의 대외개방. 개혁정책과 합리적 대북정책의 모색』(서울: 전영사, 1996).

양운철, 『사회주의 경제체제의 전환: 러시아, 동유럽, 북한』(성남: 세종연구소, 1999).

______, 『남북한 경제협력: 북한의 개방과 분단국 경험』(성남: 세종연구소, 1997).

______, 『미국의 대북한 경제제재; 원인, 과정, 전망』(성남: 세종연구소, 2001).

양문수, 『북한경제의 구조: 경제발전과 침체의 메커니즘』(서울대학교 출판부, 2001).

오일환·정순원, 『김정일 시대의 북한 정치 경제』(서울: 을유문화사, 1999).

윤해수, 『러시아체제변동론』(서울: 한올아카데미, 1995).

와다 하루키 지음, 서동만 역, 『북조선: 유격대국가에서 정규군 국가로』(서울: 돌베개, 2002).

오코노기 마사오 편저/강성윤 외, 『김정일과 현대북한』(서울: 을류문화사, 200).

왈러스틴·강문구 역『자유주의 이후』(서울: 당대, 1998).

이대우, 『남북정상회담 이후 한·미관계 변화』(성남: 세종연구소, 2002).

이종석, 『분단시대의 통일학』(서울: 한올, 1998).

______, 『조선노동당연구』(서울: 역사와 비평사, 1995).

______, 『북한-중국관계 1945-2000』(서울: 중심, 2000).

이종석·백학순, 『김정일 시대의 당과 국가기구』(성남: 세종연구소, 2000).

이종석·백학순 외, 『남북정상회담 이후 주변 4강의 대북정책 변화와 우리의 대응방향』(성남: 세종연구소, 2001).

이삼성 외, 『한반도의 선택』(서울: 삼인, 2001).

이찬행, 『북한 사회주의의 현실과 변화』(서울: 두리, 1993).

은천기, 『북한의 대중소외교정책』(서울: 도서출판 남지, 1994).

서경교 외, 『동아시아의 정치변동: 연구의 쟁점과 전략』(서울: 인간사랑, 2001).

서재경, 하버드 대학교 케네디 스쿨 편, 『한반도, 운명에 관한 보고서』(서울: 김영사, 1999).

서재진 외, 『사회주의 지배엘리트와 체제변화』(서울: 생각의 나무, 1999).

________, 『또 하나의 북한 사회: 사회주조와 사회의식의 이중성 연구』(서울: 나남출판사, 1995).

스즈키 마사유키, 유영구 옮김, 『김정일과 수령제 사회주의)』(서울: 중앙일보사, 1994).

신현윤 외, 『동유럽의 개혁과 시장경제의 도입』(서울: 집문당, 1993).

신지호, 『북한의 ‘개혁·개방’: 과거·현황·전망』(서울: 한올 아카데미, 2000).

조동호, 『북한 경제발전전략의 모색과 우리의 역할』(서울: 한국개발연구원, 2003).

조명철, 『남북한 경제통합 준비를 위한 동유럽 체제전환국 변화과정 연구』(서울: 대외경제정책연구원, 2000).

조명철 외, 『북한의 대외경제정책 10년 평가와 과제』(서울: 대외경제정책연구원, 2002).

주성환, 『남북한의 경제발전 수준과 산업구조 비교, 그리고 경제교류 협력방향』(서울: 집문당, 2002).

정규섭, 『북한외교의 어제와 오늘』(서울: 일신사, 1997).

정세진, 『‘계획’에서 시장으로: 북한체제 변동의 정치경제』(서울: 한울 아카데미, 2000).

______, 『동아시아 국제관계와 한반도』(서울: 한올 아카데미, 2002).

정옥임, 『북핵 588일』(서울: 서울프레스, 1995).

______, 『탈냉전기 미국의 대북정책과 국내정치』(성남: 세종연구소, 2002).

정영태, 『김정일의 군사권력기반』(서울: 통일연구원, 1994).

정경환, 『김정일 시대 북한체제연구』(서울: 신지서원, 2001).

정여천, 『동구 경제체제전환의 평가와 북한의 경제에 대한 시사점』(서울: 대외경제정책연구소, 2000).

정천구, 『중국인의 세계관과 대외정책』(서울: 신영출판사, 1996).

차문석, 『반노동의 유토피아: 산업주의에 굴복한 20세기 사회주의』(서울: 박종철출판사, 2001).

최 성, 『북한학개론: 김정일과 북한의 정치체제』(서울: 풀빛, 1997).

______, 『국민의 정부: 대북포용정책의 성과와 당면과제』(서울: 한국정치학회 연례학술회의, 1998).

최진욱, "집권과정", 『김정일 연구: 리더십과 사상(1)』(서울: 통일연구원, 2001).

______, 『북한의 지방행정체계』(서울: 통일연구원, 1997).

통일부 통일교육원, 『통일문제 이해』(서울: 통일부, 2003).

______________, 『북한이해』(서울: 통일부, 2003).

하천기, 『북한의 대 중소외교정책』(서울: 도서출판 남지, 1994).

한종기, 『햇볕정책의 정치동학: 남북관계의 국내정치화와 정책연계』(성남: 세종연구소, 2001).

홍택기, 『남북한 경제통합론』(서울: 오름, 1999).

홍현익·이대우, 『동북아 다자안보협력과 주변4강』(성남: 세종연구소, 2001).

한국정치외교사학회, 『한국외교사 II』(서울: 집문당, 1995).

한국문제연구원, 『북한의 개방과 통일전망』(서울: 건국대학교 출판부, 1997).

한국정치외교사학회, 『한국외교사 Ⅱ』(서울: 집문당, 1995).

현대경제사회연구원, 『전환기의 남북경협』(서울: 현경문고, 1996).

2. 국내논문

강일천, "《7·1경제관리개선조치》 1년의 평가와 재해석", 『7·1경제관리 개선조치의 평가와 향후 전망』 제4회 국제학술세미나, (서울: 고려대 북한학연구소, 2003).

고유환, "북한의 체제변화와 남북관계 개선전망", 『남북한 관계의 분야별 현황과 과제: 쟁점과 대책』 통일문제 특별학술회의 논문집(서울: 한국정치학회, 1997).

______, "김대중 정부의 대북전략과 정책과제", 『통일경제』(서울: 현대경제연구소, 2000).

권 율, 『베트남 경제개혁의 특성에 관한 연구』(서울: 서강대학교 박사학위논문, 1998).

김갑식, "북한의 경제정책 결정과정변화에 관한 연구", 『북한실태 정치』(서울: 통일부, 2001).

김갑철, "북한의 대미·대남정책과 99년 정책전망", 『East Asian Review』, 1998년 1권.

김경일, "북한의 경제관리개선조치의 의의와 향후 전망", 『7·1경제관리개선조치의 평가와 향후 전망』 제4회 국제학술세미나(고려대학교 북한연구소 2003).

김기수, 『남북한 군사통합방안에 관한 연구: 델파이(Delphi)설문분석 결과를 중심으로』(한양대학교 박사학위논문, 2001).

김근식, 『북한 발전전략의 형성과 변화에 관한 연구: 1950년대와 1990

300

년대를 중심으로』(서울대학교 박사학위논문, 1998).

______, "김정일 시대의 북한 경제정책변화: 혁명적 경제정책과 과학 기술 중시정책", 『통일경제』(서울: 현대경제연구소, 2001).

______, "북핵 문제 해결과 한국정부의 역할: 기대와 현실", 『평화와 번영의 동북아 시대』(성남: 세종연구소, 2003).

______, "김정일 시대 북한의 신발전전략: 실리주의를 중심으로", 『한국정치학회보』 제36집 2호, 2002.

김명식, "북한 생산관리체계의 변화와 전망", 『민족발전연구』 제8호 2003.

김용현, 『북한의 군사국가화에 관한 연구』(동국대학교 박사학위논문, 2001).

김연철, 『북한의 산업화 과정과 공업관리의 정치(1953-70): '수령제' 정치체제의 사회경제적 기원』(성균관대학교 박사학위논문, 1996).

______, "북한 신경제전략의 성공조건", 『국가전략』, 제8권 4호(성남: 세종연구소, 2002).

______, "북한 경제정책 변화의 의미와 전망", 『정세와 정책』 2002-9 통권 74호(성남: 세종연구소).

______, "북한 정보화의 국제적 변수: 바세나르체제와 미국의 대북경제제재를 중심으로", 『인터넷과 북한』(경남대 극동문제연구소, 2000).

김영재·이승현, "남북한 신정부의 대북·대남정책", 『국제정치논총』(서울: 한국국제정치학회, 1999), 제39집 1호.

김영훈·최윤상, "7·1경제관리개선조치와 북한의 농업", 『7·1경제관리개선조치의 평가와 향후 전망』, 제4회 국제학술세미나(고려대학교 북한연구소, 2003).

김영수, "북한의 통치 이데올로기 변화", 『현대북한연구』 4권 1호(2001), 경남대 북한대학원.

남궁영, "북한의 외자유치정책과 남북한 경제협력", 『한국정치학회보』 32집 2호 1998 여름.

______, "동북아 경제 협력과 북한의 대외 개방 정책", 『통일경제』 1996.

______, "북한 경제개방정책의 한계와 가능성: 경제특구 정책을 중심으로", 『통일경제』 1997.

______, "북한의 경제실태 및 제한적 개방", 『국제문제』 1996.

______, "북한 노동력 수준의 평가와 대북 투자의 방향", 『국제문제』 1997.

______, "북·미 경제관계 10년 평가와 전망," 조명철 편, 『북한의 대외경제정책 10년 평가와 과제』(서울: 대외경제연구소, 2001).

남성욱, "북한 7.1경제관리조치와 농업개혁", 『민족발전연구 제8호』(중앙대학교 민족발전연구원 2003).

______, "북한의 경제 회복을 위한 국제사회의 역할,"(정신문화연구원, 2002).

동승용, "경협 활성화 의제와 경협 전망", 『통일경제』 1999. 3.

______, "나진·선봉 자유경제무역지대의 투자 환경과 진출 방안", 『통일경제』 1996.

______, "금강산 관광사업은 실현되어야 한다", 『통일경제』 1998.

______, "남북관계에서 경협의 역할", 『통일경제』 1996.

______, "남북 경협의 확대 가능성 열린 1998년", 『북한』 1998.

______, "잠자는 남북경협, 누가 깨우나?", 『사회평론길』 1998.

______, "대북 투자. 남북관계, 상호 상승 작용한다.", 『통일한국』 1999.

문병집, "북한 경제분석을 위한 접근 방법", 『통일경제』 1996.

문수언 외, "한반도 통일의 국제정치와 동북아 다자안보협력", 『국제정치논총』(제37집 3호), 1998.

문정인, "부시 독트린과 북·미 관계 전망", 『북핵 위기와 한반도 평화』(통일한국포럼, 2003).

민족통일연구원, "대북 정경분리정책: 어떻게 실천해 나갈 것인가?", 『민족통일연구원』 1998.

302

박광작, "동독의 『신경제체계』(1963-1971)와 북한의 『경제관리개선조치』 (2002)의 비교연구," 2002.

박석삼, "북한의 금융현황과 전망", 『경제정책연구』 제4권 제3호 2002 가을호(서울: 국제문제조사연구소).

______, "최근 북한 경제조치의 의미와 향후 전망," (서울: 한국은행, 2002).

박순성, "경제관리개선조치(2002. 7. 1) 이후의 북한 경제", 『북한경제포럼』 제31차 세미나발표논문. 2003.

______, "북한의 가격·배급제도의 변화와 전망", 『민족발전연구 제8호』 (중앙대학교 민족발전연구원, 2003).

박종철, "북한 발전전략과 체제안보 딜레마", 『민주평통』 346호, 2002.

박정진, "북한의 일본에 대한 '전략적 이해변화' 분석: '65년 질서'와 '94년 질서'", 『북한실태 정치』(통일부), 2001신진연구자 북한 및 통일 관련 논문집(제3권).

박제훈, "체제변화와 통일의 비교정치경제학", 『남북한의 경제체제와 통합』 (서울: 박영사, 1995).

______, "북한 경제의 체제 동학적 분석", 『북한경제의 오늘과 내일』(서울: 현대경제사회연구원, 1996).

______, "북한경제체제의 변화 전망: 체제동학적 연구", 『비교경제연구』(서울: 비교경제학회, 2002) 제9권, 제1호.

박하진, "남북관계의 어제와 오늘", 『통일문제이해』(서울: 통일부, 2003).

박형중, "북한경제정책의 기본 틀과 그 결과", 『북한경제 어제와 오늘』(서울: 현대경제사회연구소, 1996).

______, "구소련 , 동유럽과 중국의 경제체제 전환의 비교; 북한의 체제 전환과 통일한국 건설을 위한 교훈", 『유럽연구』(서울: 한국유럽학회, 1997) 제5권, 제1호.

배종열, "나진―선봉지역 외자유치정책에 대한 평가 및 전망", 『수은조사월보』, 1999. 6.

백인학, 『북한의 사회주의 건설과 체제성격변화에 관한 연구』(고려대학교 박사학위논문, 1992).

안찬일, 『북한의 통치이념에 관한 연구: 전통사상의 수용을 중심으로』(건국대학교 박사학위논문, 1997).

오승렬, "북한과 중국의 초기 경제개혁 비교 및 시사점", 『민족발전연구 제8호』(중앙대학교 민족발전연구원, 2003).

양재성, "북한의 대외정책과 대남관계의 변화", 『통일문제이해』(서울: 통일부 2003).

유호열, "북한의 외교전략과 남북관계 전망", 『통일경제』(서울: 현대경제연구소, 2001).

윤태영, "북·미 간 북핵 문제 해결전망과 북한 경제에 미치는 영향", 『북한의 특구개발과 한반도 주변정세(Ⅱ)』(서울: 한국국제지역학회, 2003).

윤덕룡·이형근, "북한의 물가인상 및 배급제 폐지의 의미와 시사점," (서울: 대외경제정책연구소, 2002).

이대근, 『조선인민군의 정치적 역할과 한계: 김정일 시대의 당·군 관계를 중심으로』(서울: 고려대학교 박사학위논문, 2000).

이종석, 『조선로동당의 지도사상과 구조 변화에 관한 연구: 주체사상과 유일지도체계를 중심으로』(성균관대학교 박사학위논문, 1993).

______, "북한의 신전략과 한반도 정세변화", 『정세와 정책』, 2002-10 통권 75호.

______, "1999년 북한전망: 군사주의와 경제적 실용주의의 이중전략 추구", 『정세와 전략』(서울: 세종연구소, 1999).

이영훈, 『북한의 경제성장 및 축적제에 관한 연구(1956-1964): Kaleckian CGE모델 분석』(서울: 고려대학교 경제학과 박사논문, 2000).

이영선, "이행경제의 정치경제학", 『국제경제연구』, 제9권 1호(서울: 한국

304

국제경제학회, 2003).

이은호, "베트남 경제개혁의 정치과정", 『국제문화연구』 제16호(충북: 청주대학교, 1992).

이상만, "신의주 특구와 북한의 개혁·개방", 『민족발전연구』(중앙대학교 민족발전연구원, 2003).

이선태, "북한의 '대안사업체계'에 대한 소고", 『북한경제의 오늘과 내일』(서울: 현대경제사회연구소, 1996).

이정철, "계획개량형 사회주의와 북한의 90년대 경제정책변화", 『김연철·박순성 편』(서울: 한국사회경제학회, 2002).

이호철, '북한 사회주의 경제체제의 변화와 전망: 개혁·개방의 정치경제' 『통일문제연구』 제8권 1호, 1996.

이홍영, "한반도 핵 문제: 그 원인과 위기해소 방안", 『북핵 위기와 한반도 평화』(서울한국통일포럼, 2003).

이찬우, "김정일 시대의 경제 정책과 향후 남북경협 전망", 『동북아 지역경제』(대우경제연구소, 1997).

임강택, "북한의 대외경제협력 특성과 전망", 『통일경제』(서울: 현대경제연구소, 2001).

임경훈, "비교 민주화 이행론과 러시아의 탈공산주의 이행", 『국제정치논총』 제43집 3호, 2003

임종관, "미국 국적 선박·항공기의 북한 운항", 『통일경제』(서울: 현대경제연구소, 2000).

서보혁, 『탈냉전기 북·미 관계에 관한 구성주의적 접근: 북한의 국가정체성을 중심으로』(한국외국어대학교 박사학위논문, 2003).

______, "정체성 정치와 국제안보의 재구성: 이론, 실제 그리고 시사점", 『국가전략』 제9권 2호(성남: 세종연구소, 2003).

______, "탈냉전기 북한의 대미 정체성 정치", 『한국정치학회보』 제37집 1호, 2003년 봄호.

서주석, "북핵파문 이후 북·미 관계 전망", 『국가전략』 제8권 4호(성남: 세종연구소, 2002).

장명봉, "최근의 북한 사회주의 헌법 개정의 분석 배경·내용·평가 및 정책전망", 『통일연구논총』 제7권, 2호(1999).

전홍택, '북한경제 반세기 평가', 『통일경제』(서울: 현대경제연구소, 1996).

정낙근, 『김정일 시대 북한의 생존전략 ―강성대국건설을 중심으로―』(국방대학원 안보학술회의 최종연구보고서, 1999).

정성장, "김정일 시대 북한의 '선군정치'와 당·군 관계", 『국가전략』 제7권 3호 2001년 가을(통권 제17호).

정세진, 『북한의 이차경제와 지배구조의 변화에 관한 연구』(중앙대학교 박사학위논문, 1999).

______, "이행학적 관점에서 본 최근 북한경제변화연구", 『국제정치논총』 제43집 1호(한국국제정치학회, 2003).

정세현, "통일환경의 변화와 정부의 대북정책", 『외교』 제48호, 1999.

정현수, 『북한 사회주의 정치체제의 변화에 관한 연구: 이데올로기와의 관계를 중심으로』(경희대학교 정치학 박사학위논문, 1992).

조명철, "북한 경제정책의 변천과 향후 전망: 1980년대 이후를 중심으로,"(서울: 대외경제정책연구원, 2001).

조영국, 『북한의 제한적 경제개방정책에 관한 연구』(서울: 한국외국어대학교 석사학위논문, 2000).

차문석, 『사회주의 국가의 노동정책: 소련·중국·북한의 생산성의 정치』(성균관대 박사학위논문, 1998).

최봉석, 『북한경제체제에서 독립채산제의 정치적 성격 연구』(인천: 인하대학교 석사학위논문, 2002).

홍관희, "체제유지를 위한 북한의 안보외교 정책", 『통일연구논총』 제5권 2호 1996.

홍순직, "김정일 총비서의 신사고와 북한의 개혁·개방", 『통일경제』(서울: 현대경제연구소, 2001).

황진훈, "북한의 최근 경제정책 변화와 대응방안", 『민족발전연구』제8호 (중앙대학교 민족발전연구원, 2003).

홍현익, "부시-푸틴 전략적 합의와 한국의 국가전략", 『정세와 정책』(성남: 세종연구소, 2002).

황동언, "북한의 외국인 투자법: 금융 및 외화관리", 『통일경제』1999.

_____, "북한의 경제관리 체계-계획화 체계", 『통일경제』1998.

허문영, 『북한의 핵개발계획 인정과 우리의 정책방향: 대미협상행태 변화를 중심으로』(서울: 통일 연구원, 2003).

황정남, "두만강지역 개발의 실천적 방도", 『통일경제』1996.

현대경제사회연구원, "타협을 위한 대결: 북한의 대외정책과 남북관계," 1997.

현종택, "북한의 외자 유치 현황과 특성", 『통일경제』1998.

현성일, "생존전략으로서의 북 외교정책", 『북한』1998.

현양호, "국제기구의 대북지원 활동과 북한의 개방 및 변화", 『통일경제』1999.

3. 북한단행본

『김일성 저작선집』제5권(평양: 조선로동당출판사, 1997).

『김정일 선집』제10권(평양: 조선로동당출판사, 1997).

『김일성 저작집』제27권, 제28권(평양: 조선로동당출판사, 1994).

『김일성 저작집』제44권(평양: 조선로동당출판사, 1994).

『김일성 저작집』제42권(평양: 조선로동당출판사, 1995).

『김일성 저작집』제43권(평양: 조선로동당출판사, 1996).

『위대한 수령 김일성동지께서 안겨주신 정치적 생명을 귀중히 갖고 빛내
  어 나가는 것은 우리인민 최대의 영예이며 의무이다』(평양: 조선
  로동당출판사, 1975).

고정웅・리준항, 『조선로동당의 반수정주의 투쟁경험』(평양: 사회과학출판
  사, 1995).

김현환, 『김정일 장군 정치방식 연구』(평양: 평양출판사, 2002).

김철우, 『김정일 장군의 선군정치: 군사선행, 군을 주력군으로 하는 정치』
  (평양: 평양출판사, 2000).

박태호, 『조선민주주의 인민공화국 대외관계사 1』(평양: 사회과학출판사,
  1985).

『조선민주주의 인민공화국 대외관계사 2』(평양: 사회과학출판사, 1987).

조선로동당중앙위원회 당력사연구소, 『위대한 령도자 김정일 장군 략력』
  (평양: 평양출판사, 1996).

『주체혁명위업의 위대한 령도자 김정일 동지: 위대한 사상리론가』(평양:
  조선로동당출판사, 2001).

『벗들의 화상』(평양: 조선로동당출판사, 2000).

『조선로동당 제4차 대회에서 한 중앙위원회 사업총화보고에 대하여』(평
  양: 사회과학출판사, 1975).

『일본정치리론잡지 〈세까이〉 편집국장과 한 담화에 대하여』(평양: 사회과
  학출판사, 1974).

『모든 문제해결에서 중심고리를 튼튼히 틀어잡고 거기에 력량을 집중하자
  에 대하여』(평양: 사회과학출판사, 1975).

『근로자』통권 376호(73/08) 『근로자』, 통권 389호(74/09), 『근로자』
  1977년 제7호-제12호, 『근로자』 1978년 제1호-6호, 『근로자』
  1978년 제7호-제12호,『근로자』 1979년 제7호-12호, 『근로자』
  1980년 제1호-6호, 『근로자』 1980년 제7호-12호, 『근로자』
  1981년 제1호-6호, 『근로자』 1981년 제7호-12호, 『근로자』

1982년 제1호-6호, 『근로자』 1982년 제7호-12호, 『근로자』
1983년 제1호-6호, 『근로자』 1983년 제7호-12호, 『근로자』
1984년 제1호-6호, 『근로자』 1984년 제7호-12호, 『근로자』
1985년 제1호-6호, 『근로자』 1985년 제1호-6호, 『근로자』
1985년 제7호-12호.

4. 북한 논문 및 연설문

고상진, "위대한 령도자 김정일 동지의 선군정치의 근본특징", 『철학연구』
1999년 1호(평양: 과학백과사전종합출판사, 1999).

공제민, "북과 남 사이의 경제적 합작과 교류는 실현되어야 한다", 『근로자』
1985년 제5호.

길확실, "또다시 뒤떨어진 작업반에서", 『천리마 작업반(3)』(평양: 직업동
맹출판사, 1961).

김동남, "위대한 령도자 김정일동지께서 사회주의 경제강국건설의 길에 쌓
아 놀리신 불멸의 업적", 『경제연구』(평양: 과학백과사전종합출판
사, 2001), 제1호.

김동식, "현존경제토대를 정비하고 그 위력을 최대한 높이는 것은 사회주
의 경제강국 건설의 중요방도", 『경제연구』(평양: 과학백과사전종
합출판사), 2001 제2호.

김일성, "당단체들의 조직사업에서의 몇 가지 결함들에 대하여(조선로동당
중앙위원회 제4차 전원회의에서 한 보고 1951년 11월 1일)", 『김
일성 저작집 6』(평양: 조선로동당출판사, 1980).

______, "사회주의 혁명의 현 단계에 있어서 당 및 국가사업의 몇 가지 문
제들에 대하여(조선로동당중앙위원회 전원회의에서 한 결론 1955
년 4월 4일)", 『김일성 저작집 9』(평양: 조선로동당출판사, 1980).

______, "분조관리제를 정확히 실시하며 농업생산에서 새로운 앙양을 일으
킬 데 대하여", 전국농업일군대회에서 한 결론, 1968년 2월 14

일, 『김일성 저작집』, 22권.

______, "사회주의 농촌테제의 가치높이 농촌문제의 종국적 해결을 위하여", 『김일성 저작집』 제44권 1992. 12-1994. 7(평양: 조선로동당출판사, 1995).

______, "일본 '마이니찌 신봉' 편집국장이 제기한 질문에 대한 대답", 『김일성 저작집 43』(평양: 조선노동당출판사, 1996).

______, "일본 '아사히 신봉' 편집국장이 제기한 질문에 대한 대답", 『김일성 저작집 43』(평양: 조선노동당출판사, 1996).

______, "현 시기 정무원 앞에서 나서는 중심과업에 대하여", 『김일성 저작집 44』(평양: 조선노동당출판사, 1996).

김 용, "신흥세력나라들의 단결과 협조는 반제자주를 위한 투쟁의 위력한 무기", 『근로자』(평양: 조선로동당 중앙위원회), 1977 제5호.

김정일, "사회주의는 과학이다", 『김정일 선집』 제13권 1992/2-1994/12 (평양: 조선로동당출판사, 1998),

______, "우리나라 사회주의는 주체사상을 구현한 우리식 사회주의이다", 『김정일 선집』 제10권 1990(평양: 조선로동당출판사, 1997).

______, "주체사상교양에서 제기되는 몇 가지 문제에 대하여", 『김정일 주체혁명위업의 완성을 위하여』 제5권 1983-1986(평양: 조선로동당출판사, 1988).

______, "주체사상에 대하여", 『김정일 주체혁명위업의 완성을 위하여』 제4권 1978-1982.

______, "혁명적 당 건설의 근본문제에 대하여", 『로동신문』, 1992.

______, "가격과 생활비를 전반적으로 개정한 국가적 조치를 잘 알고, 강성대국 건설을 힘있게 앞당기자," (평양: 조선로동당출판사 2002. 7).

______, "사회주의의 사상적 기초에 관한 몇 가지 문제에 대하여", 『김정일 선집 10』(평양: 조선노동당출판사, 1997).

______, "조선민족제일주의를 높이 발양시키자", 『김정일 선집 9』(평양:

조선노동당출판사, 1997).

______, "사회주의에 대한 훼방은 허용될 수 없다", 『김정일 선집 13』(평양: 조선노동당출판사, 1997).

______, "혁명적 당 건설에서 주체성과 민족성을 고수할 데 대하여", 『김정일 선집 13』(평양: 조선노동당출판사, 1997).

______, "당사업과 경제사업에 힘을 넣어 사회주의 위력을 더욱 강화하자", 『김정일 선집 13』, (평양: 조선노동당출판사, 1997).

김충일, "자주의 길로 나가는 것은 우리시대의 기본추체", 『근로자』(평양: 조선로동당 중앙위원회), 1980 제4호.

독고원식, "유신파쇼독재를 반대하는 남조선 인민들의 투쟁은 정의의 애국투쟁", 『근로자』(평양: 조선로동당 중앙위원회), 1978 제2호.

리상설, "대안의 사업체계 관철과 연합기업소", 『근로자』 1986. 7-12 제7호.

리성혁, "21세기에 상응한 국가경제력을 다져 나가는 것은 우리 앞에 나서는 중대한 과업", 『경제연구』(평양: 과학백과사전종합출판사, 2001), 제1호.

림동욱, "민족적 통일을 위한 우리 당 련방제방침의 정당성", 『근로자』 1985-7-12 제7호.

명창선, "미제의 평화구호는 침략정책을 가리우기 위한 위장물", 『근로자』(평양: 조선로동당 중앙위원회), 1979 제10호.

______, "뽈럭불가담운동의 리념과 통일단계", 『근로자』(평양: 조선로동당 중앙위원회), 1980 제8호.

박홍업, "국영기업소의 경영상 상대적 독자성과 그 표현", 『경제연구』(평양: 과학백과사전종합출판사), 2001 제2호.

손진팔, "두 개 조선 조작책동은 민족의 영구분렬을 추구하는 범죄행위", 『근로자』(평양: 조선로동당 중앙위원회), 1978 제5호.

안정찬, "군단위 국영농업기업소의 관리에서 경제 기술적 방법의 내용의 하나를 이루는 조직화사업", 『경제연구』(평양: 과학백과사전종합출판사), 2001 제2호.

우창덕, "기계공업에서 과학기술발전의 기본방향과 생산공정의 현대화 정
도", 『경제연구』(평양: 과학백과사전종합출판사), 2000년 제4호.

신상흡, "미제의 새 아세아 군사전략과 남조선", 『근로자』 1986. 1-6 제6호.

정기풍, 「분조관리제를 올바로 실시하기 위한 당적 지도에서 얻은 몇 가지
경험」, 『근로자』, 1996년 제9호.

정진희, "정치사업을 힘있게 벌리는 것은 혁명과 건설의 성과적 수행을 위
한 선결조건", 『근로자』(평양: 조선로동당 중앙위원회), 1977 제6호.

한웅식, "고려민주련방공화국을 창립하는 것은 조국통일의 가장 합리적인
방도", 『근로자』(평양: 조선로동당 중앙위원회), 1980 제11호.

한 철, "경제적 효과성타산은 경제사업에서 실리를 보장하기 위한 중요방
도", 『경제연구』, 2001. 제1호

황동섭, "미제는 남조선파쑈독재의 조종자이며 인민탄압의 원흉", 『근로자』
(평양: 조선로동당 중앙위원회), 1980 제8호.

허 헌, "미국, 일본, 남조선 3각군사동맹 조작책동의 침략적 본질", 『근로
자』(평양: 조선로동당 중앙위원회), 1979 제11호.

5. 영문 단행본

Adam Przeworski, *Democracy and the market: political and economic reforms in Eastern Europe and Latin America*, Cambridge: Cambridge University. Press. 1991. Alexander Wendt, *Social Theory of International Politics*, New York: Columbia University Press, 1999.

A. M. Vacic, *System Transformation in Central and Eastern Europe: General Framework, Specific Features and Prospects*, in: Osteuropa-Wirtschaft, 1, 1992.

Balcerowicz, *Common Fallacies in The Debate of the Economic Transition in Central and Eastern Europe*, EBRD. Octorber 1993. Working Paper No.11.

Balcerowiez, Leszek, *Eastern Europe: Economic, Social and Political Dynamics*, London: School of Slavonic and East Europen Studies 1994, The Sixth M.B. Grabowski Memorial Lecture.

Bary Buzan and Gerald Segal, *Openness and Foreign Policy Reform in Communist States*, London and New: York The Royal Institute of International Affairs, 1992.

Benjamin Miller, *When Oppenents Cooperate: Great Power conflict and Collaboration in World Politics*, The University of Michigan Press, 1995.

Beverly Crawford and Arend Lijphart, *Liberalization and Leninist legacies: Comparative Perspectives on Democratic Ttransitions*, Berkeley: International and Area Studies, 1997.

Boer-Ashworth, Elizabeth, de, 2000. *The Global Political Economy and Post-1989 Change: The Place of the Central European Transition*. New York: St. Martin's Press.

Bruno, Michael. 1993. *Crisis, Stabilization and Economic Reform: Therapy by Consensus*. Oxford: Oxford University Press.

Charles Wyplosz, *Ten Years of Transformation: Macroeconomic Lessions*, Graduate Institute of International Studies, Geneva and CEPR 1999.

Chuck Downs, *Over the Line: North Korea's Negotiating Strategy*, Publisher for the American Enterprise Institute

Wahington. D.C, 1999.

David A. Lake and Robert Powell, *Strategic Choice and International Relations*, Princeton University Press, 1999.

Daniel Gros & Alfred Steinherr, *Winds of chance: Economic Transition in Central and Eastern Europe*(London: Pearson Education Aisa(Pte)Ltd.), 1995.

Davis A. Lake and Robert Powell, *Strategic Choice and International Relations*, New Jersy: Princeton University Press, 1999.

Jozef M. van Brabant, *Privatizing Eastern Europe: the role of markets and ownership in the transition*, Dordrecht: Kluwer Academic Pub 1992.

Gerard Roland, *The Political Economy of Transition*(William Davidson Working Paper Number 413, December 2001).

Glenn H. Snyder and Paul Diesing, *Conflict among Nations*, New Jersy: Princeton University Press, 1977.

Grzegorz W. Kolodko, *From shock to therapy: the political economy of post-socialist transformation*, New York: Oxford: Oxford University. Press. 2000.

IBRD, *Transition The First Ten Years: Analysis and Lessons for Eastern Europe and the Former Soviet Union*, Washington D.C: The World Bank. 2002.

James Clay Moltz and Alexandre Y. Mansourov, *The North Korean Nuclear Program: Security, Strategy and New Perspectives from Russia*, Routledge New York and London, 2000.

James E. Dougherty, Robert L. Pfaltzgraff, Jr, *Contending*

314

Theories of International Relations, Longman, 1996.

Janos. Kornai, *The Socialist System: The Political Eocnomy of Communism*, Princeton University press, 1992.

John McMillan and Barry Naughton, *Reforming Asian socialism: the growth of market institutions*, University of Michigan Press, 1996.

John Spanier·Steven W. Hook, *American Foreign Policy Since World War 2*, Washington, D.C: Congressional Quarterly Inc. 1995.

Joseph S. Bermudez, Jr, *Terrorism: The North Korean Connection*, Crane Russak, A Member of the Taylor & Francis Group, 1990.

Han S. Park, *North Korea: Ideology, Politics, Economy*, Prentice Hall Inc, New Jersey, 1996.

Hwang Eui-Gak, "Beyond the Summit: Deeping Linkages," Joint U.S-Korea Acaedmic Studies Volume 11, 2001, The Korea Economic Institute of America, and The Korea Institute for International Economic Policy.

Kazimierz Z. Poznanski, *Stabilization and privatization in Poland: an economic evaluation of the shock therapy program*, Boston: Kluwer Academic Publishers, International studies in economics and econometrics; v. 29. 1993.

Ken Post and Phil wright, *Socialism and Underdevelopment*, Rutledge London and New York, 1988.

A. G. Kenwood, A. L. Lougheed, *The growth of the international economy, 1820-1990: an introductory text*, London: Routledge, 1992.

Kongdan Oh and Ralph C. Hassig, North Korea Through the Looking Glass, Brookings Institution Press, Washington, D.C. 2000.

Lee HY Sang, *North Korea*, London: westport connecticut, 2001.

Massao Okonogi, *North Korea at the Crossroads*, Japan Institute of International Affairs, 1988.

Marcus Noland, *Why North Korea Will Muddle Through*, a Senior Fellow at the Institute for International Economics, Foreign Affairs Volume 76 No.4, July/August 1997.

Marie Lavigne, *The Economics of Transition: From Socialist Economy to Market Economy*, St. Martin's Press New York, Second edition, 1999.

Martin. potuck, *Not only the Market: The Role of the Market, Government and Civic Sector in the Development of Postcommunist Societies*, Central European University Press Budapest. 1999.

Michael Bruno, *Crisis, stabilization, and economic reform: therapy by consensus*, New York: Clarendon Press. 1993.

Michael Handel, *Weak States in the International System*, Harvard University Press, 1981.

Michael P. Sullivanm, *Theories of international Relations*, New York: Palgrave, 2001.

Morris Bornstein, *Comparative Economic Systems: Models and Cases*, Michigan: Library of Congress Cataloging-in-publication Data, 1989.

Paul G. Hare and Junior R. Davis, *Transition to the Market Economy: Critical perspective on the world economy*,

316

London and New York: Routledge, 1997.

Peter J. Katzenstein, *The Culture of National Security: Norms and Identity in World Politics*, New York: Columbia University Press, 1996.

Olivier Blanchard 1991. *Reform in Eastern Europe*, Cambridge: The MIT Press. Lipton.

Putnam, R., Leonardi, R. and R. Nanetti, *Making Democracy Work*, Princeton University Press, Princeton New Jersey 1999.

Richard N. Haass, *Economic Sanctions and American Diplomacy*, A Council on Foreign Realtions Book, 1998.

Robert A. Scalapino · Hongkoo Lee, *North Korea in a Regional and Global Context*, Institute of East Asian Studies University of California, 1985.

Robert C. Williamson, *Latin American societies in transition*, Westport, Conn: Praeger, 1997.

Salvatore Zecchini. 1997. *Lessons from the economic transition: Central and Eastern Europe in the 1990s*, Dordrecht: Boston: Kluwer Academic Pub.

Samuel S. Kim, *The North Korean System in the Post-Cold War Era*, New York: Columbia University Press, 2001.

__________, *North Korean Foreign Relations in the Post-Cold War Era*, Oxford university Press, 1998.

Selig S. Harrison, *Korean Endgame: A Strategy for Reunification and U.S. Disengagement*, Princeton University Press. 2000.

Walter D. Connor, Socialism's Dilemmas: State and Society in the Soviet Bloc, Columbia University Press, New York 1988.

World Bank, *Poland: Reform, Adjustment, and Growth*, Washington, D.C: world Bank. 1987.

Zbigniew Brzezinski, *The Grand ChessBoard: Ameican Primacy and Its Geostrategic Imperatives*, A Division of Harper-Collins Publishers, 1997.

6. 영문 논문

Berg, A., Borensztein, R. Sahay and J. Zettelmeyer(1999), "The Evolution of Output in Transition Economics: Explaining the Differences," IMF Working Paper, WP/99/73.

Black, Bernard, Reinier Kraakman, and Anna Tarassova. 2000. "Russian Privatization and Corporate Governance: What Went Wrong?" Stanford Law Review vol. 52.

Bolton, Patrick, and Gerard Roland, "Privatization in Central and Eastern Europe." Economic Policy15. 1992.

Brad Roberts, Robert A. Manning, and Ronald N. Montaperto, "China: The Forgotten Nuclear Power," Foreign Affairs Volume 79 No.4 July/August 2000.

De Melo, M., C. Denizer, A. Gelb, and S. Tenev(1997), "Circumstances and Choice: the Role of Initial Conditions and Polices in Transition Economies," World Bank Policy Research Working Paper, No.1866.

Dewatripont, Mathias, and Gerard Roland. "The Virtues of legitimacy and Gradualism in the Transition to a Market Economy", Economic Journal, 102. 1992.

Dewatripont, Mathias, and Gerard Roland, "The design of Reform Packages under Uncertainty." American Economic Review 85. 1995, Gerard Roland, The Political Economy of Transition(William Davidson Working Paper Number 413, December 2001).

Dewatripont, Mathias, and Gerard Roland. "Economic Reform and Dynamic Political Constraints," Review of Economic Studies 59 1992.

Ellman, Michael, "Shock Theraphy in Russia: Failure or Partial Success?," RFE/RL Reseach Report, vol. 1, No.34(28 August 1992).

Fisher, S. and A. Gelb, "The Process of Socialist Economic Transformation", Journal of Economic Perspective 5. 1991.

Fischer, Stanley and R. Sahay(2000), "The Transition Economies After Ten Years," IMF Working Paper, WP/00/30.

Gomulka, Stanislaw, "Economic and Political Constraints during Transition.", Europe-Asia Studies 46. 1994.

Gros, Daniel and Marc Suhrcke(2000), "Ten Years After: What is Special about Transition Countries?," DBRD Working Paper, No.56.

Hwang Eui-Gak, "Beyond the Summit: Deeping Linkages," Joint U.S-Korea Academic Studies Volume 11, 2001, The Korea Economic Institute of America, and The Korea Institute for International Economic Policy.

James T. Laney, "U.S.. Perspective: From Confrontation to Co-Existence," Paper Presented at the Peace Forum, September 2001, Seoul, Korea.

Jeffrey Sachs, "poland's Jump to the Market Economy," London:

The MIT Press Cambridge, Massachusetts, 1994.

Jim Wurst and John Burroughs, "Ending the Nuclear Nightmare: A Strategy for the Bush Administration," World Policy Journal, Spring 2001.

Jingjie Li(1994), "The characteristics of Chinese and Russian economic reform," J. of Comparative Economics 18.

John T. S. Keeler, "Opening the Window for Reform," Comparative Political Studies 25. 4(Jan. 1993).

Kimberly Ann Elliot, "Economic Leverage and the North Korean Nuclear Crisis," International Economics Policy Briefs, Institute for International Economics, April 2003.

Kim R. Holmes and Thomas G. Moore, "Defining U.S. National Strategy," Restoring American Leadership: A U.S Foreign and Defense Policy Blueprint, 1996, The Heritage foundation.

Kim Myong Chol, "Agreed Framework Is Brain Dead. Shotgun Wedding Is the Only Option to Defuse Crisis," Natilus Institute Policy Forum(PFO) 02-12A, October 24, 2002; Hugo Wheegook Kim, "Response to 'Agreed Framework Is Brain Dead: Shotgun Wedding Is the Only Option to Defuse Crisis'", PFO 02-15A, October 25, 2002.

Horne, Fecelyn, "IMF Programs in Eastern Europe: An Assessment", Paper presented to Conference on Post-Communism. Macquarie University. November. 1994. 12-13.

Horne, Jocelyn, "The Economics of Transition and the Transition of Economics", The Economic Record 71. 1995.

Lipton, D. and J. Sachs, "Creating a Market Economy in

320

Eastern Europe: the case of Poland", Brookings Papers on Economic Activity 1990.

Michael Mastanduno, David A. Lake, G. John Ikenberry, "Toward a Realist Theory of State Action", International Studies Quarterly(1989).

Nicholas Berry, "U.S. National Missile Defense: Views from Asia," Center for Defense Information, May 2001.

Nicholas Ebestadt, "Prospects for economic Recovery: Perceptions & Evidence," Joint U.S-Korea Acaedmic Studies Volume 11, 2001, The Korea Economic Institute of America, and The Korea Institute for International Economic Policy.

Popov, Vladimir. 2000. "Shock Therapy versus Gradualism: The End of the Debate(Explaining the Magnitude of Transformational Recession)."Comparative Economic Studies XLII, No.1.

Prust, J, "Partial Recovery from the Economic Crisis.", Bloominton: Indiana University Press. 1988.

Richard N. Haass, "What to Do With American Primacy," Foreign Affairs. Vol. 78 No.5, September/October 1999.

Robert B. Zoellick, Campaign 2000 A Republican Foreign Policy.

Robert Dujarric, "North Korea: Risks and Rewards of Engagement," Journal of International Affairs, Spring 2001, 54, No.2. The Trustee of Columbia University in the City of New York.

Rodrik, D, "The Dynamics of Political Support for Reform in Economies in Transition", Journal of Japanese and International Economies,9(4) December 1995.

Rodrik, D, "The Positive Economics of Policy Reform," American Economic Review, Papers & Proceedings 83(2), May 1993.

S. Zecchine, "The Role of International Financial Transition in The Transition Process," Paul G. Hare and Junior R. Davis, Transition to the Market Economy: Critical perspective on the world economy, Volume Ⅲ,London and New York: Routledge, 1997.

Young Namkoong, "North Korea's Policy of Sinuiju Special Economic Zone: Implications and Prospects", 『7·1경제관리개선조치의 평가와 향후 전망』 제4회 국제학술세미나(고려대학교 북한연구소 2003).

Y. Qian, "A Theory of shortage in socialist economies based on the 'soft budget constraint," American Economic Review, 1994, 84(1).

Wei, Shang-Jin, "Gradualism versus Big Bang: Speed and Sustainability of Reforms," Canadian Journal of Economics, November.

Wing Thye Woo(1994), "The art of reforming, centrally planned economies; Comparing China, Poland and Russia," Journal of Comparative Economics 18.

7. 기타: 언론자료와 정부 보고서

미 백악관

미 국무성

미 국방부

미 의회 각종 보고서

Richard L. Armitage, "A Comprehensive Approach to North Korea," Strategic Forum, National Defense University, No.159, March 1999.

The National Security Strategy of the United States of America, September 2002 New York Times. 2003. 6. 15.

The US. Department of Defense. "Nuclear Posture Review (Excerpts)." Submitted to Congress on 31 December 2001. 8 January, 2002.

The U.S. Department of Defense. *Quadrennial Defense Review Report*. September 30, 2001.

William. Perry, *Review of United States Policy toward North Korea: Findings and Recommendations*, October 12, 1999(William. Perry, *Perry Process*).

『신동아』, "미국보수파의 시각: 강성대국 고집하면 탈레반정권 꼴 난다," 2002. 2.

『주간동아』, "핵 불똥 개성공단에도 튈라," 2002. 12.(제365호).

"방북언론사장단-김 위원장 대화록(2)", 『중앙일보』, 2000. 8. 14.

* 국내언론

『한겨레』

『조선일보』

『동아일보』

『중앙일보』

『한국일보』

『연합뉴스』

『문화일보』

*　북한언론

『로동신문』

『조선중앙통신』

『평양방송』

*외국언론

CNN

Washington Post, 2002. 11. 16, 12. 29

『조선신보』

The New York Times

The Washington Times

8. 인터넷 자료

http://www.whitehouse.gov/news/releases/2002/01/20020130-1
2.html

http://www.whitehouse.gov/news/releases/2003/05/20030514-1
7.html

http://kr.biz.yahoo.com/mt/검색일 2002. 11. 25.

http://www.unikorea21.nethttp://www.kifs.org/main/dbbank/db
_view.php?s_id=1046, 검색일2003. 8. 30.

· 저자 ·

조영국　·약 력·

1969년 8월 생, 전북 익산

2004년 한국외국어대학교에서 '탈냉전기 북한의 개혁·개방 성격에 관한 연구: 국가발전전략을 중심으로'로 박사학위를 받았다. 이후 한국정치연구회 연구위원, 경남대극동문제연구소의 연구교수로 있으면서 한국외국어대학교, 한국외국어대학교 정책대학원, 서원대학교 등에서 북한정치·경제, 사회주의 체제전환, 남북관계와 통일문제에 대해 강의를 하였다. 현재는 국가인권위원회에서 북한인권 전문위원으로 활동하고 있다.

탈냉전기 북한의 개혁·개방 성격에 관한 연구
- 국가발전전략을 중심으로 -

• 초판 인쇄	2006년 11월 30일
• 초판 발행	2006년 11월 30일
• 지 은 이	조영국
• 펴 낸 이	채종준
• 펴 낸 곳	한국학술정보㈜
	경기도 파주시 교하읍 문발리 526-2
	파주출판문화정보산업단지
	전화　031) 908-3181(대표)·팩스　031) 908-3189
	홈페이지　http://www.kstudy.com
	e-mail(출판사업부)　publish@kstudy.com
• 등　　록	제일산-115호(2000. 6. 19)
• 가　　격	21,000원

ISBN　89-534-5990-7 93340 (Paper Book)
　　　　89-534-5991-5 98340 (e-Book)